The McDonaldization of Society
Revised New Century Edition
by George Ritzer

21世紀新版

マクドナルド化した社会

果てしなき合理化のゆくえ

ジョージ・リッツア 著
正岡 寛司 訳

早稲田文庫
015

THE MCDONALDIZATION OF SOCIETY
REVISED NEW CENTURY EDITION
by
George Ritzer

English language edition published by
Sage Publishing of London, California,
New Delhi and Singapore.

Translated by
Kanji Masaoka
Published 2024 in Japan by
Waseda University Press Co., Ltd., Tokyo.

Japanese language edition published by
arrangement with Sage Publishing through
Tuttle-Mori Agency, Inc., Tokyo.

目次

はじめに
――『マクドナルド化した社会』を二一世紀初頭に刊行する六つの意味

▼マクドナルド化過程の代表例――マクドナルド社――が劇的な変化を遂げている。しかもマクドナルドの重要度が低下している。このこと自体も重要であるが、それよりももっと広大なマクドナルド化の過程がわれわれに何を明示し、また何を黙示しているかを問い返してみなければならない。
▼ファストフード産業も新しいさまざまな傾向（たとえばアメリカ市場におけるアメリカ産ではないチェーン店の重要度の増加）による変化を遂げているので、これについても考察してみる必要がある。
▼マクドナルド化の影響力がますます広く、しかもいっそう深くさまざまな社会制度（たとえば教育、医療、刑事司法制度）に普及し、浸透している。
▼マクドナルド化を含むもっと広大な過程が、少なくとも一部で重要性を増している。こうした広大な諸過程のうち、もっとも突出しているのがグローバル化であり、これ

については、マクドナルド化との関係とともに、さらにくわしく議論しなければならない。

▼マクドナルド化の問題は、これまで多数のジャーナリストの注目を集めてきた（もっとも有名なのは、エリック・シュローサーの作品であり、本書の初期バージョンにある程度触発されていると思われるが、世界的規模でベストセラーになった書物『ファストフードが世界を食いつくす』）。だから、彼らの作品が、この問題に関連して最近に提出された学術的な研究成果をも含めて、ここでの議論のなかに統合されなければならない。

▼現在、頻発している事件がマクドナルド化に重大な意味をもっている。だから、それらを本書で取り上げなければならない。たとえば、二〇〇三年の対イラク戦争やサダム・フセイン支配の終焉の頃、マクドナルドのクローン（チーズバーガーやフレンチフライは言うまでもなく）、金色のアーチ、赤と黄の彩色、そして王冠を備えた、いわゆる「マドナル」がイラクに出現した。そのクローンが出現したのは、マクドナルド自体がイラクに出店しようとするずっと前のことであった（それはクローンを閉店に追い込もうとするねらいをもっていた）。

だから、ここであらたに議論しなければならないことも多くあるのだが、しかしそれらの問題は、この本の基本的な骨組み——その構造に変化はない——のうちに統合されていく。

この本は基本的に旧バージョンと方向を同じくしているが、それでも構成上いくつかの大きな改訂がなされた。一つには、先の議論の要点を考慮した上で、一つの章全体（8章）がこの版では、グローバル化と、マクドナルド化に対するグローバル化の関係についての考察にさし替えられた。グローバル化の幅広い論議に加えて、わたしの最近の研究である『無のグローバル化』が具体的に論じられている。後でみるように、マクドナルド化は、無のグローバル化におけるいくつかの主要な力の一つである。

この本を適当な大きさに収めるための措置として、誕生、死亡、死の拒否行為を取り上げた旧版の章（8章）が完全に削除された。それでも、その素材のすべてではないが、いくつかはこの本に残してある。とくに6章と7章でそれらを取り上げ、そこでマクドナルド化のいくつかを検証するために活用されている。

マクドナルド化はすさまじい勢いで新世紀になだれ込んだ。マクドナルド化は、わたしが最初にそれについて考え始めた二〇年前頃、そしてわたしが本書の初版を書き始めた一〇年前頃と比べて、ますます成熟し、強力に成長した。いままさに直面している難問にもかかわらず、マクドナルド社はいっそう多くの出店を継続し、ますます世界規模の強力な事業体に成長し、そしてもっと多くの消費者と起業家の心と精神に食い込んでいる。重要なことに、ファストフード産業のみならず、ほかの多くの状況においても同程度に、マクドナルドの多数のクローンが出現した。多くの国々がマクドナルド化したアメリカ企業によって侵略され、そして多くの国がそうしたビジネスの自国バージョンを作りあげた。さらに重要なことに、マクドナルド化がアメリカの文化のみならず、世界中のほかの文化にいっそう深く組み込まれている。と同時に、マクドナルド社とマクドナルド化に対する地球規模の反対運動が劇的に拡大している。

この本は、基本的に社会批判の書物である。マクドナルド社には、その拡張を促進した多数の利点があり、その利点がこの本の随所で指摘される。それでも、マクドナルド社とそのクローンは、その利点を人びとに知らしめるための絶好の機会をもち、またそのために巨額な資金を投入している。この本は、マクドナルド化が生みだした問題、またこれがもたらしている危険に焦点を合わせることによって、どちらかと言えばバランスを欠いている世論に一石を投じるつもりである。

理論的な土台をもつ社会批判の研究書であろうと願っているこの本は、社会科学の歴史的伝統の一部分である。とりわけ社会理論は社会批判によって、また社会を批判することによって、社会のベターメントに土台を据えることに役立っている。この伝統が、ゲオルグ・ジンメル、エミール・デュルケム、カール・マルクスの作品とともに、本書のもっとも重要な理論的な淵源――マックス・ウェーバーの作品――を生き返らせている。

ところでわたしがマクドナルド社に特別な敵意をいだいていないことを、まず断っておくべきであろう。マクドナルドは、ほかのファストフード・レストランのほとんどと比較して、また、合理化過程のもっとも重要な顕在物と比較して良くも悪くもない。わたしはここでの中心的な過程を「マクドナルド化」と名づけた。というのもマクドナルドは、この過程を代表するもっとも重要な顕在物であったし、またいまでもそのことは変わらないからである。その上、マクドナルド化はほかのいくつかの代案――「バーガーキング化」「スターバックス化」、あるいは「ヌトリ・システム化」――よりも音の響きが軽やかである。

先に挙げたリストがしめしているように、この本では、広い範囲の社会現象がマクドナルド化の標題のもとで連結される。その一部分はファストフード・レストランの原理によって直接の影響を受けているが、別のものは間接的な影響しか受けていない。一部分はマクドナルド化の基礎次元のすべてを備えているが、ほかの一部分はその一つか、せいぜい二つを備えているだけである。いずれにせよ、わたしの考えによれば、それらすべてが、ウェーバーが合理化過程と呼んだものに含まれる。つまりウェーバーを現代流に読み替えるならば、それはマクドナルド化の一部分なのである。

この本の主要なテーマ、とくにマクドナルド化批判は講演会場でいつも激しい反論を呼び起こした。わたしはこの本がより大きな舞台で同様の議論を呼び起こすことを切望している。こうした論争が巻き上がることは、そこから生まれる省察と相まって、すぐれた教育効果をもつだけでなく、それこそが社会学の真髄である。読者がわたしの結論に賛成するか反対するかにかかわりなく、この本が読者に日常生活の重要な側面を再考するためのきっかけを提供できれば、この本を著したわたしの目標は達成されたに等しい。

この本は幅広い読者に向けて書かれた。それでも、この本は最強の社会理論の一つ、すなわちウェーバーの合理化の理論に確かな基礎を置いている。まったく方法論的な形式にとらわれていないけれども、それでもこの本は経験的な研究である。この本で取り上げるデータは、できるかぎり広い範囲の情報源から引き出し、そしてマクドナルド化の標題に収まる社会現象の全面に触手を広げている。しかしこの本は、理論に土台を置き、データに依拠しているが、決して無味乾燥な理論的研究や経験的調査研究の書物になることがないよう細心の注意を払いながら書いたつもりである。この本は、学術的な研究論文の必要条件を満たすために重苦しくはなっていないはずだ。むしろこの本は、できるかぎり多くの人びとに読んでもらえるように工夫を凝らし、すべての読者の身の回りで起きている幅広い社会発展について述べたつもりである。さらに重要なことに、この本は、マクドナルド化の誘惑と魅力に秘められている危険に目をつぶってはならないという警告の書物である。

マクドナルド化が構築している社会に関するいくつかの新しい立場を、この本が読者に提供できればとわたしは願っている。読者が、わたしと同じように、マクドナルド化がもたらしている危険を感じるならば、ウェーバーが事実上不可能と考えたであろう問題――マクドナルド化の傾向に抗う行為――に深く関与することができる。わたしはこうした反転が起こりそうだとか、あるいはそれがつねに望ましいと考えているわけでもない。それでも、人びとが問題を改善し、マクドナルド化した社会を真に人間らしいものにするための、いくつかの方途はあると少なくともわたしは考えている。この本が単なる警告の書物ではなく、多分もっと重要なことにちがいないが、「マクドナルド化の鉄の檻から出る」、つまり人間が働き、生活する状況をいっそう人間的なものに変えるための新しい指針を読者に提示できれば幸いである。わたしはこのニュー・バージョンを編むために役立つ多くの豊かな助言を受け取ることができた。ここで、わたしは支援をしてくれた人たちに感謝の気持ちを述べておきたい。

わたしはこのバージョンをよりよい出来栄えに仕上げるのに役立つ数多くの有益な助言や便宜を、次の人たちからいただいた。この場を借りて感謝の気持ちを表す。

アンヘロ・ファネリ（フロリダ大学、ゲインズヴィル）
セレスチノ・フェルナンデス（アリゾナ大学）
ピーター・R・ホッフマン（ロイヨラ・メアリマウント大学）
メアリベス・C・スタルプ（ウェスタン州立大学）
リンダ・モリソン（オークランド大学）
F・カート・シルク（イリノイ大学）
サニー・ゲネセオ（イリノイ大学）
ジェニファー・ジョンズ＝コーリー（イリノイ大学）
エリック・T・メッラー（インディアナ大学）
ダグラス・J・アダムス（アーカンサス大学）
フィリップ・コーエン（カリフォルニア大学アルヴィーン校）

助手のマイク・ライアンにとくに深謝する。彼は改訂作業に多大な貢献を果たしてくれた。ジェリー・ウェストピー（パインフォージ社の編集者）は、わたしの仕事の良き理解者であるとともに、支援を惜しみなく与えてくれた。彼と仕事を一緒にすることは、わたしにとってとても愉快なことであった。また、リンダ・グレイはこの本を編集するにあたって、旧版との照合や再編作業という大変に面倒な役目を担ってくれたばかりでなく、多くの有益な助言をしてくれた。彼女に心から感謝する。

また、この本がさらに改版される機会のあることを期待し、そしてわたしと読者との関係を脱マクドナルド化するため、さらなるマクドナルド化の事例（できればその証拠を添えて）、そして本書についてご意見をお寄せいただければ幸甚である。そうした期待をこめて、念のためEメール・アドレスをお知らせしておく。

Ritzer@socy.umd.edu

1章　マクドナルド化の手ほどき

レイ・クロック（一九〇二―一九八四年）は、マクドナルド・レストラン・フランチャイズ化の背後にでんと構えている天才的な人物であり、しかもすぐれた発想と壮大な野心をいだいていた。だが、そのクロックでさえ、彼の創造物がそののちにもたらす驚くべき衝撃を予測してはいなかった。マクドナルド化は現代社会に最大の影響力を発揮し、非常な発展を遂げた発明の一つである。マクドナルド化の反響は、発祥地のアメリカをゆうに超えて拡張し、またファストフード業界というルーツを離れて拡散している。マクドナルド化は世界中のかなりの部分におけるさまざまなビジネス、またもちろん、ライフスタイルにも影響をおよぼした。ところで、マクドナルド社は、近年、またかねてから報道されているように、財政的な問題に直面しているにもかかわらず、それでもその影響力はものすごい勢いで拡張しているとみてまちがいない(1)。

この本のいたるところでマクドナルドとファストフード・ビジネス(2)にふれるけれども、

しかしこの本は、マクドナルド社をもっぱら扱うのでも、またファストフード・ビジネスだけを取り上げているのでもない。わたしはしばらくのあいだすべての注意を、マクドナルド社（それが一部である業界、ならびにそれが揺籃期に果たした重要な役割）に傾けてきた。というのも、マクドナルド社はわたしがここでマクドナルド化[3]（McDonaldization）と呼んでいる世界中に拡大している過程を代表する一つの代表例、もしくは、そのためのパラダイムとしての役目を果たしているからである。それはつまり、次のようなことである。

マクドナルド化とは、ファストフード・レストランの諸原理が、アメリカ社会のみならず世界中の国々の多くの部門でますます優勢になっていく過程[4]である。

すぐにわかるように、マクドナルド化の影響は、レストラン業界にかぎらず、教育、職業、刑事司法制度、医療、旅行、レジャー、ダイエット、政治、家族、宗教、つまり事実上、社会のすべての側面におよんでいる。[5]マクドナルド化は、世界において定評を確立していた制度や伝統のある地域のすみずみまで、たちまち広がっていったことからもわかるように、もはや避けることのできない過程である。

マクドナルド社の成功（最近になって難問をかかえているが、これについてはこの章の最後の節で考察する）は、二〇〇二年においてもまったく明白である。マクドナルド社の総売上高は四〇一億ドル超であり、二一億ドルの営業収益を計上している。[6]一九五五年にはじめて操業を開始したマクドナルド社は、二〇〇三年前期、世界中に三万一、一七二店舗を展開している。[7] イギリスの評論家マーチン・プリマーは「マクドナルドはいたるところにある。あなたの近所に一店舗はある。そしてあなたのもっと近くに、いまもう一店舗ができつつある。もしマクドナルドが現在の割合で拡張しつづけるとすれば、ほどなくあなたの家のなかにもマクドナルドは出店してくるであろう。あなたはロナルド・マクドナルドのブーツをベッドの下でみつけるかもしれない。また多分、赤毛のウイッグもみつけるであろう」といかにも悪戯っぽく注目している。[8]

マクドナルドとマクドナルド化はレストラン業界に、もっとも顕著な影響をおよぼしてきたが、もっと一般的に言えば、あらゆるタイプのフランチャイズに影響を与えた。

1　国際フランチャイズ協会によれば、二〇〇〇年、アメリカに三二万もの小規模なフランチャイズ事業体があり、年間一兆ドルを売り上げていた。小売業の一〇パーセント弱、総小売業売上げの四〇パーセント強がフランチャイズ制を採用しており、これが八〇〇万人強の人びとを雇用している。フランチャイズ制は急激に成長し、アメリカでは、八分ごとに一団体の割合で、新規フランチャイズが業界に参入している。[9] マクドナルド・レストランの五七パーセント超がフランチャイズである。[10]

2　マクドナルド・モデルは、バーガーキングやウェンディーズのフランチャイズなど、格安のハンバーガー・フランチャイズばかりでなく、さまざまなほかの低価格のファストフード業界で採用されている。ヤム・ブランズ社は、ピザハット、ケンタッキー・フライドチキン、タコベル、A&Wルートビア、そしてロング・ジョン・シルヴァースのフランチャイズを傘下に収め、一〇〇ヵ国で[11]、約三万三、〇〇〇店舗を営業し、マクドナルドよりも多くの店舗を保有している。しかしその総売上高（二〇〇二年、二四〇億ドルであった）はそれほど大きくはない[12]。サブウェイ（七二ヵ国でほぼ一万九、〇〇〇店舗を保有している[13]）はファストフード業界でもっとも急成長を遂げている企業の一つであり、おそらくアメリカ最大のレストランチェーンにのし上がってくるであろう[14]。

3　スターバックスは比較的遅くなってファストフード業界に参入した新規の業者であるが、劇的な成功物語を誇っている。一九七八年後期、シアトルの地方企業にすぎなかったスターバックスは、二〇〇三年までに六、〇〇〇強の自社保有の店舗（フランチャイズ制をもたない）を展開している。これは一九九四年の一〇倍以上の出店数である[15]。スターバックスは国際的にも急激に膨張しつづけ、いまではラテンアメリカ、ヨーロッパ（とくにロンドンで目立っている）、中近東や環太平洋に進出している。

4　さらに、マクドナルド・モデルは、ふだん着の夕食、すなわちより充実したメニューを備える「平均以上」のレストラン（たとえば、アウトバック・ステーキハウスやチリズ、オリーブガーデン、レッドロブスター）に、そしてより高級なレストランにまで拡張してきたことは、とくに驚くことではないであろう。モートンはさらにもっと高いステーキを提供するステーキハウス・チェーン店であるが、それは明らかにマクドナルドのモデルに倣っている。「媚を売るようなサービスと膨大なワインリストにもかかわらず、モートンでの食事は、アメリカのファストフードチェーンをして、世界支配を実現させた、均質性、費用管理と食事量の規制からなる同一の指令に同調している[16]」。事実、モートンの料理長はウェンディーズの店舗の多数の所有者の一人であり、そして彼は次のように語っている。「ウェンディーズでのわたしの経験がモートンという場で役に立っている[17]」。画一性を確保するために、従業員は「規則（その数五〇〇にも達する台所用品、ソース、そして付けあわせのすべての正確な仕様を記してあるモートンの構成要素別のバインダー）どおりに」事を運ぶよう求められる。モートンのすべてのキッチンには色彩画像の列がそれぞれの料理の飾り付けを表示している[18][19]。

ほかのタイプのビジネスが次々にファストフード・レストラン事業の原理をみずからのニーズに応用している。トイザらスの副会長の言を借りると、「われわれをある種マクドナルドの玩具と考えてもらいたい[20]」ということになる。キッズスポーツ・ファン・アンド・フィットネス・クラブの創設者もこの欲求に共鳴している。「わたしはキッズスポーツ・ファン・アンド・フィットネス業界のマクドナルドでありたいと願っている」[21]。同じような野心をもっているほかのチェーン店には、ギャップ、ジフィー・ルーブ、AAMCOトランスミッション、ミダス・マフラー&ブレーキショップ、グレイト・クリップス、H&Rブロック、パール・ヴィジョン、バリー、カンプグランド・オブ・アメリカ（KOA）、キンダーケア（「ケンタッキーフライド・チルドレン」[22]と言われている）、ジェニー・クレイグ、ホーム・デポ、バーンズ・アンド・ノーブルズ、ペット・マートなどがある。

6

マクドナルドは国際舞台で驚異的な成功を収めている。マクドナルド・レストランの半数強が海外にある（一九八〇年代半ば、マクドナルドの国外の店舗は、二五パーセントだけであった）。二〇〇二年に新規開店した一、三六六店舗のうちの過半（九八二）が海外であった（アメリカ国内におけるレストランの増加数は四〇〇店舗以下であった）[23]。マクドナルドの収益の半分以上が海外での事業収入によって占められている。マクドナルド・レストランは世界中のなんと一一八の国に進出し、一日に四、六〇〇万人の顧客に食事を提供している[24]。これまでのところ、そのリーダー役を果たしているのは約四、〇〇〇店舗を有する日本である。ついで一、三〇〇強の店舗数をもつカナダ、その次に、一、二〇〇強の店舗数をもつドイツがつづく。二〇〇二年には、ロシアのマクドナルドは九五店舗であった。[25] その企業は、旧ソ連邦の地域や東欧地域の膨大な新しい地域にもっと多くの出店をする計画をもっており、それらの地域はファストフード・レストランの侵略にさらされている。イギリスは「ヨーロッパのファストフードの中心地[26]」になった。またイスラエルは「マクドナルド化した」と描写されている。エース・ハードウェア、トイザらス、オフィス・デポやＴＣＢＹによるショッピングモールが展開している。[27]

7　ファストフード産業以外の高度にマクドナルド化した多数のビジネスもまた、地球規模で成功を収めている。ブロックバスターの八、五〇〇におよぶ基地のほとんどはアメリカ国内にあるが、それでもそのうちの二、五〇〇以上の基地が二八ヵ国で操業している。[28] ウォルマートは世界最大の小売業者であり、一三〇万人を雇用し、二兆一、一八〇億ドルの年間売上げを誇っている。その店舗のうち三、〇〇〇以上がアメリカ内に展開している（二〇〇二年において）。ウォルマートは最初の国外店舗を一九九一年に開店したが（メキシコで）、しかし現在では、一〇〇店舗以上の海外店がメキシコ、プエルトリコ、カナダ、アルゼンチン、ブラジル、中国、韓国、ドイツ、そしてイギリスに進出している。毎週、一〇億人以上の顧客が世界中のウォルマートの店を訪れている。[29]

8　ほかの国々においても、アメリカ版の組織といえる変種がその国独自のものとして展開している。カナダでは、コーヒーショップのチェーン店ティム・ホートンズ（一九九五年にウェンディーズと合併した）が三、一〇〇店舗（そのうち三五〇店舗以上がアメリカで操業している）をもっている。[30]パリジャンは素晴らしい料理をこよなく愛し、だからファストフードに見向きもしないだろうと思われたのであるが、パリでは多数のファストフードのクロワッサン業者が営業している。崇敬されてきたフランスの朝食もまたマクドナルド化されてしまった。[31]インドには、ファストフード・レストラン・ナイルのチェーン店がある。ナイルではマトンのバーガーが（インド人の約八〇パーセントがヒンズー教徒なので牛肉を食べない）ほかの郷土料理とともに提供されている。[32]モスバーガーは一万五、〇〇〇店舗をもつ日本のチェーン店である。そこでは通常の食べ物に加えて、照り焼きチキンバーガー、ライスバーガー、「お汁粉」などが販売されている。[33]おそらく、自国のファストフード・レストランがもっとも育ちにくいと思われる地点、つまり戦災で痛めつけられたベイルートにも、一九八四年、ジューシー・バーガーの開店が確認された。金色のアーチとロナルド・マクドナルドの王冠の代わりに、虹のアーチで装飾が施されていた。その所有者は、店が「アラブ世界のマクドナルド」[34]になることを願ったのであろう。もっとも最近では、二〇〇三年の対イラク戦争の勃発直後に、マクドナルドのクローン（「マドナル」や「マットバックス」のようなスポーツマンらしい名前をもつ）が、ハンバーガー、フレンチフライ、そして金色のアーチまで備えて当地で開店した[35]。

9　そして現在、マクドナルドはいろいろな変化を経て元の場所に戻りつつある。自国のマクドナルド化した組織をもっているほかの国々はそれらをアメリカに逆輸出し始めた。たとえば環境にやさしいイギリス版の化粧品チェーン店であるボディショップは、二〇〇三年頃までに、五〇ヵ国に九〇〇店舗を擁しているが[36]、そのうち三〇〇店舗がアメリカにある。その上アメリカの企業がこのイギリス・チェーンの複製品（クローン）、たとえばバス・アンド・ボディワークスを開店する計画を進めている[37]。イギリス育ちのサンドイッチのチェーン店であるプレタ・マンジェ（おもしろいことに、マクドナルドが二〇〇一年に同社の三三パーセントの少数株主になっている）は、一三〇余の自社保有の店舗と企業運営のレストランをほとんどイギリスで営業しているが、しかしいまでは、ニューヨーク、香港、そして東京でも営業している[38]。

10　スウェーデンに基地を置くイケア（しかし所有するのはオランダ人）の家具販売業は、二〇〇二年、約一、二〇〇億ユーロの販売実績をしめした。二九ヵ国にある一五〇余の店舗に二億八、六〇〇〇万超（アメリカの全人口にほぼ匹敵する）の顧客が訪れていた。四五の言語で印刷された一億八、五〇〇〇万部のカタログも販売に利用している。実際にそのカタログは、聖書に次ぐ、世界第二位の発行部数であると言われている。[39] ここ数年注目されている国際的なチェーン店は、一九四七年に創立された衣料販売店のH&Mである。一七ヵ国で九〇〇余の店舗を営業しているが、二〇〇三年末までに、さらに一一〇店舗の新規開設を計画している。H&Mは三万九、〇〇〇人を雇用し、年間に五〇億品目以上を販売している。[40]

1・1　グローバルなイコンとしてのマクドナルド

マクドナルドは、単に実業世界だけでなく、アメリカ大衆文化に中心的な位置を占めるまでになった。[41] 新しいマクドナルドが小さな町でオープンすると、それは大変なイベントになる。こうしたイベントの一つについてメリーランド州のある高校生は次のように述べている。「これほどまで興奮した出来事はまちがいなくデール市始まって以来のことだ」[42] と。大都市の新聞でさえも、ファストフード業界の発展について熱烈に書きまくっている。

さらに、ファストフード・レストランはテレビ番組や映画で象徴的な役割を果たしてきた。かつて伝説的なテレビショーであった「サタデー・ナイト・ライブ」での寸劇は、セロテープ以外に何も販売していないあるフランチャイズの苦境の細部を伝えることで、特化したチェーン店を風刺している。「星の王子 ニューヨークへ行く」という映画で、主演のエディ・マーフィはアフリカの王子を演じているのだが、彼のアメリカ社会への参入は「マクドウェル」(これはマクドナルドをもじっている)での仕事からである。また、「フォーリング・ダウン」で、マイケル・ダグラスは、お客をいらだたせる心ない規則に支配されているファストフード・レストランでモダン世界への憤懣をぶちまける。「ハドソン河のモスコー」はロシアからやってきたばかりの移住者の役をロビン・ウィリアムズに演じさせているが、彼はマクドナルドで最初の職を手に入れる。映画「タイム・アフター・タイム」の主役H・G・ウェルズ(マルコム・マクダウェル)はマクドナルドのモダン世界に連れてこられている自分に気づく。そしてそこで、彼はヴィクトリア期のイングランドで飲みなれていた紅茶を注文しようとする。「スリーパー」においてウッディ・アレンは未来に連れていかれ、そこでマクドナルドだけをみいだす。最後に、「ティン・メン」―事の起こりはキャデラック」は、主人公たちが遠くからでも見える金色のアーチに代表される未来にドライブしていく場面で終わる。「スコットランド、PA」(二〇〇一年)は「マクベス」を一九七〇年代のペンシルベニアに連れてくる。シェイクスピアの戯曲の有名な殺人の場面は、この場合には、ドーナッツ王の頭を油の沸騰するフライパンの中に投げ込むという設定になっている。それから、マクベス家の人たちは王様の薄汚いカフェを、マクベスバーガーを呼び物にするファストフード・レストランに変えるために不正に手に入れた金を使うのである。

マクドナルドがアメリカ文化の一つの象徴になったことをしめす証拠として、レイ・クロックが最初にオープンしたマクドナルド・レストランを取り壊す計画が進行していたとき、何百通もの手紙がマクドナルド本部に殺到したことが挙げられる。それは次のような内容のものであった。

　どうか、あれを取り壊さないでください。あなたの会社の名前はアメリカだけでなく、全世界中の誰もがよく知っている言葉なのです。この現代文化の代表的な創造物を破壊するのは、世界中の人びとがあなたの会社にいだいている信頼の一部を壊してしまうことになるでしょう(43)。

最終的に、そのレストランは取り壊しを免れたばかりか、博物館に造りかえられた(44)。マクドナルドの幹部の一人はこう説明している。「マクドナルドは……まさしくアメリカらしさの一部である」。

このように感じているのは何もアメリカ人だけではない。マクドナルドがモスクワでオープンしたとき、あるジャーナリストはフランチャイズを「アメリカの究極のイコン」と描写している。[45] ピザハットが一九九〇年にモスクワでオープンしたとき、ロシア人の学生は「うん、これこそアメリカだ[46]」と納得していた。ブラジルにおけるファストフードの成長について語ったブラジルのペプシコ（一時期、ピザハットを傘下においていた）の会長は、「アメリカ的なものへの情熱を経験している[47]」と語った。マレーシアにおけるケンタッキー・フライドチキンの人気について、地方のオーナーの一人は「何か西欧的なもの、とくにアメリカ的なものをここの人たちはこよなく愛している。……彼らはアメリカと結ばれていたいのです[48]」と語っている。

少なくともいくつかの点で、マクドナルドはアメリカそのものよりもはるかに重要になったということができるかもしれない。前駐イスラエル大使の経験した次の物語がそのことを端的に表している。エルサレムにオープンした最初のマクドナルドのオープン・セレモニーに、彼がマクドナルドの金色のロゴのついた野球帽を被って出席したときのことである。

イスラエルのティーンエイジの子どもが彼のもとに歩み寄ってきた。その少年もマクドナルドの帽子を被っていた。その帽子とペンを少年はインディック大使に手渡しながら、大使に尋ねた。「あなたは大使ですか。あなたのサインをもらえますか」。いくぶんたじろぎながら、インディック大使は答えた。「いいとも、でもこれまでわたしのサインが欲しいといった少年はいなかったよ」。

大使が彼の名前を書く用意をしていると、イスラエルのティーンエイジの少年は彼に言った。「すごい！　マクドナルド・レストランがオープンするとき世界中のどこへでも行けるなんて、どんな気分ですか」。すると、インディック大使はイスラエルの少年を見つめて、「いいえ、いいえ、わたしはアメリカ合衆国の大使だよ。マクドナルドの大使だなんてとんでもない」。

インディック大使は、次に何が起こったかについて書き記している。

わたしは彼に言った。「もうわたしのサインはいらないということかい」。そして少年は言った。「サインはいりません」。そして彼は彼の帽子を取り戻し、その場を立ち去っていった。[49]

マクドナルド（そして黙示的には、マクドナルド化）の重要性を表す別の二つの指標は、紹介するだけの価値がある。最初の指標は、高名な雑誌エコノミストによって出版された年報「ビッグマック指標」（急成長を遂げるバーガー経済［burgernomics］指標の一部）である。その指標はビッグマックの地方価格（ドル建てによる）にもとづく世界中のさまざまな通貨の購買力をしめしている。これにビッグマックが使われているのだ。というのも、それは多数の異なる国で売られている画一的な商品だからである。二〇〇三年度の調査によれば、アメリカでのビッグマックは平均二・七一ドル、中国のそれは一・二〇ドル、スイスのそれは四・五二ドルであった[50]。この測定値は、少なくとも大まかに、生活費が高い、あるいは低いところはどこかとともに、どこの通貨が過小評価されているか（中国）、過大評価されているか（スイス）を表している。エコノミスト誌はビッグマック指標を冗談半分で計算しているのだが、それでも一部には、その指標はマクドナルドの偏在性と重要性を映し出している。

マクドナルドの地球規模での重要性を表す第二の指標は、トーマス・フリードマンによって開発された考えである。その考えとは、「マクドナルドを共にもっている二つの国は、両者がマクドナルドをもつことになって以来、戦争をしたことがない」というものである。フリードマンはこれを「紛争防止のゴールデンアーチ理論[51]」と呼んでいる。もう一つの半ば真剣な考えは、世界平和への道はマクドナルドの継続的な国際的拡張によって開けるというものだ。不運にも、その発想がまちがっていることが立証された。一九九九年、NATOはユーゴスラヴィアを空爆したからである。そこには二〇〇二年に一六店舗のマクドナルドがあった。

世界中の多くの人びとにとって、マクドナルドは神聖な制度になっている[52]。モスクワでのマクドナルドの開店にさいして、ある労働者はマクドナルドを「まるでシャルトルにあるゴシック式の大聖堂のようだ」と語っている。それは「神々しい喜び[53]」を経験できる場所だとさえ述べている。ウィリアム・コウィンスキーは次のように考察している。ファストフード・レストランをほとんどつねに収容しているショッピングモールは現代における「消費の大聖堂[54]」であり、人びとは「消費の宗教」を実践するために訪れる。同じく、マクドナルド化した社会のもう一つの中心的要素、すなわちウォルト・ディズニーの世界[55]は「中産階級のメッカ巡礼、光で熱せられた聖なる都市への責務としての訪問[56]」と描かれてきた。

マクドナルドが崇高な地位を達成できたのは、ひとえにほとんどすべてのアメリカ人と多くの外国人が数え切れないほどの機会に、あの金色のアーチをくぐったからだ。さらに、ほとんどいつもマクドナルドの長所を称えるコマーシャルがさまざまな視聴者向けに制作されたからである。これらのコマーシャルはチェーン店が新しいメニュー、あらたなコンクール、さらに新しい抱き合わせ商品を導入するたびに変えられる。このようにいつも流されているコマーシャルは、人びとが遠方までドライブをすれば必ずマクドナルドのファストフードを目にするという事実と結びついている。そしてこうしたコマーシャルがマクドナルドを大衆意識の奥底に深く刷り込んでしまった。学童期の子どもたちを対象にした世論調査によれば、彼らの九六パーセントがロナルド・マクドナルドの名前を確認できる。この割合はサンタクロースについで第二位であった[57]。

長いあいだ、マクドナルドはいろいろなやり方で多くの人びとを魅了してきた。レストランそのものがこざっぱりとしてきれいであり、食べ物は新鮮で、しかも栄養価が高く、従業員は若くて、仕事熱心で、店長は上品で気配りが行き届き、そして食事の経験は楽しいものと描かれている。人びとは、マクドナルドが病気の子どもたちのために設立したロナルド・マクドナルド・ハウスのような慈善事業に、少なくとも間接的に貢献しているとさえ信じ込まされている。

1・2　マクドナルド化の遠謀

マクドナルドはその勢力をアメリカ社会、さらにアメリカを超えて拡大しようとつねに奮闘してきた。この点について、マクドナルドの会長は次のように述べている。「われわれの目標はファストサービスをモットーとするレストラン業界を世界規模で手中に収めることである。……わたしはマクドナルドが業界の一指導者以上の存在であることをつねに願っている。わたしはマクドナルドが業界を支配しつづけることを欲しているのです[58]」。

マクドナルドは、大都市近郊や中規模地方都市を特徴づける現象として出現したのだが[59]、近年になって、アメリカであれ外国であれ、かつてそうしたレストランの経営がむずかしいと思われていた大都市やきわめて小規模な町にも進出した。現在では、ニューヨークのタイムズスクエアでも、パリのシャンゼリゼ通りでも、ファストフードの店を目にすることができる。一九九二年、モスクワでマクドナルドが開店したさいには、一日あたり約三万個のハンバーガーが飛ぶように売れ、そのため一台のレジに二人の若者を配置し、合計一二〇〇名のスタッフが雇用された[60]（驚いたことに、現在、マクドナルドはロシアにおけるファストフード市場の八三パーセントを占めている[61]）。一九九〇年代はじめ、北京市民は世界最大規模のマクドナルドの開店を目撃した。その店舗には七〇〇席と二九台のレジが設置されており、ほぼ一、〇〇〇人の従業員がかいがいしく働いていた。開業当日、約四万人もの客に給仕をし、マクドナルドでの新記録を樹立した[62]。

完全規模のファストフード・レストランを出店しても採算があわない地域では、マクドナルドは小さな出店風の店舗のファストサービスを提供し、また急速に、遠距離宅配を拡張している。こうした店舗は、大都市の小規模な商店の前面に、またデパートやガソリンスタンド[63]、そして学校のなかなど過去に例をみない場所に進出し始めた。こうした出店風の店舗の特徴はと言えば、ごく限定したメニューを提供すること、そして食材の貯蔵や下ごしらえの準備を大規模店舗に頼っていることである。[64] マクドナルドは博物館、オフィスビル、総合的なカフェテリアに特設の小店舗を展開する計画をもっている。最近、ドキッとするようなことが起こった。ボストンに新設された連邦裁判所内のどこにマクドナルドを配置するかをめぐって問題が発生した。[65] さらにもっとも驚かせられるマクドナルド・レストランが、グランドキャニオン、超高層建造物（マレーシアのペトロナスビル）、スウェーデンのスキー場のスロープの途中にあるスキー・スルー、そして一三世紀に築造されたイングランドのシュリューズベリーの建物内部にまで進出したことだ。

ファストフードは、多数の大学構内を取り囲んでいる細長い通りを支配するだけではもはや飽きたらず、ファストフード・レストランはそうした大学の内部にまで進出を果たした。そうした最初のファストフード・レストランは、一九七二年、シンシナチー大学のキャンパスに開店した。現在では、大学のカフェテリアがショッピングモールの食堂街と見まがわれる（大学内でのファストフード・サービスの年間売上高が九五億ドルに達していることを考えれば、別に驚くことではない）。[66] さまざまな「ブランドもののパートナー」（たとえばピザハットやサブウェイ）と協力しているマリオットは、多数の大学に食品を供給している。[67] 大学当局者の正式の承認はファストフード・レストランに有利な地位を供与した。これによりファストフードは若い世代に一段と影響を与えやすくなった。

いまでは高速道路をわざわざ出なくても、ファストフードを迅速かつ簡単に手に入れることができる。ファストフードはいまでは高速道路の最寄りのサービスステーションで簡単に手に入れることができる。われわれは「胃袋を満タンにする」とただちに、旅をつづけられる。われわれの旅は、いま出発したばかりの町と同じ密度と構成比でファストフード・レストランのある別の町に到着して終わるのである。またファストフードは、ガソリンスタンド、ホテル、[68]鉄道の駅舎、空港で、それればかりか機内食でさえ、たやすく手に入れることができるようになった。

社会のほかの部門でも、ファストフード・レストランの影響はいっそう巧妙に、またいっそう深く浸透している。マクドナルドなどのファストフード・レストランは、高校や職業専門学校に出現し始めた。[69]学校のカフェテリアの二〇パーセント強において有名なブランド物のファストフード（たとえばピザハット、タコベル）で生産された食品が少なくとも週に一度は出されている。アメリカ学校給食協会の理事長は「今日、子どもたちに食べさせたいとファストフードがライフスタイルになった世界で生活している。子どもたちはファストフードがライフスタイルになった世界で生活している。われわれは親しみをもってもらえる品揃えをしなければならないというそれだけの理由で、われわれは親しみをもってもらえる品揃えをしなければならないのです[70]」と語っている。それより低年齢の子どもたちを収容している学校で自前のファストフード・レストランをもつ例はまだ少ない。とはいえ、そうした多くの学校でも、カフェテリアのメニューは変更を余儀なくされ、ファストフードを手軽に利用できるように手順を変えなければならなくなった[71]。リンゴ、ヨーグルト、そしてミルクはゴミ箱に投げ捨てられ、代わってハンバーガー、フライ、そしてシェイクが好んで食べられるようになった。さらに、ファストフードチェーンはその商品を学校のカフェテリアで販売しようと計画している。学童期の子どもたちをファストフードにつなぎ止めようとする目論見は、イリノイ州でその頂点ともみえる出来事を演出した。なんとマクドナルドが「チーズバーガーのA計画」と呼ばれるプログラムを実施したのである。成績表で「A」の評価を得た子どもたちは無料でチーズバーガーを受け取った。そのことで学業の達成とマクドナルドからの報酬がみごとに結びつけられたのである[72]。

さらに、軍隊は基地内でも艦船内でも、ファストフードを提供すべきだとする圧力を受けている。医師や栄養士による批判にもかかわらず、ファストフードの店舗がどんどん病院内部に進出している。家庭は自前のマクドナルドをまだもっていないが、それでも家庭での食事は、ファストフード・レストランで食べるものにしばしば似かよっている。冷凍食品、チンするだけで食べられる食品、調理済みの食品――これらはファストフード・レストランで利用できる食事に似かよっている――が、そのまま夕食のテーブルに供される。その上いまや、ファストフードの料理本も出回っている。『ファストフード・レシピーの秘密——ファストフード・クックブック』は、「純正」なファストフードを家庭で作れるようにしている[73]。加えて、ファストフードには宅配も、とりわけドミノ・ピザが起こしたピザ革命さえもある。

もう一つのタイプの拡張が「縦割りのマクドナルド化[74]」と呼ぶべき組織をもたらした。エリック・シュローサーがその著『ファストフードが世界を食いつくす』のなかでくわしく報告しているように、ファストフード産業の大きな需要が、強欲な需要を満たすのに役立つ産業をマクドナルド化したということである。だから、ジャガイモ生産と加工、家畜飼育、鶏の飼育、そして牛肉の処理と加工作業をマクドナルド化しなければならなかったし、これが生産の飛躍的な向上をもたらした。しかし成長はコスト抜きで実現できるものではない。牛肉と豚肉は感染症の危険をはらんでいる。小規模（しばしばマクドナルド化されていない）生産者と牧場主が倒産に追い込まれ、また数百万人の人びとが低賃金、地位の降格、そして時には、非常に危険な作業に耐えて働かねばならなかった。たとえば精肉業では、スイフトやアムールのような家族的な名称をもつ企業で働く労働者たちは比較的に安全で、組合を結成し、保証され、働きやすく、しかも相対的に高賃金を支払われていた。他方、おおむね個性のない名称をもつ企業によって、こうした職種は不安定で組合もなく、危険で、働きがいもなく、相対的に低い賃金の地位へと追いやられた。一部の人しまった。

たち（おおむねオーナー、経営者、そして株主）は、縦割りのマクドナルド化によって巨大な利潤を手に入れている。その一方で多くの人たちが周辺的な経済的地位に追いやられて

マクドナルドは大変に強力なモデルであったため、多くのビジネスがマ、ッ、ク、で始まるニックネームをつけて開業した。そうしたなかに「マック歯科医」や「マック医師」がある。これらは、ドライブイン診療といわれるとおり、それほど重くない歯の治療や医療問題を素早く、かつ効率的に処置している。[75] またキンダーケアなど子ども用のケアセンターは「マックチャイルド」ケアセンターと呼ばれている。ウェイン・ルーカスが経営する全国規模の競争馬の訓練センターは「マック厩舎」、そしてＵＳＡトゥデイのような新聞は「マック新聞」などと呼ばれる。[76]

それでも、マクドナルドはいつもそうした増殖に夢中になっているわけでない。サンフランシスコに三つの店舗をもつ「ウィー・ビー・スシ（われらスシ）」の事例を取り上げてみよう。そのチェーン店がなぜ「マックスシ」と命名しなかったかを説明する理由がメニューの裏側に書かれている。

わたしたちの元々の名称は「マックスシ」でした。商標もできあがり、わたしたちはそれでいくつもりでした。ところが、新規開店する直前になって、あなたも想像が

つくように、マクドナルドの顧問弁護士からきわめて紋切り型の一通の書簡が届きました。マクドナルドはマックベーグル（原文のママ）からマックタコにいたるまでありとあらゆるマック食品を買い占めたかのようです。弁護士たちは、「マックスシ」の名称の使用は、マクドナルドのイメージを減殺するものだと通告してきました。[77]

マクドナルド化はきわめて強力であるため、マクドナルドの模造品もしだいにみずからの影響力を発揮し始めた。たとえば、USAトゥデイ新聞の成功は、全国の多数の新聞に、短い記事やカラー版の天気予報地図を採用させた。USAトゥデイ紙のある編集者は次のように述べている。「われわれをマック新聞と呼んでいる同業の新聞編集者がわれわれのマックナゲットを盗んでいる[78]」。USAトゥデイが収めた大成功のため、ニューヨークタイムズやワシントンポストのような大新聞も変化を迫られた（たとえば色刷りを使用している）。USAトゥデイの影響はボッガラトンニュースに露骨に表れている。この新聞は「一種のくだらないヴァイキング料理」、つまりニュースを、USAトゥデイがやったよりももっと細切れに切り刻み、そしてそれをカラーグラビアや興味本位の話題や「今日の英雄」とか「不思議の探検[79]」など、キザな記事で味つけしている。USAトゥデイと同じく、ボッガラトンニュースの記事は通常、あるページから別のページにまたがることはない。一つの記事はあるページで始まり、そしてその同じページで完結する。この要請に応えるため、長くて複雑な記事は三つないし四つの段落に減らさなければならない。ある物語の文脈の多くは、そして主幹が言わなければならない論説の多くは、厳しく削られ、あるいはまったく削除されてしまう。軽いニュースとカラーグラフィックを強調していることからもわかるとおり、その新聞の主な機能はエンターテインメントであると思われる。

実際にほかのすべての社会部門と同じく、セックスもマクドナルド化過程を経てきた(80)。映画「スリーパー」のなかで、ウッディ・アレンは、マクドナルドが重要で、しかもやたら目立つ要素になる未来世界を描いているばかりでなく、セックスまでもがマクドナルド化過程を完成させた社会を描きだした。未来社会の常連たちは「オルガスマトロン」と呼ばれる機械と関係を結ぶこともできる。この機械は性交のヤッサモッサを経なくても、確実に彼らをオルガスムスへと誘うのである。

同じく、本物の「電話予約のポルノ」は、これまで一度も会ったことのない、またこれからも会うことはないであろう見ず知らずの赤の他人とうちとけ、性的に露骨で卑わいな会話を交わすことまで実現している(81)。ここにはすぐれた専門化がある。たとえば555-FOXXYとダイアルする場合と、555-SEXYとダイアルする場合とでは、まったく違う電話メッセージにつながれる。電話に出る女たちは機械的に「ごめんなさい。この好き者の猛者さん。あなたの夢見る乙女はいまそちらにいけないの。すぐに電話をかけ直してわたしを呼んでちょうだい[82]」といったたぐいの「マニュアル」どおりの応答を繰り返すだけである。テレホンセックス・システム（あるいはインターネットのチャットルーム）には、マニュアルがほとんどない。これを利用すると見ず知らずの者同士がエロチックな会話を楽しむことができる。ホームページ上のウェブカム（インターネット上で生放送するためのビデオカメラ）の出現によって、いまや不特定多数の人びとがヴァーチャルなセックスをしようとしている相手の人を見ることを実現している（ただし、まだいまのところ触ることはできない）。ウッディ・アレンがオルガスマトロンで期待したように、「参加者は一度も会うことも互いに触れ合うこともなくオルガスムスを経験できる[83]」。便利さが王様である世界において、肉体がそばにないセックスは魅惑的である。「あなたは快適な自宅からわざわざ移動しなくてよいのです。あなたは電話をするか、それともコンピュータ上でログオンすれば、そしてもしあなたが接続するなら、耳ではつかまえきれない性的に光り輝く情景が、あなたの目の前で始まります[84]」。ニューヨークのある当局者は、三階建てのポルノセンターを「セックスのマクドナルド」と呼んでいた。その理由は、「そのセンターが判で押したように清潔で、しかも法律に従順であるから[85]」ということらしい。これらの事例は、人びとの生活のうちでマクドナルド化を免れている側面がまったくないことを暗示している。

1・3　マクドナルド化の諸次元

マクドナルド・モデルがこれほどまで抗いがたい魅力をもったのはなぜであろうか。マクドナルドでファストフードを食べることは確かに一つの「記号」になっている。[86]とりわけその一つの記号は、現代のライフスタイルとうまく適合しているということだ。こうした食べ物や状況と関係している、ある種の呪術もしくは魔法がそこにある。とはいえ、ここでの焦点はこのモデルの成功、そしてより一般的に言えば、マクドナルド化の成功の中心にある四つの魅惑的な次元である。要するにマクドナルドは、消費者、従業員、そして経営者に、効率性、計算可能性、予測可能性、制御を与えているのである。[87]

1・3・1　効率性

マクドナルドが成功を収めた一つの重要な要素は、効率性、つまりある地点から別の地点に移動するための最適な方法である。消費者にとって、マクドナルドは空腹から満腹へ移動するために利用できる最良の方法を提供している。共働きの両親あるいはひとり親が落ちこぼれまいと必死になっているような社会で、効率的に空腹を満たすことは非常に魅力的である。ある地点から別の地点に自動車で急いで移動することの多い社会では、ドライブスルーの通路にそってゆっくり進むだけで、わざわざ車から降りる必要のないファストフードの食事が与える効率性は抵抗できないことを頻繁に証明している。

　ファストフード・モデルは、人びとに多くの欲求を満たすための効率的な方法を与え、もしくは少なくともそれを与えているかのようにみえる。ウッディ・アレンが映画のなかで用いたオルガスマトロンは人びとを沈静状態から性的満足の状態へ移動させる効率的な方法である。マクドナルド・モデルのやり方に合わせた別の組織もマクドナルドに類似の効率を提供している。たとえば体重の減量、完全に整備された自動車の購入、新しいメガネあるいはコンタクトレンズの入手、また所得税手続きの代行などの面で効率が得られる。

　マクドナルドの消費者と同じく、マクドナルド・システムで働いている従業員も効率的に機能している。彼らは店長のそばで働くよう訓練されており、また店長は従業員の働く様子を確認するため近くで監視している。組織の規則や規程もまた高度に効率的な作業を担保するのに役立っている。

1・3・2　計算可能性

計算可能性は、販売商品の量的側面（分量と費用）、および提供されるサービス（商品を手にするまでにかかる時間）をもっとも重視する。マクドナルド化したシステムでは、量は質に等しいものとなった。何かがたくさんあること、もしくは商品の手渡しの迅速さが意味しているのは、質がよいものにちがいないということである。現代アメリカ文化について二人の評論家が次のように述べている。「われわれが文化として深く信じたがるのは、おおむね『大きいことはよいことだ』ということである[88]」。したがって人びとが注文するのは「クォーターパウンダー」「ビッグマックとマックフライポテトのL」である。さらに最近になって、「ダブル何とか」（たとえば、バーガーキングにある「ダブルチーズワッパー」）、さらに「トリプル何とか」という あらたな誘惑が出現した。人びとはこれらのなかから量を決めることができるし、価格総額に比べて多くの食べ物を自分たちは手に入れていると感じることができるのだ（現在、マクドナルドでやっている「ワンダラー・メニュー」によって代表される）。ただしこの計算は重要な点を勘定に入れていない。ファストフード・レストランなどのチェーン店が最大の利潤を得ているということであり、そのことが表しているのは、消費者でなく、オーナーたちがうまい商売をしているということである。

さらに、人びとには、マクドナルドまでドライブし、食べ物を出してもらい、それらを食べ、そして家に帰るのにどれくらい時間がかかるかについて計算する性癖がある。したがって彼らはこれに要する時間と、家庭で食べ物を用意するのに必要な時間とを比べる。人びとはしばしば正しくあるいはまちがって、次のように結論づける。つまりファストフード・レストランまで外出したほうが、自宅で食事をとるよりも使う時間が少なくて済むという計算である。この種の計算を支えているのは、時間の節約を強調するファストフード・レストラン・フランチャイズのほかに、とりわけドミノのような宅配のフランチャイズである。ほかの種類のチェーンでみられる時間節約の例として注目されるのは、レンズクラフターズであるが、このメガネ店チェーンが謳い文句にしているのは、「早くできるメガネ、一時間以内でできるメガネ」である。

いくつかのマクドナルド化した施設は時間と金銭に重きを置いている。ドミノが約束しているのは、三〇分以内のピザ配達であり、それができなければピザのお代はいただきませんというものだ。ピザハットは五分以内に一人前のパンピザを出します。もしそれができなければ、ここでも無料である。

マクドナルド化したシステムで働いている従業員もまた、自分たちの作業の質的側面よりもむしろ量的側面を重視する傾向がある。作業の質のばらつきが少なくなるよう設計されているので、従業員たちは与えられた作業をどれだけ素早くこなすかに専念している。顧客の置かれた状況と似かよった状況下で、従業員に期待されているのは低い賃金と引き替えに、たくさんの仕事をいかに迅速にするかである。

1・3・3　予測可能性

マクドナルドは予測可能性をも提供している。つまり商品とサービスがいつでも、どこでも同一であるという保証を与えている。ニューヨークのエッグマフィンの味はどの点からみても、シカゴやロサンゼルスのそれと寸分違わない。さらに、人びとが次の週また次の年に食べるとしても、マクドナルドの食べ物は、今日食べたものとまったく同じである。マクドナルドが意外な驚きを与えないと知っているところに、大きな心地よさがあるのだ。人びとは、自分が次に食べるエッグマフィンの味が、彼らがこれまで食べたものとまったく同じであることを知っている。それはすごくひどいものではないが、例外的においしいものでもない。マクドナルド・モデルの成功が暗示しているのは、人びとの多くが意外な驚きのほとんど存在しない世界を好むようになったということだ。イギリスの評論家は「マクドナルドがとりわけ個人主義を重んじる文化の産物であるのはまことに奇妙というほかない[89]」と指摘している。

　マクドナルド化したシステムの従業員も予測可能な仕方で振る舞う。彼らは店長の指図はもちろん、企業の職務管掌規則に従っている。多くの事例において、彼らがすることばかりでなく、言うこともだいたい予測できる。マクドナルド化した組織は、従業員が覚えることになっており、特別の出来事が起こったさいに従うことになっているマニュアル（「それにフライを付けますか」）を備えている。[90] このマニュアル化された行動は、従業員と顧客の相互作用における行動を予測可能なものにするのに役立っている。顧客はマニュアルにこそ従ってはいないものの、マクドナルド化したシステムの従業員に対する振る舞いについての簡単な対処法をもつようになる傾向がある。[91] ロビン・ライドナーはこれについて次のように述べている。

> マクドナルドが開拓したのは相互作用を伴うサービス業務のルーティン化であり、マクドナルドはいまなお究極的な標準化の典型である。革新の姿勢は少なくとも失われていない。その目標は新しい、革新的なやり方を探すことなのであるが、しかし皮肉なことに、そうしたやり方の結果として作りだされているのは、どのマクドナルドに足を踏み入れても、そして世界のどこのマクドナルドに行ってもまったく変わることのない経験である。[92]

1・3・4　人間に頼らない技術体系

マクドナルドの成功を導いた第四の要素、すなわち**制御**が[93]マクドナルドの世界に足を踏み入れる人びとに影響力を発揮する。きちんと並ぶことを求められる行列、選択の余地のないメニュー、追加注文の品数の少なさ、そして座り心地の悪い椅子など、そのすべてが経営戦略上顧客に要請していること――早く食べてすぐに出て行け――へと食事に来た顧客たちを誘導する。さらに、ドライブスルー（またいくつかのケースでは、ウォークスルーにおいても）の売場は、食べ物を購入した顧客が食べ始める前に立ち退くように工夫されている。ドミノ・ピザのモデルはそもそも顧客を店内に入れないように設計されている。

マクドナルド化した組織で働いている人びとの制御も、顧客に対するものよりもはるかに高度であり、ふつう非常に厳格で、しかもはるかに直接的である。従業員は教えられたとおり正確に、ごく限られた業務をするよう訓練されている。そこで用いられているさまざまな装置や組織づくりの方法が、この制御を補強している。さらに、店長や監視員は、従業員たちが自分の職務をきちんと実行しているかどうかを確認する。

加えて、マクドナルドは人間の従業員に代えて、人間に頼らない装置を使うぞとつねに脅迫すること、そして最終的に、そうした装置を使うことで従業員を制御している。だが、どんなによくプログラムされ、制御されているといっても、従業員がシステム・オペレーションを台無しにしてしまう危険は残る。段取りの悪い従業員が効率の低さのためビッグマックの準備や引き渡しを遅らせることがある。規則に従うことを拒否する従業員は、ハンバーガーにピクルスや特製ソースを付け忘れ、そうすることで予測不可能性が生みだされる。さらに、不注意な従業員はフレンチフライを箱のなかに入れる量をまちがえて、フレンチフライのLを注文した顧客に、Mのフライを手渡してしまうかもしれない。以上のようなさまざまな理由から、マクドナルドなどのファストフード・レストランは、人間を少しずつ機械に置き換えていくと思われる。従業員に対する企業管理を強化する技術体系は、マクドナルドが自社の従業員とサービスの堅実さを顧客に得心させる一助なのである。

1・4　マクドナルド化がもたらす利点

マクドナルド化の四つの基本的な特徴についての議論は、マクドナルドがなぜこのように驚異的な成功を収めたのかについて、十分かつ確実な理由を明確に提示している。多くの知識人、たとえば経済コラムニストのロバート・J・サムエルソンは諸手を挙げてマクドナルドのビジネス・モデルに賛同している。サムエルソンは「公然のマクドナルド崇拝」を認めており、そして彼はそれを「歴史上もっとも偉大なレストランチェーン」[94]とみなしている。さらに加えて、マクドナルドは社会貢献をするため多数の賞賛に値するプログラムを推進している。たとえば重大な医療問題をかかえている子どもたちが治療を受けるために親と一緒に滞在できるロナルド・マクドナルド・ハウス、ティーンエイジャー向けの職業訓練プログラム、就学中の従業員を支援するプログラム、身体障害者を雇用し、訓練するプログラムなどがある。また、マックマスターズというプログラムは高齢者の雇用を促進するためのプロジェクトであり、マイノリティの雇用と昇進についても人のうらやむような実績を上げている[95]。

マクドナルド化の過程も劇的に前進した。それが結局、肯定的な変化をもたらしたからである[96]。マクドナルド化を特徴づけている、いくつかの事例を挙げてみよう。

▼以前と比べて、はるかに多くの人びとがさまざまな商品とサービスを利用できるようになった。

▼以前と比べて、商品やサービスの利用可能性が時間や場所にほとんど左右されなくなった。人びとは、以前に不可能であったようなこと、たとえばふつうの店で現金を引き下ろすことや夜間に銀行預金残高を調べることなどができるようになった。

▼人びとは欲求や必要を満たす商品をほとんど即時に手に入れることができるようになった。

▼商品とサービスがはるかに高い規格性をもつようになった。少なくとも一部の人は、マクドナルド化する以前と比べて、いっそう質のよい商品とサービスを入手している。

▼高額な商品、もしくは特別注文の商品やサービスに代わって、はるかに経済的な代案が広範囲に利用できるようになった。だから人びとはかつて購入できなかった商品を買うことができるようになった。

▼迅速で効率のよい商品とサービスが、長時間働いている人たちや時間的な余裕をもたない人たちにも利用できるようになった。

▼急速に変化し、あまりなじみのない、しかも明らかに敵対的な世界において、マクドナルド化したシステムが提供している相対的に安定し、親しみやすく、しかも安全な環境には、ある種の気安さがある。

▼数量化が徹底しているため、顧客は競合する商品をたやすく比較できる。

▼特定の商品（たとえばダイエット・プログラム）は厳格に規制され、管理するシステムのおかげで安全である。

▼人種、ジェンダー、あるいは社会階級に関係なく、人びとが同等に遇される機会が増えた。

▼組織と技術の革新は機械操作の回路をとおして迅速に、しかも容易に普及していく。

▼ある文化においてもっとも人気のある産物を別の文化へ伝播することがいっそう容易になった。

1・5 マクドナルド化に対する批判――合理性のもたらす非合理性

マクドナルド化は大きな利点をもたらした。しかしそれは否定的な側面も併せもっている。効率性、予測可能性、計算可能性、そして人間に頼らない技術体系をとおして実施される制御は、合理的システム[97]の基礎的部分とみなすことができる。しかし合理的システムは大量の非合理性を必然的にもたらす。別の言い方をすれば、合理的システムは人間の理性を否定する傾向を助長する。合理的システムはしばしば不合理である。マクドナルド化の否定的側面は、合理性がもたらす非合理性という見出しのもとでもっとも体系的に論じることができる。さらに逆説的に言えば、合理性のもたらす非合理性は、実はマクドナルド化の第五の次元と考えることができそうである。

たとえば、マクドナルド化は環境に対してさまざまなマイナスの効果を生みだした。その一つは必要がもたらした副作用である。人びとが期待しているとおりのフレンチフライを作るためには形の揃ったジャガイモを育てる必要がある。現在そうしたジャガイモを生産している太平洋側北西部の巨大農場は化学薬品を大量に使用している。加えて、完璧なフライを作るためという必要が意味しているものは、大量のジャガイモが無駄にされ、残りクズとして食用牛の餌や肥料として使われているということである。いまや当該地域で供給される地下水は、肥料や動物性の廃棄物に起因すると推測される高水準の硝酸塩を含んでいる[98]。もちろん、ほかにも多くの生態学的問題が社会のマクドナルド化によって引き起こされている。包装用紙を製造するために伐採された森林、ポリスチレンなどの物質によって引き起こされる被害、食用牛を育てるために必要な膨大な餌などである。

ファストフード・レストランがもたらすもう一つの不合理な効果とは、食事をする場所や作業をする場所が頻繁にまったく脱人間的な環境に変わっていくという現実である。ハンバーガーを求めて一列に並んでいる顧客やドライブスルーで行列を作って待っている顧客、そして食事の準備をしている従業員たちがしばしば感じているのは、自分が組み立て作業ラインの一部になっているという感覚である。組み立て作業ラインは、食べることに向いていないだけでなく、働く状況としてまったく非人間的であることがわかっている。

もちろん、こうした批判はマクドナルド化していくあらゆる側面に当てはまる。たとえばユーロディズニーの開業にさいして、フランスのある政治家は次のように述べている。「ファストフードが美食学を爆撃したように、いまや根絶するだけの破壊力をもった人工物がフランス文化を砲撃している[99]」。

すでにみてきたように、マクドナルド化から得られる多くの利点がある。しかしこの本で焦点を合わせているのは、マクドナルド化に伴う大きな損失と危険である。マクドナルドやファストフード・モデルは、毎年何十億ドルも投資して自分たちが利潤を得ている。しかしそうしたシステムの批判者たちは、自分たちの考えを表現するための手段をほとんどもち合わせていない。たとえば、子どもたちの健康に対するファストフード・レストランの危険を告知する内容のコマーシャルが、土曜日朝のアニメの時間で流されることは決してない。

それでもなお、このようなマクドナルド化への批判について次のようなもっともな疑問が提起できるかもしれない。すなわちそうした批判は過去をロマンチックなものに仕立てて、もはや存在しない世界に回帰したいといった、できもしない願望に踊らされているのではないか。一部の批判者がある時代への郷愁にもとづいてマクドナルド化を批判しているのもまぎれもない事実である。その時代とは、まさに暮らしがゆったりとしていて効率も悪く、しかし驚きがもっともっと多かったよき時代、そして人びとがもっと自由であった時代、さらにロボットやコンピュータよりも人びとが人間を遇することの多かった時代である。[100] それらは重要な論点を含んではいるが、しかしこれらの批判者がマクドナルドの存在しない世界の肯定的な側面を誇張しすぎていることもまた事実である。そうした世界がもっていた否定的な側面をすっかり忘れている。後者の事例として、キューバのハヴァナにあるピザ店を訪ねたさいのことを取り上げてみよう。

そのようなピザは夢中になって説明するまでもない。そのピザはトマトソースをけちり、パン生地はお粥のようにグチュグチュであった。

午後七時三〇分、そこはもっぱら立ち食い専用なのであるが、それでも入り口から奥のほうへやってきた二人連れの客が背もたれのない腰掛けを奪い合っている。注文の順番を待つ列が歩道へはみ出していた。

メニューはまったく簡素そのものである。ドリンクとしては水道の蛇口があるだけ。つまりトッピングも、コーヒーも、食塩も、コショウもない。もちろん、特別注文などできるわけもない。

食事中の人はごく少数である。たいていの客はただ待っている。……指でテーブルをコツコツと叩きながら、しかも蝿がブンブン飛び回り、時計がコチコチと音を立てている。ウェイターはベルトに時計をつけているが、それを見ることはほとんどしない。時間は彼のさしたる関心事ではないことだけは明白だ。しばらくすると無性に腹が立ってきた。

午後八時四五分になったいま、わたしはまだピザ店にいて、二つの小さなパイのために、一時間一五分も待ちつづけている。[101]

こうしたレストランで、たとえばピザハットのように素早く、気さくで、多様な食べ物を期待する人はいないだろう。しかしもっと重要なことに、過去を崇拝している批判者たちは、われわれがそうした世界に回帰しているのではないことを理解していないのだ。それどころか、ファストフード・レストランはハヴァナにも出現している。[102] あふれんばかりの地球人口の増加、先端技術のあくなき発展、生活速度の加速、これらすべてのもの、およびほかの条件の変化によって、合理化されていない過去にあったかもしれない世界——家庭での手料理、由緒ある伝統的なレストランでの正餐、質の高い食品、しかも驚きに満ちあふれた食事、そしてシェフの創造性が存分に発揮されることで人気を博しているレストラン——に回帰することは不可能なことである。

マクドナルド化を未来の視点から批判するほうがはるかに有効である。[103] マクドナルド化したシステムの制約を免れていないが、しかしそのシステムによって実現された技術進歩を活用すれば、人びとは現在よりずっと豊かな思いをもち、技能を享受して、創造的で、円満で釣り合いのとれた存在になりうる可能性を秘めている。一言で言えば、もしかりに世界がこれほどまでマクドナルド化されていなければ、人びとは人間のもっている本来の力をもっと発揮できるかもしれない。

われわれはこうしたマクドナルド化に「可能性をもたせること」とマクドナルド化を

「制約すること」の双方から直視しなければならない[104]。マクドナルド化したシステムは過去に実現できなかった多くの事柄をできるようにしてきた。しかしこのシステムは、そうでなければわれわれがなしえたであろう事柄を阻んでいるかもしれない。マクドナルド化は「諸刃の剣」である。たとえこの本がマクドナルド化と関係している制約の側面――つまり「暗黒の側面」――に焦点を合わせているとしても、この一つの事実を見失ってはならない。

1・6　何がマクドナルド化していないか

この章では、マクドナルド化の利点と欠点だけでなく、この本全体をとおして議論していくことになる、さまざまな現象の広がりについて明確にすべきであろう。実際に、広範囲の現象がマクドナルド化と関係しているので、マクドナルド化と結びついていない現象に、どんなものがあるのか考えてみたくなるほどである。マクドナルド化とは、モダニティの等価物なのだろうか。現代的なすべてがマクドナルド化しているのであろうか。

世界の大部分がマクドナルド化したとしても、現代社会の三つの側面が、少なくとも完全なマクドナルド化を免れている。

▼大昔、つまり「プレモダン」の時代に遡ることのできる側面。そのよい例は夫婦で経営している食料品店である。

▼少なくとも部分的に、マクドナルド化への反動として起こったニュー・ビジネス。たとえば、ホリディ・インやモーテル・シックスで充満しているマクドナルド化に飽きあきした人びとは、自宅の一室を提供し、宿の主人みずからが個人に行き届いた細かい気配りをし、そして自家製の朝食をサービスするペンション風の宿泊施設（B&B）に滞在する。

▼きたるべき「ポストモダン」時代への推移を暗示している側面。たとえば、ポストモダン社会では、「モダン」な高層住宅団地開発は廃れ、小さな、そしてずっと住みやすい質のすぐれた地域社会が作られる。

だから、マクドナルド化はあまねく存在しているけれども、現代社会には、マクドナルド化とは別に、確かな何かがある。マクドナルド化は非常に重要な社会過程であるが、しかし現代社会を変えるただ一つの過程ではない。

さらに、マクドナルド化は二者択一の過程でもない。さまざまな程度のマクドナルド化が存在している。たとえばファストフード・レストランは、ひどくマクドナルド化しているが、大学は中程度にしかマクドナルド化していない。まだ夫婦だけで経営する食料品店はごくわずかマクドナルド化しているだけである。完全にマクドナルド化を免れている社会現象について考えるのはむずかしいが、それでもたとえば、フィジー島の地元企業はいぜんこの過程に巻き込まれていない。

1・7 マクドナルド化のトラブル――マクドナルド化の意味

二一世紀初頭、マクドナルドは毎日のように話題を提供している。しかもほとんどの場合、その話題は（少なくともマクドナルド社にとって）良くないニュースである。海外のレストランでの爆撃（一部には死者も出ている）と抗議行動、その食事が人びとを肥満にしたと訴えた法廷闘争、また一部の食品をベジタリアン用と誤って表示したと訴えた法廷闘争、株価の下落、そしてこれまで前例のなかった四半期における損益など、問題はめじろ押しである。マクドナルド社はいくつかの国で撤退し、訴訟を結審させ、レストランを閉鎖し、スタッフを減らし、拡張を延期し、最高幹部を更迭し、そしてレストランのモデル・チェンジを余儀なくされた。

現代の事態が短期の下降で、やがてさらなる拡大が再開するのか、それともマクドナルドの終焉の発端であるかどうかを予測するのはむずかしい（たとえば、数あるなかで、A

&Pやウールワースは言うまでもなく、あのローマ帝国でさえもついには没落し、消滅したのだから）。議論のため、最悪のシナリオを取り上げてみよう。マクドナルドが、最後に残ったレストランのホットプレートの火を永遠に止めるというシナリオである。

この事態は株主、フランチャイズ、従業員、そしてビッグマックとチキンナゲットの愛好者にとっては惨劇の構図であるが、その構図は、社会のマクドナルド化にとってどのような意味をもつであろうか。マクドナルド社の想像上の崩壊は、この過程にとってのモデルの終焉を意味するが、しかしそれは、マクドナルド化の過程にまったく効果をもたないであろう。われわれは新しいモデルとラベル――「スターバッキゼーション」（これはスターバックスの現在の大きな成功と世界中に広がる劇的な拡張のゆえに、たまたま思いついた）――を見つける必要があるかもしれないが、しかしそれをどのように呼ぼうとも、マクドナルド化の過程そのものは継続するばかりでなく、ますます強力に成長しつづけるであろう。われわれは非効率性、非予測可能性、非計算可能性、そして先端技術を頼りにしないことで、成長しつづける将来の対案を想像することがはたしてできるであろうか。

レストラン産業におけるマクドナルドの没落と最終的な消滅は、その競争相手（サブウェイ、ウェンディーズ）がそれに取って代わる可能性の大きいことを意味し、そしていっそう革新的なチェーン店（In-N-Out Burger）への道が開かれることを意味しているだけのことである。たとえどのファストフードチェーンが優位を占めようとも、それがマクドナルド化の過程に影響をおよぼすことはほとんどない。なぜなら、そのすべてがマクドナルド社によって開拓されたモデルを基礎に据えているからである。予想される結果は、カフェ、グリーシースプーン、ダイナーズ［日替わり定食屋］、カフェテリアのような古風でマクドナルド化されていない対案の大々的な復活である[105]。しかし、そうしたものの一部がうまくマクドナルド化するための方法を自分でみつけなければ、大きな拡張を遂げることはとてもおぼつかない。たとえマクドナルド化に成功したとしても、それはさらにもう一つ別の領域のマクドナルド化にほかならない。

　右で述べたような種類の対案が覇権を握るようなマクドナルド時代の前の時代への回帰は、まったく起こりそうにないことである。現在アメリカにおいてマクドナルドによって占拠されている約一万三、〇〇〇ヵ所とほぼ同数の個人所有で、しかも個人によって運営されるカフェやダイナーズがあふれている状態を現実に想像できるであろうか。手軽に料理を作る熟練したコックをみつけ出して配置することの問題は、そこに足繁く通う顧客をみつける困難の比ではない。フランチャイズがマクドナルドチェーンの最初の店舗を開設して、ファストフード産業に革命を起こしてからほぼ五〇年の歳月が流れた。大多数のアメリカ人が、ファストフードのマクドナルド化した世界以外の世界をほとんど知らない。

一九五五年以前に生まれた人たちでさえ、対案はますます遠く薄れた記憶に変わっている。だから、ファストフードを宅配するマクドナルド化したシステム（たとえばドライブスルーのレーン、宅配のピザ）、そしてマクドナルド化した食べ物それ自体（ワッパース、タコベルのタバスコを味加減したバージョン）が多数の人びとの標準になってしまった。ダイナーズのグリルで作られたハンバーガー、あるいは本物のタコスのスタンドで作られたタコスは、もっとマクドナルド化したバージョンよりもまずいと判断される可能性が高い。さらに、ファストフード・レストランの恐ろしいほどの効率に慣れている人たちにとって、グリーシースプーンやタコススタンドの相対的な非効率はがまんできないであろう。大きな予測可能性に親しんで育った人たちは、不揃いな大きさと形の異なる食べ物を出されることに満足しないであろう。マクドナルド化していない対案で食事を用意し、サービスするといったとても人間らしい交流は、今日のファストフード産業全般にみいだされる人間に頼らない技術やマニュアル化された店員と接触する非人間化に順応して育ったほとんどの消費者には不快であろう。要するに、マクドナルド社の現状における難問は、かつてのマクドナルド化していない対案への回帰によっても、マクドナルド化していない新しい形態の創造（もしそうしたものが想像できるとしての話であるが）によっても、打開できないということである。

マクドナルドはアメリカの外部でうまくやっている。近い将来にわたって、それが拡張しつづけるのはアメリカ国外においてであろう（どうみても、ファストフード・レストランのアメリカ国内市場は飽和状態になり、これがマクドナルド問題の一つの大きな源泉である）。すでに指摘したように、もっと重要なことは、マクドナルドを当然のようにモデルにした外国産のファストフードチェーンの出現を目の当たりにしていることである。それらは本国内で拡張しているだけでなく、世界規模、それどころかアメリカ市場への拡張に乗り出している（イギリスのピザ・エクスプレスはサンマルザノ・レストランの名称を用いて東ヨーロッパ諸国で展開している）。おもしろい最近の事例としては、あらかじめラップされた質の高いサンドイッチを提供している多数のプレットAマネージャー（これはすでに指摘したように、その一部をマクドナルドが所有しているイギリスのチェーン）がマンハッタンで開店したこと、そしてポロカペロ（グアテマラ）がロサンゼルスとヒューストンでフライドチキンのレストランを開設したことであろう（これはアメリカ全土での展開を計画している）。実際に、マクドナルドの中心は、かつて多数の形態の工場生産がそうだったように、ますますアメリカ外部に移転している。モスバーガー（日本）やナイル（インド）のような名称で生まれようとも、それはいぜんマクドナルド化である。

もしその原理が成功を収め、だから広範に拡張したのだとすれば、なぜマクドナルド社はトラブルに巻き込まれているのであろうか。明らかに、多数の理由がこれにはある。そのなかには、たとえば大人にもっと魅力を感じてもらうために新しいメニューの品揃えをすること、レストランだけでなくチェーン全体の組織を見直すことなどの点で、多くの作戦の失敗や指導力不足の問題が含まれている。マクドナルドはこれまでうまくやってきた。しかしその事実が、つまりその成功が自分の足を引っ張っているということである。多数の競争相手がその原理を採用し、そしてマクドナルドが開拓したファストフードのニッチに参入してきた。ほかの多くの革新と同じく、マクドナルド社は現在、多数のライバルが群雄割拠していることを知っている。それらはマクドナルドの成功から多くを学んだだけでなく、その失敗からも多くのことを学んでいる。これらの競争相手がマクドナルドのランチを食いつくしていると言えるかもしれない。マクドナルドもまた、その問題をうまく乗り越えることができるであろうし、またファストフード産業における新規の企業から学ぶことができるかもしれない。しかしそれができるかどうかにかかわらず、ファストフード・レストラン、そしてより一般的に、マクドナルド化の過程は、近い将来（われわれの予知できる範囲内）にわたって、いつもわれわれのすぐそばにあるにちがいない。

1・8　本書の展望

この本は広い意味で、社会科学の研究書なので、社会のすみずみまでマクドナルド化が拡張されていると力説するだけでは不完全である。本書のなかで、そう主張するための証拠が提示されなければならない。２章でマクドナルド化の先駆者について考察した後、３章から６章で、合理化の四つの基礎次元――効率性、計算可能性、予測可能性、そして制御という四次元――を検討する過程で証拠を提示していく。各章で提示される多数の事例は、マクドナルド化が社会に浸透している度合、そしてその過程がいかに加速しているかを論証している。

この本の後の部分はいっそう分析的である。７章では、第五の逆説的な合理化の要素――合理化のもたらす非合理化――について考察する。この本の大部分でマクドナルド化を批判しているが、その章では、それのさまざまな非合理性を議論することをつうじて、前進する合理化と関連する脱人間化のもっとも重要な部分についての批判をより明確に、また直截に提示する。８章では、マクドナルド化と、われわれの時代のもっとも重要な変化――グローバル化――の関係について考察する。９章では、変化している世界のほかの側面にみられるマクドナルド化の地位についての議論に引き継がれていくが、そこではマクドナルド化の過程に多数の制約があるのかどうか、その将来的な展望、そして「脱マクドナルド化」の可能性があるのかどうかについても議論がなされる。最後の10章では、マクドナルド化の過程に激高しないまでも悩まされている個人や集団がどんどんマクドナルド化していく世界とどう付き合っていけばよいのか、そのための方法が例示される。

2章　マクドナルド化とその先駆者たち
——鉄の檻からファストフード工場へ

マクドナルド化は真空状態にこつ然と登場してきたわけではない。それには一連の社会・経済的な発展が先行した。この発展はやがてマクドナルド化の出現を予想させただけでなく、それが1章でふれたマクドナルド化に多数の基礎的特徴を与えた[1]。この章では、そうした発展の結果のいくつかを簡潔に提示することにする。はじめに、官僚制の概念、そして官僚制についてのウェーバーの理論と、さらに大きな合理化過程について考察する。ついで、ナチスのホロコーストについて考える。高度に合理化された大量虐殺の方法は、ウェーバーが合理化と官僚制について危惧していた不可避な成り行きとみなされる。次に、マクドナルド化の先駆者となったいくつかの互いに関係している社会経済的発展に注目する。すなわち二〇世紀はじめにフレデリック・W・テイラーによって発明された科学的管理法、ヘンリー・フォードの組み立て作業ライン、レヴィットタウンと命名された大量生産方式による郊外住宅、ショッピングモール、そしてクロックによるマクドナルドチェーンの創設である。これらは歴史的関心事であるにとどまらず、その多くが今日いぜん重要である。

2・1　官僚制化——生活をさらに合理化すること

官僚制とは、部局の職階からなる大規模な組織である。これらの部局で人びとは、所定の責任をもち、また規則や成文化された規程、より上位の人びとが行使する強制の手段に従って行動しなければならない。

官僚制とは、主として近代西欧世界の創造物である。かつての諸社会にも組織構造は存在したが、官僚制ほど効率のよいものではなかった。たとえば伝統社会では、役人は目上の者への個人的忠誠心によって実務を遂行していた。こうした役人は、非個人的規則よりも、むしろ特定個人の資質に心服し従っていた。その部局には、権限の明確な規定が欠けており、各地位のあいだには明確な職階が存在しない。また役人たちは、ある地位を獲得するために技能訓練を受ける必要がなかった。

要するに、官僚制は作業を組織するための方法であるが、しかし古典的なものとは異なる。官僚制は、ほかの組織と比べてより大きな効率をもたらす形式的構造をもっている。

制度化された規則と規程は、官僚組織に所属する人員を導き、または強制さえして、目的を実現するために最適の手段を選ぶのである。ある一つの作業は、それぞれの部局がより大きな作業の一部に責任をもつ形で多数の部分に分割される。各部局の職員は、通常前もって決められた規則や規程に従って、そして多くの場合、あらかじめ規定された順序に従って、自分の担当分を処理していく。各職員が要請された仕事を順序正しく処理したとき、その作業は完了する。さらに官僚制は、このような作業を処理するさいに、その目的にとって最適であることが過去の歴史によって証明された手段を用いる。

2・1・1　ウェーバーの合理化理論

官僚制に関する近代的な考え方のルーツは、二〇世紀初頭のドイツの社会学者マックス・ウェーバーの業績にある。[2] 官僚制についての彼の考えは、広範囲にわたる合理化過程の理論に組み込まれている。この理論のなかでウェーバーは、いかにして欧米がしだいに合理的になっていったか――効率性と予測可能性と計算可能性、そして人びとを制御する人間に頼らない技術体系によって支配されていったか――を記述している。と同時に彼は、西欧以外の世界の多くが、なぜ合理化に失敗したかについても考察している。

すぐにわかるように、マクドナルド化は、ウェーバーの合理化理論の敷衍と拡張である。

ウェーバーにとって、合理化のモデルが官僚制であった。わたしにとって、ファストフード・レストランは、マクドナルド化のパラダイムである。[3]

ウェーバーは近代西欧世界が特有な合理性を生みだしたことを論証している。さまざまな時代、そしてすべての社会において種々のタイプの合理性が存在した。しかしウェーバーが形式合理性と呼んだタイプの合理性は、それまでどこにも存在したことがない。わたしがマクドナルド化あるいは合理化過程一般を議論するとき言及するのは、このタイプの合理性である。

形式合理性とは、いかなる合理性であるか。ウェーバーによれば、形式合理性とは、与えられた目的に対して最適な手段を探ることが、規則や規程やもっと大きな社会構造によって定められていることを意味する。つまりある目標を達成するために最適な手段を探るさいに、個人は自分で工夫する裁量の余地をもっていないということだ。ウェーバーはこれを世界史的に大きな発展であると特筆している。かつて人びとは自力で、もしくはより大きな価値体系（たとえば宗教）に由来する絶対的で、しかも一般的な指針によってそうしたメカニズムをみつけださねばならなかった。[4] 形式合理性が発達して以降、彼らは何をなすべきか――彼らに命令を下すことすら――を決めるために制度化された規則を利用するようになった。だから形式合理性の重要な側面の一つは、目的に対する手段の選択を個々人の自由にさせないことである。形式合理的なシステムでは、事実上、誰も同じ選択、適切な選択を行うことができる（あるいはしなければならない）のである。

ウェーバーが官僚制、つまり形式合理性のパラダイムを称賛したのは、それがほかのメカニズムと比べて人びとに目的を実現するための最適な手段をみつけさせ、あるいはこれを実行させる上で多くの利点をもっていると考えたからである。もっとも重要な利点とは、合理化（そしてマクドナルド化）の四つの基本次元である。

第一に、ウェーバーは、官僚制は大量の文書作業を必要とする膨大な事務処理を行うためのもっとも効率的な構造を備えていると考えた。一例を挙げると、ウェーバーなら、国税局を利用したにちがいないと思われる。というのも、これほど多くの確定申告を迅速に処理できる構造はほかにないからである。

第二に、官僚制はできるかぎり多くの事柄を数量化することを要求する。事務作業を連続した数量的な作業に分解していけば、その結果についての計算が可能である。たとえば国税局の職員は、一定量の確定申告事務を処理することを期待されている。要求されている件数を下回るようなことがあれば、作業遂行は不十分であり、もし上回ればよくやったということになる。

ところが、数量的アプローチには一つの問題がある。それは作業の実質にはほとんど、あるいはまったく関心が向けられないことである。職員は、作業がどの程度うまく処理されたかにほとんど注意を払わないで作業を終えて当然と思われている。たとえば国税局の職員はきわめて多くの件数を処理すれば上司から高い評価を受ける。しかし彼らは実際には個々の事案をうまく処理していないため未徴収歳入を増やし、結果的に政府予算を数千ドル、あるいは数百万ドルも浪費し、あるいはその職員があまりに強引に事案を処理しすぎたために、納税者が怒りを爆発させるかもしれない。

第三に、堅固に確立された規則と規程のために、官僚制は高度に予測可能な仕方で機能する。ある部局の職員は、ほかの部局の職員がいかに行動するかについて非常に確かな知識をもっている。彼らは自分たちが何を提供されるのか、そしてそれをいつ受け取るのかを知っている。官僚制が給付するサービスを受ける部外者は、自分たちが何をいつ受け取れるかをかなり確実に知っている。ウェーバーが用いた一例を挙げると、社会保障局の数百万人の小切手受給者は、自分がいつ、いくらの小切手を受け取るのかを正確に知っている。

最後に、官僚制は、人間の判断を規則と規程や組織の指令に置き換えることによって、人びとの管理を強化できる。職員は作業を分割することによって管理され、作業分担体制は各部局にごく少量の十分に規定された職務を分配する。彼らは組織に命じられたやり方でその職務を処理するが、ほかの仕事はまったくやらない。彼らはほとんどの場合、そうした作業をするために特別な方法を工夫しない。さらに、ほとんど判断を下さない（判断することは滅多にない）ために、人は人間ロボットあるいはコンピュータに近くなる。人間の地位が引き下げられてしまえば、官僚制の指導者が実際に人間を機械に置き換えるという考えも可能性を帯びてくる。この置き換えはすでにある程度起こっている。多くの状況において、かつて人間によって行われていた官僚制的作業を、いまではコンピュータが代行している。同様に、官僚制のクライアントも管理されている。彼らは組織から所定のサービスを受け取るのであって、それ以外のサービスを受け取ることはできない。たとえば国税局の職員は人びとの確定申告に助言を与えることはできても、結婚については何もできない。人びとはそれらのサービスを決まった方法でしか受け取ることができない。たとえば、彼らは福祉給付金の支払いを現金でなく小切手で受け取るしかないのだ。

2・1・2　非合理性と「鉄の檻」

官僚制は、それがもつ利点にかかわらず、合理性のもたらす非合理性という欠陥を伴っている。ファストフード・レストランと同じく、官僚制は、そこで働いている職員にとっても、またそれからサービスを受けるクライアントにとっても、脱人間化された場所である。ロナルド・タカキによれば、このように合理化した状況は、「自己が狭いところに閉じ込められ、自己の感情が管理され、そして精神が抑制された場所である」[5]。言いかえれば、官僚制は人びとが人間として行為することができない場所であり、そこで人びとは脱人間化されるのである。

脱人間化に加えて、官僚制には別の非合理性もある。官僚制は効率を維持するためにお役所風を吹かせ、そのために発生する病理によって効率性をしだいに失っていく。数量化の強調がしばしば質の悪い作業を大量にもたらす。職員が自分に期待されている分担作業に鈍感になり、クライアントが期待するサービスを受け取れなくなると、官僚制はしばしば予測不能に陥る。随所で発生する支障のせいで、官僚制は、内部で働く職員が何をすればよいのか不明確になり、またクライアントが受け取るはずのサービスを受け取れなくなると、予測不可能なものになってしまう。さまざまな不的確さのために、官僚制は内部で働く者ならびに彼らからサービスを受ける者に対する制御力を失い始める。人間に取って代わる人間に頼らない技術装置に向けられる怒りは、その装置の運転を停止し、あるいは仕事を怠けることがあるかもしれない。高度に合理的な作業を期待して設計されたはずの装置がしばしば非合理的なものになってしまう。

ウェーバーは官僚制の形式合理的システムの非合理性に関心をもっていたが、それと同時に、合理性の「鉄の檻」と彼が名づけたものに非常に強い関心をいだいていた。ウェーバーの考えによれば、官僚制は人びとを抜きさしならない状況に追い込み、人間性の根本を否認するという意味で檻なのである。ウェーバーがもっとも恐れていたのは、官僚制がますます合理的になり、合理性の原則が加速的に急増し、そして社会のあらゆる部門を支配していくという事態であった。ウェーバーは、人びとがとてつもなく合理的な構造に捕捉され、彼らは合理的システムから別の合理的システムへ移動していくだけの社会――そうなってしまうと、人びとは合理化した教育制度から合理化した職場へ、合理化したレクリエーション施設から合理化した家庭へと移動するだけ――になると確信していた。そして最終的に、社会は切れ目のないひとつながりの合理的な構造のネットワークになってしまう。そうなれば、そこから逃れる術はない。

現代の合理化したレクリエーション行動のなかで、ウェーバーが恐れていたことを如実にしめす事例がある。レクリエーションとは、日常のルーティン化された合理化から逃れる一つの方法である。しかしいままでは、そうした逃げ道のルートそのものが、官僚制やファストフード・レストランと同じ原理を具現し、すっかり合理化されている。レクリエーションで進行している合理化のほどをしめす多くの事例がある。[6] クラブ メッド、[7] キャンプ場チェーン店やパックツアーなどがある。たとえば三〇日間ヨーロッパ旅行を取り上げてみよう。バスはヨーロッパの代表的な都市を選んで高速で駆け抜けていき、時間の許すかぎりできるだけ多くの名所旧跡を旅行者にちょっとだけ見させる。とくに興味を引きそうな、あるいは観光地のある場所でバスはスピードを落とし、ときどき写真を撮らせるために停車する。もっとも重要な観光スポットでバスは短時間だけ駐車する。そこで旅行者たちは大急ぎで見どころを回り、数枚の写真を撮り、おみやげを買って大急ぎでバスに戻り、次の観光地に移動する。レクリエーション活動も合理化されてしまったため、人びとはほとんど合理性の鉄の檻のなかだけで生きている。

2・2 ホロコースト――大量生産された死

ウェーバーは、二〇世紀初頭における合理化と官僚制化の鉄の檻を活写している。ジグムント・バウマンは、こうした過程についてウェーバーがいだいていた最悪の恐怖が、ナチスのホロコースト（大量虐殺）によって現実のものとなったと論じている。一九二〇年にウェーバーが亡くなってから、わずか数十年のうちにそれが始まった。

バウマンは、「ホロコーストはモダンな官僚制的合理性のパラダイムの役目を果たした」[8]と主張している。官僚制と同じく、ホロコーストも西欧文明に独自の産物であった。

さらにバウマンは、ホロコーストは常軌からの逸脱ではなく、「われわれの文明についてわれわれが知っているすべてのものと強く結びついた西欧文明の指導精神、優先順位、その世界に内在する想像力であった[9]」と主張している。つまりホロコーストはモダン世界の合理性を必要としたのである。それはプレモダンのあまり合理化されていない社会では決して起こりえなかった[10]。実際にそうした社会で立案された殺人計画は、あまりに未熟であり、またあまりに非効率であったので、とてもホロコーストのように数百万人にもおよぶ人間を組織的に殺害することはできなかった。

ホロコーストは近代社会工学の一つの代表例とみなすことができる。近代社会工学の目標は、完全に合理的な社会の創出であった。ナチスにとって、この完璧な社会には（ロマ、ゲイ、レスビアン、障害者とともに）、ユダヤ人が存在してはならなかった。バウマンは、ここで造園の比喩をもちだしている。完璧な庭園に雑草がないように、完璧なナチス社会はユダヤ人のいない社会でなければならなかった。またヒトラーは、医療の比喩を用いて、ユダヤ人を「ウィルス」、つまりナチス社会から排除されるべき疾病にたとえて定義した。

ホロコーストは、合理化（そしてマクドナルド化）の基本的特徴をすべて備えていた。それは大量の人間を殺戮するための効率的なメカニズムであった。たとえば銃弾が非効率であることは初期の実験によって証明済みであった。ナチスは人間を破壊するためのもっとも効率的な手段として、最終的に毒ガスにたどり着いた。またナチスは、自分たちがやらねばならない多くの作業（たとえば次の犠牲者グループを選ぶこと）を遂行するために、ユダヤ人コミュニティの構成員を使うことが効率的であることを発見した[11]。そうするのが「合理的」であると思われた（仲間や自分自身を助けられるかもしれなかった）ために、多くのユダヤ人が合理的システムに手を貸したのである。

ホロコーストは計算可能性を重視した。たとえば最短時間で何人を殺せるかである。バウマンは以下のような例を挙げている。

鉄道管理者にとって、彼らの対象物を意味のある形で表現する唯一の方法はキロメートルあたりのトン数である。彼らは人間、羊、あるいは有刺鉄線を取り扱っているのではない。彼らが唯一扱うのは貨物であり、このことが意味するのは、完全に重量のみから構成された、質のない対象である。たいていの官僚テクノクラートにとって、貨物といった部類でさえ、質に縛られた制約条件だと思われた。彼らは自分の行為の財務効果だけに関心をもつだけである。彼らの目当ては金銭なのである[12]。

ユダヤ人がガス室へ容赦なく行進させられたとき、おそらくユダヤ人の人生の質、まして死の質について注意が払われることはなかった。

もう一つ数量的意味で、ホロコーストは大量虐殺のもっとも極端な手段とみなされる、いかがわしい特質を備えている。

モダン――合理的で計画的で、科学的知識に精通し、専門的で、効率的に管理され、各部の調整を完璧に行った――方法でなされたほかのすべてのことと同様に、ホロコーストはプレモダンの大量虐殺の方法を時代遅れと決めつけ、そしてプレモダンにおいて名うての方法をホロコーストと比べて原始的で無駄が多く、しかも効率的でないとしりぞけた。近代社会のすべてのものと同じく、ホロコーストはすべての面で完成品であった。それは、……過去のいかなる大量虐殺事件をもはるかに凌いでいたのだ[13]。

ホロコーストは、大量虐殺をルーティン化しようとする努力を伴っていた。だから、その過程全体が大量虐殺の組み立て作業ラインという性質をもっていた。列車は強制収容所に蛇行しながら近づき、犠牲者たちは整列させられ、そして一組の連続した段階に従わされた。その過程が完全に終了した後、収容所の作業員が死体を組織的に処理するため遺体の山を築いていった。

最後に、ホロコーストの犠牲者たちは、巨大な非人間的技術体系によって管理された。この技術体系の要素のいくつかが以下のように記述されている。

［アウシュビッツ］とは、近代工場制度のありふれた拡張である。財貨を生産するのではなく、むしろ原材料が人間であり、最終生産物が死である。一日ごとに多数の単

位が、管理者の生産チャートに計画的に記入されていく。煙突は、まさに近代工場システムを象徴しており、燃焼する遺体の発する異臭を含んだ煙を大量に吐き出していた。近代ヨーロッパのみごとに組織化された鉄道網によって、新しい原料が工場に運送されてきた。運び方は、ほかの貨物と同じやり方であった。……エンジニアたちは焼却場を設計した。管理者は熱意と効率を重んじて働く官僚制システムを考えだした。[14]
（［ ］内は筆者による補正）

言うまでもなく、ホロコーストは合理性のもたらす非合理化の極限である。このような機械的方法で結局のところ数百万におよぶ人びとを虐殺すること以上に脱人間的なことがほかにあるはずがない。さらに殺戮者たちは、何よりも犠牲者たちを脱人間化、つまり「一組の数値尺度に置き換え[15]」ねばならなかった。バウマンは「ドイツの官僚機構はその非合理性を理解できないまま、一つの目標を達成するために使役された[16]」と結論づけた。

ホロコーストをマクドナルド化の先駆者という文脈で議論するのはやりすぎだと感じる読者も多いだろう。はっきり言って、ファストフード・レストランをホロコーストと同列に並べて論じることはできない。人類史上これほど凶悪な犯罪はほかにない。それでもわたしは、ホロコーストをマクドナルド化の先駆者として挙げる強力な理由があると考えている。第一に、ホロコーストは、形式合理性の原理を中心に組織され、そしてそのタイプの合理性――官僚制――に完全に依拠していた。第二に、ホロコーストはこれまでみてきたとおり、工場制と結びついている。これがマクドナルド化のほかの先駆者と関係していることはすぐにわかるはずである。最後に、マクドナルド化過程にみられる現代版の形式合理性の拡散は、ホロコーストに類似した何かがふたたび起こるかもしれないという、バウマンの説を支持している。

2・3　科学的管理法――最良の方法をみつけること

マクドナルド化にとってそれほど劇的ではないが、しかし非常に重要な先駆者は、科学的管理法の開発であった。事実、ウェーバーは、折にふれ合理化過程の議論のなかで科学的管理法に言及している。

科学的管理法は、一九世紀末から二〇世紀初頭にかけて、フレデリック・テイラーによって生みだされた。[17] 彼の考えは、二〇世紀全般における職業世界を形成する上で重要な役割を果たした。テイラーは作業を合理化するための一連の原理、そしてその考えを実行するために多数の大規模工場組織（たとえば、ベツレヘム・スチール）で採用されることになるいくつかの原理をみいだした。それらの原理はおおむね、そうした工場で功を奏したのである。

テイラーは、アメリカが「日常的なほとんどの行動における非効率」による損害を被っており、「効率を大いに向上する」必要があるとする信念にもとづいていた。彼の後継者たちは「能率性の専門家」として知られるようになった。テイラーの「時間―動作」の研究は、当時、日常作業を支配していた非効率な『おおざっぱなやり方』と彼が呼んだ技法を「唯一最良の方法」――ある作業を行う目的にとって最適な手段――であると考えられるものに置き換えるために企画された[18]。テイラーは「時間―動作」研究で得られた一連の局面を以下のように要約している。

1　特定の作業状況に適した多数の労働者をみつけよ。できればそれぞれの職場の状況に適した労働者をみつけよ。

2　作業に従事している人たちが実行している基本動作（と同時に、道具と備品）について周到な研究を実施せよ。

3　各局面を完成するためのもっとも効率的な方法を発見することを目指して、基本的な各局面の所要時間を計量せよ（ここにはテイラーが計算可能性を強調した方法の一つがある）。

4　非効率な局面（たとえば「まったくまちがった動作、緩慢な動作、そして不要な動作」）を排除することによって仕事の効率を図れ。

5　最後に、すべての不要な動作を完全に取り除いたら、作業を実施できる「唯一最良の方法」を創造するために、もっとも効率的なそれぞれの動作（そして道具）を連結せよ。[19]

科学的管理法は予測可能性を大いに重視した。言うまでもなく、作業をするための唯一最良の方法を詳細に描写するにあたって、テイラーは個々の労働者、そしてすべての労働者が使用することのできる一つの段取りを探し求めた。テイラーは、作業にあたって自前の道具と自分流のやり方を労働者に選ばせてしまうと、生産性が低下し、貧弱な製品ができると確信していた。これに代わって、彼は道具と作業過程の完全な標準化を探求した。彼は貧弱な標準でもまったく標準がないよりはましだと感得していた。もちろん、テイラーは、すべての労働者があるタイプの作業をまったく同じ方法で確実に実行し、したがって高品質の仕事を一貫して生みだすことのできる明瞭で、しかも詳細な標準化に賛同していた。

全体的にみると、科学的管理法は労働者を徹底的に管理するために人間に頼らない技術体系を生みだした。労働者がテイラー方式に従うとき、事業者たちは労働者全員がはるかに効率よく働き、すべての労働者が同じ局面をたどって実行し（つまり彼らの作業が予測可能である）、しかも賃金上昇をごくわずかに抑えながら（計算可能性を増すためのもう一つの事例）、大量の商品生産が可能であることをみつけたのである。だからテイラー方式の採用は、それを採用した企業に増収を見込ませた。

すべての合理的システムと同じく、科学的管理法もその非合理性をもっていた。なによりも科学的管理法は、人びとを消耗品として扱う脱人間化のシステムであった。さらに、労働者は一つもしくは二、三の作業しか与えられなかったため、彼らの技能と能力がほとんど活かされなかった。このことが悲惨な結果をもたらした。一九八〇年代、アメリカ産業は日本産業に追い越されたことに愕然とした。日本産業は、形式合理性に向かうだけでなく、労働者たちの能力を十分に活用する方法を発見していた[20]。一九九〇年代、日本の産業と日本経済全般が厳しい不況に陥ったが、しかし一九八〇年代に、アメリカ企業が日本から学んだ教訓は、一九九〇年代後半の経済繁栄を導く上で大いに役立った。

もはや人びとは、テイラー、効率の専門家、また「時間—動作」研究に耳を貸そうとはしないけれども、そうしたものの影響は、マクドナルド化した社会において強く感じとることができる。たとえばハンバーガーチェーンはハンバーガーをグリルし、フレンチフライを揚げ、シェイクを用意し、顧客を処理するための「唯一最良の方法」を発見し、完成させようと懸命に努力してきた。さまざまな作業を処理するためのもっとも効率的な方法が、訓練用のマニュアルに文章化され、店長に教えられ、そして彼らがそれを店員に教える。ファストフード・レストランの設計とそのさまざまな技術は、大量の人びとに食事を供給する目的にもっとも効率的な手段を獲得するための手だてとして整備された[21]。ここでもまた、マクドナルド社はこうしたアイディアを発明してはいないが、官僚制の原理や組み立て作業ラインの原理を引き継ぐことで、マクドナルド化の創出に貢献したのである。

2・4　組み立て作業ライン——労働者をロボットに変身させること

近代官僚制や科学的管理法と同じく、組み立て作業ラインは二〇世紀初頭に生まれた。それは官僚制化した自動車産業のなかで開拓され、その形成には科学的管理法のアイディアが役立った。組み立て作業ラインは主としてフォード社の技術陣の成果であったにもかかわらず、それがヘンリー・フォードの功績として広く称賛されている[22]。

自動車の組み立て作業ラインは、主としてフォードが時間と労力と経費を節約したいという思い（つまり効率を上げたいという思い）によって発明された。効率の向上が価格を引き下げ、販売数を増やし、そしてフォード自動車会社に高収益をもたらしたのである。

フォードは自動車の組み立て作業ラインを、当時シカゴの精肉業者が使用していた天井から吊された高架移動滑車システムからヒントを得て考案した。食用牛が高架移動式の架線上を移動してくると、高度の技能をもつ精肉解体職人が一列に並んで特定の作業を実行した。ラインが終わるまでに、牛は完全に処理されていた。このシステムは、一人の解体職人がこれらすべての作業を行うよりもはるかに効率的であった。

フォードは、この経験と彼の自動車事業の知識にもとづいて、自動車の組み立て作業ラインを創設するための一組の原理を開発した。その原理はいまなお効率性のモデルとして不動の地位を保っている。

▼労働者に不要な動作をさせてはならない。作業に関係した動作は、絶対最小値に分解されるべし。
▼作業工程で必要な部品は最短距離の移動にとどめるべし。
▼自動車（あるいは部品）をある段階から次の段階へ移動する手段としては、機械（人間ではなく）を使用せよ（当初は、重力加速が利用されたが、しかし後には、電動コンベアが用いられた）。
▼複雑な動作の集合は分解せよ。そして作業員には「できるかぎり一回の動作で一つのことだけを」[23]させよ。

日本は、第二次世界大戦後にアメリカ方式の組み立て作業ライン技術を採用し、そして次に、効率を高めるために独自の貢献を果たした。たとえば日本では「ジャスト・イン・タイム」「タイミングよく」方式がアメリカの「ジャスト・イン・ケース」「もしもの場合に備えて」方式に取って代わった。これらのシステムは両方とも、製造工程に必要な部品の供給と関係している。アメリカ方式では、部品は必要になるまで、つまり必要に備えて、工場に保管されている。この方式では、さしあたって必要のない部品の仕入れと貯蔵（大きなコストがかかる）などの非効率をもたらす。こうした非効率をなくすため、日本人は「ジャスト・イン・タイム」のシステムを開発した。必要な部品はそれを車に取り付ける時間に合わせて作業ラインに到着する。すべての部品が製造にちょうど間に合うように調整される。要するに日本では、すべての供給業者が組み立て作業工程のパーツとして組み込まれたのである。

どちらのシステムでも、組み立て作業ラインは、生産工程における多数の要素を数量化し、自動車などの製品の生産数量の最大化を実現している。各労働者が組み立て作業ラインですることは、通過していく車体に一個のホイールキャップをはめるような作業であり、だから高度に予測可能であり、規格にあった完成品ができる。

また組み立て作業ラインは、労働者管理を最大化できる人間に頼らない技術体系である。労働者が要求された作業をし損じると、それはすぐにわかる。たとえば車が組み立て作業ラインを流れているときに、ホイールキャップがみつからないことがある。それぞれの作業に割り当てられている、限られた時間内に特定の作業に新しいやり方を考え出すことなどとてもできることではない。少数の、しかも熟練していない労働者でも自動車を生産することはできる。さらに各作業を特化しさえすれば、人間労働者をロボットに取り換えることもできる。いまでは産業ロボットが組み立て作業ラインの作業を処理している。

これまで多くの論者がくわしく述べているとおり、組み立て作業ラインは多くの非合理性をもたらした。たとえばそれは労働者に脱人間的な状況を押しつける。幅広い技能と能力を習得した人びとが、ごく限られた範囲の非常に単純な作業を繰り返し行うよう求められている。人間としての能力を仕事で発揮するのではなく、人びとは人間性を否定され、まるでロボットのように機能することを強要されている。人びとは仕事のなかで自己を表現することができない。とはいえ、これは組み立て作業ラインがもつ多くの非合理性の一つにすぎない。

そうした欠点にもかかわらず、組み立て作業ラインは、ファストフード・レストランの発展に大きく関与した。そのもっとも明らかな例は、バーガーキングで使われているハンバーガー調理のコンベアである。これほど露骨ではないけれども、ファストフード・レストランの作業の多くは、もっとも単純な要素に分解された作業単位からなる組み立て作業ライン方式で実行されている。たとえば「ハンバーガー作り」は、バーガーをグリルして、ロールバンズにのせて、「特製ソース」をぬって、レタスとトマトをしき、できたバーガーを包むだけのことである。顧客でさえ組み立て作業ラインのパーツのように扱われている。ドライブスルーを見ればよくわかる。ある研究者は言う。「給食マシンの出現によって、工場の基本要素が明らかにファストフード現象に入り込んだのである」[24]。

自動車の組み立て作業ラインは、マクドナルド化の先達であったことに加え、もう一つの方法でもマクドナルド化に土台を与えたことは、ぜひとも述べておかなければならない。手頃な価格の自動車の大量生産によって多くの人が自動車に手が届くようになり、それがひいては、高速道路網、およびそれに伴って成長した観光産業の計り知れない拡張をもたらした[25]。レストラン、ホテル、キャンプ場、ガソリンスタンドなどが登場し、マクドナルド化した社会の基礎に横たわる多くのフランチャイズ制の先駆者の役目を果たしたのであった[26]。

2・5　レヴィットタウン――家を建てること、「ブーム、ブーム、ブーム」

自動車が利用できるようになったことで可能になったのは、ファストフード・レストランだけではない。郊外の発展もこの恩恵にあずかっている。とくにアブラハム・レヴィットが創立したレヴィット・アンド・サンズ社は、郊外住宅を開発し、それを大量に生産した。一九四七年から一九五一年のあいだに、この会社はニューヨーク州の元ジャガイモ農場に一万七、四四七戸の住宅を建設し、それによってロングアイランドのレヴィットタウンに七万五、〇〇〇人の人口を擁するインスタント地域社会を作りあげた。[27] ペンシルバニア州におけるレヴィットの最初の住宅は一九五八年に販売された。レヴィットタウンは無数といってよいほどある現代の郊外開発に一つのモデルを提供した。自動車を必需品とし、また車を購入できる郊外生活者たちは当時もいまも、ファストフード・レストランにとって織り込み済みの客層なのである。

レヴィット・アンド・サンズ社は、その建築現場を組み立て作業ラインの技術にもとづく巨大工場とみなした。息子の一人であるウィリアム・レヴィットは、次のように述べている。

結局、実行されたのはデトロイトのフォード社の組み立て作業ラインの裏返しである……。デトロイトでは、車が移動し労働者たちは自分の持ち場にとどまっていた。われわれの住宅の場合、移動するのは労働者であり、彼らはどこに行っても同じ作業をしている。わたしの知るかぎり、かつてこのようなやり方はなかった。[28]

労働者たちは、自動車の組み立て作業ラインでしていたのと同じように、少数の作業だけをやった。もう一人の息子であるアルフレッド・レヴィットが言っているように、「心理学者には反論されるだろうが、一人の人間が同じ作業を毎日繰り返す。それは退屈だ。それは良くない。しかし金銭という報酬が作業の退屈さをまぎらわすのだ[29]」。このように、レヴィット家の人たちは建築という作業を合理化した。彼らは、フォードが自動車産業の労働者たちに行ったのと同じことをやり、また、労働者に対する態度もまったく同じものであった。

作業だけでなく建築現場も合理化された。レヴィットたちは建築現場とその周囲に倉庫、木材加工部門、配管製作部門、砂・砂利・セメントの工場などを建設した。このようにサービスや製品を別の業者から買い入れて建築現場に運ぶ代わりに、製品とサービスを現場にもち込み、レヴィットたちが管理した。またレヴィットたちは、できるかぎりプレハブ式の製品を用いた。けれども彼らは、完全なプレハブ住宅は、部分的にプレハブ化された住宅ほど効率的でないと考えていた。

個々の住宅を実際に建築する工程は厳密に規格化され、形式化された一連の段階に従っていた。たとえば壁枠を作るとき、労働者は測量や裁断をしなかった。というのも、それぞれの断片がきちんと規格にあった形に裁断されていたからである。またカラーベストの大きなシート七三・五枚からできている壁板が、以前の五七〇枚の小さな石綿板に取って代わった。どの住宅も、アイヴォリーの下地にグリーンという決まった二色のスプレー塗装が施された。だから「整地さえ終われば、住宅はたちまちできあがった。ブーム、ブーム、ブームである」[30]。そのため、ほとんど同じような住宅が素早く低コストで無数に建造できた。

住宅の数量的要因を強調することは、その物理的な建築の面にとどまらなかった。たとえばそうした住宅を売りに出すさい、不動産業者は総費用を強調する代わりに、値下げ幅や月賦を目玉にした。業者はレヴィットタウンに魅せられる購買層が、家屋の総価格を尋ねるなどあまりにかけ離れた問題より、もっと直接的な数字のほうにはるかに反応すると確信していた。レヴィットタウンの住宅広告は、「住宅の建坪と市場価値」[31]を強調していた。言いかえれば、レヴィットタウンは、合理化を推進するほかの多くの追随者たちと同じく、最小費用で最大利得を確保できると消費者を説得したのである。

こうした原理は、かつて低価格の住宅だけに適用されていたが、いまでは高価格の住宅にも適用されている。「マックマンション」はほとんどの場合、工場で造られた巨大で豪華なモジュラーホーム［組み立て基準家屋］となんら違わない[32]。

高度に合理化された地域社会における同じタイプの住宅での生活には、多くの批判が浴びせられた。初期の批評家たちは、郊外住宅の仕掛けを「中二階付きの三層住宅」と描写して、郊外居住者を「郊外情緒障害者」[33]と呼んでいた。しかしそうはいっても、郊外の合理化を肯定的に捉えることもできる。たとえばレヴィットタウンの多くの居住者が自宅を注文で造ったので、もはや以前のように画一的ではなかった。人びとはレヴィットの箱をいまでは「チューダー朝の館、スイスのバンガロー、ペンシルバニア・オランダ風の東屋を装ったレヴィットの箱」と評している。[34] 別の論者たちは、レヴィットタウンや郊外での居住に大きな利点をみいだしている。たとえば、ハーバート・ガンスは、ニュージャージー州に造成された第三のレヴィットタウンを対象に行った調査研究の結論として「欠点はあるとしても、レヴィットタウンは生活するには良い場所である」[35]と擁護している。生活するのに「良い」場所であるかどうかは別にして、レヴィットタウンは確かに合理化された場所である。

2・6　ショッピングセンター――モール化するアメリカ

合理化した社会のもう一つの構成要素が、自動車と郊外住宅の普及に活気づけられて発展した。その要素とは完全に周辺を囲い込んだショッピングモールである。[36] イタリアのミラノにあるガレリア・ビットリオ・エマニュエル（一八七七年に完成）やアメリカではじめて計画された野外ショッピングセンター（一九一六年に建設）は、近代的モールの先駆者であった。しかし完全に囲い込まれた最初のショッピングモールは、ミネソタ州エディーナのサウスデール・センターであった。そこが開業したのは一九五六年、レイ・クロックのマクドナルド第一号店が開店して間もない時期であった。現在、アメリカ国内には数万におよぶモールがあり、毎月数億人の買い物客がそこを訪れる。いまのところアメリカで最大規模のモールは、一九九二年にオープンした、エディーナより少し南下したところにあるミネソタ州ブルーミントンのモール・オブ・アメリカである。そこには四つのデパートと、四〇〇の専門店（その多くはチェーン店）と遊園地がある。ショッピングモールは世界的な現象になって拡張した。[37] その代表例が中国にある。湖北地方の武漢市には、一日一〇〇万人の買い物客が訪れる武漢プラザがある。このモール・コンプレックスには、三〇ものデパートが収容されており、その営業床面積は二〇〇万平方メートル超である。この面積は都市常住人口一人あたりに換算すると、なんと〇・三八平方メートルに達する。この数値に匹敵する例は西欧世界にはない。[38]

ショッピングモールとマクドナルド化したチェーンはみごとに補い合っている。一方において、モールは予測可能で、画一的で、収益性のある場所をチェーン店に提供している。

新しいモールの建設が計画されると、チェーン店は参入しようと殺到する。その一方でその場所がチェーン向きでなければ、空きスペースが大量に残り、そのモールは成り立たない。高速移動の可能な自動車時代の産物、つまりモールとチェーン店は、マクドナルド化を促進しながら、しかも共存共栄しているのである。

皮肉にも、今日のモールは、若者にとっても高齢者にとっても、ある種のコミュニティ・センターになっている。高齢者の多くはモールを運動と社交のための場所として活用している。ティーンエイジャーは放課後あるいは週末にそこにたむろし、適当な相手を探し、最新のファッションやマスエンターテインメントをチェックしている。また近頃の親は子どもたちを「遊び」目的でモールへ連れていき、またモールは遊戯室（有料の施設とは別に、無料のビデオゲームや無料の映画などを提供している）を用意している。[39]社会のマクドナルド化に貢献するほかの多くのものと同じく、モールは顧客の予約を揺りかごから墓場まで取りつけようとやっきになっている。

ウィリアム・コウィンスキーは、モールは「こぎれいであるが、しかしどこかゆがんでいるアメリカン・ドリームの頂点、つまり戦後におけるパラダイスのモデル化の完成品である」[40]と論じている。コウィンスキーと同じ立場に立ってモールに優位を与え、「モール化するアメリカ」について論じることはできる。しかしわたしの見方では、ファストフード・レストランのほうがはるかに強力で、大きな影響力をもっている。だがモールと同じく、マクドナルド化もまた、「こぎれいであるが、しかしどこかゆがんでいる」とみなされる。

2・7　マクドナルド――「ファストフード工場」を造ること

マクドナルド帝国の創始者レイ・クロックが、マクドナルドの合理的原理を開発したと広く信じられている。しかしマクドナルド社の基本戦略は、モーリス（マック）・マクドナルドとリチャード（ディック）・マクドナルドの兄弟によって創られたものだ[41]。マクドナルド兄弟社は最初のレストランを一九三七年にカリフォルニア州パサディナで開店した、彼らは迅速、大きさ、低価格をレストランの基本方針とした。彼らは混乱を避けるため、顧客にかなり限定したメニューを出した。個人的なサービスや伝統的な調理法に代わって、マクドナルド兄弟は調理と食べ物のサービスに組み立て作業ライン方式を採用した。兄弟が採用した品数の少ないメニューは、熟練した調理人に代えて、「業務用のキッチンにはじめて足を踏み入れた者でも、食べ物の準備を手っ取り早く習得できる単純な反復作業に分解することを完成していた[42]」。兄弟は「焼く人」「混ぜる人」「揚げる人」「仕上げる人

（バーガーに「特別のもの」を載せて包む人）」など、違う仕事を別々の従業員にやらせる方法を開発した。彼らは従業員がしなければならないことや言うべきことまで指示する規程まで作っていた。このようなやり方で、マクドナルド兄弟社は合理化された「ファストフード工場」の発展の先陣を切ったのである[43]。

クロックは、マクドナルドの原理もフランチャイズというアイディアも発明したわけではない。フランチャイズ化とは一つのシステムである。つまり「一つの大規模企業が、自社製品を販売する権利あるいは商標や手順の使用を多数の小規模企業、つまりフランチャイズのオーナーに認可し、あるいは使用権を販売する。フランチャイズ保有権者は法的には独立しているけれども、実際には親会社によって考案され実施されている詳細な規程を順守しなければならなかった[44]」。シンガーミシン社は、南北戦争後にフランチャイズを開拓し、二〇世紀はじめに、自動車製造業やソフトドリンク会社がこれらを実際に使い始めた。一九三〇年代、ウェスタンオート、レキソル・ファーマシー、ＩＧＡ食料マーケットのような小売業もフランチャイズ制を確立した。

さらに、クロックが一九五〇年代初頭に表舞台に登場する以前にも、食べ物のサービスをフランチャイズ化しようとするさまざまな動きがあった。最初のファストフード・サービスのフランチャイズは、一九二四年に開店したＡ＆Ｗルートビアのスタンドであった。

そしてハワード・ジョンソンは、一九三五年に、アイスクリームなどの食品販売のフランチャイズを開始した。デイリークィーンの第一号店は、一九四四年に開店した。全国的なフランチャイズ化への努力によって、デイリークィーンの成長はめざましく、一九四八年には二、五〇〇の小売店をもつチェーンに成長していた。そのほかよく知られているさまざまな食品フランチャイズがマクドナルドに先行していた。ビッグボーイは一九三〇年代終わりに、バーガーキング（当時はインスタバーガーと言っていた）をはじめ、ケンタッキー・フライドチキンは一九五四年にフランチャイズ制に踏み切った。クロックのマクドナルド第一号店は、一九五五年四月一五日に開店したのだが、フランチャイズ業界のなかではかなり遅い参入であり、食品フランチャイズ業ではとりわけ遅かった。

一九五四年、レイ・クロックがはじめてマクドナルドを訪れたとき、そこはカリフォルニア州サンベルナルディノのドライブイン・ハンバーガー・スタンドにすぎなかった（皮肉にも、グレン・ベルがタコベルを創設したのと同じ町であった）[45]。基本メニュー、ノウハウ、そして今日のマクドナルド社を有名にした技法のいくつかは、すでにマクドナルド兄弟によって創りだされていた。一九五四年、すでにマクドナルド兄弟社は地方では一大センセーションを巻き起こしており、マクドナルド兄弟はその方法で継続することに満足していた。彼らはかなりうまくやっていたし、フランチャイズ化に向けて試験的な一歩を踏みだしていたが、大きな野心はほとんどいだいていなかった。クロックは、ありあまる野心をいだきながら、マクドナルド兄弟社のフランチャイズ傘下の一代理店になって、フランチャイズのマクドナルド帝国を建設しつづけた。これによってクロックは、マクドナルド化への勢いを得たのである。はじめにクロックは、マクドナルド兄弟のパートナーとして働いていたが、一九六一年、マクドナルド兄弟社を二七〇万ドルで買い取り、その後、自分の思いどおりに事業を運営していった。

クロックは、マクドナルド兄弟社の特製品と技術を受け継ぎ、そしてそれをほかのフランチャイズの原理（食べ物サービスなど）、官僚制、科学的管理法、そして組み立て作業ラインと結びつけたのである。クロックの天賦の才は、そうした周知のすべてのアイディアや技術をファストフード産業の創設にさいして応用したことと、フランチャイズによってファストフード産業を全国的、さらには国際的事業に展開していこうとする野心においていかんなく発揮された。したがって、**マクドナルドとマクドナルド化とは、新しいものというより、むしろ二〇世紀をつうじて生起した一連の合理化過程の頂点を表している**。

クロックの行った主要な技術革新は、マクドナルドをフランチャイズ化した方法にある。たとえば彼は一つのフランチャイズ加盟店に、一定区域に開店したすべての小売店に対する支配権を認める地域フランチャイズ権を許可しなかった。別のフランチャイズが倒産した理由は、地域フランチャイズがあまりに強力で、企業の基本原理を崩したためである。クロックは特定の個人に一つのフランチャイズ権を一定期間認可し、複数のフランチャイズ権は滅多に与えない手法を採用したことで、中央の管理を最大にし、それによってシステム全体の画一性を最大化した[46]。クロックのもう一つの技術革新は、一つのフランチャイズの手数料を最低九五〇ドルに設定したことである。ほかのフランチャイズは非常に高い初期手数料を設定し、利益の大部分をそこから得ていた。その結果、ほかのフランチャイズは加盟店の成長にあまり関心をもたない傾向があった。マクドナルドでは、高い初期手数料から利益を得るのではなく、加盟店に要求する売上げの一・九パーセントから収益を得ていた。だからクロックと彼の組織の成功は、ひとえにフランチャイズ加盟店の繁栄にかかっていた。この相互利害関係こそが、クロックがフランチャイズ業界においてなし遂げた最大の貢献であり、マクドナルドとその加盟店の成功の主要因であった。そのおかげで加盟店の多くの経営者が百万長者にのし上がった。

クロックは加盟店に画一的なシステムを押しつけたが、それでも運営だけでなく、システム全体の強化に役立つ技術革新を提案するよう加盟店に檄を飛ばした。商品改良の例を取り上げてみよう。クロック自身は偉大な製品改良者とは言えなかった。彼のもっとも有名な失敗作は、フラバーガー――焼いた薄切りパイナップルを二枚のチーズで挟み、トーストしたバンズでくるむもの――だった。うまくいった商品、フィッシュ・サンドイッチ（フィレオフィッシュ）やエッグマフィン、もっとよく知られているマクドナルド朝食メニュー、あのビッグマックも加盟店から提案されたものだった。だからマクドナルド社は、中央集権化した管理と加盟店の独立の間にバランスを保つことができたのである。

クロックは根っからの革新者ではなかった。一例を挙げると、「すべての店舗で出される製品の同じ大きさ、同じ値段、同じ質についていくども話しつづけていくに従って、彼は合理化する種々の発展の先頭に立っていた。[47] 一例を挙げると、」原理を説く伝道師とチアリーダーの役目を（知らず知らずに）果たすことになった。[48] この画一性こそがマクドナルド社を不揃いな食べ物を作りだす競合者たちから差異化したのである。またマクドナルドは限定されたメニュー（最初は一〇品目）を押しつけ、ハンバーガーの脂肪含有率について厳しい基準を作り、冷凍ハンバーガーと冷凍フレンチフライに切り替え、画一性と基準の一致を検査する監視員を活用し、そして一九六一年に業界初のフルタイム・トレーニングセンターを創設した（これはハンバーガー大学と呼ばれ、「ハンバーガー学」の「学位」を授与している）。今日、マクドナルド・レストランに在籍している六万五、〇〇〇人以上もの店長がハンバーガー大学の卒業生である。イリノイ州のオーク・ブルークにある大学の敷地面積は、一三万平方フィートの広さをもち、その構内には最先端設備を備えたマクドナルド・ホームオフィスがあって、三〇名の教授が陣取っている。

マクドナルドが国際的な展開を遂げたせいで、翻訳者や電子機器などを駆使する教授は、同時に二二ヵ国語で教育し、また意思疎通を図っている。マクドナルドは国際訓練センターを世界各地に一〇ヵ所ももち、イギリス、日本、ドイツ、オーストラリアにハンバーガー大学が設置されている。[49] 一九五八年、マクドナルドはフランチャイズの運営法をくわしく解説した経営マニュアルを出版した。[50] このマニュアルはファストフード・レストランを経営するための多数の合理的原理を提言している。

それは、ミルクシェイクをどう混ぜるか、ハンバーガーをどうグリルするか、ポテトをどう揚げるかを、それぞれの従業員たちに正確に教えている。そこには、すべての商品の正確な調理時間と、すべての設備の温度調節が明記されている。すべての食品項目は、一枚のハンバーガーパテに載せる四分の一オンスの玉ねぎ、一ポンドにつき三二枚に切られたチーズにいたるまで、標準的な切り分け方が決められている。フレンチフライは、一インチの三二分の九の厚さに切るように記されている。そしてそれは、肉やポテトの製品は陳列棚に置かれて一〇分以上経過したら廃棄するということを含めて、食品サービスに独自の品質管理を定めている。

……グリルする人……は、パテ六個の列が六列になるようにして、ハンバーガーを左から右へと動かしながらグリルに載せるよう訓練された。まず左側から右側に移動して、六列のパテを作る。そしてはじめの二列は火元からもっとも遠いため、その二列の前に、まず三列目をひっくり返し、つぎに四列目、五列目、六列目をひっくり返すように教育された（そして現在でもこの教育は変わらない）[51]。［傍点は筆者］

これ以上に合理的なシステムを想像するのはむずかしい。

2・8　むすび

マクドナルド社とマクドナルド化は、歴史の真空状態で誕生したのではない。そこには、いまもなお重要である偉大な先駆者たちがいた。そうした先駆者たちは、ファストフード・レストランチェーンが依拠している組み立て作業ラインや科学的管理法や官僚制などの基本原理を提供した。さらにそれらは、ファストフードチェーンが繁栄するためにどうしても必要な条件を提供した。つまり多くの工場労働者や公務員が郊外にある自宅から遠く離れた場所で働き、作業場への往復だけでなく、余暇時間にショッピングモールを訪れるために、自動車を使う環境的な状況が出現したのである。

ファストフード・レストランは合理化のモデルになった。それは先駆者によって開拓された合理性の要素を採用したけれども、それはまた、合理化過程において画期的な飛躍を遂げている。われわれが現在もっているものは、従来の形態の合理化過程と比べて、合理化過程のもっとも現代的な側面を記述するために特別な名称を使用すること、つまりマクドナルド化という名称の使用を十分に正当化できるほどに極端な形態の合理化過程である。

もう一つの要点を指摘しておこう。ファストフード・レストランに先立つ合理化は、主として職場と生産過程に適用された。ファストフード・レストランがなし遂げたことは、合理化を消費の状況と消費過程に拡張したことである。それはアメリカや世界の先進世界の多くにおける大変動、すなわち生産から消費への推移の開始と軌を一にしている。この移行のきわめて早い時期におけるマクドナルド社の創立と、その想像を絶する成功は、マクドナルド社を消費の分野で発生した劇的な変動のモデルにまで祭り上げた。この発展によって人びとは職場だけでなく、余暇活動において終わりのない合理化に直面することになった。そしてその多くがかつて存在したことのないマクドナルド化の進展を物語っている。人びとはどこに行こうが、合理化に遭遇することになる。ウェーバーが創発しつつあった合理化の檻に思い悩んだように、わたしはファストフード・モデルの拡張する広がりによって作りだされる同様の鉄の檻を予見せざるをえないのである。ウェーバーは合理性のもたらす非合理性、つまりこの本の核心にある関心事にとりわけ思いを寄せていたのである。以下につづく章でわかるように、マクドナルド化した世界の新しい現実に適用されるウェーバーの理論は、二一世紀の初頭において大きな直接の関連をもっている。

3章　効率性——ドライブスルーとフィンガーフード

マクドナルド化の四つの次元のうち、効率性は生活のテンポを速めることにもっとも結びつきやすい次元である。効率の強化がジャスト・イン・タイム方式の生産、迅速なサービス、能率を改良した操業、そしてハードスケジュールの背後にある。効率の強化は、職場からディズニー・ワールドを経て自宅に帰る道程のどこにいてもみつけることができる。

効率の向上は良いことのように映る。明らかに効率は消費者にとって都合がよい。なぜなら消費者は自分が欲しいものを素早く、簡単に手に入れることができるからである。同じく効率のよい労働者は自分の仕事をより速く簡単に実行できる。より多くの仕事をなし遂げ、より多くの顧客に製品を提供し、そしてより多くの収益を得られるため、企業の経営者やオーナーたちは収益を手に入れることができる。しかし合理化が一般に、またマクドナルド化の各次元がそうであるように、効率の向上という欲求に取り憑かれると、そこから驚くべき非効率や労働者の脱人間化のような非合理性が生じる。

効率とは、あらかじめ与えられた目的に最適な手段を選択することである。しかしある目的にとって本当に最適な手段がみつかることは滅多にない。人間と組織体は、歴史の制約、財政状態、組織の直面している現実などの事象によって、また人間の限界によって、効率を阻害されている。[1] それでも組織体は少なくとも加増的に効率が強化できるという希望のもとで、その最大化を追求する。

マクドナルド化した社会では、人びとは目的を達成するため最適な手段を自分の力で探そうとしない。むしろ、彼らは過去にみつけられ、制度化された手段を利用する。つまり新しい仕事を始めるとき、人びとはその仕事をどうすればもっとも効率的になし遂げられるかの課題を自分で解決しようとは考えない。その仕事をするとき、もっとも効率的な方法であると前からわかっている方法を、彼らに教えるために考案された訓練を受けるのである。いったんその仕事に就くと、人びとはその作業をもっと効率よくするために役立つ適当なやり方をみつけようとはしない。また今日、彼らは仕事上の情報を経営者側に伝達することを勧奨されているので、そうした仕事をするすべての労働者はほんの少しだけ効率よくできるようになった。このように長い時間をかけて、効率性（そして生産性）が少しずつ向上する。事実、一九九〇年代における経済ブームの多くは、インフレーションを起こさないで成長を実現できた効率性と生産性の劇的な増大に起因していた。そのブームは二一世紀初頭に破綻したが、経済回復の基盤は、少なくとも部分的に効率性と生産性の向上のうちにあると言えよう。

言うまでもなく、ファストフード・レストランが効率を求める気持ちを生みだしたわけではないが、それでもファストフード・レストランは、効率をますます普遍的な現実に転化していく上で多大な貢献を果たした。ファストフード・レストランのドライブスルーのレーンでの生活にすっかりなじんだ人たちの要求に応えるため、社会の多くの部門がますます効率的な方法で運営せざるをえなくなった。効率を実現している多くのものが、ファストフード・レストランの影響を直接にたどれるとしても、そうした多くのものがファストフード・レストランよりも時間的に先行し、そしてファストフード・レストランを形成するさいに力を貸したのである。それにもかかわらず、それらはすべて、マクドナルド化によって点火された効率という点で重要な役割を果たしている。

多様な社会状況において、効率の強化はほとんどの場合、さまざまな過程を簡素化し、製品を単純化し、そしてかつて賃金を支払って従業員にやらせていた仕事を、代わって顧客にやらせるという問題に変わっている。

3・1　その過程を簡素化すること

レイ・クロックが関心をもったのは、マクドナルド兄弟社で実施されていた作業の効率であり、とりわけ、このようなシステムをさまざまな場面に適用することで見込まれる収益性であった。クロックがマクドナルド兄弟社のシステムにいだいた最初の印象は次のようなものである。

わたしはこのシステムの単純さと効率に魅せられた……。メニューを限定した上で作られる調理の過程は細かな段階に分けられ、最小の労力で実行されていた。彼らはハンバーガーとチーズバーガーしか売らない。バーガーは……すべて同じやり方でグリルされていた。[2]

クロックが効率の虜になったのは、マクドナルド兄弟に出会う前であった。その関心は、彼がレストランにミルクセーキの機械を売る仕事をしていたあいだに培われた。彼はレストランの多くが効率を欠いていたことに驚いたのである。

調理は、非効率で、無駄が多く、気まぐれになされていた。サービスはひどく、食べ物の品質はまちまちであった。必要なのは、最初から最後まで簡素化された手順で事の効率を高めるためにさまざまな試みをしていた。

クロックは、マクドナルドのハンバーガーを効率のモデルとする前に、レストランの食なされる単純な商品の生産である。[3]（傍点は筆者）

彼はホットドッグを売ろうと思ったが、その考えは捨てた。ホットドッグは種類が多すぎたからである。シリアルや衣のついたホットドッグ、全種類の肉を詰めたホットドッグ、ビーフ一〇〇パーセントのホットドッグ、ユダヤ教徒のためのホットドッグといった具合にである。ホットドッグの種類が違うと、調理法も異なり、ボイルしたり、グリルしたり、串ざしにして炭火で焙ったりする。これに比べて、ハンバーガーは簡便である。薬味は載せるだけでよく、埋め込む必要はない。またハンバーガーを調理する方法はたった一つ、グリルすることだけだ。[4]

クロックと仲間たちは、ハンバーガーの要素の一つずつについて実験を繰り返し、生産と販売の効率を向上しようとした。たとえば部分的にスライスされて箱詰めされたバンズを検討した。バンズを焼くためには、まず箱を開け、バンズを取りだして、さらにスライスし、残りくずと箱を捨てるのに時間をかけなければならない。最終的に、マクドナルド社は前もって完全にスライスしておいたバンズがずっと効率のよいことに気づいた。さらにバンズをきちんと仕分けして、何度も使える箱に入れると、効率は向上した。ミートパテにも同じく工夫が加えられた。たとえばパテのあいだに適度の油をつけた紙を挟んだ。こうすると、パテが紙からするっと滑ってグリルの上に落ちる。こうした革新の先にあるクロックの目標は、効率をますます強化することであった。

こうした工夫を行う目的は、鉄板係の者に仕事を手早く上手にやらせることである。われわれはこれを忘れることはなかった。経費削減、在庫管理などについて考えることも大切であるが、鉄板の周辺で起こっていることに比べるとそれらは二の次である。これが組み立て作業ラインの生命線であり、生産物は組み立て作業ラインをスムーズに流れる必要がある。そうでなければ、工場全体がつまずいてしまうのだ。[5]（傍点は筆者）

3・1・1　ファストフード産業――分泌から排出までの速度を上げる方法

今日、ファストフード・レストランはすべて、ある種の組み立て作業ラインを使ってメニューの食べ物を調理している。組み立て作業ラインには、特化した作業を担当する者たち（たとえばハンバーガーの「仕上げ係」）が大勢張りついている。バーガーキングのベルトコンベアは、ファストフードの調理に組み立て作業ラインを応用した究極の事例である。冷凍の生のハンバーガーがコンベアの端からゆっくりと火の下へと移動していき、九四秒後に完全に焼きあがって反対側に姿を現す。次に、ドミノ・ピザのシステムはこうである。ロニー・レインは生地をはたき、下味をつけ、そしてこねた上で放りだし、それから、その上に適量のソースをスプーンですくいかける。

彼はトレーをずり下げ、そしてビクター・ルナがトッピングに手を伸ばし始める。一ダースの大きな箱が彼の前に並べられ、そこには、チーズ、ペペローニ、ピーマンがある。……ルナはそのトレー上の材料に一握りだけふりかける。

彼はトレーをコンベア・ベルトに軽く載せる。ベルトがトレーを六分間かけて一二フィートの距離を通り抜けていく。

店長はできあがったピザを待機しているドライバーに大急ぎで手渡す。待機しているドライバーたちはその間にピザを収納する箱を組み立てている。

クルーのチーフと品質管理者は、ピザウィールを使ってそれを切り分け、箱の中に入れる。その箱にはすでにコンピュータで打ち出した顧客の住所が貼り付けられている。(6)

同じような技術がファストフード産業のすべてで利用されている。

顧客をファストフード・レストランに入れたり出したりすることもまた、簡素化の過程をたどった。マクドナルドは「分泌から排出までのスピードを速めるためにあらゆることを」実行した。[7] 駐車場がレストランに隣接しているので、たやすく駐車できる。カウンターまでほんの少し歩くだけでよい。並ばなければならないことはあるが、通常はすぐに食べ物を注文でき、お金を払って受け取る。ほかのレストランでは選択肢がたくさんあるが、ここのメニューはとても制限されているので、顧客はメニューから迷わず選択できる（「サテライト店」や「宅配店」はさらに無駄のないメニューをもっている）。食べ物を受け取り、わずかに歩けばテーブルがあり、ただちに「食事体験」ができる。居座りたいと思わせる誘惑はまったくないので、ふつう顧客は素早く食べ、そして次に食べ残しや発泡スチロールやプラスチック容器を集めて、近くのゴミ箱に捨てる。車に戻って次の（しばしばマクドナルド化した）活動に向けて車を走らせる。

それほど遠くない過去に、ファストフード・レストランの経営者は、ドライブスルーを使うと、この過程全体がさらに効率的になることに気づいた。一九七五年に、マクドナルドは最初のドライブスルーをオクラホマシティで始めた。四年後には約半数のレストランがこれを備えた。駐車してカウンターまで歩き、列に並んで注文し、会計を済ませて食べ物を受け取り、テーブルについて食べ、そしてゴミを片づけるという「面倒」で「非効率」な過程の代わりに、ドライブスルーを窓口まで運転していって（もしかしたら車の列で待って）注文し、会計を済ませて食べ物を受け取り、すぐに走り出すことができる。もっと大きな効率を望むならば、車中でそれを食べることもできる。ドライブスルーはファストフード・レストランにとっても効率的である。顧客がドライブスルーを使えば使うほど、必要な駐車スペース、テーブル、従業員が少なくて済む。さらに、消費者がゴミを持ち帰ってくれるので、ゴミ箱を増やす必要がなくなり、ゴミ箱を定期的に清掃する従業員もいらなくなる。

現代の技術体系は簡素化を格段に進めている。カリフォルニア州のあるタコベルでなされた効率の改善は、次のようなものであった。

店のなかで急ぎの顧客は、タッチスクリーン・コンピュータを使って注文する。店の外では、ドライブスルーの顧客が注文リストの誤りをビデオモニターでチェックしている。それから、銀行がかつて上下階で物をやりとりするときに使っていたようなバキューム管で支払いを済ませる。食べ物とお釣りは、取りだし口に用意される。車の列が長くなれば、タコベルの従業員が列をぬって歩き回り、ワイヤレス・キーボードを使って注文を取る。[8]

3・1・2　家庭での調理（と関連する現象）──「食事を作る時間がない」

ファストフード・レストラン時代の幕開けとなった一九五〇年代初頭、ファストフードに代わる大きな対案は、地元のいくつもの商店で前もって食材を手に入れて、家庭で料理を作って食べるやり方であった。この方法は、料理をする前に狩猟に出かけ、また野菜や果物を採集するような、ずっと昔のやり方に比べれば明らかに効率的であった。

一九五〇年代の家庭料理は、冷蔵庫、冷凍庫、ガスコンロ、電気コンロの普及によってかなり効率的になっていた。料理本も、家庭料理の効率に大きく貢献した。調理を準備するたびに献立を工夫する代わりに、毎回レシピにそって調理することで料理が効率的になった。

まもなく家庭用の冷凍冷蔵庫が広く普及したことで、冷凍食品の生産が拡大した。もっとも「効率的」な冷凍食品（いまなお多くの人にとってそうであるが）は「テレビ・ディナー」である。一九五三年、スワンソンが最初のテレビ・ディナー、つまり「箱詰めの食事」を考えだし、最初の一年で二、五〇〇万個が売れた。[9] 冷凍庫にはきちんと並べられたこうした食事（「アメリカ」料理に加えて中華やイタリアンやメキシカンなど）が詰め込まれており、いつでも取りだしてオーブンや電子レンジで調理できる。大きな冷凍庫は別の効率をも向上させた。少量の買い物をこまめにしなくてもよくなり、たくさんの買い物を一度に済ますことができる。いろいろな食品を冷凍しておけば、必要なときに食べたいものを手軽に選びだすことができる。さらに、冷凍庫にはゆとりがあるため、一度に何回分もに解凍するだけでよいのである。

しかし冷凍庫に保管する食品は、電子レンジで作ることのできる食べ物の普及によって相対的に非効率になった[10]。電子レンジは従来のオーブンと比べてはるかに素早く調理をし、しかも電子レンジを使えば幅広い食べ物が用意できる。おそらく、もっとも重要なことはと言えば、電子レンジの登場によって、数多くの電子レンジ食品（スープ、ピザ、ハンバーガー、フライドチキン、フレンチフライ、ポップコーンなど）が登場したことである。その結果、ファストフード・レストランで味わって愛するようになった食べ物を効率的に作ることができるようになった。たとえば、ホーメルがはじめて生産した電子レンジ食品は、ビスケットがベースの朝食用サンドイッチであった。それは「近年、多くのファストフードチェーンに普及した」。もっとも有名な例はマクドナルドのエッグマフィンである[11]。ある経営者が言っているように、「朝食のサンドイッチをマクドナルドで食べる代わりに、行きつけの食料品店の冷凍庫から一つを選ぶこともできる[12]」のである。それどころか「家庭で作る」ファストフードの効率性は、少なくともいくつかの点でファストフード・レストランの効率性よりもすぐれているようにみえる。車に乗ってレストランまで行き、また帰ってくる代わりに、お好みの食品を電子レンジに入れるだけでよいからである。しかしばならないという弱点が確かにある。電子レンジで調理する食品の効率性には、前もってマーケットに出かけて買ってこなければならないという弱点が確かにある。

スーパーマーケットは、自宅で「料理」したい人が効率を上げることのできる商品を扱ってきた。最初から料理を始める必要はなく、あらかじめパッケージされた「ホームメード」食品のセット――たとえばケーキ、パイ、バンズケーキ、ワッフルなど――を使うことができる。温め始めたシリアルを延々とかき混ぜる必要はなく、計量済みの材料に熱湯を注ぐだけでよい。もはやプリンをいちから作る必要もなく、またより効率的なインスタント・ミックスを使う必要もない。すでにできあがったプリンを、スーパーマーケットの乳製品コーナーで買うだけで済むからである。事実、いまではすべての食事が箱から取りだすだけで利用できる。ディンティ・ムアーズのクラシック・ベークスが販売しているのは「温かく、心がこもり、素早くて簡便で、しかも数分でできあがる」など四つから五つの約束をしているカセロールを使った食事である。

こうした効率的な家庭料理のもう一つの競争相手は、出来合いの惣菜であり、いまや消費者はスーパーマーケットでそれを買うことができる。人びとは帰宅途中にスーパーマーケットに立ち寄り、一回分の食事を買うだけでよい。帰宅して包装紙をとれば「準備完了」、調理の必要はない。

その上、ボストン・マーケット（国内二八の州で六五〇におよぶ企業所有のレストランを展開しているマクドナルドが全株所有の子会社）[13]やイートジーズなどのチェーンにはテイクアウトの食品があり、これは「手作り家庭料理の代行」市場の需要に応えている。ある消費者は「わたしには料理をする時間がない。だってわたしは一日中働きづめだし、しかもしなければならないことが山ほどあり、だから手早くしなければならない」[14]と語っている。たとえばイートジーズは料理専門学校で訓練を積んだシェフがいて、彼の監督下で、最初からすべてが用意され、毎日、二〇〇種のメイン料理と一、五〇〇種もの新鮮な品目が揃えられる。食事にはマカロニ、チーズからメカジキや寿司、もちろん、サンドイッチやサラダも揃っている。[15]

食べ物の準備と消費のマクドナルド化は、ダイエット産業のブームを巻き起こした。減量へのさまざまな近道を約束するダイエット本は、たびたびベストセラーの仲間入りをする。ふつう減量はむずかしく時間もかかるが、ダイエット本はより簡単により早く、効率よく減量できると約束する。減量中の人たちにとって（また多かれ少なかれ年中ダイエットしている多くの人たちにとって）、低カロリーの食べ物の準備もまた簡素化されてきた。最初から低カロリーの食事を用意する代わりに、減量中の人たちは電子レンジでできる冷凍のダイエット料理を買ってくるだけでよい。ダイエット料理を食べるという非効率な過程に関わりたくない人には、もっと簡単なダイエット・シェイクやダイエット・バー（たとえばスリムファスト）がある。これは「調理済み」なので、ほんの数秒で食べることができる。さらに効率を追求する減量者は、減量を促進するさまざまなピル（現在は禁止されている「フェンフヘン」など）を服用すればよい。

ジェニー・クレイグやヌトリ・システムやカーブス[16]（五、〇〇〇以上のスタジオを有する人気沸騰中の新しいテキサス・スタイルを基礎にしたダイエットとトレーニングを提供している企業は、もっぱら女性の要望に応え、効率的な三〇分のトレーニングを売りにしている）などのダイエットセンターの増加は、ダイエットが家庭のなかだけの問題ではないことを端的にしめしている。[17]ヌトリ・システムでは、ダイエット中の人を対象に、フリーズドドライのダイエット食品をかなり高い価格で販売している。簡素化された究極の料理と同じように、ダイエットをしている人がしなければならない、ただ一つの仕事は水を注ぐことだけである。フリーズドドライ食品は、ヌトリ・システムにとっても便利である。この種の食品は効率的にパッケージされ、効率的に運搬し保存できるからである（しかもそれは、消費者にとっても効率的であり、電子レンジに入れてチンするだけである）。

ダイエット診療所を定期的に訪れている減量中の人も省力化されている。ヌトリ・システムでは、一人のカウンセラーが一人のクライアントにつき一〇分間だけ応対する。この短時間のあいだに、カウンセラーはクライアントの体重、血圧、体位を測定し、決められた質問をいくつかし、カルテに記入し、残りの時間を「問題解決」にあてる。一回のカウンセリングが所定の一〇分を超えると、ほかのクライアントが待たされることになる。すると受付係がカウンセラーの部屋へ苦情を言いにくる。

3・1・3　ショッピング——もっと効果のよい自販機を造ること

食べ物だけでなく、あらゆる種類の商品とサービスの買い物が簡素化された。買い物をする上で、繁華街や郊外に点在する各種の専門店を回るよりもデパートが効率的であるのは明らかである。さらに加えて、ショッピングモールは、いろいろなデパートやいくつもの専門店が同じ建物内に出店しているのでいっそう効率を高めている。[18] ショッピングモールは小売業者にとって経費の面でも効率的である。なぜなら、専門店やデパートの集合しているモールには、多数の人びとが押し寄せるからである（「モール相乗効果」）。また、ショッピングモールは顧客にとっても効率的である。なぜなら一度にたくさんの専門店を訪れることができ、「食品街」（ファストフードのチェーン店が軒を並べる）で昼食をとり、映画を観ることができ、お酒を飲んだり、運動をしたりダイエットセンターに行ったりすることもできるからである。

　買い物を効率的にしようとする欲求は、ショッピングモールだけではない。セブン-イレブンやそのクローン（たとえば、サークルK、am／pm、そしてワァワァ）は、ドライブスルーとまではいかないとしても、車で乗りつけることのできるミニマーケットになった。二つか三つの品物を買うだけならば、スーパーマーケットにわざわざ出かけるよりも、非常に能率的なセブン-イレブン（二〇〇三年半ば、シカゴで二万五、〇〇〇店舗目がオープンした）に行くほうがはるかに効率的である（ただし値段は高いが）。買い物客は広い駐車場に車を停め、ショッピング・カートを押して回り、目指す品物を探しながら無数の通路を往き来し、レジで待ち、それから遠くに停めた車まで買った物をもっていく必要などない。セブン-イレブンでは、顧客は店の真正面に車を停め、整然と並べられた商品――品数は多くなく、概して高いのだが――から必要とする物を素早く探しだすことができる。非常に限定されたメニューを提供しているファストフード・レストランと同じように、セブン-イレブンでは、通常売れ筋の商品のみを店舗に揃えようと努力をつづけている。たとえばパン、牛乳、タバコ、アスピリン、ビデオをはじめ、ホットコーヒーやホットドッグ、電子レンジで調理するサンドイッチ、冷たいソーダ、スラーピー（シャーベット）といったセルフサービス商品である。セブン-イレブンの効率性は通常、各商品につき一ブランドのみを販売する点にあるので、たくさんの銘柄から、好みの商品を手に入れることはできない。

さらにもっと効率がよいのは、全国いたるところに拡大している迅速で便利なブリュースルーである。顧客はブリュースルーに車を乗り入れる。ブリュースルーは、多数のコンビニエンス・ストア用の商品、とくにビールやワインを多数品揃えた倉庫のような造りになっている。店員が車までやってきて、注文を取り、あなたの欲しいものをもってきて、料金を受け取る。そしてあなたはただちにいま来た道に戻ることができる。[19]

選択の幅を広げようとすれば、消費者は相対的に非効率なスーパーマーケットまで出かけなければならない。もちろん、スーパーマーケットも買い物をもっと効率よくしようと努めてきた。各商品の選択肢については、その上限を一〇種と決めた。また顧客をコンビニエンス・ストアにとられないように、パーソナル小切手での支払いができないレジを設けて、レジ待ちの列が長くならないような対策も講じた。

モールに出かける時間がないと感じている人たちは、通販カタログ（エル・エル・ビーンやランズエンドなど）によって自宅にいながら気軽に買い物を楽しむことができるようになった。[20] さらに、モールに行くよりももっと効率的な対案はテレビ・ショッピングである。ただし、テレビの前に長時間いなければならないという問題は残る。さまざまな商品が視聴者の前に次々と現れる。それらを買うには、電話をかけてカード払いにするだけでよい。カタログやテレビでの買い物の効率は、フェデラル・エクスプレスのような宅急便システムの登場によってさらに加速した。

さらに、インターネットは買い物の効率を格段に向上させた。たとえば、本のスーパーストアを訪ね、あるいは小規模な本屋を次々に回るよりも、アマゾン・ドット・コム（amazon.com）に入れば、一〇〇万冊を超えるさまざまな書籍を指先のタッチだけで調べることができる。あなたの欲しい本のタイトルを選び、支払いを済ませれば、後はぼけっとしていればよい。やがて玄関先にその本が配送される。この分野における直近の成長は「ヴァーチャル薬局」である。これだと医師の診察も処方箋の必要もなく、薬剤を購入することができる。「オンライン医師」の診察がこれを実現した。[21]

サイバーショッピングの効率の点でしばしば見落とされるのは、職場で働いているときでも買い物ができるという点である。[22] 雇用主は職場でのショッピングが労働者の効率と負の関係にあると感じるようであるが、労働者／消費者の立場からすると、そうできることは非常に効率的である。

もちろん、インターネット・ショッピングをさらに効率的にしようとする欲求は継続している。したがって、われわれはショッピング・ロボット、あるいは「ショップボット」（買い物検索ロボット）の進化に注目している。ショップボットは自動的にウェブ上をサーフし、安価で配送の迅速な特定の商品を検索する。[23] たとえば、ショップ・リコス・コム（shop.lycos.com）は三万二、〇〇〇超ものオンライン商店の価格を比較しながら買い物をすることのできる検索ロボットである。また、グーグル・コム（google.com）もいまや検索ロボットをもち、あるいはそれはフルーグル・グーグル・コム（froogle.google.com）と名づけられたスパイダーと呼ばれたたいと考えている。「カテゴリー別――アパレル、コンピュータ、生花、そのほかなんでも――にウェブページを見るか、それとも問い合わせの質問を入力しなさい。するとお目当ての商品リストが左側に簡単な説明と、そして右側に仕様、価格および取り扱い小売業者名がそれぞれの商品について現れてきます[24]」。

あらゆるタイプのショッピング、とりわけ遠方の業者への注文は、クレジットカードの普及によってきわめて効率的になった。ショッピングモールで現金を使い果たしても、銀行に行って現金をおろしてくる必要がなくなった。外国でさえも、外貨に両替することなく買い物ができる。現金を支払うほうが効率的なこともあるが、しかし少なくとも大きな買い物をするとき現金を使うと、店員が驚いたり疑ったりすることがある。クレジットカードは、なにか身分を証明できるものを頻繁に求められるパーソナル小切手に比べれば、はるかに効率的である。

クレジットカードは、信用を獲得する過程をマクドナルド化したとみなすことができる。[25]

昔なら、人びとは信用を得るためには長く面倒な手続きを経なければならなかった。しかしいまでは、カード会社がその過程を簡素化し、ときには審査に先立ってクレジットカードを郵送するというところまで進化している。このように、限度額が数千ドルのクレジットカードを得るためにはまったく何もする必要がない。これは加入者の側からみても効率的である。もちろんカード会社は、このような簡素化が潜在的な借り手を獲得する効率的な手段であると考えている。顧客は、借金を重ねる権利を得るのと引き換えに、高額な利息を支払うことになる。

3・1・4　高等教育――箱に詰めるだけ

教育制度、とくに現代の大学（いまや「マック大学[26]」のあだ名で呼ばれている）は、効率を強化する圧力をさまざまな面で表している。その一つはマークシート方式の試験である。ずいぶん昔には、教授は学生一人ひとりに口頭による試験を実施していた。このやり方は、学生が理解しているかどうかを知るにはよい方法であったが、とても労力を要し、非効率であった。その後、論述形式の試験が一般的になった。ひとまとまりの論述答案を評価するのは、学生一人ひとりに口頭で試験するよりも効率的であったが、いぜん時間のかかる非効率な方法であった。マークシートの解答用紙を機械に入れれば、評価はたちまち終了する。実際、これを助手の大学院生が行えば、教授にとって学生の評価はいっそう効率的になる。いまやマークシート方式の試験は、教授と助手の効率を最大化している。これによって、学生でさえも利益を得る。勉強がしやすくなり、評価の過程に採点者の主観の入る余地がなくなるからである。

専門教育におけるもう一つの革新は教育過程の簡素化である。選択問題による試験では、教授自身が必要な問題用紙を作成しなければならないという非効率がまだ残っている。さらに、少なくとも問題のいくつかは学期ごとに変えなければならない。というのも、受講生が過去の出題を収集するからである。その負担を軽減するため、教科書会社は教授たちに大規模クラスで利用できる教科書といっしょに、(無料で)選択方式の問題集を提供するようになった。それでもなお、教授は自分で問題をもう一度タイプしたり、誰かにタイプさせたりしなければならない。最近になって出版社は問題集をコンピュータディスクで提供し始めた。教授が自分でやらなければならないことは、問題を選択してプリンターで印刷するだけになった。もう一つの進展は進級試験と学期末の小論文を採点するためのコンピュータを利用したプログラムの出現である。[27] このように効率が向上したおかげで、いまや教授は、まったく効率をそこなうことなく、いっそう伝統的なタイプの学習業務に戻るために時間を割くことができる。実にこうした発展によって、教授はいまや、問題作成から成績評価にいたる試験期間中にほとんど何もしなくてもよくなった。そのため多くの教授たちは空いた時間を、たとえば論文執筆や調査研究など高く評価される活動のために活用できるようになった。しかし教授と同じく研究活動に励む学生はほとんどいない。

出版社は、ベストセラーの教科書を採用してくれる教授に対し、授業をいっそう簡素化するための別のサービスも提供している。教授は授業時間の埋め草にするさまざまな教材――講義の概要、コンピュータ・シミュレーション、討論のための問題、ビデオテープ、映画、派遣特別講師、学生用の研究課題計画案――を提供してもらえる。こうした道具をすべて使うとしたら、教授は授業中に自分でやらなければならないことはまったくないと言っていいほどすることがなくなる。

わたしは高等教育の簡素化の格好の事例――カスタム化された教科書――に出合ったことがある。[28] カスタム化された教科書は、まず出版社が幅広く研究者を募集して、トピックごとに原稿を執筆してもらうことから始まる。この教科書の内容に興味をもった教授は、まず利用可能な章のリストを受け取る。教授は気に入った章を自分で順次指定し、自分の講義に見合った教科書をただちに作成することができる。カスタム教科書が作成され、授業に必要な数だけの教科書が印刷される。新しいコンピュータ技術、超ハイスピードの印刷機の出現がこうした展開を可能にしたのである。

カスタム教科書は、少なくとも三つの点でふつうの教科書よりも効率的である。

1　研究者がそれぞれ一つの章を執筆するのに要する時間は、せいぜい数週間か数ヵ月であるが、一人で全部を書こうとしたら何年もかかるであろう。

2　カスタム教科書は、実際に使う予定の章だけで作られているので、伝統的な教科書よりも章の構成が減り、簡素なものになる。

3　多様な講義過程に合わせて、章の構成を簡単に組み替えることができる。これまでの教科書では、同じ章構成からなる教科書をさまざまな授業で使い回すほかなかった。

学究的な世界におけるもう一つの発展は、大学構内で比較的最近に発達した新しいタイプのサービスである。学生はごくわずかな料金でインストラクターや講義助手や優秀な学生から講義ノートを手に入れることができる。ノートをこまめにとることほど非効率なことはない。また実際に、授業に出席するほど非効率なことはない。学生たちは、大学院図書館にある神秘的な学術雑誌に没頭し、トレンディー・ドラマを観るなど、彼らにとってもっと価値のある活動を自由に探究することができる。

最後に、学究的な世界での効率という点で大いに注目に値するものは、学生はすでに完全に作成された学期末のレポートをオンラインで購入することができるのである。多種多様なウェブサイトがあり[29]、そこで学生たちは、どのような論題であれ、オリジナルで、最初から作成された調査レポートを一ページあたり「わずか、わずかに九ドル九五セントから一九ドル九五セントの低コスト」で購入し、配達を予約できる。学生たちは最後の瞬間まで不正をやり通すために宅配特急便を利用できるというわけだ。ところが、別のウェブサイトもあるので学生諸君は要注意である。教授はポップアップされたサイトから盗作レポートを検出しようと思い立てばできるのである。学生の効率に対する教授側の効率のよい対抗策もあるというわけだ。[30]

3・1・5　医療――応急診療所の医師

現代医療は効率性の追求を免れている、もしくはより一般的に、合理性からの攻撃を受けにくいと思われがちである。[31] 残念ながら、医療もマクドナルド化を免れない。事実、「組み立て作業ライン医療」と呼べるような事例が報告されている。その一つは、デントン・クーリー医師（彼が「崇拝するのは効率」である）は、「組み立て作業ラインの精密さ」をもつ「心臓手術工場」において、繊細な心臓切開の手術を簡素化したおかげで世界的な名声を得ている。[32] さらに衝撃的なのは、モスクワにある眼科顕微鏡手術研究所についての以下の記述である。

多くの点で、その光景は近代的な工場に似ている。コンベアが静かに五つのワークステーションを通っていく。規則的に停まっては進む。それぞれのステーションには、無菌の作業着とマスクを身につけた従業員がもち場についている。従業員はコンベアが通り過ぎるまでの三分間で自分の仕事を完了する。彼らは一時間で二〇個の修理を完了する。

しかし、組み立て作業ラインを除けば、ほかのすべては尋常ではない。従業員は眼科医であり、ベルトコンベアは人間を運んでいる。これは……ヘンリー・フォードの生産方式を医療現場に応用した……「健康な視力を生産する医療工場」なのである。[33]

このような組み立て作業ラインは、まだ標準医療になっていない。しかしそう遠くない将来にこれがごくふつうの医療現場になることは想像に難くない。

アメリカの医療現場における効率性の増大と、マクドナルド化の影響をしめす最良の例は、予約なしで診療してもらえる外科医院や緊急外来センターの増加である。いわゆる「マック医師」や「応急診療所」(Docs-in-a-box)は、病気や怪我を最大の効率で処置してもらいたいと希望する患者のためにある。こうした診療所はどれも、限られた数の軽い傷病だけを扱い、しかも処置は非常に素早い。裂傷のある患者は、ハンバーガーを求める顧客ほど効率的に縫合されないとしても、これら二つの業界には、多くの共通する原理が働いている。たとえば患者にとって、医院に予約を入れて待つよりも、予約なしに診てもらうほうが効率的である。小さな切り傷などの緊急性の低い軽傷の場合には、大病院の救急外来を目指して迷路をさまようよりも、「マック医師」に行ったほうが効率的である。病院のなかには、すでに救急専門の医者を雇って医療チームをもっているものもあるが、多くの病院は、重傷者を治療するために組織されており、効率性はまだ標準化されていない。

組織の観点からみると、「マック医師」は病院の救急外来よりも効率的に経営できる。「応急診療所」は、個人開業の医院よりも効率をよくすることができる。なぜなら応急診療所は、個人開業医に患者がいだいているような個人的な（したがって非効率な）関心を患者にもつことを認める仕組みになっていないからである。

3・1・6　エンターテインメント――人びと（そしてクズ）を効率的に片づけること

ビデオテープ、DVD、そしてレンタルビデオ店の出現とともに、たくさんの人びとが映画を観に街の映画館に行くことを非効率と考えるようになった。いまや自室にいて二本立ての映画を鑑賞できる。アメリカ最大手のレンタルビデオのチェーンであるブロックバスターは、予想どおり「自社をレンタルビデオ業界におけるマクドナルドと考えている」[34]。ブロックバスターは一日に三〇〇万人の顧客を引き寄せている[35]。

ビデオレンタル・ビジネスはすでにもっと効率的な対案――たとえば、ネットフリックスあるいは多くのケーブルテレビ会社によって提供されている有料番組視聴制の映画――に取って代わられる危険に見舞われている。一月二〇ドルというごくわずかな料金で、ネットフリックス・コム（netflix.com）の顧客は、最高三つのリボルビング方式のライブラリーを保持することができる。遅延料金はかからず、またそれらは郵送料払い込み済みの返信用封筒をあなたに与えている。レンタルビデオ店のなかを歩き回るのではなく、ただチャンネルを合わせてケーブルテレビ会社に電話をかけるだけでよい。また、新型の小さなパラボラアンテナを設置することで、多くの映画チャンネルと有料番組視聴制の映画を含めて、よりバラエティに富んだビデオ製品を入手することが可能になった。TIVOのようなシステムは、顧客がほかの番組を視聴しながら、あるいはテープを巻き戻しながら、さらにはテレビを消していても、自分のお気に入りのショー番組を録画できるようにしている。すでに推定七〇〇万人の顧客[36]に利用されているビデオ・オン・デマンドは、顧客が好きなときいつでも自宅で、ビデオ店の保有している映画ならどれでも注文することができる。[37]レンタルビデオ店にいたある客は、「ビデオ注文システムは絶対に利用したい。ここにビデオを借りにくる必要がなくなるし、翌日返却する面倒もなくなるから[38]」と語っていた。どれか一つの作品に満足しない人たちは、複数の画面を映しだせるテレビセットを購入し、そしてお気に入りのショーを画面で観ながら、同時に映画を視聴することができる。

自分で読みつづけることも簡素化されている。オーディオ本（テープになった本）は、二〇〇〇年に、二四億ドル産業にのし上がり、年率一〇パーセントの成長を遂げている[39]。二〇〇二年、オーディオ本は少なくとも六、〇〇〇万人の聞き手を呼び込んだ。アメリカの全世帯のほぼ四分の一が前年にテープになった本を聞いたことになる[40]。オーディオ本は、ほかの活動——通勤、徒歩、ジョギング、あるいはテレビのスポーツ中継の音声を消して観ていることなど——をしながら本の朗読を聞くことができる。ある企業はトラックの運転手に本を貸し出すことに特化し、だから彼らはトラックを運転しながら本を聞いている[41]。トラック運転手はあるスポットで本を借り、そして別のスポットでそれを返す。アメリカ国内のレストランチェーンであるクラッカー・バレルも同様のサービスをすべてのドライバーに提供している（オーディオ本を聞いている人たちの約四分の一は車のなかでも聞いている）[42]。彼らはあるレストランで本を借りて、そして別の、おそらく三つ先の州にあるレストランで借りた本を返却する。しかしながらオーディオ本をウェブからダウンロードすることはテープを借り出し、そして返却する手間を省いている[43]。オーディオ本が簡略版として録音されるようになると簡素化はさらに進む。小説のくだらない部分を聞かねばならない無駄な時間が簡素化される。文豪トルストイの『戦争と平和』は、気前のよい省略のおかげで、一気に聞くことができる（トレーニングのトレッドを歩いているあいだに聞き終わる）。

エンターテインメントの世界に出現したもう一つの効率は、現代的なアミューズメントパーク、とくにディズニーランドやウォルト・ディズニー・ワールドによって開発された人びとを移動させるためのシステムである[44]。たとえば、ディズニー・ワールドとエプコットセンターでは、広大な高速道路網が毎日何千という車を駐車スペースに誘導している。駐車スペースに到着すると（ラジオの案内放送に従って）、園内バスが顧客をゲートまで運んでくれる。園内に入ると、来場者は長い人の列のなかにいることに気づく。それは実際、あるアトラクションから次のアトラクションまで効率よく運んでくれる巨大なベルトコンベアである。アトラクションに入ると、車、ボート、潜水艦、飛行機、ロケットなどの乗り物や動く歩道に乗らされる。これらは、できるかぎり迅速にアトラクション内を通過させることを可能にするシステムである。アトラクション内を素早く移動することで、人びとはその体験を強化され、目にする「リアリティ」に疑問をもつことが少なくなる。実際、人びとは興奮させられるが、しかし自分が見たものに確信をもつことはほとんどない。

ディズニー・ワールドはみずからの成功に苦しんできた。どんなに効率的なシステムであっても、観光シーズンのピークには膨大な数の来場者をさばき切ることができない。このとき人気のあるアトラクションの多くでは、来場者は長い行列を作って待たねばならない。もしディズニー・ワールドが来場者を効率よく処理するシステムをもっていなかったら、この行列は途方もなく長くなってしまうだろう。

ディズニー・ワールドが効率的に処理しなければならないのは来場者だけではない[45]。効率を追求するもう一つの例はゴミ処理である。このような娯楽施設を訪れる大群が食べる量は膨大であり（ほとんどがファストフード、とくにフィンガーフードである）、それゆえゴミの量も膨大である。もしディズニー・ワールドが一日に一回だけしかゴミを回収しなかったら、ゴミ箱はあっという間にあふれてしまうだろう。このような事態を防ぐために（無菌性とも呼ばれる清潔さこそ、マクドナルド化する社会一般の構成要素であるから、ディズニー・ワールドでも、このような事態を起こしてはならない）、たくさんの従業員が絶えずゴミを掃き、集め、回収している。一例を挙げれば、夜のディズニーパレードでは、その最後尾に清掃用具をもった従業員の一団が、後に残されたゴミや動物の排泄物を次々と片づけていく。ほとんど数分のうちに、彼らはパレードが通った痕跡のすべてを消しさる。ディズニー・ワールドは、精密な地中トンネル網を採用している。ゴミ箱に捨てられたゴミは、このシステムによって来場者の目に触れることなく、時速六〇マイルの速さで中央のゴミ処理施設へと運ばれていく。ゴミは魔法のように消える。ディズニー・ワールドは、多くの意味で「魔法の国」である。このように、現代の娯楽施設はさまざまな点で非常に効率のよい場所になっている。このことは、その祖先とされる地方の収穫祭やコニーアイランドなどと比較すれば歴然としている。ある評論家は、もう一つの現代的で、高度に合理化された娯楽施設であるブッシュガーデンを、次のように描いた。

> ほこりっぽい中道、客引きのかわいた呼び声、ぎらぎらした興奮、暗闇に輝く黄色い光に彩られた目障りな広告、これらのものはみな消えてしまった。そこにあるのは、巨大で自己完結的に閉じた環境である。これは小規模な都市と同程度に複雑であるが、どんな規模の都市も到達しえない水準の**効率**を備えている。[46]（傍点は筆者）

3・1・7　そのほかの状況——法王さえ簡素化と関係している

ホリディ・スパ（そしてカーブス）といった現代のスポーツクラブでも、効率が非常に重視されている。[47] こうしたクラブでは、一つの施設のなかに減量や体形維持のために必要なすべてのもの——各種の運動機械、ジョギングのトラック、プールなど——が設置されている。高度に専門的な運動機械を使って、身体の特定の部位を効率的に鍛えることができる。たとえばランニングマシンやステアマスターを使えば、心肺能力を高めることができる。また、各種のウェイトリフティングマシンを使えば、鍛えたい部位の筋力を増強することができる。多くの機械は、塩辛いフレンチフライの塩分がどれほど正確に消化されたかを記録するカロリー計算機を備えている。これらの機械が備えているもう一つの効率は、運動しながらほかの活動ができることである。たとえば、多くのクラブでは、ジムのいたるところにテレビが置いてある。利用者は運動しながら、読書し、音楽やオーディオ本（縮約版であることが多い）を聞くことができる。これらすべてがマクドナルド化としばしば関連する無菌の環境において提供される[48]。

さらに別の効率を強化するための簡素化について考えてみよう。銀行のドライブスルーは、消費者と行員の双方にとっての簡素化である。ドライブアップのキオスクは、フィルムを受け取り、それを中央の現像工場に送っている。最新の携帯電話では、写真を写して、その写真をただちに同じ機能を備えた電話機をもつ相手に送信することができる（あるいは電子メールで送ることができる）。一部のマクドナルドでは、ドライブスルー・レーンに自動化したキオスクが設置されている。そこで顧客はＤＶＤを借りることも、返すこともできる（そしてワシントンＤ・Ｃのスタンドだけのキオスクでさまざまな製品を取り扱う実験が実施されている）。ガソリンスタンドで、顧客はクレジットカードをスロットに入れるか、あるいはポンプのそばに置くと、自動的に料金の支払いができ、ガソリンを入れ終わったときには、働いている誰とも接触することなく、あるいは彼らからいかなるサービスを受けることもないまま、領収書とカードを受け取ることができる。たとえば、モービル社の「スピードパス」では、車のキーのタグあるいは車のリアウインドーに付けられた中継器が無線周波数シグナルを介してポンプにつながれる（同じような技術はアメリカ国内の有料高速道路での使用頻度の増大に対応するために採用されている）。自動車が停止すると、ポンプが作動し、正確な金額がドライバーのクレジットカードに請求される。

宗教でさえもがドライブイン教会やテレビ番組になったプログラムなどによって簡素化されつつある。[49] カトリック教徒は、ローマ法王による年に一度のクリスマスの祈禱をテレビかラジオで受ければ、免罪を受けられると、一九八五年にバチカンが発表した（「免罪は、祈禱の実践による原罪からの救済を意味する」）。カトリック教徒はそれまで、免罪を受けるためには、ローマに出かけて「然るべき意向と態度」を表明し、クリスマスの祝福を受けるというはるかに効率のよくないバチカン参りをしなければならなかった。[50] より一般的に、キリスト系の書籍店は「ハウツーもの」の書物、たとえば「精神的に成長するための一〇段階」とか「六〇分間で成功できる親」[51] を揃えている。

インターネットの決定的な特徴は簡素化である。たとえば、ヤフー、アルタビスタ、グーグル、ホットボットやユーロシークは、従来ならコンピュータの使用者がやっていた仕事のほとんどをいまや代行している。[52] インターネットの最初の時期、欲しい情報を入手することは卓越した技能と不可解なコンピュータ言語についての知識を必要とする面倒なことであった。ところがいまでは、ユーザーがする必要のあることは、探索エンジンに入ること、望んでいるトピックスをタイプすることだけであり、そうすればそれはたちまちあなたのところにやってくる。脱技能化の過程が起こったのである。かつてユーザーがもたなければならなかった技能がいまではシステムに組み込まれている。インターネットは、政治キャンペーン[53]、医学会のシンポジウム[54]、学生の実施する調査研究[55]、あるいはロマンス[56]さえもいっそう効率的にしている。さらにもっと明らかなことに、Eメールは「カタツムリのように鈍い郵便物[57]」と比べてはるかに能率がよい。手紙を書く必要も、それを封筒に入れる必要も、切手を貼る必要も、そしてそれをポストに入れて、返信を数日間あるいは数週間も待つ必要もない。いま必要なことは、数ストロークを打ち、そして送信ボタンをクリックするだけである。返信は同一のインターネット・チャット・サービス（AOLインスタント・メッセンジャーやヤフー・メッセンジャーなど）を経てほとんど瞬時に受け取ることができるし、Eメールを送信することもなく、オンライン会議を開催することができる。また同様な利点は、人びとを誕生日、記念日、祭日などの電子版のグリーティング・カードに惹きつけている[58]。

3・2　商品を単純化すること

さまざまな過程を簡素化することによって多大の効率が入手できた。しかし効率を重視するもう一つの方法が製品を単純化することによって得られる。ファストフード・レストランで出される食べ物の性質を考えてみればはっきりしている。言うまでもなく、複雑な調理法を用いた手の込んだ食べ物はまったくない。この業界の主力商品は、料理するのも給仕するのも食べるのも簡単で、材料の数をあまり必要としない食べ物である。

事実、ファストフード・レストランは、一般に「フィンガーフード」と呼ばれているが、食べるための道具のいらない食べ物を提供している。ハンバーガー、フレンチフライ、フライドチキン、ピザ、タコスなどのファストフード産業の主力商品は、すべてフィンガーフードである。

長年にわたる多くの技術革新によって、手に入れることのできるフィンガーフードの数量と種類はいちじるしく拡大した。エッグマフィンは完全な朝食である。卵、カナディアンベーコン、イングリッシュマフィンが手軽なサンドイッチになっている。このようなサンドイッチにかぶりつくほうが、椅子に腰掛け、ナイフとフォークをもって皿に載った卵、ベーコン、トーストを食べるよりもずっと効率的である。おそらく究極のフィンガーフードと言えるであろうが、チキンマックナゲットという食べ物の発明は、マクドナルドにとって、チキンがすこぶる効率の悪い食材であるという事実の反映である。ニワトリの効率的な消費にとっての障害となる骨、軟骨、皮などは、チキンマックナゲットに断じて入ってはならない。顧客は運転中でもフライドチキンをほおばることができるように、一口サイズにされている。できることなら、鶏肉の大手商社のペルドゥー社などは、もっと効率よく消費できるように、骨や軟骨や皮のないニワトリを育てたいことであろう。[59] また、マクドナルドは完全にパイ生地でおおわれたアップルパイも提供している。その訳は、このアップルパイがサンドイッチのように一口で食べられるからである。

メニューの選択肢が限定されていることも、ファストフード・レストランの効率を向上させている。マクドナルドは（少なくともいまは）エッグロールを販売しておらず、タコベルはフライドチキンを出していない。宣伝とはずいぶん違って、ファストフード・レストランは完全メニューのレストランにおよばないだけでなく、さまざまな食べ物を提供する昔ながらのカフェテリアにも遠くおよばない。

ファストフード・レストランで特別な注文をする消費者は気の毒である。「あなたのお好みのやり方で調理します」という宣伝文句は、文字どおりに読めば、ファストフードチェーンが特別な注文を喜んで受けることを意味している。しかし実際には、ファストフードの効率のほとんどは、いつも一つの方法——自分たちのやり方——で調理することを押し通しているのだから、顧客の好みのやり方で調理するというのは、ファストフード・レストランにとってもっともうれしくないことである。標準的なハンバーガーは、通常とても薄いので、ウェルダンというただ一つのやり方でしか調理できない。もっと厚いハンバーガー（たとえば、マクドナルドのクォーターパウンダー）はレアで調理することもできるであろうが、ファストフード・レストランにとって、すべてのハンバーガーをただ一つのやり方で調理することのほうが効率を上げるためにも（またおそらくは近頃では、衛生上でも）得策なのである。レアハンバーガーやよく揚がったフライを注文するような無謀な顧客は、そうした「珍しいもの」をむなしく待ちつづけることになるだろう。こんなことをする顧客はほとんどいない。そうしてしまうと、ファストフード・レストランに行く大きな利点の一つ、つまり効率性が失われるからである。メニューの選択肢が限定されていることによって、大量に商品をさばき、食べ物を運ぶことができる。要するに、かつてヘンリー・フォードが自動車について述べたことは、ハンバーガーにも当てはまるのである。「どんな顧客でも、黒の車を望むかぎり、どのように塗装された車でも買うことができるのです」[60]。

ファストフード以外の製品の多くも、効率の名のもとに単純化された。たとえば、たくさんの企業が、消費者にごく限られた数の選択や選択肢しか提供しないというファストフード業界の方式を採用した。ＡＡＭＣＯトランスミッションは主に車のトランスミッションを製造しており、またミダス・マフラー＆ブレーキショップはもっぱらマフラーの取りつけをやっている。Ｈ＆Ｒブロックは税金の確定申告だけを業務としている。公認会計士のように、税金と投資に関する多彩な情報を提供するわけではないので、複雑な確定申告の仕事をしてもらうには最適の場所ではない[61]。「マック歯科医」は簡単な歯の治療のみを行っているので、歯の神経を抜くのにはおすすめできない。パール・ヴィジョン・センターは、眼の検査をするだけなので、眼の病気ならば眼科に行ったほうがよい。

同様に、「本格的な」大新聞の大半（たとえば、ニューヨークタイムズやワシントンポスト）を読むのは非効率である。とくに二ページにまたがる記事を読むのは気分を害する。ＵＳＡトゥデイは、記事全体を一ページにまとめることで、言いかえれば、「ニュース・マックナゲット」を作ることで効率を高めた。物語風の内容を削って劇的に記事を単純化し（無駄な言葉のないように）、生の事実だけを残すことで、これをなし遂げた。これによってＵＳＡトゥデイは、さまざまな要約本の先駆けになった。とりわけ、リーダーズダイジェストは有名であり、いまなお人気が高い。リーダーズダイジェストは当初、「作者や編集者を楽しませるために書かれた文学的な長文に代わって、変化の激しい一九二〇年代の世界に起きている事象を要約して、読者を楽しませる[62]」ことを目指した。USAトゥデイの先駆けとしてはこのほかに、タイム、ニューズウィーク、ビジネスウィークなどがある。ある評論家は、これらの週刊誌とウォールストリート・ジャーナルとを比べると、週刊誌にはある「メッセージ」が含まれていると言う。「多忙な管理職には記事を丹念に読む時間はないので、毎日、ウォールストリート・ジャーナルを読むような時間の無駄使いはしたくない。競争で一歩抜きんでるには、週に一度ビジネスウィークに目を通すだけで十分である[63]」。

3・3　顧客を働かせること

マクドナルド化した世界において効率を強化するための究極的な仕掛けは、顧客を働かせることにつきる。ファストフードの顧客がどれほど無償労働をさせられているかを、二人の研究者がつぶさに観察している。

数年前、ファストフードチェーンのマクドナルドは、「あなたの代わりに全部やります」というスローガンを掲げて登場した。しかし実際には、わたしたちはマクドナルドに代わって働いている。わたしたちは列を作り、食べ物をテーブルまで運び、ゴミを捨て、トレーを片づける。労働者の賃金が上昇し、技術が発達するにつれて、顧客もたくさん働かされるようになった[64]。

しかしファストフード・レストランにとって、顧客に列を作らせるのは効率的であるが、顧客にとって、列で待つことは非効率である。同様に、ファストフード・レストランにとって、伝統的なレストランでは従業員がやっていた仕事の多くを顧客にさせることは効率的であるが、これが顧客にとって効率的なことだろうか。食べ物を自分が直接に注文することは、ウェイターに注文するよりも効率的だろうか。紙クズ、プラスチック、発泡スチロールを自分で片づけることは、ウェイターにやらせるよりも効率的だろうか。

顧客を働かせるという傾向は、二〇〇三年、ステークンシェイク（アメリカ国内に四〇〇店舗以上をもつレストラン）が提供した、ファストフード・レストランを「顧客を働かせるレストラン」（workaurants）[65]と揶揄したテレビコマーシャルで注目を集めた。これとは対照的に、ステークンシェイクは、陶磁器のお皿の使用と食べ物が実際に給仕人によってサービスされる事実を強調して、ファストフード・レストランとの差異化をねらったのである。

サラダバーは、顧客を働かせる古典的な代表例である。顧客は空っぽの皿を「買って」、サラダバーにやおら近づき、盛られている本日の野菜や食べ物を皿にいっぱいに詰め込む。このシステムの利点をめざとく見つけた多数のスーパーマーケットは、自前のサラダバー、さらにもっと洗練されたサラダバーを導入した。だからサラダ好きの人は、ファストフード・レストランのランチタイムにサラダシェフとして働けるようになった。さらに彼らは、夕方になるとスーパーマーケットでまったく同じことを繰り返している。ファストフード・レストランとスーパーマーケットは巨額な利益を効率よく稼いでいる。なぜなら少数の従業員を配置するだけでさまざまな部門を運営できるからである。

ロイ・ロジャース(66)など大多数のファストフード・レストランでは、顧客はスライスされたバンズをもって盛りつけバーに行き、レタス、トマト、オニオンなどをはさむことが求められている。この場合、消費者は一週間のうち何分かをサンドイッチ職人として働くことになる。バーガーキングなどほとんどのファストフード・フランチャイズでは、人びとは自分のコップに自分で水と氷、そしてソフトドリンクを注ぐ。そうすることで、「ソーダカウンター係」としてほんの少しの時間が過ごせる。同様に、顧客はショニーズで人気のある朝食ビュッフェで、そしてピザハットのランチビュッフェで、給仕として働いている。

ここでふたたび先駆者、少なくともファストフード業界の先駆者を取り上げてみよう

（同じような技術は航空券を購入する空港でも使用されている）。マクドナルドは、一部のレストランで、顧客がタッチパネルを用いて自分の食べ物を注文する自己注文キオスクをテストしている。彼らは現在マクドナルドのカウンター係がやっている仕事を肩代わりさせるつもりである。顧客は、注文しようとする食べ物の絵柄を画面上で見つけて指でふれる作業をする(67)。

ショッピングもまた消費者を働かせる多くの具体例を提供している。往時の食料品店——そこでは店員が必要なものを取りだしてくれた——は、スーパーマーケットに取って代わられ、そこでは買い物客が一週間のうち数時間ほど果てしなく長い通路を往き来しながら食料品店の店員として「働かされている」。食料雑貨を手に入れると、次に買い物客は食べ物をチェックアウトカウンターでおろし、そしてある場合には、それを自分でバッグに詰めなければならない。

もちろん、一部のスーパーマーケットのチェックアウトカウンターでは、いまや顧客が食料品を自分でスキャンまでしている(68)。これによってチェックアウトカウンターが必要でなくなる。顧客がクレジットカードで支払うシステムは、キャッシャーの必要をなくしている。あるスキャンシステムの開発者は、「セルフサービスという食料雑貨店の技術は、銀行顧客によって利用されている現金自動預払機（ＡＴＭ）と同様に普及する(69)」と予測している。

明らかにマクドナルド化の熱烈な信者である顧客の一人はこうしたシステムについて、「あれは素早く、簡便で、しかも効率的です。……なんといってもすぐに済ませることができます」[70]と語っている。しかしスーパーマーケットを代表する労働組合の職員は次のように語っている。「言ってみれば、それが顧客に都合いいなんて言ってられない。世の中が逆さまになっているのだから。……そもそも顧客を働かせることが顧客へのサービスだなんてありえないことだ」[71]。

ガソリンスタンドの店員がガソリンを満タンにし、オイルをチェックし、そして窓をきれいに拭くなどのサービスは事実上なくなってしまった。いまでは顧客が一週間のうち数分間だけガソリンスタンドの店員として働かされている。この決まりに反する一つの例外がニュージャージー州である。ニュージャージー州は顧客が自分でガソリンを注入することを条例で禁止している。ガソリンスタンドから店員を排除することはガソリンの値下げにつながると考えるけれども（そして実際に短期にはそうである）、スタンドに店員がいる場合といない場合とで、ガソリンの価格を比較しても違いはないのである。最終的にガソリン企業は、かつて従業員を働かせるために賃金を支払わなければならなかったが、消費者を強制的に働かせるという別の方法をみつけたにすぎないのである。

一部の診療所では、患者が自分の体重を量り、そして自分の体温を測定しなければならない。さらに重要なことに、患者が自分で医療テストをするようになり、それを使わされるために、患者は医療の世界で働かされている。二つの基本形が利用可能である。一つは監視装置であり、もう一つは診断用具である。[72] 監視装置には、血圧監視やブドウ糖とコレステロールの測定器がある。診断用具のうちには、妊娠検出具、排卵予定測定器、HIVテスト・キット、大便中の血液検査具がある。だから患者はかつて医師、看護師、あるいは医療技術者の専門領域であった技術に慣れるよう求められている。さらに加えて、患者はかつて専門的な医療従事者によって（非常に慎重に）取り扱われていた体液（血液と尿）あるいは老廃物（大便）の標本を採取するよう求められる。しかし高医療費の時代にあって、患者が自分を監視し、テストすることはずっと安価であり、ずっと簡単で、効率的（診療所や実験室を訪ねる無駄が省ける）である。こうした在宅での検査はそうでなければ発見できない問題をみつけだすかもしれないが、しかし「誤ったプラスの結果」の場合に、不必要な心配をさせる危険をかかえている。いずれにせよ、無給の医療技術者として「働かされている」のである。

銀行業における現金自動預払機はすべての人を、少なくとも一時的に銀行の出納係として働かせている（しかもその特権を取得するために手数料まで支払っている）。最近、ＡＴＭ

の使用を促進するために、一部の銀行は人間の出納係を使う場合に手数料を徴収している[73]。銀行に行くことを快く思わなくなったため（たとえば、人間との相互作用においてお金を払いたがらないために）、ATMの前に行列ができ、皮肉なことに、その効率が低下している。

電話会社も、人びとを一日につき数分間オペレーターとして働かせるようになった。長距離電話をかけるには、オペレーターに頼む代わりに、自分でダイアルを回さなければならない。そのため、電話番号と市外局番の書かれた分厚い電話帳が必要になった。かつて「ゼロ」をダイアルして長距離電話をかければよかったのに、いまでは料金を節約するため八桁もの番号を思い出さなければならない。オペレーターの番号案内ではなく、利用者に電話帳をひかせることも、電話会社が実施しているサービス提供の一つである。現在では、番号案内の頻度を少なくするため、この種のサービスにはかなり高額な料金が課せられている。ワシントン州では、なんと客自身が電話機の取り付けを行っている。電話機をジャックに差し込み、811をダイアルし、コンピュータの発するいくつかの質問に電話機のボタンを押して答えさせられるのだ[74]。

最近、企業に電話をかけると、応対してくれるのはほとんど人間の交換手ではない。必要な内線番号にたどり着くためには、コンピュータの指示に従って、煩雑な数字やコードを入力しなければならない[75]。次の一文は電話をかけた人がさせられる労働と「会話」をユーモアたっぷり描きだしている。

あなたがおかけになった部署のトーマス・ワトソンはただいま席をはずしております。メッセージを入力する場合には、発信音をお待ちください。メッセージを確認する場合には、7を押してください。メッセージを確認した後、メッセージを変更する場合は、4を押してください。メッセージを追加する場合は、5を押してください。ほかの部署にかけ直す場合は、＊の後に四桁の内線番号を押してください。有線放送の音楽を聞きたい場合は、23を押してください。メッセージを転送する場合には0を押してください。ただし、何をやっても人間につながることはありません――わたしたちはあなたを一つのメッセージとして扱いますから。[76]

国勢調査員によるインタビュー調査を受ける代わりに、人びとは通常自記式の調査票（手に取れば簡単にわかるものだと考えられているようだ）を郵便物として受け取っている。二〇〇〇年の国勢調査における世帯単位の自己回答率は七五・五パーセントであった。言いかえると、その時点で情報を入手するため、本物の国勢調査員が使われたのは二四・五パーセントの世帯に対してだけであったということである。しかも国勢調査員が実際に使われたのは、住民が郵送調査票に回答しそこなったケースに対してだけ適用されたのである。[77]

こうした事例は些細なことに思われるかもしれない。サラダバーを探索すること、あるいはコンピュータ画面上の番号を押すことはたいして面倒なことではない。しかしこうした活動が普及していることは、現代の消費者が無償の労働をするためにかなりの量の時間とエネルギーを使わされる機会が増えていることを意味している。その結果、組織体は大きな効率を実現しているかもしれないが、しかし消費者は便益と効率をしばしば犠牲にさせられている。

3・4　むすび

効率性はマクドナルド化の第一の次元であり、目標に最適な手段を探求することである。近年、ファストフード・レストランは、こうした最適効率を追求する急先鋒であり、これを探求するなかでマクドナルド化した社会の別の要素と合流した。かつてないほどの効率の探求は、多種多様な形態をとりえたが、マクドナルド化したシステムでは主として、さまざまな作業過程の簡素化、商品とサービスの単純化、かつて従業員が行っていた仕事を顧客に無償でやらせるという形態をとっている。

マクドナルド化の別の次元と同様に、効率の重視が関係するすべての当事者に利得をもたらしていることはまちがいない。しかし効率を重視するために作られたメカニズムが総じて、さらに利益を増やすために組織体によって一般に導入され、そしてその利害がいつも消費者の利害と同じでないことを想起することは重要である。さらに、企業が効率促進を実施するたびごとに、消費者は自分の利益を増進できない形で組織されている世界をますます体験させられるのである。それでもわれわれは、一つの効率に出合うと、さらにもっと大きな効率を熱望する。その結果、われわれは最善でないものをしつこく求める羽目になる。

4章　計算可能性――ビッグマックと小さなフレンチフライ

マクドナルド化は効率性の問題にとどまらない。それは計算可能性をも巻き込んでいる。つまり計算できること、数えられること、そして数量に置き換えられることが必要なのである。量が質を代用する傾向がある。[1] 数値基準は、過程（たとえば生産）と生産物（たとえば商品）の両方で重視される。過程で重視されるのは速度（通常は速いこと）である。これに対して、最終の生産物で重視されるのは、生産され供給される生産物の数量、もしくはその規模（通常は大きいこと）である。

この計算可能性が多数の好結果をもたらす。そのなかでもっとも重要なのは、大量の物資をきわめて迅速に生産し確保できる能力である。ファストフード・レストランを訪れた顧客は、即時に大量の食べ物を入手できる。その一方で、経営者やオーナーは大量の労働量を従業員から引きだし、しかもその労働は迅速でなければならない。しかし数量の重視は過程と結果の両方の質に逆効果をもたらしがちである。これは顧客にとっては、あわただしく食事をさせられることを意味し（「良質の」ディナー体験であることは滅多にない）、ほとんどいつも並の食べ物を消費するだけで終わる。従業員にとって、計算可能性とは、労働から個人的な意味をほとんど、あるいはまったく得られないことを意味する。だから労働、生産物、サービスのすべてが計算可能性による損害を被っていることになる。

計算可能性はマクドナルド化のほかの次元と密接に関連している。たとえば、計算可能性は効率の決定をたやすくする。すなわち最小時間で完了すると測定できる経路が通常もっとも効率的である。いったん数量化が確立すると、時間と場所を問わず、同じ量の材料と時間が使われるので、生産物と過程はいっそう予測しやすくなる。また数量化は、制御、とくに所定の時間内で作業を実行し、あるいは一定の重量と一定の大きさの生産物を製造するために、人間に頼らない技術体系の創造と連動している。数量の重視は質の低下をもたらす傾向があるので、計算可能性は非合理性と明らかに結びついている。

現代社会における計算可能性をめぐる議論をするとき、コンピュータのもつ絶大な影響力を抜きにしてはほとんど何も考えることはできない[2]。実際に、すべて事象を数量化しようとする趨勢は、コンピュータの開発と現在におけるその広範囲な普及によって促進された。一九四八年に製造された最初のコンピュータは、重さは三〇トンで、一万九、〇〇〇本の真空管（それらは絶えず破裂していた）を使用し、部屋全体を占拠してしまうほどの大きさであったが、その性能たるやきわめて貧弱であった。いまではシリコンチップ（一九七〇年代に開発された）のおかげで、必要な電子回路が極微の形で提供されるようになった。そのためコンピュータはますます小型化し（たとえば、手のひらサイズ、ラップトップ、ノート型など）、その上強力になり、しかもますます手頃な価格になっている。そのため瞬く間にパソコンは広範囲に普及し、非常に素早い計算が可能になった。もし現在のコンピュータが存在しなかったと仮定したならば、数量を重視する現代社会の多くの側面が存在しえなかったか、あるいはこれほどまで大きな変化を遂げることはなかったであろう。

以下のことを考えてみる必要がある。

▼マンモス州立大学における大量の学生登録、学業成績の処理、そして成績平均値の定常的に繰り返される再計算。

▼患者が血液検査と尿検査をする健康診断。診断の結果は要因ごとの測定数値と正常な範囲をしめす数値の羅列となって戻される。こうした数量化によって健康上の問題についての効率的な診断が可能になり、患者はにわか医師になり、ある種の自己診断を行う。

▼クレジットカードの開発と普及。コンピュータによって、クレジットカードを使用した何十億もの取引が実現した。次に、クレジットカードの成長は消費者の消費支出と

事業販売の莫大な増加をもたらした。もっと一般的に言えば、コンピュータによって、デビットカード、口座振り込み、電子支払い、銀行業務の多くがオンラインバンキングでできるようになった。
▼選挙結果をほとんど瞬時に、われわれに知らせるテレビネットワークの能力。
▼繰り返し行われる政党支持率調査とテレビ視聴率調査。

コンピュータが現在の水準に成長する以前に、すでに社会はまちがいなく計算可能性を重視する方向に推移していた。コンピュータを中心にした社会であることを念頭に置きつつ、この章では、計算可能性の三つの側面について考察する。(1)質よりも量を重視すること、(2)量の幻想を与えること、(3)生産とサービスを数値に置き換えること、についてである。

4・1　製品の質よりも量を重視すること

マクドナルドはつねに大きいことを重視してきた。マクドナルドなどのファストフードチェーン店は「大きいことはよいことだとする心性[3]」を保持している。この重視を長年にわたって目に見える形で表してきたマクドナルドの象徴、つまりあの巨大な金色のアーチの下で、マクドナルドは何百万個、それどころか、何十億個ものハンバーガーを販売してきた。これはマクドナルドの大成功を世に知らしめるためのかなり露骨な演出であった（近年その成功が広く知られるようになると、マクドナルドはそれほど目立つ必要がなくなった。そのためこうした看板の数が減り、金色のアーチの大きさも以前と比べて小さくなった）[4]。ハンバーガーの販売数量の多さは、将来の顧客にチェーンの成功を誇示しているだけではない。ハンバーガーの質が高いからこそ、膨大な売上げが得られるのだと暗示しているのである。つまり量は質を表していると黙示しているのである。

マクドナルドは、その製品の名称によって量の重視を伝えている。もっともよく知られているのは、ビッグマック（そしてマクドナルドはビッグマックよりも五〇パーセントも大きいメガマックを販売している）。大きいハンバーガーは、消費者が大量の食べ物を受け取っているということだけで望ましいと考えられている。さらに、消費者は少ない金額で大きな食べ物を得ているのだと思い込まされている。計算高い消費者は、いい買い物をしたというだけでなく、得をしたという感覚、つまりマクドナルドの最良の品を手に入れることができたとさえ思いながら帰っていくのである。

4・1・1　ファストフード産業——「超弩級の食べ物」と「超大きながぶ飲み」

ほかの多くのファストフード・レストランは、マクドナルドから量の重視を学んだ。よく知られているところでは、バーガーキングは肉の量を「ワッパー」や「ダブルワッパー」と呼んで強調している。また、ウェンディーズはビッギー・フライを含めて、「ビッギーズ」を誇示している。負けじとばかりに、ジャック・イン・ザボックスには「コロッサス」、ハーディーズには「モンスターシックバーガー」、ピザハットには「ビッグニューヨーカー」があり、ドミノ・ピザはその「フィーストピザ」を喧伝している。ケンタッキー・フライドチキンは「メガ」ミールを売りだしている。タコベルは「ビッグフィル」と呼んでいる五つのメニュー品目と並んで、「ダブルデッカータコス」を提供している。つまりこれには五種類のブリトーがあり、わずか九九セントでそれぞれ半ポンドもある食べ物が手渡される。同じく、セブン-イレブンには、消費者に「ビッグバイト」というホットドッグや、「ビッグガルプ」という大きなソフトドリンクを、さらにはもっと大きな「スーパービッグガルプ」さえある。[5] 昨今、この傾向のせいで、ファストフード・レストランが提供する一個分の食べ物の量が実際にかなり増量されている。たとえば、マクドナルドはLサイズよりも二〇パーセント大きい「スーパーサイズ」のフレンチフライを売りだしている。またクォーターパウンダーのハンバーガーを二枚挟んだ「ダブルクォーターパウンダー」や「トリプルチーズバーガー」が売られている。[6]

以上のような量を重視する姿勢は、質について何かを伝達しようとする気持ちがファストフード・レストランにまったくないことを表している。(7) もしそうした気持ちがあるのなら、製品に「マックデリシャス」や「マックプライム」といった名前をつけるだろう。しかし実際、マクドナルドに通うふつうの消費者は、最高品質の食べ物を手に入れているわけではないことを十分に承知しているのである。

マクドナルドの何人かの重役以外には誰も、ハンバーガーのパテのなかに何が入っているか、それが何からできているか、正確には誰も知らない。まったくもって安易に見過ごされている。わたしは一度バンズをあけて……マクドナルドのむきだしのパテをみたことがある。ブリロ製のタワシのようなその姿を、わたしは忘れたことがない。

君もあれをみるとよい。誰もマクドナルドでバンズのあいだに何があるかについて考えたりしない。買って食べてゴミ箱に投げて、ローン・レンジャーのようにそこから去っていくだけだ。(8)

別の評論家は、人びとはおいしくて楽しいからマクドナルドに行くのではなく、「燃料を補給するため」に行くのだと切り捨てている。(9) マクドナルドは、人びとが大量のカロリーと炭水化物で胃袋を満タンにする場所であり、そうすることで彼らは別の合理的に組織化された活動へと移動していけるのである。燃料補給のために食事するということは、料理の経験を楽しみながら食事することに比べてはるかに効率的である。

ファストフード・レストランが商品の質を最小に抑えるという性向は、ケンタッキー・フライドチキンの創始者であるハーランド・サンダース大佐の悲しい過去に映しだされている。彼の調理技術の質と秘密の味つけは大成功を収め（もともとは彼の妻が自分で調合し袋詰めして発送していたのだが）、一九六〇年までに四〇〇のフランチャイズ店ができた。サンダースは質、とりわけグレービー・ソースにとてもこだわっていた。「サンダース自身にとって、彼の技術の真髄は彼のグレービー・ソースにあった。これは彼が時間をかけて辛抱強く作りあげたハーブとスパイスのブレンドである。彼の野心は、おいしいグレービー・ソースを作って、人びとがスープを食べて、『まずいチキン』を見向きもしなくなることだけであった[10]」。

一九六四年にその事業を売り渡した後は、彼はケンタッキー・フライドチキンの広告塔と象徴にすぎなくなった。新しいオーナーは、質よりもスピードにこだわる意志を明確にしめした。「大佐のソースが素晴らしいことは彼らも認めていた。……だが、あまりに複雑で作るのに時間がかかり、その上あまりに高すぎた。ファストフードではなかったのだ」。サンダース大佐の友人であったレイ・クロックは、彼が次のように言ったことを覚えている。「あのいまいましい……奴らめ。……あんちくしょうめ、おれのすべてを金欲しさに売ってやがる。おれには世界で一番素晴らしいグレービーがあったのに、ちくしょうめ、奴らがおれのソースを駄目にしやがった。胃の腑が煮えくりかえる思いだ[11]」。

顧客がファストフードに期待するのはせいぜい味の濃い、並の食べ物——塩辛いか、それとも甘いフレンチフライか、濃いめに味つけされたソース、いやに甘ったるいシェイク——である。顧客がほとんど質を期待していないと考えると、彼らが期待しているのはたっぷりの量でしかない。彼らは大量の食べ物を得られること、しかも値段が比較的安いことを期待しているのである。

平均より格上のマクドナルド・レストランチェーンも、一人前の大きさと食べ物の並の出来栄えに注目した。オリーブガーデンについて、ある評論家は「それでも群れをなしてこの大衆チェーン店にやってくる顧客はいまなお一つの大きな謎である。並の食べ物に一つの定義が与えられた。つまり、良くも悪くもないのである。それが本物のイタリア料理ではないことだけは確かだ」と論評した。もちろん、その根拠は量である。「一人前がとても大きい。だからおそらく誰も食べ残してしまうだろう。でも、そうするのは満腹したからではない[12]」。

一九七八年、ビバリーヒルズで営業を始めたチーズケーキファクトリー（いまでは六三のレストランを展開している。二〇〇三年に、さらに一二店舗を開設する予定である）は、一人前の大きさでよく知られている上級レストランの一例である。多数の愛好者はその食べ物を、たとえばオリーブガーデンのそれよりも上等だとみなしている。また数量の重視は、二〇〇種以上の料理から構成されているメニューの多さをみれば一目瞭然である（勘定は平均一六ドル以下で収まる）[13]。

4・1・2　高等教育――成績・得点・評点・序列

レストラン業界だけが数量化に執着したわけではない。教育の面でみると、たとえばほとんどの講義クラスは、学期あたりの週の数と週あたりの時間数が決まっている。ふつう、ある科目をどのくらいの週数や時間数で教えることが最良であるかにはほとんど関心が払われない。それの目指すところは、どれほど多くの学生（「生産物」）がそのシステムを通過できるか、また彼らがどんな成績を獲得したかであって、学生たちが学んだことの質や教育経験の質にあるとは思えない。

高校や大学での経験は、すべて一つの数字で表される評定平均（ＧＰＡ）に要約される。評定平均で武装した学生たちは、ＰＳＡＴ〔進学予備試験〕、ＳＡＴ〔大学進学適性試験〕やＧＲＥ〔大学院進学希望者のための試験〕といった数量化可能な結果を頼りにして受験していく。大学や大学院や専門学校は、学生を受け入れるかどうかを決めるさいに三つかの四つの数字をみるだけでよい。

学生はある大学をそのランクによって選択することができる。その大学は国内で上位一〇位に入っているか。その理学部は上位一〇位に入っているか。その運動部はいつも上位にいるか。企業は職員を雇用するさいに、彼らが卒業した大学の序列とともに、彼らの成績やクラスでの序列によって雇用するかどうかを決めるかもしれない。そのため、学生たちは就職の見込みを良くしようとして、さまざまな学位と多くの資格を取得する。というのも将来の雇い主は、学生が種々の学位をもっているほど、良質の求職者であると確信すると学生たちが信じ込んでいるからである。推薦状も重要ではあるが、その推薦状も、しばしば数量化された評点をもつ標準の書式（たとえば「クラスの上位五パーセント」「二五人クラスの五位」というようなフォーム）に置き換えられている。

たくさんの資格をもっていることは、就職以外の状況でも役に立つ。たとえば氏名の後に長い資格のリストを並べる人がいろいろな職種で増えている。このリストは、自分には高い能力があることを将来のクライアントにわからせるためのものである（わたしの名前の肩書きにＢＡ（文学士号）やＭＢＡ（経営学修士号）やPh・Ｄ（博士号）がつけば、たぶん読者はわたしがこの本を書く能力があると納得するであろう。「ハンバーガー学」の学位であればもっとよいであろうが）。氏名の後にＡＳＡ、ＦＳＶＡ、ＦＡＳ、ＣＲＡ、ＣＲＥをつけている保険外交員はこう述べている。「名前の後に（資格が）たくさん書いてあるほど、（将来のクライアントは）よい印象をもつのです[14]」。しかし、資格の数量は実際のところ、これを見せびらかしている人物の能力についてほとんど何も教えてはくれない。さらに、資格の量を重視することによって、人びとは名前につづく文字を自分につごう良く解釈するようになる。たとえば、ある野外活動の主催者は、応募してくる子どもの親たちによい印象を与えるようにと、自分の名前の後に「ＡＢＤ」と書いた。しかし研究者なら誰でも知っているように、この文字はふつう非公式に使われる否定的なラベル――「論文未提出者」――の意味である。博士課程や試験を修了したが、学位論文をまだ提出していない人のことだ。またここで注目に値するのは、無意味な資格を、しばしば郵便で提供することをビジネスにしている企業が繁盛していることである。その企業は資格を有料で提供することだけをビジネスにしている。

数量の要因を重視する姿勢は、大学教授のあいだでさえも当たり前になっている（学生が「生産物」ならば教授は「労働者」だろう）。たとえば、ますます多くの大学が評価フォームや評価制を採用して、学生に授業評価をさせるようになった。学生は各講義を、一点が最低で五点が最高の五段階の質問に回答することで評価する。教授は学期の終わりに、授業全般を評価した成績表を受け取る。学生が教授に実質のある評価を与える可能性はほとんど、あるいはまったくない。学生の評価はいろいろな面で望ましいものであるが、不幸な結果を招くこともある。たとえば学生は自分たちへの要求が少なく、ユーモアがあって、パフォーマンスの得意な教授を好む傾向がある。学生への要求が厳しく、まじめな教授が、たとえパフォーマンスの得意な教授よりも、質の高い講義（たとえば深遠な思想について）をしたとしても、こうした評価システムで高い評価を受けることはない。

数量化の要素は、授業ばかりでなく、研究や発表でも重視される。たいていの大学教授は「論文を発表しない者は去れ」という重圧を受けているので、業績の質よりももっぱら発表の量に関心をよせる傾向がある。新規採用や昇進を決定するさいに、論文や著書のリストは通常長いほど好まれる。最近、ある賞をとった教授がラトガーズ大学の終身在職権を得ることができなかった。その理由は、その大学の教授会の発表によれば、「業績リストが終身在職権の通常の申請者のそれよりも厚みを欠いていたから[15]」ということであった。このような量の偏重が研究活動を不幸なものにしている。教授たちは質の低い研究を未完成のまま発表するよう急かされ、同じアイディアや知見を少しだけ手直ししただけで何度も発表している。

研究発表の場の序列も、学界におけるもう一つの数量的な要因である。自然科学系では、専門誌に掲載された論文は高い評価を受けるが、著書の評価は低い。ところが、人文科学の場合、著書は雑誌論文よりもはるかに高い評価を受け、ときにはより名誉なことでもある。また、特定の出版社（たとえば、大学の出版局）から発行されているということが、ほかの出版社（たとえば、商業出版社）から発行されているよりも高い威信をもたらす。

専門誌の評点はさらに手が込んでいる。たとえば社会学の場合、客観的な評価法によって各専門誌に得点が割り当てられる。特定の専門誌に掲載された論文の評点が高くなる方式が採用されている。権威のあるアメリカン・ソシオロジカル・レビュー誌に掲載された論文には一〇点という、この方式で最高の得点が与えられる。かなり権威の劣る（誰かの感情を傷つけないように、仮名を使うことにする）アンタークティック・ジャーナル・オブ・ソシオロジー誌（主としてペンギンブックスの読者層をもっている）に掲載された論文にはわずか一点しか与えられない。この方式によって、専門誌での発表で三四〇点を稼いだ教授は、一七〇点の得点をもつ教授よりも二倍「すぐれている」と考えられるのである。

しかし、こうした量の重視は質と関係していないのがふつうである。

▼ある教授のライフ・ワークの質が一つの数字に還元できるかどうかは、とても疑わしい。実際上、アイディアや理論や研究の知見の質を数量化することは不可能であろう。

▼この評価方式は間接的に質を取り扱っているにすぎない。つまり評価は、論文それ自

体ではなく、論文が発表される専門誌の質にすがっている。論文の質やその分野への貢献を評価することにはまったく努力が払われない。その上、質の悪い論文が評価の高い雑誌に掲載されることもあれば、素晴らしい論文が評価の低い雑誌に掲載されることもある。

▼質の高い論文を少数しか書いていない研究者は、この評価方式では高く評価されない。反対に良くも悪くもない論文を数多く書いている研究者はかなり高い評価を受ける。したがってこの種の方式は、その内容がよいかどうかにかかわりなく、実際に発表数の多い研究者を高く評価する傾向がある。そのため進取の気性に富み、志の高い社会学者（と、ほかの分野の研究者）でも、一つの研究に時間をかけてじっくり磨きあげようとすることは、多くの評価点を得られないので、割に合わないと結論を下してしまう。

発表の量を重視すれば、どのような方式を採用しても、結局は良くも悪くもない研究が大量に生産されることになる。

研究の質を評価するために、科学はもう一つの数量化のための尺度を考えだした。その背後には、ある人の研究が別の人の研究において引用される回数を算定する方式である。その背後には、質が高く重要で影響力のある研究は、ほかの研究者の目にとまり、だから引用される回数も多いだろうという前提がある。そのため、ほかの研究者によって引用される回数が多いほど、その研究の質は高いと推測される。毎年出版される種々の引用索引一覧を用いて、全研究者の引用数が毎年算定される。ここで質を評価するという問題をもう一度考えてみよう。ある人の学問的研究の影響が一つの数字に要約できるであろうか。ある学者が提示したいくつかの中心的なアイディアを深く探求することのほうが、別の学者の研究の多数の細切れな引用を繰り返すよりも、専門分野への貢献度は大きいはずである。さらに、研究が引用されるという事実は、ほかの学者がその研究をどのように利用しているかについては何も教えない。ほとんど価値のない作品でも、多くの研究者が批判のためにそれを引用すれば、その著者の引用回数は増える。その反対に、時代を先取りした本当に重要な論文であっても、研究者たちの多くがそれを見逃してしまえば、その著者の引用数はわずかにしかならないだろう。ここでも、量を質へと転換することが必ずしも容易ではなく、量が質の良さではなく質の悪さをしめすことさえある。

　それほど昔のことではないが、スタンフォード大学の総長であったドナルド・ケネディは、大学教員の採用・昇進・終身在職権の授与などの方針の変更を教授会に諮った。以下の引用は、「教授会の約半数におよぶメンバーが、人事を決定するさいに研究論文を評価するためでなく、ただ単に数え上げるために使うと考えている」という報告に驚いたケネディは次のように述べた。

第一に、研究成果の量を新規採用や昇進の基準として使うのが、破滅的な考えであることに同意していただけるだろう……。今日、平凡な研究を過剰に生産することが、現代の研究生活でもっともばかげた側面の一つである。これでは本当に重要な研究が数量のうちに隠されてしまう。これは貴重な資源と時間の浪費であろう[16]。

この問題を解決するため、ケネディは人事決定に利用できる出版物の数を制限することを提案した。彼はこの提案が、「能力評価の重要な手段は数と量を測定することであるというおぞましい信念をくつがえす[17]」ことを望んだ。こうした異議申し立てにもかかわらず、学界において量よりも質を重視しようとする点で、改善が図られたという証拠はどこにもない。

実際、近年になってイギリスの学界で、量的要因を重視する点で格段の強化がみられた。たとえば「大学間比較一覧が教育と研究を等級づけるために作成された。これは、それまで入学することが少なかった集団（民族マイノリティ、労働者階級の学生）の参加を促すための資料であった。こうした方式は、従来の質的な評価よりもむしろ量的評価に従う制度であり、したがって明らかに計算可能である[18]」。

4・1・3　医療――患者はドル紙幣

営利投資家の所有病院（たとえば、ＨＣＡとヒュマーナ）では、医師もほかの職員も、組織の収益第一という圧力を感じている。医療でも、さまざまな側面を数量化する努力がなされてきた。たとえば患者一人にかける時間を制限して、一日に診察する患者数を最大化すると、病院の経費が減り、収益は増える。こうした量の重視によって、医療の質はいとも簡単に脅かされる。一人あたりの患者にかける時間を少なくし、長時間にわたる診療を廃止にして、医師により多くの患者を診察させ、医療費を支払えない患者を拒否し、収益性の高い病気にかかった患者だけを診れば、収益は激増する。

営利投資家の所有病院に倣って、いまや医療行政も医療のすべてについて計算可能性を高める方針で望んでいる。非営利の医療組織――たとえば非営利の病院あるいは保健維持機構――（ほとんどの保健維持機構は営利本意である。おそらくそのもっともよい例は地方の診療所である）は、外部から圧力を受けて専門の経営者を雇い、最新式の会計システムを導入している。

連邦政府は、医療保険制度による定額支払制やＤＲＧ（疾患診断別分類[19]）を導入した。これによって、患者がどれほどの期間入院するかにかかわらず、定額医療費が医療診断を基礎にして病院側に支弁される。一九八三年以前、政府は請求された金額がいくらであれ、

「合理的」であれば支払っていた。外部機関はうなぎのぼりに増える医療経費に関心を強めている。支払対象と支払額を制限することで、この問題に対処することにした第三者支払機関（保険加入者）は、ある種の治療や入院に支払いを拒絶し、あるいは定額しか支払わなかったりする。

伝統的に患者の質をほかの何よりも（少なくとも理念的に）重視してきた医師たちは、計算可能性のあらたな強調に不満を露わにしている。ある医師組合は実施された訪問回数、診察した患者数、医師俸給を生産性に結びつける奨励制度などの問題を取り上げてストライキに突入した。しかしある医師組合の指導者が述べているように、たとえロマンチックにすぎないと言われようが、医者は「患者をドル紙幣でなく、一人の人間として考えている唯一の存在」なのである[20]。

4・1・4　テレビ――美意識はいつも二の次である

テレビ番組は質的な要因よりも量的な要因によって、完全にではないがほぼ規定されていると言ってよい。番組の評価は質の高さではなく、それがもたらすコマーシャル料収益によって決まりがちであり、これがその番組の寿命さえも決める。ＡＢＣ放送の番組編成担当の副社長は計算可能性をきわめてあからさまに強調し、次のように述べている。「商業テレビ番組は、番組を提供している広告主のコマーシャルに視聴者が魅力を感じるように編成されている……独創性や美的価値（質）は重要だが、つねに二の次でしかない[21]」。そのため、商業テレビ局は数年来、批評家の絶賛を浴びた番組を視聴率が低いという理由で打ち切ってきたのである。

番組が企画されると、企画番組は視聴者標本を使ってテストされ、どれくらいの視聴率を得られるかが予測される。新番組は試験的に放送され、高い視聴率が見込まれ、あるいはその可能性がしめされた番組だけがレギュラー番組として選ばれる。A・C・ニールセン（これはアーサー・C・ニールセンによってラジオ番組の聴取者数を測定するために一九三六年に創設され、一九五〇年代にはテレビ視聴率の測定を開始した）のような視聴率調査会社が、テレビ番組の運命を決定する[22]。ニールセンは高性能な機器とコンピュータを（手書きの日誌とともに）アメリカのテレビ視聴者の標本になっている家庭に設置している。視聴率の測定は特定の番組にチャンネルを回した標本家庭の数量によってはじきだされる。

年々、テレビの視聴率システムは洗練されてきた。視聴者の絶対数だけにもとづく方式に代わって、人口中の特定集団の視聴率によって番組が成功したか、それとも失敗したかが決められるようになった。広告主がある特定の集団をコマーシャルの対象にしているときには、全体の視聴率が相対的に低くてもターゲットの集団の視聴率が高いかぎり、番組は継続する（たとえば大いに称賛されていた番組「ホミサイド／殺人捜査課」は低視聴率のために一九九九年、ついに中止に追い込まれた）。

もちろん、「ホミサイド／殺人捜査課」の事例から明らかなように、視聴率は番組の質については何も教えない。この視聴率と質との違いが、公共放送網システム（ＰＢＳ）の存在理由の一つである。ＰＢＳはその公共性のゆえに視聴料を徴収しており、視聴率よりも番組の質にずっと高い関心をもっている。事実、少なくとも一つのケースでは、ＮＢＣがある番組を中止したとき、これをＰＢＳが買い取った[23]。

ニールセン・システムが保持している権威と評判にもかかわらず、そのシステムは多数の欠陥をかかえている。まず、その標本が小さい（全国標本の五、〇〇〇世帯と地方標本の約二万世帯[24]）。アメリカのテレビ市場のごくわずかな部分しか調査を実施していない。日誌形式の用箋が現在でも使用されている地方市場の評価には、標本について虚偽の申告が含まれているかもしれない。用箋の回収率には地方ごとにかなりのゆがみがみられる[25]。ニールセンの視聴率調査の結果が信用できるかどうかと尋ねられたＮＢＣの重役は「それが信頼できるという保証はどこにもない。事の真実は、ニールセンが信頼性、正確性、そして有用性の点でかなり欠陥のあるシステムを使っていることにあるのです[26]」と語っている。

歴史的に、ヨーロッパのテレビ局の多くは、民間ではなく政府によって運営されてきた。

その結果、ヨーロッパのテレビ局は、コマーシャルのスポンサーが望む高視聴率には比較的無関心であり、はるかに番組の質に関心をもっている。しかしこうした公営の放送局でさえ、アメリカの人気番組をたくさん放映している。さらに、民間のケーブルテレビや衛星放送が登場したことで、ヨーロッパのテレビ番組の質もアメリカ並みになってきた。

4・1・5　スポーツ――ナディア・コマネチの得点は正確には七九・二七五であった

計算可能性を重視する姿勢は、さまざまなスポーツの性格を変え、また多くの犠牲を強いた。たとえばスポーツ競技会の性格は、テレビ局と契約を交わすことで支払われる莫大な放映権料によって様変わりした[27]。スポーツチームの多くはテレビ局との契約から収入の大部分を得ており、高額の放映権料を手に入れるために、入場料を払った観客の関心を犠牲にし、またゲーム自体を危うくさせている。

この好例はいわゆるテレビ・タイムアウトである。かつてコマーシャルはゲームの自然な中断のあいだに、たとえば一方のチームが要求したタイムアウトやハーフタイムやイニングの合間に放送された。しかしこれではコマーシャルが断続的にしか流されないので、また滅多にその機会が訪れないので、広告主から高額な放映料をとることはできない。そのためフットボールやバスケットボールのようなスポーツでは、テレビ局によるタイムアウトが規則的に組み込まれることになった。スポーツチームのオーナーが広告収入を最大化しようとすれば、スポーツの質は犠牲になる。たとえば間の悪いテレビ・タイムアウトのせいでチームの勢いがそがれるかもしれない。このようなタイムアウトがスポーツの質を変えることは必定である。またそれがゲームの結果を左右することもある。さらに、現場で観戦している（そして高い入場料を支払った）ファンにとって、このようなタイムアウトはゲームの流れを妨げるものでしかない。お茶の間のファンは少なくともコマーシャルをみることができるが、競技場の観客はコマーシャルが終わって、ゲームが再開されるまでほとんど何もみるものがない。けれどもスポーツチームのオーナーは、高騰する広告収入に比べれば、そのようなゲームの質に影響するマイナス効果はとるに足らないと考える。

しかしスポーツにとって、選手のプレイやチームプレイの質がもっとも重要であることは明らかである。たとえばバスケットボールのスターであるシャキール・オニールの力量や一九九〇年代後半から二〇〇〇年にかけてのニューヨーク・ヤンキースのチームワークについて考えてみれば一目瞭然である。と同時に、スポーツでは量的な要素も通常かなり重要である。多くの場合、質は量と直接に関係している。素晴らしいプレイをするほど、得点も勝ち星も増えるからである。しかしここ数年、スポーツの量的な側面がますます重視されるようになっている。

あらゆる妙技を数量化し測定できるものに変質させようとする傾向は、現代スポーツの特徴である。このことはほとんど不可避といってよい。ゲームのなかで考えられるすべての側面で統計量が蓄積されていることは、フットボール、バスケットボール、ホッケー、陸上競技の特徴である。数量化の正確さは、精密機械の進歩のおかげで、ストップウォッチがすでに素朴にみえるような水準にまで達している[28]。

体操競技のように高度な芸術性が問われるスポーツですら数量化されている。

体操競技の芸術的な側面を合理化し数量化するためにはどうしたらよいだろうか。その答えはいまや明らかだ。尺度を決め、審判団を組織して、主観的評価の平均点を出せばよいのだ……。ナディア・コマネチはモントリオールのオリンピックで七九・二七五点をとったが、これは文字どおり正確な得点であったようだ。人間測定器の賢さをあなどってはいけない[29]。

量を過大に重視することが、プレイの質に逆効果を与えることもある。たとえばバスケットボールのスターは個人的に目立ち、できるだけ多くの得点をあげる必要があるが、彼がチームメイトやチームの全般的な目標達成にマイナスの影響を与える可能性もある。得点の最大化を追求するチームオーナーによって、競技の質が危険にさらされている。

たとえば少し前までは、バスケットボールはもっとのんびりとしたゲームであった。プレイヤーはシュートを打てるポジションにうまく入るように、ボールを自陣にいちど戻して時間をかせいでいた。バスケットボールのファンは、プレイヤーが用いる戦術や作戦を楽しんでいたのである。試合終了が近づくと、わずかにリードしている側のチームは、相手側のチームに逆転されないように攻撃を「フリーズし」、球回しをつづけた。つまりシュートをミスして相手側に攻撃のチャンスを与えない戦術をとったのである。

ところが二〇年前から、大学のプロのバスケットボールの指導者たちは、マクドナルド時代に育ったファンが迅速なゲームと大量得点を望んでいると考えるようになった。言いかえれば、ファンはバスケットボールに、彼らがファストフード・レストランで得たもの――つまり速さと量の多さ――を望んだのであった。だから大学生のゲームの場合、攻撃しているチームは一度のショットを三五秒以内に行うという時間制限が設定された。プロのゲームでは、二五秒時計が定着した。しかし制限時間内に「走って打つ」スタイルのプレイは、「バスケット通」のファンが楽しみにしていた作戦や戦術の妙味を排除してしまうので、プレイの質に逆効果をもたらした。けれども「走って打つ」スタイルのバスケットボールは「食べながら移動する」――ドライブスルーで食べ物を買って走りながら食べる――マクドナルド化した世界にはよく似合う。

おもしろいことに、近年、プロバスケットボールチームは新しい守備的戦略を開発した。そのためゲーム得点が急激に減った。現在では、守備側チームの利点を少なくするため、さらに規則を改定しようとする動きがみられる。これによってチーム得点がまた跳ね上がる。

これと同じように、野球チームのオーナーは、野球「通」のファンが好む一対〇で終わる投手戦よりも、一般ファンはヒットやホームランやランナーがたくさん出て、得点が多く入るゲームを好んでいると以前から考えていた。そこで彼らは、得点が増えるようにいろいろな工夫を凝らした。攻撃重視の新しい野球で使用されるボールは、昔の「飛ばないボール」と比べてはるかに遠くまで飛んでいく。ホームランを増やすため一部の球場では、外野フェンスとホームプレートとの距離が短縮された。

指名打者制（ＤＨ）は、ヒットや得点を増やすためのもっとも有名な方法である。これは保守的なナショナルリーグではなくアメリカンリーグで採用されている。打撃の弱い投手に代わって打撃（だけ）が売り物の選手が打席に立つ。ピッチャーに打たせるよりもＤＨを使うほうが、ヒットとホームランがたくさん生まれて得点が多くなるからである。

アメリカンリーグでのＤＨ制の利用は、まちがいなく得点を増やしたが、ゲームの質に逆効果を与えているかもしれない（このためナショナルリーグがＤＨ制の採用を拒否している)。たとえばランナーがいる状況で投手が打席にはいると、送りバントが行われる。これは素晴らしい技術である。しかしDHが走者を進塁させるのに送りバントをすることはほとんどない。代打は打撃の弱い投手の代わりとして、DHほどには役に立たない[30]。なぜなら代打を使わなければ、先発投手が長くゲームに出ることができ、リリーフ投手の必要が減る[31]。DH制を採用するのとしないのとでは、野球は以上のような点で異なったゲームとなる。言いかえれば、量を重視したために、ゲームの質が変わってしまったのである。ゲームの質が悪くなったと言う人もいるほどである。

4・1・6 政治——リンカーンとダグラスの討論にサウンドバイトはなかった

政治の世界には、計算可能性の重視を物語るおもしろい例がたくさんある。たとえば選挙運動中に実施される世論調査の重要性がますます増している[32]。世論調査の結果に取り憑かれている選挙候補者や政治家は、世論調査の結果が支持率の増加(あるいは現状維持)をしめしているかどうかにもとづいて、自分の政策上の立場や行動をしばしば調整する。政治的立場の質や政治信念よりも、特定の政治的立場が支持率にどれほど影響するかのほうが重要なのである。

テレビはさまざまな点で政治に影響を与える。政見演説への影響は格好の例である。一例を挙げると、テレビは政見演説の時間を短縮するとともに、党大会の会議時間も短くした。テレビでもっとも重要になるのは、言葉ではなく視覚イメージである。歴史上有名な一八五八年に実施されたリンカーンとダグラスの討論では、「単一の話題、すなわち準州における奴隷制の将来[33]」について各候補が九〇分にわたって長い演説をぶちあげた。テレビに先立つ時代、ラジオでの政見演説は延々一時間つづくことも珍しいことではなかった。一九四〇年代になると、標準的な候補者のもち時間は三〇分に短縮された。テレビの開始時期、演説はほぼ三〇分であったが、しかし政見演説が会場の聴衆向けからテレビ視聴者向けに変えられたため、演説は平均で二〇分以下に短縮された。一九七〇年代、たいていの演説は六〇秒ほどの広告に変わってしまった。同じように、現在、大統領選のテレビ公開討論会で、候補者はある政治的争点についての自分の立場を、一、二分間述べるだけである。

同様に、政見演説のニュース報道はテレビのビジュアル化の要請に適応するため縮められた。一九八四年の大統領選では、全国ニュース番組で放送される政見演説はたった一五秒に短縮された。その四年後、政見放送はたったの九秒に切り詰められた（「ひとくち演説」と呼ばれる[34]）。そのため政治演説のスピーチライターは、全国放送で流される時間、つまり一〇秒ないし一五秒の「サウンドバイト」を作成することに集中する羽目になった。

このように時間を短縮したため、政見演説の質は低下し、したがって重要な政治案件に関する公論の質が低下した。

計算可能性が外交政策の分野に影響していることも驚くにあたらない。数字への絶対的な執着がみられるのは、核抑止力の問題である[35]。冷戦が終結した現在でも、この問題は比較的公共の場でみえにくいが、アメリカもロシアも核攻撃の抑止力を放棄する気配はまったくない。両国とも、互いにいくどでも徹底的に相手を破壊できる核兵器を保有している。それにもかかわらず、核兵器の削減条約交渉はしばしばそれぞれの核兵器の規模と力――つまり「相対投射重量」――を正確に査定するところで行き詰まり、そこから前に進めない。もちろん、均衡を達成するためには正確な測定が必要である。しかし両国は、数字の細かな点にこだわるあまり、核兵器のほとんどを放棄するのか、それとも世界全体さえ破壊できる能力を保持するのか、という質的な事実を見失いがちである。ここにこそわれわれは、合理性の有する非合理性が明確に表れている一例をみるのである。

4・1・7　そのほかの領域
――ジャンクフード・ジャーナリズムとジャンク観光旅行（者）

質よりも量を重視しているもう一つの興味深い例は日刊紙のUSAトゥデイである[36]。U

SAトゥデイは細切れにされ、しかも簡単に読める記事をたくさん掲載している。ファストフード・レストランで食事をする短い時間で読める程度の新聞である。[37] この新聞を作る過程で質への関心が欠けている点が、ファストフード・レストランのそれに通じるところがあると評論家は強く訴えている。「毎晩子どもにいろいろなファストフードを食べさせ、冷蔵庫をアイスクリームでいっぱいにしておく親たちのように、USAトゥデイは読者が欲しがるものだけを提供している。ホウレンソウもなければ、穀物もなく、ましてレバーなどない[38]」。

パックツアーは計算可能性のもう一つの事例である。訪問先の質よりも訪問先の量を重視する。一日や二日でパリを堪能することなどできるはずがない[39]。旅行者はさまざまな国々の観光地をたくさん観ることができるが（多くはバスの窓を通して）、観光の質はとても低い。旅行から帰ると、たくさんの国や観光地を訪問したことや、たくさんの写真やビデオを撮ったことについて語ることはできる（旅行中に撮った多くのスライドやビデオのショーを数時間にわたって友人に自慢することもできる）。しかしパックツアーの性格からして、この種の旅行の信奉者たちが訪問した国々や観てきた名所旧跡について、友人にたくさんのことを物語るのはむずかしい。

たくさんのほかの企業も現在、規模の大きさに取り憑かれている。停滞した事業を立て直すため、Kマートは、一九九七年、店舗の一部を改装し、それらを「ビッグKマート」と名づけた。[40] 伝統的なKマートをスーパーマーケットと隣り合わせたスーパーストアは「スーパーKマートセンター」と呼ばれている。今日、Kマートは財政的に大きな困難に直面している（事実、それは倒産している）が、ほかのはるかに成功を収めている競争相手は、スーパーターゲットやウォルマート・スーパーセンターによって例証されるように同じ方向を目指している。

4・2 量の幻想を与える

量はファストフード・レストランにおいて現実であるよりも、たいていの場合、幻想である。ファストフード・レストランでたくさんの食べ物をわずかな出費で手に入れるということは現実ではなく、幻想であることが多い。たとえば、バーガーを包んでいる大きなふわふわした（安い）バンズは、実際よりも大きくみえるようにしてある。幻想をふくらませるために、バーガーやさまざまな付けあわせがバンズからはみだすように大きさが決められている。「バカでかい」中身が大きなバンズに収まりきらないといった様子の演出である。同じように、フレンチフライは一個あたりの分量が多くみえるように特製のスコップですくわれる。フライがあふれてみえるように、その袋や箱は入り口がふくらんでいる。マクドナルドのLサイズのポテト用の箱には、さらなる幻想の仕掛けがしてある。実際のところ、一個あたりのパッケージには、値段を考えると、相対的にわずかなポテト、ほんのわずかなポテトしか入っていない。まさに、あのポテトのなかには莫大なマージンが見込まれている。E・ライターによれば、バーガーキングでは、ポテトは経費の四〇〇パーセントで売られ、飲み物は六〇〇パーセントの利幅を含んでいる[41]。だから消費者の計算はまちがっている。たくさんの食べ物を安く手に入れてはいないのだ。

公平にみれば、おそらくファストフード・レストランは従来のレストランよりも、多くの食べ物を安く提供している。しかしファストフード・レストランは、伝統的なレストランよりもビジネスを拡大することでこれを埋めあわせている。ファストフード・レストランは、一つひとつの食べ物の利ざやを薄くして、大量に売っているのである。

ほかの多くのマクドナルド化したシステムもまた、大きな量という幻想のイメージを演出している。たとえば、モールは多様なショッピングにあらたな機会を与えると思えるが、しかしどのモールもほかのすべてのモールと事実上まったく同じである。テレビは幅広いショーを提供しているようにみえるが、しかし実を言えば、多くのショーが過去に成功した番組のコピーである。USAトゥデイは全方向に展開している日刊新聞のようにみえるが、しかしそのほとんどが、ニュースとくだらない娯楽ものの細切れでしかない。ダイエットセンターと減量プログラムは大きな減量を約束するが、しかし体重を減らしたクライアントのほとんどの体重は、たちまちリバウンドしている。業績リストに量の幻想を作りだしたい教授たちは、自費出版の報告書や著者から代金をとる「ヴァニティ・プレス」〔自費出版請負業者〕によって出版された本などまで記載している。こうした出版物の発行部数はごく限られているので、著者の家族以外の人の手元に届くことはほとんどない。したがって長々と記載された著書のリストのようにみえるものも、よく調べれば、きわめてささやかな成果でしかないことがわかる。

4・3　生産とサービスを数値に置き換えること

販売総量と提供される製品の大きさの重視が、ファストフード・レストランでみられるただ一つの計算可能性の表れではない。もう一つの計算可能性の顕示は食べ物を出すスピードの重視である。事実、レイ・クロックの最初の店舗は、マクドナルド・スピーディ・サービス・ドライブインの店名をもっていた。一時期、マクドナルドはハンバーガーとシェイクとフレンチフライを五〇秒以内で出そうと計画した。マクドナルドは一九五九年に大きな飛躍を遂げた。このとき一一〇秒で三六個のハンバーガーを顧客に手渡すという記録を打ち立てた。

4・3・1　ファストフード産業
――あらかじめ調理されたハンバーガーの寸法は正確に三・八七五インチ

ほかの多数のファストフード・レストランも、マクドナルドがやっているパフォーマンスの計時の熱意を積極的に受け入れた。たとえば、バーガーキングは店に入ってから三分以内に顧客に食べ物を出そうとしている。[42] ドライブスルーはファストフード・レストランに立ち寄る顧客を処理するのに必要な時間を徹底的に短縮した。速度は明らかにファストフード・レストランにおいて数量化できる要素のなかで象徴的な意味を保っている。

速度はピザの宅配業者にはさらに重要である。ドミノ・ピザのモットーは「ハッスル！ヘマをするな！　ハッスル！　ヘマをするな！　ハッスル！　ヘマをするな！[43]」である。そして「ドミノ・ピザの目標は八分で配達に出る」である。売上げがどれだけ素早くピザを配達できるかに左右されるからだけではない。できたての熱いピザは、密閉された特殊な容器によって比較的長い時間、熱いまま保てるとはいえ、冷める前に届けなければならない。しかしこの配達速度の重視はいくつかのスキャンダルも引き起こしている。速く配達しなくてはという重圧のために、若い配達人が重大な――ときには致命的な――自動車事故に巻き込まれるのである。

量の重視に表れるもう一つの側面は測定の正確さにある。ファストフードの製造過程におけるすべての要素が正確に測定されなければならない。冷凍ヨーグルトフランチャイズでは、運送用コンテナのなかに正確な数量の冷凍ヨーグルトが含まれていることを確認するためいくども計量を実施する。昔のアイスクリーム・パーラーでは、給仕はアイスクリームを容器にあふれんばかりに盛りつけていた。マクドナルドでは、生のバーガーは確実に一個あたり一・六オンス、それ以下にもそれ以上にもならないよう細心の注意が払われている。つまり一ポンドの肉から一〇個のハンバーガーができる。調理前のハンバーガーは正確に直径三・八七五インチであり、バンズはちょうど三・五インチと決められている。マクドナルドは「ファティライザー」を発明し、ハンバーガーの脂肪がその規格どおり確実に一九パーセント以下になるようにしている(44)。この点は重要である。というのも、脂肪含有量が多いと調理中に縮んでしまって、バンズからはみだすほどの大きさを目立たせられないからである。フレンチフライのスコップは、一個の包みにたくさんのポテトが入っているという幻想を与えるのに役立つだけではない。包み一つひとつに同じ量のポテトを入れるのにも役立つ。ドリンク自動分配機は、まったくこぼさずに、一つひとつのカップに正確な量のソフトドリンクを確実に入れることができる。

アービーズは、ローストビーフの調理と給仕を一連の正確な措置にまとめている[45]。調理前のビーフの重さはすべて一〇ポンドである。それから内部の温度が五七度になるまで、三時間三〇分、九三度でローストする。それから内部の温度が六〇度になるまで余熱で二〇分間さらに調理する。このような方法で測定できるので、アービーズには熟練したシェフは必要ない。読み書きできる人なら誰でも、アービーズのローストビーフを調理できる。できあがったローストビーフの重さは、九ポンド四オンスと九ポンド七オンスのあいだになる。どのローストビーフ・サンドイッチにも三オンスの肉が入っているので、アービーズは一つのローストから、四七個前後のサンドイッチを作ることができる。

バーガーキングも品質管理を数量化している。ハンバーガーは調理されてから一〇分以内に売りつくさねばならない。フレンチフライはヒートランプに七分以上さらされてはならない。店長は全食品の〇・三パーセントを廃棄することを認められている[46]。

ファストフード・レストランの業績も質的にではなく量的に評価される。マクドナルドでは、たとえば本部の経営者が各レストランの実績を「数」によって、つまり店員一人あたりの売上げや収益、離職やＱＳＣ（クオリティ、サービス、クリーンネス）の評価によって判断している[47]。

ファストフード・レストランは一般に計算可能性を大いに重視してきたけれども、これには、『ボストン料理専門学校の調理本』（一八九六年）の初版本を含めて、多数の先駆者がいた。その本の著者ファニー・ファーマーは、正確に計量することを主張して、家庭料理の合理化に多大な貢献を果たした。

彼女は亡くなる前に、アメリカの料理用語の「ひとつまみ」「少々」「スプーン山盛り」など、彼女が嫌った曖昧な表現すべてを、彼女独自の正確で標準的で科学的な言葉に変えてしまった。そして簡単でわかりやすく素人でもついていける料理の見本を提示した。「計算の母」ファニー・ファーマーのおかげで、スプーン一杯、スプーン半分、計量カップ、オーブン温度計、「一八〇度で四〇分焼く」というような正確な料理用語に、誰もが親しむようになった[48]。

4・3・2　職場——にんじんをぶら下げる

テイラーは、科学的管理法を適用して、すべての労働を数量化の次元に置き換えようとした。科学的管理法は、「経験則」に頼らず、労働者の動作一つひとつの作業量を測るため、正確な尺度の開発に取り組んだ。これによって数量に換えることのできるものはすべて数式を用いて分析が行われた。

労働者が一日あたりに積み込むクズ鉄の量をテイラーが増やそうと考えたとき、彼が目指したのはまちがいなく計算可能性であった。「このグループが平均して一日一人あたり一二トン半積み込んでいることがわかった。この問題を研究した後で、一流のクズ鉄運搬作業者が一日あたり一二トン半どころか四七から四八トンも運ぶのを知って驚いた」[49]。テイラーは、作業量をほぼ四倍にしようとして、もっとも生産性の高い「最優秀労働者」の仕事のやり方を研究した。彼は仕事を基本的な要素に分割し、ストップウォッチを使って各段階を一〇〇分の一分単位で計測したのである。

テイラーと共同研究者は、こうした精密な研究にもとづいて、クズ鉄を運搬する最良の方法を開発した。このとき、彼らはその方法に興味をもったシュミットという名の労働者をみつけた。シュミットの同僚によれば、彼は有能で野心があり、しかも「どんな小さなチャンスでも見逃さない男」だった。シュミットが「値打ちのある男」になりたいと言っていたので、テイラーは経済的な動機づけを利用した。シュミットがテイラーの指示どおりに働けば、通常支払われる一日一・一五ドルではなく一日一・八五ドルを支払うと約束した。シュミットは念入りな指導と訓練を受けた結果、以前よりも速いペースで働けるようになった（そして高い給料を稼いだ）。さらにテイラーは、ほかの労働者を選んで、同じ方法を用いて訓練し働かせたのである。

シュミットたちは、給与の約六〇パーセントの増額に対して、標準的な作業量の三・六倍の労働を要求された。テイラーはこうした搾取をさまざまなやり方で弁明した。たとえばテイラーは、クズ鉄の運搬作業員が三・六倍も本当に稼ぐとしたら、自分の能力を伸ばそうとしているほかの分野の労働者に対して不公平だろうと主張した。またテイラーは、労働者は利得の大きな配分に関与することに乗り気ではないとも主張した（もちろん労働者自身の意見を尋ねずに）。テイラーにとって、「六〇パーセントも給与が増えたクズ鉄の運搬作業員は、憐れみの対象などではなく、むしろ祝福の対象」なのであった[50]。

自動車産業における合理性がもつ非合理性のもう一つの例は、計算可能性と関係している。有名なフォード社ピント事件をみておこう[51]。生産段階に入る以前のテストで追突されると燃料システムが簡単に壊れることが立証されていたにもかかわらず、外国製の小型車との競合から、フォード社はピントの生産を急いだ。ピント用の高価な組み立て作業ラインはすでにできあがっていたため、フォード社は何の変更もせずに、その車種の生産に踏み切ることを決定した。フォード社の決定は定量比較にもとづく決定であった。会社はその欠陥が年間に一八〇人の事故死亡者とほぼ同数の負傷者を出すと見積っていた。事故処理に要する費用は一人あたり二〇万ドルであり、フォード社はその死亡と負傷によるトータルの費用が、欠陥の修理にかかる車一台あたり一一ドルという費用よりも安いと判断し、生産販売を決定したのである。このことは、利潤の観点からすれば意味があるとしても、人間の生命がより低い費用とより高い利潤のもとで犠牲にされ、心身を不自由にされるという点からすれば、不合理な意思決定であった。こうしたことは、自動車産業をはじめとする、マクドナルド化が進行する社会構成において、日常的に実行されている多くの意思決定の極端な一例にすぎない。

4・4　むすび

マクドナルド化の第二の次元である計算可能性は、数量化の重視に関係する。実際、マクドナルド化した社会においては、質よりも量を重視する傾向がある。量の重視はさまざまな形をとって表れるが、とりわけ製品の質よりも量に焦点を合わせること、量についての幻想を生みだそうと努力すること、生産とサービスの過程を数値へと変換すること、として表れる。

計算可能性を重視することには多くの利点がある。とくに相対的に低い経費で多数の、しかも大きな物を確保できる能力をもたらす。しかしそれはまた、強力な否定的な側面を併せもっている。とくに数量を重視する社会において、財やサービスがますます良くも悪くもない平凡なものになってしまうからである。

5章　予測可能性――丘の小さな家に雨は降らない

マクドナルド化の第三の次元は、予測可能性である。合理化した社会で生活している人びとは、ほとんどの状況と時間において何が期待できるかを知りたがる。彼らは驚きたくもないし、またそれを期待してもいない。そうした社会で彼らが知りたいことは、今日注文したビッグマックが、昨日食べたものや明日食べるものと同じかどうかである。もし特製ソースがある日には使われ、次の日には使われないとしたら、また毎日のように味が変わっているとしたら、人びとは困惑してしまうだろう。彼らはデモインやロサンゼルスやパリで訪れるマクドナルドのフランチャイズが、彼らの地元のそれと同じ外見をしていて、しかも同じように処理されていることを期待する。予測可能性を達成するため合理化した社会は、規律、秩序、システム化、形式化、ルーティン化、持続性、統一的な運営を重視する。

顧客の側からすると、予測可能性は日々の活動に大きな安心感をもたらす。従業員の側からいっても、予測可能性は仕事を楽にする。実際に、努力しなくてもよく、本気で打ち込む必要もなく、繰り返しの多い仕事を好む従業員も多いのである。[1] 少なくとも与えられた仕事さえすれば、彼らはそのあいだに別のことを考えても、たとえ空想にふけっていたって構わない。経営者やオーナーにとっても、予測可能性はもっと暮らし向きを楽にする。予測可能性は従業員と顧客の双方の管理をたやすくし、補給と材料の必要量、人件費、売上げ、そして収益などを予測する上でも役立つ。

しかし予測可能性は諸刃の剣である。予測可能性はすべてのもの——消費、労働、経営——を血の通わないルーティンに変えてしまうという傾向をもっている。

この章で取り上げる予測可能性の主要な側面は、予測可能な状況を作りだすこと、顧客との相互作用をマニュアル化すること、予測できる生産物と過程を作りだすこと、そして危険と不快感を最小に抑えることである。

5・1　予測可能な状況を作りだすこと

予測可能性について議論しようとするとき、格好の事例は、マクドナルドではなく、合理化のもう一つの先駆者、すなわちモーテルチェーンである。もっとも有名なチェーンは一九四六年に創立されたベストウェスタンであり（これは一八ヵ国に四、〇〇〇強のホテルを展開する世界最大のチェーンである）、ついで一九五二年に創業したホリデイ・インである（このチェーンは一〇〇ヵ国以上で三万三、〇〇四のホテルを保有しているインターコンチネンタル・ホテルグループの傘下にある）。一九五〇年代後半、五〇〇店舗を誇ったハワード・ジョンソン・レストランはアメリカ中で展開し、その多くは規格化されたモーテルチェーンを兼営していた（ほかのモーテルチェーンと違って、ハワード・ジョンソンはやがて停滞し、現在、一九五二年当時とほぼ同じ数のホテルを保有している）。これら三つのモーテルチェーンは、高速道路とこれを利用する旅行者の大幅な拡張を見込んでモーテルをオープンしたのである。モーテルとホテル産業を結びつけたことによる成功は、その後広く模倣されるところとなった。

5・1・1　モーテルチェーン ――「マジック・フィンガーズ」、しかしノーマン・ベイツはいない

こうしたフランチャイズが発展する以前、モーテルは非常に予測不可能であり、しかも種々雑多であった。地元のオーナーによって経営されるすべてのモーテルは一つとして同じものがなかった。オーナーと従業員も地域ごとにまるで違っていたので、宿泊客がいつ

も安全で、しかもゆっくり眠れるとはかぎらなかった。あるモーテルはきわめて快適で、豪華でさえあったが、別のモーテルはとても貧弱であった。宿泊客は、さまざまな備品があるかどうか部屋に入ってみるまでわからなかった。石鹼、シャンプー、電話、ラジオ（後にはテレビ）、エアコン、そして忘れてならない評判の「マジック・フィンガー」というマッサージ具などは、なくても文句は言えなかったのである。モーテルにチェックインするのはちょっとした冒険であった。というのも、旅行者にはそこで何を期待できるかがまるでわからなかったからである。

古典的スリラー映画「サイコ」（一九六〇年）のなかで、ヒッチコックは古めかしく、予測不可能なモーテルの不安をみごとに描きだしている。映画に出てくるモーテルは、オーナーのノーマン・ベイツほどではないが、おぞましいものである。ベイツ・モーテルの部屋にはほとんど備品がなく、のぞき穴がしかけられていて（これは旅行者にはまるで役に立たないものだ）、それはノーマンが餌食になる者たちをのぞきみるためのものであった。いうまでもなくベイツ・モーテルは予測不可能性の極み――何も知らない宿泊客にとって殺人狂と身の毛もよだつ恐ろしい死――をみせつけようとしている。

一九六〇年に、狂った殺人者が実際にモーテルに宿泊することはなかったであろうが、旅行者は当時、あらゆる種類の予測不可能性に直面していた。モーテルチェーンは宿泊客の経験を予測可能にするために腐心した。モーテルチェーンは「予測不可能な」連中を経営や労働から閉めだすために厳格な雇用方法を開発した。旅行者はなじみのあるホリデイ・インの看板（マクドナルドでいえばあのばかでかい金色のアーチ）を備えたモーテルならば、すべてとはいわなくてもほとんどの備品が、納得のいく値段で購入できると予測でき、田舎の名もないモーテルとホリディ・インのいずれかを選ぶとなれば、たとえいくつかの欠点があるにせよ（たとえば人と人とのふれあいのなさなど）、多くの人が予測可能性の高いほうを選ぶだろう。初期のモーテルチェーンの成功は、多くの模造品を次々に生みだした。たとえば、ラマダインとロッジウェイ・イン（現在では、チョイス・ホテル・インターナショナルの子会社）である。

もっと良心的な価格のホテル・チェーン――スーパー8（二、〇八八ヵ所）、デイズ・イン（一、九四四ヵ所）やモーテル6（八一四ヵ所）――は、どちらかといえば、ずっと予測可能である。[5]それらはほぼまちがいなく味気ないものである。宿泊に最低必要な設備（とはいえテレビは含まれるが）しかない。顧客は最低限のものしか期待せず、それだけで十分だと考える。顧客はデパ地下の特売場並みの格安の部屋代を期待し、そしてそれを手に入れるのである。

5・1・2　ファストフード産業──ありがたい、金色のアーチがあった

ファストフード産業は、ほかの先駆者のなかでも、とりわけモーテルチェーンによって開拓された方法をいち早く採用し完成させた。事実、ロビン・ライドナーは「マクドナルドの成功の核心にあるのは、画一性と予測可能性であり、……その執拗なまでの標準化である」と述べている。その後、彼女は「事実上、ビジネスのあらゆる細部にもマクドナルド流のやり方があり、別のやり方で仕事をするのはまちがったことをしていることになる[6]」と論じている。マクドナルドはフランチャイズや経営者たちが革新を図ることを認めているけれども、それは「どのマクドナルドに入ろうと、それが世界のどこであろうと、まったく同じ体験を生みだせる、画期的な方法を探求することを目的とする[7]」場合にかぎられている。

モーテルチェーンと同じように、マクドナルド（そしてほかの多くのフランチャイズ）も大きくて派手な看板を考案し、そしてすぐに消費者たちに気に入られた。マクドナルドの「金色のアーチ」は予測可能の感覚を想起させる。「コピーされた色とシンボルは、何マイル先でも、またどんな都市でも、予測可能性とマクドナルドと何百万人もの顧客とのあいだの長い歳月にわたって変わることのない戦術的な関係を暗に約束するものとして作用している[8]」（傍点は著者）。さらに、マクドナルドのそれぞれの店舗が一連の予測可能な要素

を提供している。カウンター、その上に置かれたメニュー、その背後に見える「キッチン」、テーブルと座り心地の悪い椅子、目立つゴミ箱、ドライブスルーなどである。おもしろいことに、アメリカ人でない人も、いまではアメリカを含めて、外国を旅行しているとき、すっかりなじみになったマクドナルドをみつけて心を癒やされている。

5・1・3　そのほかの状況――E. T. が自分の家をみつけられない

職場としての官僚組織は、ほかの種類の組織よりもはるかに予測可能性が高い。官僚組織は少なくとも三つの重要な方法で予測可能性を生みだしている。

1　職務　人びとは「職務」や地位を担っており、これには一連の責任が課され、ある種の行動期待が伴う。ある職務を担っている職員は期待に応えることを要請されている。そして同僚やクライアントは、誰がその職務を担当しているかにかかわりなく、同じ結果が得られることを期待する。たとえ少しの裁量ができるとしても、ある職務の担当者が仕事をすることを拒んだり、まったく違ったやり方で何かをしたら処罰あるいは解雇されてしまう。

2　階統　官僚組織の職務には明瞭な階統があり、したがって職員は誰から指示を受け、誰に指示を与えうるか知っている。

3　文書主義　官僚組織では事実上ほとんどあるゆる事務が文書化されている。したがってその組織の規則や規程を読んだものは、何が期待されているかをわかっている。事実上把握すべき状況がすべて文書化されているため、ある問題を処理するということは、所定の形式の文書に必要事項を記入するということにほかならない。

近代的な郊外住宅は、マクドナルド化した社会の予測可能性の実例である。有名なフォークソングが郊外の性格を明示している。

丘の上の小さな箱
安っぽくどれも同じ小さな箱
小さな箱、小さな箱、小さな箱
すべてが同じ小さな箱(9)

多数の郊外地域社会には、内装も外装もあまり代わり映えのしない住宅があふれている。高価な住宅では多少の多様性をもたせることができただろうが、しかし多くの郊外居住者は他人の家にうっかり入り込み、それでも自分の家でないとすぐには気づかないこともあった。

その上、それぞれの地域社会そのものが非常に似かよっている。より効率のいい住宅区域を造成するために大木は切り倒され、支柱と針金で支えられた若木がきちんと植えられる。同じように丘陵も削られ、しばしばまっ平らにされる。道はまっすぐ、左右対称に造られる。そうした予測可能な街並みのために、郊外居住者たちが違う地域社会に迷い込んだり、自分の地域社会で迷子になったとしても不思議ではない。

スティーブン・スピルバーグのいくつかの映画の舞台は、このように合理化され、高度に予測可能な郊外である。彼の戦略は、こうした高度に予測可能な郊外で予測不可能な出来事に顧客を遭遇させることである。たとえば、「E. T.」（一九八二年）では異星人が郊外住宅地に迷い込み、そこで高度に予測可能な存在である子どもに発見される。E. T. はその子とその家族の生活だけではなく、地域社会全体の生活も混乱させる。同様に、「ポルターガイスト」も郊外の家庭を舞台とし、邪悪な死霊たちがその予測可能な平穏な生活を混乱させるのである（この邪悪な死霊たちはマクドナルド化社会の重要な要素であるテレビを介して現れる）。スピルバーグの映画の大成功は、ますます予測可能になっていく社会にあって、たとえどんなに恐ろしく、また危険であっても、実は、人びとがある種の予測不可能性を熱望しているということかもしれない。

「トゥルーマン・ショー」（一九九八年）は、テレビショーのディレクターによって完全に制御されているある地域社会で起こる。その映画はアメリカ中でみられるディズニー風に計画された地域社会の揶揄とそれに対する攻撃とみなされる。これらは通常の郊外地域社会よりもずっと高級である。計画的に造成された地域社会の主要な代表例は、とくに驚くほどではないが、フロリダのディズニー・タウン・オブ・セレブレーションである。[10] 将来の自宅所有者は公認のオプションのなかから選ばなければならず、また彼らが自宅と資産をどのようにできるかについて厳しく制限されている。こうした地域社会は、人びとの生活からあらゆる予測不可能性を取り除こうとした伝統的な郊外開発よりもはるかに徹底している。

さらにもう一つ、一九九七年の別の映画「カラー・オブ・ハート」は、高度の同調性と画一性によって厳しく管理され、また特徴を与えられた一九五〇年代風の地域社会を描写している。すべてのものが黒と白で描かれている事実に、そのことがすべて映しだされる。しかし物語が進行していくと、事態はどんどん予測不可能に陥り、色彩がしだいに映画のなかに現れてくる。最終的に、さらに予測不可能なカラー・オブ・ハートがフルカラーで描写される。

できるかぎり予測可能なものにしようと懸命に努力しているにもかかわらず、いくつかのずっと最近のチェーンは、高度の予測可能性が達成しにくい目標であると認め始めている。たとえばヘアカッタリーなどのヘアカッティングのチェーンは規格化されたヘアカットを提供していない。というのも、どの頭も少しずつ異なり、すべての理容師と美容師が少しずつ特異なやり方でヘアカットしているからである。予測可能性に強く憧れる不安な顧客を安心させるため、マスターカット、グレイト・クリップス、そしてヘアカッタリー、そのほかのヘアカッティング・フランチャイズは、共通のロゴと記号、似かよった店構え、そしておそらく、少数のなじみのある製品を提供している。

5・2　顧客との相互作用をマニュアル化すること

マクドナルド化した組織が従業員用に用意しているマニュアルは、さらに「トゥルーマン・ショー」を思い起こさせる。映画のなかで、トゥルーマンとほかのすべての登場人物との相互作用は、トゥルーマンの演技をもっと予測可能にするためにディレクターによって手渡された脚本に従っている。同じく、ファストフード・レストランは従業員に、従業員が言うこと、そして彼らに言い返されることをより予測可能なものにするために、さまざまな状況において言うべきことを教えている。

5・2・1　ファストフード産業——「よう、相棒」、そして「いい旅を」

ファストフード・レストランにおいて顧客と従業員双方が口にし、また実際に行っていることのほとんどは儀礼化され[11]、ルーティン化され、マニュアル化されている[12]。たとえばロイ・ロジャース・チェーンでは、かつて従業員にカウボーイやカウガールの服を着せ、顧客が注文するさいに「よう、相棒」と言わせていた。さらに顧客は、支払いを済ませると、「いい旅を」と挨拶の言葉で送りだされた。こうした言葉の繰り返しはロイ・ロジャースの常連には非常な満足をもたらした。多くの人びと（わたしも含めて）は、ロイ・ロジャースがこの習慣をやめたとき、深い喪失感をおぼえた。しかしマクドナルド化した社会では、ほかのタイプの疑似的な相互作用がしだいに標準化されていき、人びとはそれを期待し、また楽しむようになった。将来、ファストフードを訪れるさいに交わされるのが愛敬のあるロボットとの相互作用だけになれば、こうしたお決まりのセリフさえもが懐かしく思い出されるかもしれない。

通常のマニュアルばかりでなく、あまり尋常でない要求や行動に対処するための副マニュアルもある。たとえば、ほかの顧客と同じく決まりきった相互作用しか得られないことに不平を言う顧客のための副マニュアルがある。実際、そのマニュアルはまるで従業員の「本当の」感情を表しているかのようであり、とてもマニュアルとは思えない。たとえばあるマニュアルは、「今回だけは大目にみましょう」と言うよう従業員に指示を出している。扱いにくい顧客も個人として扱われ、心のこもった対応を得られたかのように感じて満足するし、経営者は従業員がマニュアルどおりにやっていれば満足する。

マクドナルド化のほかのすべての側面と同様に、マニュアルがすぐれた効能を発揮することもある。たとえば、マニュアルは従業員の力の泉であり、そのおかげで顧客との相互作用を制御できる。従業員はマニュアルからはずれることを拒むことで、ありがたくない特別な要求をかわすことができる。従業員はまた、ルーティンとマニュアルを使うことによって、人に罵倒されたり侮辱されたりすることから守られる。従業員は、人びとの反感はマニュアルそのものやそれを作成した人に向けられたものと思うことができる。マクドナルドの従業員たちは、マニュアルやルーティンを嫌うよりも、これがしばしば有効であり、満足さえもたらすものと認めている[13]。

しかし、従業員と顧客も、時としてマニュアル（またはほかのルーティン）に抵抗する。そのためサービスを提供し、あるいはサービスを受ける人間の行動が「決して完全に予測できるわけではない[14]」。これはまちがいなく言えることだが、マクドナルド化のどの側面もいまのところ完璧ではない。

それでも、マクドナルドの従業員が自分の判断だけでできる仕事はほとんどない。

▼マニュアルにないことなら、どんなこともしようと思えばできる。

▼「わずかに」ルーティンからはずれ、顧客に余分なサービスをするか愛想を言うこと

ぐらいはできる。

▼スマイルを控えて、多少せっかちで苛ついた振りをしたり、あるいは顧客に再度の来店を頼んだりしないことはできる。

▼みせかけの親しみを装うような品位を損う行動を避けて、もっぱらスピーディーなサービスを心がけることはできる[15]。

高度にルーティン化されている日常業務から逸脱できるのはせいぜいこれくらいのことである。

従業員と同じように、顧客もまたマニュアルとルーティンから恩恵を受けている。「ルーティン化はサービスを受ける人にずっと確実で、はるかに安く、スピーディーなサービスを提供し、どうしたらいいのかわからない状態に顧客を放置しないし、相互作用に手間取る顧客の負担を最小限に減らし、顧客の権利が何であるかを明らかにできます[16]」。一部の顧客は、マクドナルド化したビジネスで出合う上品に儀礼化された挨拶を高く評価している。

しかし例外もある。たとえば、従業員がマニュアルどおりに振る舞うのが「無愛想」で「機械的」であり、心がこもっていないと感じて不愉快になる客もいる[17]。サービスを受けられないと怒って帰ってしまう客もいるかもしれない。映画「ファイブ・イージー・ピーセス」（一九七〇年）の名場面で、ジャック・ニコルソンの演じる主人公が食事に立ち寄り、そこで昔ながらのグリーシースプーンのウェイトレスと出会う。ニコルソンの態度にウェイトレスは怒って、マクドナルド化の先駆けともいうべき対応をみせ、マニュアルどおりに「トースト付きサンドイッチはいいけど、トーストだけの注文はだめです」と言う。すると、ニコルソンは無愛想なウェイトレスにではなく、むしろ気の利かないマニュアルに激しく批判的な反応を顕わにする。

マニュアルどおりの相互作用によるみせかけの親しさは、ファストフード・レストランだけでなく、マクドナルド化した社会のすべての要素に底流するうわべだけの友情を反映している（「ご機嫌よう」）。このみせかけの友情は顧客を誘惑し、彼らにふたたび店を思い出させようとしている。たとえば、ウェンディーズのオーナーであったデーブ・トーマスは、二〇〇二年に亡くなるまで、「個人宛ての招待状」を送って、ハンバーガーを食べにくるように誘うコマーシャルをテレビで頻繁に流していた[18]。

5・2・2　そのほかの状況――ジョークさえマニュアル化されている

マニュアル化された相互作用に出合うのは何もファストフード産業にかぎったことではない。テレマーケティングは、丸暗記して従わなければならないマニュアルを従業員に渡している。そのマニュアルはもっともありそうな偶発事態を乗り切るよう想定されている。管理者は従業員が正確な手順を順守しているかどうかをうるさく頻繁に聴視している。マニュアルどおりにできなかった者、あるいは時間内になされるべき呼びかけの回数や時間内に完了すべき売上げ数に満たなかった者は即座に解雇される。

ロビン・ライドナーは、コンバインド生命保険会社が保険の売上げをどれほど予測可能なものにしたかをくわしく述べている。いくらかの柔軟性と適応性を指摘しつつも、彼女は「保険外交員の訓練でいちばん驚かされるのは、コンバインド社が驚くほどの標準化を達成していることだ。外交員は何を言うべきか、何をなすべきかをことこまかに指示されている」[19]。実際に、売り込みの口上はほとんど「丸暗記して、できるだけ正確に暗誦できなくてはならない」。ある訓練者は英語の苦手な外国人セールスマンについて話してくれた。「彼はその文章の発音を覚えたのですが、どういう意味かさえわからなかったのです……でも、最初の日に彼は二〇件も売上げ、いまでは経営陣のトップです」。この生命保険会社は外交員にお決まりのジョークばかりか、「コンバインド社の振り」——標準化された身振り、身のこなし、使う言葉の抑揚——までも決めていた。

マクドナルドは、従業員を外部から管理することに頼っているが、しかしコンバインド生命保険会社はもっと大きなことに取り組んでいる。コンバインド社は従業員を変身させ、彼らに新しい自己アイデンティティ（「マック・アイデンティティ」[20]）を付与している。これとは対照的に、マクドナルドの従業員は自己を抑制することを期待されている。こうした相違は二つの異なる環境における労働の質の違いによっている。マクドナルドの従業員は店内の現場で職務を実行しているので、彼らを外部から管理することができる。これに反してコンバインド社の外交員は、クライアントの家々を移動しながら働いており、また多くの場合、クライアントの自宅で仕事をしている。外部からの管理が有効でないため、コンバインド社は外交員を会社の望む人柄に変えようとしているのである。しかし彼らの人格を管理しようとする努力にもかかわらず、保険外交員は自律の感覚だけでなく、ある程度の自己裁量権を留保している。だからコンバインド社の従業員に対する管理はより徹底したものになっていくが、マクドナルドの従業員は、すべての意思決定が事実上排除されているため、さらにもっと強く統制されている。

ライドナーは次のような結論を下した。「有用性もしくは効率性の精神を尊重して、基準、つまり反復可能なルーティンを用意しようとすれば、行動指令が瑣末でなく、関係が直接的でなく、経験が個人的でないほど、そして取り扱いが特定の組織や個人に対して嫌みでないほどよい[21]」。

コンバインド生命保険会社の外交員といくらか似ているかもしれないが、政治家はアドバイザーが作成したマニュアルに制約されている。アメリカ大統領が演説原稿を自分で書くという時代もあった。しかしロナルド・レーガンの就任以降、プロのスピーチ・ライターが書いた文章に頼るのが標準になった（ビル・クリントンがこの標準にたまたま違反した）[22]。いろいろにマニュアル化された語句のうち、もっともよく知られているのは、ジョージ・ブッシュの有名な「わたしの話を聞きなさい。税金をとられるわけではないから[23]」である。それどころか、彼の息子は記者会見で即興で話すことを好まず、またアドバイザーやスピーチ・ライターの書いたマニュアルに完全に頼り切っているのは周知のことである。ブッシュ・ジュニアは記者会見中にどんな質問をするかを管理しているため、多くのメディアから糾弾されている。二〇〇三年六月六日、プライムタイム最後の記者会見場で起きたことだが、「前列に座っていたホワイトハウス・レポーターのラリー・マッキランは、ブッシュ大統領——彼は何が起こっているかを述べるために、記者会見中にマニュアル化された言葉を使用していた——が、リストのなかから名前を呼び上げ、その順番を変えることがないことを知ってからは、質問するために挙手するのをやめてしまった[24]」。

5・3　従業員の行動を予測可能にすること

組み立て作業ラインは、予測可能な作業と生産物の見込みを強化した。その対案のかかえている問題は、職人が立てる段取りには多少とも予測不能な部分が含まれていることであった。個人によって異なり、また時間によって違うという問題である。最終の生産物にみつかる小さな、しかし重要な相違が問題であり、これが製品の性能と質に予測不可能性をもたらす。たとえば一人の職工によって生産された自動車が別の職工によって生産された自動車よりもよく走ったり、あるいは壊れやすかったりする。組み立て作業ラインで生産された自動車ははるかに規格に合致している。予測可能な労働者の作業から得られる利得を考えて、製造業以外の多数の産業部門もいまでは、従業員の行動をいっそうルーティン化するために最先端のシステムを導入している。

5・3・1　ファストフード産業——ハンバーガー大学の教授が予測可能に行動する

ファストフード・レストランでの顧客と従業員の相互作用は、持続する時間の長さと広がりという点で非常に限定されているので、その相互作用はほぼまちがいなくルーティン化できる。だからマクドナルドは、従業員が接客行動で順守しなければならない一組の規程を備えている。たとえば窓口サービスには七つの段取りがある。顧客に挨拶をする、注文を取る、注文を整理する、注文された品を差しだす、支払いを受け取る、顧客に礼をいう、そして再度の来店を請うの七つである。[25] ファストフード・レストランは別の業務もできるかぎり予測可能なものにしようとしている。たとえば、すべての従業員は最適の方法で同じようにハンバーガーを焼くことが期待されている。言いかえると、「フレデリック・テイラーの原理は、ほかの仕事と同じく、簡単にハンバーガーの製造を工程化することにも当てはまる」のである。[26]

ファストフード・レストランは、従業員の外見、言動、考えまでもできるかぎり予測可能にしようと試みる。[27] だからすべての従業員は、制服の着用、化粧、頭髪の長さ、アクセサリーなどにいたるまで服装規程に従う。たとえば訓練プログラムは従業員にマクドナルドにふさわしい態度や仕事の仕方といった「企業文化[28]」を教え込むように考案されている。きわめて細かなマニュアルが用意されている。たとえば「ポテトを揚げるために使用した油の温度に従って、どれほどの頻度でトイレを清掃しなければならないか……また何色のマニキュアを塗ることができるかなど」を規定している。[29] 最終的に、報奨金（たとえばボーナスなど）がよく働いた従業員に与えられ、そうでない従業員には罰則が科せられ、ひどい場合には解雇される。

レストランの店長たちの考え方や行動を予測可能なものにするため、マクドナルドは彼らをハンバーガー大学の本校に出席させるか、それともアメリカ国内と世界中にあるハンバーガー大学の分校に出席させる。[30] ハンバーガー大学の「教授たち」でさえ、「カリキュラム開発部の用意したマニュアルに従って勤務するため[31]」に予測可能な行動をする。未来の経営者たちは、こうした教員によって、マクドナルド社の倫理と技能を内面にたたき込まれるのである。その結果、思考や行動面で、マクドナルドの店長たち一人ひとりが区別しがたい存在になる。さらに重要なことに、店長たちは、訓練と管理を実施することで従業員をさらに予測可能な形で振る舞えるようにするため、すべての店で実行すべきほとんどすべてのことを網羅した精巧なガイドラインを使っている。マクドナルド事業本部は、定期的に「隠密」の監視員を派遣して、これらのガイドラインが確実に順守されているかどうかをチェックしている。監視員はまた、食品が品質管理のガイドラインにそっているかもチェックしている。

5・3・2　そのほかの状況――あのディズニールック

アミューズメントパークもマクドナルドとほとんど同じ技術を採用してきた。たとえば、従業員たちの予測不可能な装いと言動という問題を解決するため、ディズニーは従業員たちがどのような格好をし（いわゆるディズニールック）、いかに行動すべきか細かく規定したガイドラインを用意している。それには従業員の職種ごとに「やる」ことと「やってはならない」ことを記した長いリストが用意されている。コスチュームを着用しない女性の「キャスト・メンバーズ」（ディズニー独特の婉曲表現）は、ジーンズをはいたり、スカーフをまとったり、スニーカー、ソックスのすべて、輪状のイヤリング、ブレスレット、二つ以上のネックレスなどを身につけたりしてはいけない。女性の接客員はアイライナーを使い、髪の毛を染めることを禁じられ、デオドラントと発汗抑制剤を使用することを義務づけられている。男性接客員は口ひげもあごひげも許されない。このリストはまだまだ続く[32]。

従業員の行動を予測可能にしようとしてきたアミューズメントパークはディズニーだけではない。ヴァージニア州のブッシュガーデンでは、「微笑みがいつでも作れるように努力しなさい」。男性には短髪の規則が、そして全員には、勤務中の飲食、喫煙、飲酒、無駄口の禁止の規則がある。「われわれはひたすら完全であることが求められているのです[33]」とある従業員は陽気に語ってくれた。

ブッシュガーデンの従業員は、見た目が同じというだけではなく、同じ行動をしなくてはならないのだ。

管理された環境こそが現場の従業員に正しい態度を維持させるのである。

「それは熱狂的とさえいえるほどだ。われわれは清潔さ、奉仕の精神、礼儀正しさを重視する」。

その結果、ブッシュガーデンではとてもアメリカ的なイメージについて頻繁に語られ、そうすることによって、従業員を奮い立たせ、やる気を起こさせている。巨大な、しかもいくぶんドイツ風のレストラン、お祭り館では、誰がもっとも熱意があり、最善の態度を身につけているかを競うコンテストがある。その報奨の一つは、ブッシュガーデンのアーチ門を抜けて王侯領地に入り、自由に旅をすることができるということである。(34)（傍点は筆者）

ブッシュガーデンやほかの似たようなパークを訪れる人びとは、高度に予測可能な従業員と出会い、そこにいるあいだ中、そのような彼らに応対してもらうことを期待できるのは、そうしたノウハウのおかげなのである。

5・4　予測可能な生産物と処理過程を作りだすこと

予測可能性を強化しようとする欲求が売れ筋の商品とサービス、そしてそれらを生産し、配送するために使われる方法に広がるであろうことはすぐに予想がつく。事実上すべてのモールを支配しているように見えるチェーンストアの特色である画一性について考えてみよう。製品中に独自なものは皆無である。実際に、ほとんどの商品は世界中どこでも手に入るブランド商品である。商品を展示する手順、顧客への挨拶、購入品をレジに打ち込むなどの手続きはどのストアでも驚くほどよく似ている。

　小規模なチェーン店や地元商店と競合するスーパーストアは、商品の予測可能性の点で格段の成長を遂げている。スーパーストアのバーンズ・アンド・ノーブルズを事例として取り上げてみよう。こうした本のスーパーストアは、地元の小さな本屋よりもはるかに多くの本——たぶん一店舗あたり一五万冊超——を置いている。そうしたスーパーストアはもっぱら五冊ないし六冊のベストセラーにターゲットを絞り込んでいるけれども、小規模な自営の本屋を苦労して歩き回っても見つけることのできない多数の本の在庫をもっているのは事実である。それにもかかわらず、本のスーパーストアの優位に翳りがみえている。

　その問題は、すべてのスーパーストアがかかえている問題と同じである。それらはありきたりのストアであり、仕入れは本部で一括購入されるので地域性と結びついていない。自営の本屋は突飛で、しかも雑多である。その在庫は大きいことも、またごくわずかであることもある。そのサービスは非の打ちどころがないほど完全であるか、それとも無愛想である。そのオーナーの気質はまったくさまざまであり、誰一人として似ていない。すべての自営の本屋にはそれぞれ違う個性がある。書物の販売に全般的な強みを与えるのはこうした多様さなのである[35]。

多様性は、マクドナルド化した世界で衰微に向かっている。

5・4・1 ファストフード産業——ピクルスさえも標準化されている

ファストフード・レストランが提供している食べ物の予測可能性は、マクドナルド化した世界の必然的な帰結である。手軽な食べ物からなる品数の少ないメニューも予測可能性を確かなものにするのに一役買っている。ハンバーガー、フライドチキン、ピザ、タコス、フレンチフライ、ソフトドリンク、シェイクなど、すべてが比較的簡単に調理でき規格化されたやり方で顧客に出せる食べ物である。こうした商品の予測可能性は、規格化された原料の使用、食材の調達と調理が同じ方法でできること、食べ物を顧客に同じやり方で出せること、そして同じ包装によって可能になる。ハンバーガー大学のトレーナーが言うように、「マクドナルドでは、ピクルスを切るさいの幅にいたるまで徹底的に標準化されている[36]」。

包装は、ファストフード・レストランでは予測可能性のもう一つの重要な要素である。ファストフード・レストランの努力にもかかわらず、材料のもつ特性のために予測不可能性が入り込むすきがある。食べ物がいつも十分に温かいとはかぎらないし、チキンは軟骨が残っていたり固かったり、あるいは一枚のピザの上にわずかなペパロニしか載っていなかったりする。食品に（わずかに）予測不可能性があったとしても、バーガーの包装、小さなフライの袋、ピザ用の皿箱など包装はつねに同じにすることができ、それによって食べ物も同じであろうと思わせることができる。

予測可能な食べ物は予測可能な材料を必要とする。マクドナルドは肉、チキン、魚、ジャガイモなど各フランチャイズが購入する材料の種別（品質、大きさ、形など）について厳格なガイドラインを設けている。たとえばバンズは、噛みごたえがあって栄養のある小麦の成分、たとえばふすまや胚芽といったものは取り除かれていつも白いパンになっていなければならない（「ワンダーブレッドは図書館用の糊をただガスでふくらまし、それをオーブンにぶちこんでると思うね[37]」という冗談もある）。そうしなければ、バンズは新鮮さに欠けるか、あるいは干からびて台無しになってしまうのを防ぐために防腐剤が加えられる。生のジャガイモではなく、すでにカットされ同じ大きさになっている冷凍のフレンチフライを用いるのがふつうである。

冷凍食品（あるいはフリーズドライ食品）の利用がマクドナルド化した社会で増えつつあるのは、生鮮食品の供給に関係する予測不可能性に何とか対応しようとするからである。レイ・クロックが新鮮なポテトから冷凍ポテトに最終的に切り替えた理由の一つは、一年のうち数ヵ月しか満足のいく種類のポテトが手に入らなかったからである。冷凍ポテトのおかげで一年中そのポテトを確保することができるようになった。さらに、それぞれの店舗でポテトの皮むきをすることは、クロックにとって、また、彼が完成させようとした衛生的な（無菌であるかどうかは定かでない）世界にとって忌むべき悪臭の原因であった。冷凍され、皮をむかれ、あらかじめカットされたフレンチフライがこの問題も解決したのである。

マクドナルド化した社会の食品の予測可能性が驚くべき事態を招いている。

アメリカの料理から、地域性と民族性が失われつつある。近隣でも、都市でも、州でも、食べている物はいつでも似たりよったりである。アメリカ人はたいていインスタント・マカロニやチーズ、白くてやわらかい食パン、オレオマーガリン、冷凍ドーナッツ、そしてジェローといった品目の食べ物を食べている。現在では、アメリカ中のどこでも、あるいは一年中いつでも、食習慣をまったく変えずに、旅行することができる。……洗練された加工と保存技術、迅速な流通、そしてさまざまな種類のインスタント食品が地域や季節による違いをほとんどなくしてしまった。[38]

5・4・2 エンターテインメント――ようこそ、マックムービーへ

先にふれたように、映画「サイコ」は、映画産業もまた予測可能性を重視していることを思い起こさせる。「サイコ」は、いくつかの続編が作られている（最近［一九九六年］では、オリジナルとすっかり同じリメイク作品が作られた）。ほかにも多くのホラー映画、たとえば、「ハロウィーン」（一九七八年）や「エルム街の悪夢」（一九八四年）、「スクリーム」（一九九六年）の続編がある。「リング」（二〇〇二年）の続編はまだないが、しかしそれは日本で大ヒットした日本映画「リング」のリメイクである。ホラー以外のジャンルでも、いくつかの続編映画が製作された（そして続々編もある）。「ゴッド・ファーザー」（一九七二年）、「スター・ウォーズ」（一九七七年）、「レイダース 失われたアーク〈聖櫃〉」（一九八一年）、「バック・トゥ・ザ・フューチャー」（一九八五年）、「ロスト・ワールド／ジュラシック・パーク」（一九九三年）、「スパイ大作戦」（一九九六年）、「X-MEN」（一九九八年）、「マトリックス」（一九九九年）などがそうである。「バケーション」シリーズでは、チェビー・チェイスはいつも同じ役を演じる。違っているのは、おなじみのおどけた演技をすることになる休暇の設定部分だけである。映画ファンは、まったく新しいものに金をだすよりも、おなじみで「安全な」ものに金をだすほうに抵抗感をもたない。こうした予測可能な作品はおおむね多くの観客を集める。しかしそれらは新しいコンセプト、アイディア、

そしてキャラクターにもとづいて作られる映画を犠牲にして得られた成功でしかない。同じ配役、同じ役者、そして基本的なプロットが何度も使えるので、スタジオでは続編（「マックムービーワールドへ、ようこそ」[39]）が歓迎された。さらに、続編はまったくの新作映画よりも集客力がある。そのため収益性が予測可能である。大体において観客は続編を好む。おなじみの設定のなかで、おなじみの役者が演じるおなじみのキャラクターに出会う気楽さを観客は楽しむからである。マクドナルドの製品と同じように、ほとんどの続編はさほどおもしろくはないけれども、消費者は少なくとも自分が何を得ようとしているかをわかっている。

最近の映画は予測可能な続編と高度に予測可能な結末を必要としているようにみえる。ダスティン・ホフマンは、今日の映画観客は彼の古典的映画「真夜中のカーボーイ」（一九六九年）のようにたくさんの回想、幻想、夢をつらねた映画を受け入れないと述べている。ホフマンは、これが「文化全体を表す象徴」であると確信している。

わたしの友人［ベイリー・ロビンソン監督］は、われわれがマクドナルド文化のなかで生きているという。……どんなところかわからなければ（レストランに）立ち寄ろうとしない。……そしてわれわれの文化では、いまや人びとは映画に行くときも事前にどんな映画なのかを知りたがる。[40]

映画倫理委員会の評定によって、人びとは、いまから観る映画のなかで見たり聞いたりする暴力、ヌード、そして一部の人を不快にさせるかもしれないいかがわしい科白の量を予測できる。「G」評価の映画というのは、ヌードも、いかがわしい表現もなく、ごくおだやかな暴力シーンしかない。「NC–17」は前述の三つすべてをたっぷり含んでいることを意味している[41]。

テレビでも、映画の続編づくりと同じく「コピー作品」が作られている。「ほとんど区別できないほど酷似している」連続ホームコメディーやコメディーが製作されている[42]。たとえば「誇張され、ど派手で、カジュアルっぽい服装をした連中がアパートや事務所に集まり、そしておもしろがって身体の一部やその能力に偏った下ネタで冗談を言い合っている[43]」。最近放映された、あるいは現在放映中の番組としては、「サインフェルト」「ドリュー・カーレイ」「フレンズ」「ウィル・アンド・グレイス」「誰もがレイモンドを好きだ」がすぐに思いつく。「マクドナルドと同じように、ゴールデンアワーは、栄養よりも予測可能性の快適さを強調しながら、いま自分がどこにいるかをあなたに知ってほしいのだ[44]」。

期待されているものがないことは、マクドナルド化システムの命取りになりかねない。たとえばブロックバスターは数年前、ヒットした映画のビデオが滅多に在庫していないせいで不振に陥った。映画をもっと利用しやすくし、これによって予測可能性を強化するため、ブロックバスターは映画配給業者と共同して新規ビジネスを開発した。事前に映画のために多額の支払いをするやり方に替えて、ブロックバスターはいまや、配給業者に少額を前払いし、そしてレンタル料の半額を業者に後払いすることにした。ブロックバスターは以前と比べて、七倍以上多くの新作封切りの映画の在庫を確保している。これによって今日、顧客は探している映画をブロックバスターでずっとみつけやすくなった。「タコベルに入るとき、あなたはタコスをもって出て行けると思っている。……ビデオストアもそうあるべきなのだ[45]」。

意外性を与えないことをねらったもう一つのエンターテインメントがパック旅行である。パック旅行はもともと効率だけでなく、予測可能性をも同時に追求している。旅行業者は観光客が現地の人びと、文化、制度などとほとんど接触しない旅行を作りだすことで、旅行を高度に予測可能な商品に変えてしまった。ここで一つのパラドックスが生まれる。人びとはかなりの金と努力を払って、外国へ行って、なるべく現地の文化に触れないようにするのである[46]。アメリカからのツアーグループは、似たような考え方をもった人びとであり、旅先でもこうした（予測可能性の高い）人間同士でほとんどの時間を過ごすことになる。旅行会社は、アメリカ人のツアー客を相手にするときは、できるだけ顧客が喜ぶような備品（たとえば、エアコン、ステレオ、トイレなど）を備えた移動手段を用いる。ガイドも、ふつうはアメリカ人であり、そうでなければ、少なくとも何年間かアメリカで過ごし、英語が堪能で、アメリカ人の要求や興味に精通した現地人が選ばれる。ツアーが訪れるレストランもアメリカ式（おそらくはアメリカ産のファストフードチェーン店）か、アメリカ人の味の好みに合わせたものである。宿泊するホテルもたいていはシェラトンやヒルトンといったアメリカのチェーンか、アメリカ人好みに造られたヨーロッパ式のものである。(47) 一日一日がきちんと決められており、きつい日程であることも多く、自由な時間がほとんど与えられない。旅行者たちは、あらかじめ決められた日単位の、ときには時間単位のスケジュールをこなすことで満足する。

ところが、ジョン・アーリはパックツアーが近年人気を失っていると述べている。(48) われわれはこの主張とマクドナルド化が成長しているという主張のあいだにどのような折り合いをつけるべきであろうか。ほとんどの社会がますますマクドナルド化したという事実のうちに、その答えはある。そのためマクドナルド化したツアーの欲求は減るかもしれない。結局、実際にどこを旅行しようとも、そこでみつけるものは、マクドナルド、ホリディ・イン、ハードロック・カフェ、ＵＳＡトゥデイとＣＮＮニュースである。人びとは完全に予測不可能性から保護されているのである。

5・4・3　スポーツ――マック厩舎もある

テニスでは、タイブレークが試合をいっそう予測可能なものにしている。タイブレークが導入される前は、プレイヤーが勝つためには六対六ゲームの後、さらに二ゲーム相手を上回る必要があった。相手を二ゲーム上回らなければ、そのセットは延々と続くのである。昔は一二対一〇などというスコアもあったのを覚えている人もいるだろう。それがテレビなどのメディアの圧力を受けて、テニス協会はほとんどのトーナメントでタイブレークを導入した。もしワンセット終わって六対六の引き分けならば、さらに一二ポイントを争う。先に七ポイントとって、かつ相手に二つ以上の差をつけたほうが勝ちとなる。まれに一二ポイント以上を争うこともある（双方六ポイントずつとった場合）が、昔のルールのときほど長引いたりはしない。

過去には高度に予測不能であったが、いまでは予測可能になった興味深い例として、競走馬の調教にみられる合理化を挙げることができる。ウェイン・ルーカス調教師はアメリカ中に「マック厩舎」と呼ばれるチェーン厩舎を作った。かつては、どこの厩舎も独自の馬場で、独自のやり方で調教していた。だから調教の手順が厩舎ごとに、また馬場ごとに大きく違っていた。ところが、

ルーカスは厩舎のさまざまな部分を確立し管理することに成功した。「わたしは品

質管理が重要だと思っています」と彼は言った。「いままでは部分部分がどの程度品質が違っているのかもわかりませんでした。いまや納屋だって同じです。給餌の計画だって同じです……」。

「このために国内どこでも馬を運ぶのが簡単になりました。たいていの馬は運ぶときに慣らさなければなりません。われわれは慣らす必要がまったくありません。つまりマクドナルドの原理です。われわれはフランチャイズを提供し、そのフランチャイズはどこでも同じになっているのです[49]」。（傍点は筆者）

いまでは馬さえも、予測可能性を生きがいにしているかのようである。

5・5　危険と不快感を最小にすること

ショッピングモールの魅力は、少なくとも部分的には、それがショッピングを予測可能にできる能力にある。たとえば、「モールで働いているある少年がモールを好きな理由を尋ねられて、……外がどんな天気だろうが、このなかはいつも変わらないのがよいと答えた。彼はそこが好きなのだ。彼は雨が降っていることなんて知りたくない――憂鬱になるからだ[50]」。またモールをぶらついている人たちは、街中なら彼らを悩ます予測不可能な犯罪がモールなら起こることもなく安全である。天候を気遣うこともなく、犯罪が比較的に少ないことから、ショッピングモールには、もう一つの予測可能な側面が生まれる。モールはいつも明るく楽しいという予測である。

犯罪を回避できることが、いわゆる「家族向けの楽しみ」、つまり「有料の子ども広場」を賑わせている大きな要因である（子どもの入場料はかかるが、子どもの好きなオモチャがあることは、親たちを「自由」にしてくれる）。こうしたセンターには、ロープや大きな「お山」、パイプ、トンネル、大きな積み木ブロック、ブランコなどがある。こうしたセンターは都会ではかなりの人気である。何しろ犯罪だらけの都市のなかで安全な天国にいられるのだから[51]。子どもたちもまた、こうした広場で遊ぶほうが設備の性能がよく、スタッフと監視員がいるため、地域で遊ぶときよりも怪我が少ないと言う。加えて、子どもたちが親以外の誰かについていかないようにするための安全チェックがある。しかしこうしたセンターは、まちがいなく安全で予測可能性も高いにもかかわらず、「消毒臭く、室温は制御された造形的な世界[52]」である。

さらに、現代のテーマパークは、かつての場末のしけた遊園地と比べて多くの点で安全であり、また愉快である。乗り物やアトラクションで、予測不可能なことが起こることも滅多にない。ディズニーの事業本部は、ディズニーランドを成功させるためには過去の遊園地の予測不可能性を克服しなければならないことを明確に認識していた。ディズニーランドとウォルト・ディズニー・ワールドは、訪問客を混乱に巻き込まないために大変な苦労をした。すでにご存じのように、ゴミはきれいに片づけられ、だから人びとがゴミを目にすることはない。売り子は足元を汚すことになるピーナッツ、ガム、綿菓子を売らない。訪問客が公衆の面前で酔っぱらっている情景を目にして、一日を台無しにすることもない。テーマパーク内では、実際に犯罪は存在しない。ディズニーは予測可能な、ほとんど超現実的な秩序正しさを演出しているのである。

現代のテーマパークでは乗り物でもアトラクションでも、予想できないことは起きない。ディズニー・ワールドのジャングルクルーズの乗り物について、ある本で次のように書かれている。「ジャングルクルーズはお気に入りのアトラクションだ。何週間もかかるサファリの旅が楽しさあふれる一〇分間に凝縮され（効率的！）、蚊も台風も災難もないのだ」[53]（傍点は筆者）。

かつて人びとは、予測可能なルーティンや日常生活から解放感を得るためにキャンプに出かけた。都会の生活者は家を離れ、テントと寝袋だけを携えて自然の探索に出かけた。キャンプをする人間と自然のあいだには、ほとんど遮るものがなかった。このことは予測不可能な事態を招きもしたが、それこそが重要なことだった。キャンパーはテントのそばに鹿がやってきて、場合によってはテントをのぞこうとするのを間近で見ることもできた。もちろん、キャンパーは予測不能な落雷に遭遇するかもしれず、ダニに刺され、蛇に咬まれるかもしれなかった。しかしそれらはみな、日常生活から逃れるために必要な一部として受け入れられた。ここでキャンプの変遷についての記述を紹介してみよう。

本当に、雨が降り始めていた。われわれはメインポールをもってくるのを忘れていた。それは帆船のマストを忘れたようなものだ。ポールのないテントなどテントではない。はじめ、われわれはそのことに気づかずに、なんとかテントを立てようとした。テント全体が、かなりの大きさをした小熊のように倒れかかってきた。われわれは腹をたて、ホリディ・インのほうがよかったと思い始めたちょうどそのとき、息子から二フィートと離れていないところに鹿が現れた。

「見て！」と息子は言いながら夢中になっていた。「鹿なんて、はじめてみた[54]」。

いまだにこうしたやり方でキャンプしている人もいるだろうが、ほとんどの人はキャンプから予測不可能性を排除しようとしてきた。あるキャンプ場のもち主は次のように言う。「昔は、森のなかの空間と野外便所さえあればよかった。……しかし、いまではそれじゃ話にならん[55]」。簡便なテントの代わりに、最近のキャンパーはウィネベーゴのようなＲＶ車で冒険しようとする。そうでなければ、簡単に組み立てられるテントをトレーラーに積んで、予測不可能性から身を守るのだ。もちろん、RV車での「キャンピング」では野生動物が移動しているのを目にする見込みなど滅多にありはしない。さらに機械を好むキャンパーは、家庭で使っているものをなんでも持ち込む——冷蔵庫、ストーブ、テレビ、ビデオ、そしてステレオなどである。

キャンピングの装備は、大変な予測可能性を生みだしたばかりでなく、キャンプ場そのものも大きく変えた。いまでは自然のなかでテントを組み立てることは少ない。ほとんどが合理化されたキャンプ場である。いわゆる「カントリークラブ・キャンプ場」でさえ、その多くがカンプグランド・オブ・アメリカ（KOA）——五〇〇強のキャンプ場を運営している——のようなフランチャイズによって管理されている[56]。あるキャンパーは、エアコンのきいた三二フィートもあるトレーラーでくつろぎながらこう言った。「ここは非常に快適です。……いくら激しく雨が降ろうが、いくら風が吹こうがなんの問題もありません[57]」。最近のキャンプ場はテント用、RV用の二つのセクションに分かれており、各セクションは整然と並んだキャンプ・サイトの列に分けられている。RV車をもつ人たちは、キャンプ場が完全に整備されているので、車に装備されているさまざまな機械器具をすべて使える。キャンパーは、まず駐車し、RV車を電源などにつなげ、あるいは簡易テントを組み立てる。そしてそれから、彼らが見て楽しむのは、ほかのテントやRV車や、自転車に乗っている子どもたちのいる光景である。つまり、彼らが逃れてきた都市や郊外の光景なのだ。キャンプ場の経営者はまた、こうした客たちのために、品揃えの良いお惣菜屋、バス・シャワー、温水プール、ビデオゲーム装備のゲームセンター、コインランドリー、テレビ室、映画館、バンドやコメディアンさえも提供している。

確かに、危害が取り除かれていることは何も悪いことではない。しかし社会全体が安全な環境を供給するという責任を商業利益のせいで放棄している。都市の街路は不安なので、人びとはモールで買い物をする。遊び場が不安なので（しかもあまりに狭いので）、子どもたちは商業ベースの「ファン」センターで遊ぶ。だから、そこで問題になるのは、彼らが生涯にわたって余暇時間の大半を商業ベースの環境で過ごすということだ。そうした環境は人びとを本気で消費生活へ導きたがっている。もし社会全体が安全で魅力にあふれたレクリエーションセンターを、おとなと子どもの双方に供給するならば、われわれは人生時間の多くを商業的環境で過ごすことも、また何がなんでも商業的な場所を利用しなくてもすむのである。

皮肉なことに、安全性を要求しているにもかかわらず、マクドナルド化した場所、とくにファストフード・レストランは、犯罪と暴力の危険にさらされていると思われる。ファストフード・レストランのオーナーは「ファストフードはある意味でターゲットになっている」[58]と言っている。鉄の檻が最先端の見本であるような状況へと人びとをむりやり追い立てているのかもしれない。

5・6　むすび

予測可能性はマクドナルド化の三つ目の次元である。これは規律、システム化、ルーティン化を重視し、そのため、いつでもどこでも同じものが得られるということを意味している。予測可能性は、状況の複製、従業員のセリフを制御するマニュアルの使用、従業員の行動のルーティン化、画一的な生産物と処理過程の提供、そして危険と不愉快さの最小化など、さまざまな方法で実現されている。

そのため、われわれは予測可能な世界での生活を強いられている。この世界での生活はわれわれのほとんどを安心させ、そしてわれわれはそれを期待し、否、それを要求してさえいるのである。しかし予測可能な世界は、いとも簡単に退屈きわまりない世界に変貌する。もしわれわれがその退屈さから逃れようとしても、人びとがふつう避難場所と連想してきた分野が、高度に予測可能な場所に変わり果てていることに気づくのである。いまや退屈さこそがごくわずかに残っている予測不可能性よりも、はるかに大きな脅威となるのかもしれない。

6章　制御――人間と産業ロボット

この章では、マクドナルド化の第四の次元、すなわち人間を人間に頼らない技術体系に置き換えることによる制御の強化について考える。技術体系には、機械や道具だけでなく、原材料、技能、知識、規則、規程、手順、そして技法などが含まれる。だから技術体系はロボットやコンピュータのような目に見えるものだけでなく、組み立て作業ライン、行政規則、受け入れられている手順や技法を指示するマニュアルなど目に見えないものも含んでいる。人間的な技術（たとえばスクリュードライバー）は人がそれを制御する。これに対して、人間に頼らない技術（たとえばドライブスルーのレーンでの注文）が人を制御する。

合理化したすべてのシステムにみられる不確実性、予測不可能性、非効率性の大きな要因は人びとである。つまり、そこで働く人びとか、あるいはそこでサービスを受ける人びとである。したがって制御力を強化しようとするどのような努力も、処理過程と生産物と並んで、通常は従業員と顧客の両方に目標を定めている。

歴史的にみると、効率的な技術体系が開発され、普及すると、組織体は人びとに対する制御をますます強めた。[1] そしてついに、組織体は人間の行動を直列した機械のように正確な作業に縮小した。いったん人間が機械のように行動してしまうと、人間はいとも簡単にロボットなど本物の機械に置き換えられた。人間から機械への置き換えは、人間に対する制御の最終段階である。そうなれば、人びとが不確実性と予測不可能性の原因ではなくなる。なぜなら人間はもはやその過程に、少なくとも直接に関与していないからだ。

もちろん、制御が人間に頼らない技術体系と関係するただ一つの目標ではない。こうした技術体系は、生産性の向上、高度な品質管理、低コストなど多数の理由によって開発され、実用化される。しかしこの章では、人間に頼らない技術体系がマクドナルド化した社会において、従業員と消費者に対する制御を増強してきたやり方にもっぱら注目する。

6・1　従業員を制御すること

人間に頼らない高度技術の時代が訪れるまで、人間はたいてい人によって制御されていた。職場では、オーナーと管理職が部下を直接に、また面と向かって管理していた。しかし直接的で個人的な人間管理はむずかしく、費用もかかり、管理される人びとのあいだに敵意も生じやすい。部下のなかには、彼らの活動をひどく厳しく管理しようとする直属の管理職やオーナーに殴りかかる者もいた。けれども、人間に頼らない技術体系による制御はいっそうたやすく、長い目でみれば経費もかからず、管理職やオーナーに対する敵対行為も生じない。要するに人間による管理が長い時間のあいだに人間に頼らない技術体系へと移行してきた。[2]

6・1・1　ファストフード産業――人間から産業ロボットへ

ファストフード・レストランは、人間に頼らない多数の技術体系を作り、実用化することで不確実性の諸問題に対処してきた。とりわけ、ファストフード・レストランは少なくとも伝統的な意味でのコックを取り除いた。ハンバーガーの調理はとても簡単なので、少し訓練を受ければ誰でも作れる。さらに、より高度な技能（たとえばアービーズのローストビーフ）が必要なときでさえ、ファストフード・レストランは高度な技能を、誰でもできるいくつかの簡単な手順からなる反復作業に変えてしまった。ファストフードを作るのは、「点結びお絵かき」遊びのようなものである。指示されたステップを順序どおりにたどっていけば、調理に伴う不確実性の多くを取り除くことができる。

マクドナルドで作られる食べ物の多くは、しばしば人間に頼らない技術体系によって前もって形を整えられ、カットされ、スライスされ、「下ごしらえ完了の状態」で店に搬入される。これによって従業員がやらなければならないことをかなり減らせる。彼らがやらなければならないのは、必要なときに熱を加えて、それを顧客に手渡すことだけである。かつてタコベルでは、従業員は肉を調理し、野菜を切るのに時間を費やしていた。いまでは、すでに下ごしらえされた冷凍牛肉の袋が届けられる。従業員はその袋をお湯のなかに入れるだけである。彼らはかつてあらかじめ切られたレタスを使っていたが、いまでは、あらかじめ切られたチーズやトマトも使われている。[3] レストランに食べ物が届く前に人間に頼らない技術によってすでに多くのことが完了しているため、従業員がやるべき仕事、そして各自の判断と技能を用いてしなければならないことはどんどん減っている。

マクドナルドは、従業員を管理するためのさまざまな機械を開発してきた。もし従業員が、カップがいっぱいになる直前にソフトドリンク分配機を停止する判断をしなければならないとしたら、ふとしたすきにカップからドリンクがあふれ出てしまうだろう。そうさせないため、マクドナルドはカップがいっぱいになったときに、光センサーが働いて自動的にソフトドリンク分配機を停止させる装置を開発している。また、従業員がフレンチフライの機械を制御すると、誤って加熱が足りなかったり、熱を加えすぎたり、さらには焦げたポテトができあがってしまう過ちが生じる。レイ・クロックはこの問題にずっと頭を悩ませていた。「フライ用の大きな鍋をもって働いている子どもたちが、われわれと同じようにやれるとしたら驚きだ。なぜなら彼らはどんな色になるまで揚げればいいのかを自分自身で勝手に判断してしまうからだ」[4]。

レジで働く従業員が、販売する商品の値段表も見なければならないとすると、金額を打ちまちがえ、高くとったり低くとったりすることがある。コンピュータ画面とコンピュータ化されたレジスターがその可能性に先手を打っている。[5] 従業員がやらなければならないのは、販売する商品に対応するレジスター上の絵柄を押すことだけである。そうすれば機械が正しい値段を表示してくれる。

ファストフード・レストランの目標が従業員をロボット並みに働かせることにあるとすれば、食べ物を用意するロボットの普及は驚くことではない。たとえばある大学内のレストランでは、産業ロボットがハンバーガーを調理している。

そのロボットは、ベルトコンベア式の平たいオーブンのようにみえる。その端には取っ手がついている。赤い光によって、従業員がいつパテとバンズを差し入れるかが表示され、そしてパテとバンズは、一分五二秒のあいだ、熱のなかでカタカタと動く。それらが機械の反対側にたどり着くと、光センサーによって、それらを一緒に組み合わせるタイミングが指示される。

ロボットの頭脳として機能しているコンピュータは、バンズとパテがいつどこにあればいいのかを決めている。もしバンズが遅れれば、パテが載っているベルトを遅らせる。もしパテが遅れれば、バンズの製造を遅らせる。コンピュータはオーブンのなかのバンズとパテを決まった個数に保ち、速度を維持するためにバンズとパテをどのくらいの速さで送り込まなければならないかを決めている。[6]

ロボットには、経費が安く、効率性が良く、従業員の数を減らし、欠勤しないなど、多くの利点がある。これがファストフード・レストランで働いてほしい一〇代後半の若年労働力の減少に対処する一つの解決法である。ハンバーガーを作るロボットという考えを思いついた教授は言っている。「台所が工場とみなされることはかつてなかったが、いまでは台所は工場である。……ファストフード・レストランがはじめてそれをなし遂げたのだ[7]」。

タコベルは、「完璧なホットタコを作り、ビニールの袋に入れて封をすることができる、コーヒーテーブルのサイズのコンピュータ制御の機械[8]」を開発している。別のファストフード・レストランは自動ドリンク分配機を稼働させている。これは一五秒でソフトドリンクを作る。「従業員が注文をレジスターに打ち込む。コンピュータが注文をディスペンサーに指示すると、これがカップを落として、氷と注文されたソーダを入れ、上にふたをする。次に、そのカップがコンベアで顧客に運ばれる」[9]。こうした技術が改良され、経費が安く、しかも人間よりも信頼できるとわかれば、ファストフード・レストランはそのロボットを全面的に導入するであろう。

マクドナルドはＡＲＣＨ（「自動ロボット補助従業員」）と呼ばれる限定的な計画を実験済みである。フレンチフライ用のロボットは、ポテトをフライバスケットにいっぱい入れ、フライを作り、できあがったことを光センサーで知らせてカゴを開け、調理中にはカゴを揺することさえする。ドリンクであれば、従業員が注文を出すためにレジスターのボタンを押す。するとロボットはカップに適切な量の氷を入れ、注文されたドリンクのコックの下にカップを動かし、カップを満たす。そしてカップをコンベア上に置き、カップはコンベアによって従業員まで運ばれ、従業員がカップを顧客に渡す[10]。

ファストフード・レストランは、あたかも軍隊のようにティーンエイジャーを都合よく使ってきた。なぜなら彼らは大人よりも、簡単に自律性を放棄して機械、規則、そして手順に従うからである[11]。ファストフード・レストランはまた、大人の行動もできるかぎり管理しようとしている。マクドナルドが実施したＡＲＣＨ実験計画のもう一つの側面は、ある特定の時刻（たとえば昼食時）に、ハンバーガーとフレンチフライの注文がどれだけ必要となるかを店長に教えるようなコンピュータ・システムである[12]。そのため、「バーガー生産がいわば自然科学になり、これによってすべてのことが厳しく組織化され、すべての距離が計算され、そしてケチャップのどんなこぼれでもすべて監視され、また追跡されることになった[13]」。

6・1・2　教育――「マックチャイルド」ケアセンター

大学は教育課程を制御するため、さまざまな人間に頼らない技術体系を開発してきた。たとえば学期制は大学によって決められている。学生は、教授がまだ講義をつづけていようが、まったくお構いなしに時間がくれば教室から出ていく。また、教授は大学から評点結果を提出することを義務づけられているので、所定の講義を完了した後、学生に試験を課さねばならない。ある大学では、最終試験から四八時間以内に評点結果を提出することを要求しているので、教授はコンピュータで採点できる選択問題による試験を導入せざるをえない。また、学生による教授の評価が実施されているため、教授は高い評価が得られるような方法で教えなければならない。出版物の量によって終身在職権と昇進が決まるシステムであるため、教授は自分や学生が希望するよりも、教育に少ない時間しか割くことができない。

こうしたコンピュータ化を強調する、さらに極端な事例がある。それは子どもを預かるキンダーケアである。これはファストフード・レストランの幼児介護・教育バージョンと言えるものである。一九六九年に設立され、いまではアメリカ中で一、二五〇ヵ所の学習センターが運営されている。生後六週間の乳児から一二歳までの子どもたち一二万人超が通園している。[14] キンダーケアは、子どものケアについての訓練をほとんど、あるいはまったく受けていない短期雇用の従業員を働かせている。その従業員が「教室」でやることは、あらかじめ作成されたカリキュラムにそって作られた指導書によってほとんど決められている。正規職員はマニュアルを開いて、その日にやるべき活動をくわしく記してある箇所を従業員に教える。「マックチャイルド」ケアセンターが雇用する人員は、技能を磨き、経験豊富で、しかも創造的な教師を雇用しないことはいうまでもない。どちらかと言えば、訓練を受けていない従業員のほうが、人間に頼らない技術体系、つまりどこにでもある「指導書」によってたやすく制御できるのである。

教員を組織的に管理しているもう一つの事例が、「教育業界のマクドナルド」と言われるフランチャイズのシルヴァン学習センターである[15]（アメリカ、カナダ、そしてアジアで九〇〇以上の学習センターを展開している）。[16] シルヴァン学習センターは、放課後に補習授業をするための施設である。この企業は、「職員を訓練して、マクドナルド型の規格化を確立している。それは指導員が生徒を管理しやすいように机をU字型に並べている」。[17] その訓練の方法や規則や技術体系をとおして、シルヴァン学習センターなど利益至上主義の企業は「教員」を徹底的に管理している。

6・1・3　医療――誰がわれわれの運命を決めているか

ほかのあらゆる合理的なシステムと同じように、医療も人間の技能から離れて人間に頼らない技術へと推移した。二つのもっとも重要な事例は、官僚制的な規則と管理の重要度の突出と、先端医療機器の発達である。たとえば、見込まれる報酬やＤＲＧ（疾患診断別分類）システム――医師や彼らの医学的判断ではなく――が患者をどれくらいの期間入院させるかを決める傾向にある。同じように、黒いカバンからいくつかの簡単な器具を取りだして、独りで処置を施す医師というのは、ほとんど過去の遺物になってしまった。それに代わり医師は患者を適切な専門家や設備の整った施設へ送る派遣員として働いている。病気を診断するコンピュータ・プログラムが出現している。[18] それがやがて完全に医師に取って代わるとは思わないが、コンピュータはいつの日か、医療の中心ではないとしても、初期段階の診療を代行するようになるだろう。いまでも人びとは医師と対面的な接触をもたないで、インターネット上で診断、治療、そして薬剤の処方箋を手に入れることができる。

こうした現代医学の発展は、医療専門家への外部からの制御——第三者支払機関、雇用組織、営利第一主義の病院、保健維持機構、連邦政府、「マック医師」のような組織による管理——が強化されつつあることを具体的にしめしている。医療専門家がもっと力をもっていたときでも外部管理から自由ではなかったが、いまでは外部管理の性格と適用範囲が変わり、そしてその程度と広がりがますます拡大している。医師が個人医院でほとんど自主的に行っていた意思決定に代わって、いまや医師たちは官僚的な規則と規程に従わされている。官僚制では、職員は直属の上司に管理される。ところが、医師の上司は医師ではなく、専門的な事務管理者であるのがふつうである。また、非常に高価な医療機器が設置されるようになると、もっぱら特殊技能をもつ専門家しかそれを利用できなくなる。機器が精密になると、医師はそれについてよく理解できず、そのためそうした機器を制御できない。そうなると制御力は、技術体系を作り操作できるエキスパートと技術体系に推移することになる。

医師（ならびに医療従事者）に対する外部管理の強化をしめす、最近における格好の事例は、「経路診療」と呼ばれている診療法である。[19] 経路診療とは、一連の医療問題を処理するために指示される連続した標準的な診療局面の流れである。「もしある事態が生じたら、次にはこのような決定をしなさい」（"if-then" decision points）と要点を指示する方式が特定のコンピュータ・アプリケーションに組み込まれている。もしある条件が確認されると、採るべき処置法が指示される方式である。医師がさまざまな状況においてできることは、医師個人による決定ではなく、経路の局面ごとにあらかじめ決められている。この章で用いている用語を使って表現するならば、その経路診療——人間に頼らない技術体系——は、医師を外部から制御することにほかならない。

さまざまな用語が経路診療を表現するために用いられる。標準化、医療の「料理本」、一連のレシピ、蝶結びされきちんと包装されたパッケージなどである。いうまでもなく、これらすべてが医療行為の合理化である。重要なことは、幅広い状況下であらかじめ決められた行為のコースがあるということだ。医師はいつも一つの経路をたどる必要はないけれども、また実際にそうすべきではないが、彼らはほとんどいつも一つの経路だけを後生大事に守っている。プロトコル［科学的研究や患者の治療を実行するためのプログラム］運動の先頭に立っているある医師は、ある医師が関係する総時間のうち、九二パーセント強において一つの経路を順守している事態はきわめて重大であると警告している。このことの意味は、ある程度の自由裁量の余地がまだ医師に残されているとしても、彼らが実行すると考えられることのほとんどはあらかじめ決まっているということである。

たとえば、喘息の患者が、経路診療を受けるとしよう。患者の体温が三八度を超えると、経路診療は、即時に完全な血球数測定をオーダーせよと指令する。胸部レントゲン写真は、一定の状況下で、つまりその患者が初期的な喘鳴症状をしめしているなら、あるいは胸部の痛みや、呼吸切迫症候群あるいは三八度以上の体温があるなら、オーダーされなければならない。そして事態がコースどおりに進行するようならば、一連の「if-then」方式の局面が医師など医療従事者の行為を指令し、また制御しているとまちがいなく指摘できる。こうした経路診療のすぐれた利点（たとえば効果がないとわかっている手順や医療を行う確率が低下する）があるとしても、それは医師の決定権を奪っている。このような経路診療に頼る度合が増えると、自主的に意思決定を行う医師の能力はますます低下していくだろう。

6・1・4　職場――わたしが言ったようにやれ、わたしがするようにはやるな

ほとんどの職場は官僚機構であり、これは大規模な人間に頼らない技術体系であるとみなすことができる。その機構が備えている無数の規則、規程、指針、部署、指揮系統、職階が、そのシステム内部の人員が何をなすべきか、またそれをどのようになすべきかを指示している。完成した官僚的職員は、そもそも何をなすべきかなどについて考えない。彼あるいは彼女は、ただひたすら規則を守り、目の前にやってくる仕事を処理し、それを階

統の次の段階へと上げていくだけである。形式が決まっているために、人間の選択や失敗は少ない。官僚的職員は、必要な書類に記入すること以外のことはほとんどしない。今日、ほぼすべてのことがコンピュータの画面上で予想どおりに進行していくのである。

官僚的な階統組織の末端（「ブルーカラー職種」）では、科学的管理法は人間に頼る技能を極度に制限し、もしくは排除するよう努めている。たとえば「唯一の最適な方法」によって、労働者は心情をさしはさまず一連のステップに従うことを要求する。もっと一般的に言えば、フレデリック・W・テイラーは労働のもっとも重要な側面が労働者でも管理職でもなく、彼らの労働を計画し、監視し、管理する組織体であると確信していた。

テイラーは全労働者が組織体によって制御されるべきだと考えていたが、それでも管理職には、筋肉労働者よりも自由裁量の余地を残していた。労働者の知識と技能を研究すること、そしてその知識や技能を記録し、図表に表現し、最終的にそれらを原則、規則、あるいは数式に要約することが管理者の任務であった。このことをもう少し違う形で言えば、管理職は能力や知識といった人間の技能、能力、そして知識の体系を引き出し、そしてそれらを一組の非人間的な規則、規程、そして数式に変換すべきなのであった。人間の技能がひとたび分解されると、組織はもはや熟練労働者を必要としなくなる。経営者側は厳密な指針に従って、非熟練労働者を雇い、彼らを訓練して使うことができる。

要するにテイラーは、「頭」を使う労働と「手」を使う労働とを分離したのだ。テイラーの時代より前には、熟練労働者がその両方を実行していた。テイラーや彼の信奉者たちは、そうした熟練労働者が何を考えているかを研究し、そしてその知識を、実際に誰もが理解し、ついていける簡単で頭を使わないルーティン作業へと変えていったのである。だから労働者には、反復する「手」作業以外のものはまったく残されなかった。この原理こそが、人間に頼る技術体系を人間に頼らない技術体系に置き換えていこうとする、マクドナルド化したわれわれの社会に一貫して見て取れる基本運動の土台なのである。

テイラーの科学的管理法や、人間に頼る技能を人間に頼らない技術体系に置き換えようとするあらゆる努力の背後には、最小の知能と能力しかもたない人間を雇用しようとする目標が隠されている。事実、テイラーは哺乳動物と変わらない人員を雇おうとしたのであった。

いまでは、日常の仕事として製鉄に従事する人間に必要な特性は、愚鈍であること、その性格がまるで牛のようであることだ。機転が利き知的な人間はその性格ゆえに、退屈で単調でしかないこうした仕事にまったく適応できない。だから、製鉄に従事するのにもっとも適している働き手は、この種の仕事に関する本物の科学の本質を理解できない者たちである。その愚直さゆえに「パーセント」という言葉は、彼らにとってなんの意味ももたない。したがって好結果を上げるには、彼らよりも知性のある人間がこの科学の法則に従って働く習慣を体得させるための訓練を彼らに行わなければならない[20]。

ヘンリー・フォードが、組み立て作業ラインで働く人間の種別について、テイラーと似たような見方をしていたのは単なる偶然の一致ではない。

一つのことを何回でもいつも同じようにする反復労働は、ある種の人間にとってはおぞましい光景である。そのような仕事はわたしをぞっとさせる。わたしには、毎日同じことをするというようなことはできないが、別種の人間、あえて言わせてもらうならば、大多数の人びとは、反復的な作業に恐怖を覚えたりしないのである。実際に、考えることなんてまったくもって嫌いだという人もいる。彼らにとって、理想的な仕事とは、創造的な能力を表現する必要のない仕事である。身体だけではなく、頭まで使う必要のある仕事を引き受ける人は少ない。われわれはむずかしいからこそ、その仕事が好きだという人をつねに必要としている。こう言っては悪いが、平均的な労働者は、何も考えなくていいような仕事を欲しがっている。創造的な考え方をする人や、単調さを徹底的に嫌悪する人は、ほかのすべての人びとが、同じように休みなく頭を働かせると想像し、またほとんど変わらない仕事を毎日やって働いている人に同情しがちであるが、そうした同情はまったく不要なのである[21]。

テイラーが探し求めた種類の人間は、組み立て作業ラインでよく働くだろうとフォードが考えた人間と同種である。彼らの意見によれば、このような人びとは、仕事に対する技術制御による外部からの制御に服従しやすく、そうした管理を望みさえしている。

テイラーとフォードによって支持されたのと同じ考え方が別の企業家、よく知られているところではレイ・クロックやW・クレメント・ストーン（コンバインド生命保険会社の創立者）に影響を与えたとしても、とくに驚くにあたらない。「W・クレメント・ストーンやレイ・クロックという非常に創造的で革新的な企業家によって作られた組織体が、きちんと詳細に決められたルーティン作業に従順に従う労働者に頼っているというのは、まことに皮肉というほかない[22]」。

多くの職場が人間に頼らない技術体系の支配下に置かれている。たとえばスーパーマーケットでは、かつてレジ係が食品に表示された値段を読んで、それをレジに打ち込まなければならなかった。しかしすべて人間の活動がそうであるように、その一連の仕事は遅く、その上、人間によるまちがいが起こる可能性がつねにつきまとっていた。こうした問題に対処するため、多くのスーパーが光スキャナを導入した。スキャナは自動的に、それぞれの商品にあらかじめ印刷されたバーコードを「読み取る」。それぞれのバーコードの数字によって、最新のレジを管理しているコンピュータにあらかじめ打ち込まれている値段が呼びだされる。この人間に頼らない技術体系によって、レジ係の仕事の量は減り、単純になった。食品をスキャンにかけてそれを袋に詰め込むというような、熟練を必要としない仕事だけが残されている。言いかえれば、レジ係の仕事が「脱技能化」したのである。つまりその仕事に必要とされる技能の水準が低くなったのである。

テレマーケティングを「工場」化するために導入される人間に頼らない技術体系は、さらに制限を強化している。テレマーケティングで働く従業員には、通常正確に順守しなければならないマニュアルが与えられている。そのマニュアルは、予測できるかぎりの偶発事に対応できるよう作成されている。管理職は従業員が正しい手順を踏んでいるかを確認するため、しばしばその勧誘業務を盗み聴きしている。ある一定の時間にかける電話の回数や売上げが決められており、従業員はノルマをこなすことができなければ、即時に解雇されてしまう。

同様の管理が、多くの企業で就業している「電話オペレーター」、つまり顧客サービス係に対しても行われている。航空会社で予約を担当している人たち（たとえばユナイテッドエアライン）は、その仕事に費やしたすべての時間が記録され、電話から離れる場合には、そのたびに言い訳をしなければならない。従業員は管理職に自分の意思を伝えるために、電話についている「小さいボタン」を押さなければならない。管理職は予約フロアの中心にある高い「タワー」に座り、「部屋にいるすべてのオペレーターの動きを刑務所の看守のように観察している」。彼らはまた、従業員が、必要なことを言ったりやったりしているかを確かめるために、通話をモニターしている。こうした管理は、「非常に多くの職場――航空会社の予約センターにかぎらず、顧客サービス係、データ処理ビジネス（そこでは、コンピュータが従業員の考査の精度を高めている）――に根づいてきたいつでもどこにでもある監視[23]」というずっと大きな過程の一部なのである。顧客が頻繁に産業ロボットのように行動している販売員に出会うことにまったく驚きはない。ユナイテッドエアラインのある従業員は、「わたしの体は、わたしが予約を打ち込むコンピュータの周辺機器になってしまった。わたしは自分がむなしいと感じるようになった[24]」と言っている。

電話サービスの代行者が文字どおり刑務所の収監者であることもある。現在一九の州で、刑務所収監者がこのような形で使われている。しかもこの計画は、現在いくつかの州で法制化のための準備を進めている。収監者の魅力――彼らはわずかな賃金で働き、先に述べた「電話オペレーター」よりもはるかに厳しい管理下に置かれている――は明白である。ある管理者は「わたしは、いつもそこにいる人たちを必要としている[25]」と語っている。

多数のテレマーケティング企業は労働力の多くを海外、とくにインドに外注しようとしている。高給の得られる職種が絶望的であるため、インドの人びとは、アメリカの多くの人が受け入れるはずもない水準の管理も進んで受け入れている。インドのコールセンターは、アメリカよりも廉価な賃金コストを含めて多数の利点を生みだしている。まず、英語を話せる人、コンピュータを使える人、高い勤労意欲をもった高等教育出身者およびビジネス過程についての重要な経験をしていてそれについて精通している人を探しやすいことが挙げられる[26]。

その論理的展開に倣って、一部の企業は、係員が電話でわれわれに購買を勧誘するのではなく、いまではコンピュータ・コールを活用している[27]。コンピュータの音声は、収監者やインドのコールセンターで働いている就業者を含めて、もっとも厳格に管理されている人間のオペレーターたちよりもはるかに予測可能であり、また制御可能である。事実、いちだんと進んだマクドナルド化した社会で、わたしはコンピュータ音声とわたしとで最高に「傑作な」会話をしたことがある。

もちろん、人間に頼らない技術体系への推移において問題解決の技能を失ったのは、地位の低い従業員だけではない。大学教授と医師に対する管理についてはすでに述べた。さらに加えて、近代的にコンピュータ化された飛行機（たとえば、ボーイング７５６、７６７、７７７など）を操縦するパイロットたちは制御されつつあり、またその過程で脱技能化されている。自分の経験を頼りに飛ぶか、あるいは単純に操縦できる旧式の自動操縦機を使うのではなく、現代のパイロットは「いくつかのボタンを押し、そして飛行機が予定された空路を飛行し、あらかじめ決められた滑走路に着陸するあいだ椅子にもたれている」。ある空路管理者は次のように語っている。「われわれはこうした操作を人間の制御からどんどん切り離し、それらを機械に与えようとしている」。こうした飛行機は旧来のあまり技術的に発展していないモデルに比べて多くの点でずっと安全である。しかしこうした技術体系に頼り切っているパイロットは、緊急事態に柔軟に操縦する能力を失っているにちがいない。ある航空会社のマネージャーによれば、その問題は、「わたしは柔軟に対応するコンピュータをもっていない。だからわたしは対応できない[28]」ということである。

6・2 顧客を制御すること

従業員を管理するのはかなり簡単である。なぜなら彼らは収入を雇用主から得ているからである。顧客はもっと自由に規則を曲げることができるし、自分のいる状況が気に入らなければ別の場所に行くこともできる。それでも、マクドナルド化したシステムは顧客を制御するため多数の方法を開発し、ますますそれに磨きをかけている。

6・2・1　ファストフード産業――食ったら出て行け

ファストフード・レストランに入ろうが、ドライブスルーを使おうが、顧客は一種のコンベアシステムに乗るのであり、経営者側が求めるように、コンベアシステムにそって店のなかを動かされているのである。このことは、ドライブスルー（このコンベアのエネルギーは自前の自動車である）の場合にとくに明らかであるが、店に入る人びとにも当てはまる。顧客に求められているのは、列を作って並び、カウンターへ進み、食べ物を注文し、支払いを済ませ、適当な席まで食べ物を運び、食べ終わり、ゴミを集め、ゴミ箱にそれを捨て、車に戻ることである。そのことは顧客も承知している。

三つのメカニズムが顧客の制御に役立っている[29]。

1　顧客は、何が期待されているかを指示する合図（たとえば出口のそばにたくさん置いてあるゴミ箱の存在）を受け取る。

2　さまざまな構造的な制約が顧客を決まったやり方で振る舞わせる。たとえばドライブスルーでも、またカウンター（また別のどこか）でも、メニューに書かれた品書きでわかるとおり、顧客に選択の余地をほとんど与えないこと、たとえ別の食べ物があったとしてもわずかであることを告げている。

3　顧客は、すっかりなじんだ規範を内面化しており、ファストフード・レストランに入るやいなや従順にそれを順守する。

わたしの子どもたちが幼かった頃、彼らはマクドナルドで食事を済ませた後に食べ残しを片づけず、そしてそれをゴミ箱まで運ばなかったわたしに対して注意を促した（わたしは当時「そうしたことを理解する」以前に、ファストフード・レストランで食べたのだ）。わたしの子どもたちは、実質的に、マクドナルドの一員として給仕していたのである。彼らがわたしにこうした状況での行動規範を教えてくれたのである。わたし（そしてほかの多くの人）は、ずっと前にこうした規範を内面化していた。いまでは、ほかに適当な店がみつからない（あるいは清潔な洗面所を必要とする）ため、やむを得ずファストフード・レストランに入ることがあるが、そのさいにわたしはその規範を素直に守っている。

ファストフード・レストランにおける制御の一つのねらいは、顧客にお金を使わせ、さっさと立ち去らせることである。店側にとっては、すぐにテーブルを空けて、ほかの客が食事をする場所を確保する必要があるからである。おそらく、現在のファストフード・レストランのオーナーは、古くからある有名なカフェテリア・チェーンの自動販売式飲食店(30)で起こったことを恐れているからである。自動販売式飲食店は、何時間も席を占領する人びとによって徐々に侵食されて一種の社会福祉施設になり、食事をする席を探している人びとのために残されている空間はだんだん少なくなっていった。ホームレスがコイン式のカフェテリア・オートマットのテーブルを独占するようになり、オートマットは致命的な打撃を受けたのである。

一部のファストフード・レストランは、路上生活者を立ち止まらせないように警備するため、あるいは郊外では、潜在的に乱暴好きなティーンエイジャーに席を独占させず、また長居をさせないために警備員を雇っている。セブン-イレブンは、「サム・エンチャンティッド・イヴニング」のような感傷的な曲を流すことによって、店の外にたむろするティーンエイジャーに対応しようと努めている。「彼らはうろついたり、マントヴァーニに合わせて脚で拍子を取ったりはしないだろう」とセブン-イレブンの広報は言っている。[31]

ファストフード・レストランのなかには、顧客が店にいる（またそのパーキングロットを利用する）時間を、たとえば二〇分までと制限するような表示を出しているところさえある。[32] それは極端としても、ふつうのファストフード・レストランでは、食事後も居つづける必要がなく、居つづけたいとも思わないような仕組みになっている。フィンガーフードによって、食事そのものがすぐに終わる。あるファストフード・レストランは、約二〇分経つと、顧客が不快になるような椅子さえを開発している。[33] ほぼ同じ効果が装飾に使われている色彩によって演出されている。「リラクゼーションが問題なのではない。食ったら立ち去れがねらいである。インテリアの色彩は胸中にある、この気持ちから熟慮の上、選ばれた。ロゴの深紅色と黄色からユニフォームの栗色にいたるまで、すべてが調和していない。それは人びとを快適な気分にさせず、居つづけたいと思わせないための配慮なのである[34]」。

6・2・2　そのほかの状況――それはまるで新兵訓練所のようだ

大学において、学生（大学が提供するサービスの「消費者」）は、明らかに教授よりもはるかに管理されている。たとえば、大学は学生が履修する課程に選択の余地をほとんど与えていない。課程そのものが高度に構造化されていることが多いので、学生は決まった方法で履修せざるをえない。

学生に対する制御は大学に入学するはるか前から始まっている。とくに小学校は、児童を管理する多くの技術体系を発達させている。多くの学校は、最初から児童をきちんと規則に従わせようとしている。幼稚園は教育的な「新兵キャンプ[35]」であると評されている。児童は規則に従うことだけでなく、丸暗記と客観テストという合理的な方法を喜んで受け入れるように教えられる。さらに重要なのは、自発性や創造力が評価されず、喜ばれないことがあり、ある専門家が「従順性のための教育[36]」と呼ぶ傾向が認められることである。規則に従順な子どもたちはよい児童とみなされ、従順でない児童は良くない子のラベルを貼られる。一般に大学に進学できる学生はそれまで管理機構にうまく従ったのである。創造的で、独立心の強い生徒は、教育システムの観点からすれば、「やっかいで、費用と時間がかかる」[37]ということになる。

時計と授業計画もまた、とくに小・中学校と高校で、児童・生徒を管理している。「時計による支配」によって、学習は時計とはしばしば一致しないのにもかかわらず、授業はベルの音が鳴るまではつづけられなければならないし、その音がすれば授業は終了しなければならない。それゆえ、たとえ児童が何かをちょうど理解しようとしているときでも、授業は終わらなければならず、そのクラスはどこか別のところへ移動しなければならない。「学習計画による支配」によって、クラスが（そしてもしかすると教師が）興味をもつものにかかわりなく、そのクラスは、計画によってその日の分として決められているものに関心を集中させなければならない。「ある教師が、すっかり魅了されて、とても興奮しながらカメを観察している子どもたちをみている。さあみんな、カメをもとのところに戻しなさいと教師は指示する。理科の授業が始まろうとしている。その授業はカニについてのものである」[38]という例がある。

医療産業において、患者（医師と同様に）はますます大規模で、非人間的なシステムの管理のもとに置かれている。たとえば多くの医療保険プログラムでは、患者自身がもはや専門医に診てもらうかどうかを決めることはできない。むしろ患者をまず専門医に診せる必要があるかどうかを決めるために、初期診療を行う一般開業医に診せねばならない。医療費を削減するようシステムが開業医に大きな圧力をかけるので、患者が専門医を訪ねる機会が大変に少なくなり、したがってまた開業医は、かつて専門医が担っていた多くの機能を肩代わりさせられている。

レジ係を管理しているスーパーマーケットのスキャナは顧客をも管理している。すべての商品に値段が表示されていた時代、顧客は自分の買った物を確かめながら、それぞれの商品がいくらなのかを調べることができた。彼らはレジで不当な値段を要求されていないことを確かめるために、それぞれの商品の値段を照合することもできた。スキャナがあれば、値札を商品に付ける必要はない。顧客は価格あるいはレジ係をチェックすることができなくなっている。

スーパーは食品の配置によっても買い物客を管理している。たとえばスーパーは意図的に、子どもが魅力を感じる食品を、彼らが簡単に手に取れるところ（たとえば棚の低いところ）に置いている。また、何を目玉商品にするか商品の並べ方の工夫しだいで、売れ行きが大きく左右される。生産者や卸業者は、店の正面あるいは通路の「エンド」のような陳列に好都合な場所を奪いあう。こうした場所に陳列された食品は、ふだん置かれている場所よりも、たくさん売れる傾向がある。

また、モールは顧客、とくにマスメディアによって貪欲な消費者になるようにプログラム化されている子どもや若者を管理している。モールに行くことが根っからの習慣として深く染みつき、毎週末に何時間もモールで買い物をして過ごす、コウィンスキーが「ゾンビ」と呼ぶような人びともいるのだ。[39] もっと具体的に言えば、飲食用カウンター、エスカレーター、階段は、顧客が廊下を通り抜け、そして魅力的なショーウインドーの前を通過しなければならないように配置されている。すると顧客は消費のための労働をしばらくやめて短い休息をとりたいと思っていても、しかしベンチは顧客が特定の商品に目をやらざるをえない場所に置いてある。売場と店内の商品の戦略的な陳列が、顧客をそうでなければ興味ないような商品に飛びつかせてしまうのである。

音声認識システムによって人間の声に応答できるコンピュータが人びとを強く制御している。コレクトコールを受ける人は、コンピュータの声で料金請求に応じるかどうかを尋ねられる。コンピュータの声は「はい、またはいいえで言ってください」と聞いてくる。このようなシステムは効率的で費用が安いけれども、以下のような弱点をもっている。

人は自由に話すことができないと感じている。彼は拘束されている。コンピュータが彼を管理している。それはフラストレーションを強めるだけである。……確かに人間はコンピュータに適応できるが、この適応は技術体系の進んだ世界で生活していく悩みの種の一つとして、無意識のなかに押し込んでいるだけのことだ[40]。

宗教や政治でさえ、いまではマーケティング化され、そのためすべてのマクドナルド化したシステムと同じように、宗教や政治もその「消費者」の行動を制御する上で役立つ技術体系を採用している。たとえばローマ・カトリック教会は、バチカン・テレビジョン・センターをとおして短い祈禱を始めるようになった[41]。さらに一般的になっているのは、人間の司祭による礼拝に代わって、いまでは何百万もの礼拝者がテレビの映像と「交流」している[42]。テレビのおかげで司祭は、教会で昔ながらの礼拝をするよりも、いっそう多くの人びとに影響を与えることができる。だから司祭は人びとの信仰や行動に対する制御力を強めることができるし、またそれを望んでいる。テレビ伝道師は、メディアの専門家が視聴者を管理するために発達させた手法を一とおり身につけており、テレビ伝道師のなかには、ジェイ・レノやデイヴィッド・レターマンがホストをつとめるトークショーと同じような形式を用いる人もいる。ジョーク、オーケストラ、歌手、ゲストなどのおかげで視聴者は楽しむことができ、伝道師のメッセージもよく伝わる。そしてより重要なことは、視聴者から寄付を引きだせるということである。ある評論家はバチカン・テレビジョン・センターについてこのように述べている。「みずからテレビを経営するバチカンがもつ大きな利点は、……彼らが自分たちの提供するものを自由に操作できるということだ。もしあなたが彼らにカメラを与え、それを利用する権利を与えれば、彼らが主導権を握っている[43]」。

似たような事柄は政治にも起こっており、これもまた人間に頼らない技術体系によって劇的な影響を受けている。そのもっとも顕著な例は政治家を売り込み、また有権者を操作するために用いられるテレビである。ほとんどの人びとはテレビ以外で政治家に接したことがないため、政治家や彼らのメディア顧問が、自分たちの思いどおりのメッセージやイメージを伝えるためにきちんと管理された形でしか政治家をみることはない。ロナルド・レーガン大統領は、一九八〇年代に、政治的な販売戦略を芸術の形式にまで発展させた。さまざまな視察が計画され、テレビでのイメージが調整された（大統領は国旗の正面に立つか、あるいは軍人墓地が彼の背後に映る）。そのため視聴者や将来の投票者たちは、レーガンのメディア顧問の意図する視覚によるメッセージをそのまま受け取った。厳しく管理されたテレビは、ジョージ・W・ブッシュ大統領にとっても非常に重要であった。たとえば二〇〇三年、イラクとの敵対行為の終結を（誤って）公表するために航空母艦にジェット機で着艦したとき、彼は「副操縦士」として映しだされていた。その逆に、先にみたように、両大統領とも、とりわけジョージ・W・ブッシュ大統領は、みずからの管理下にない自発的な記者会見を回避する傾向がみられた。

6・3 過程と結果を制御すること

マクドナルド化を推し進めている社会において、人間は予測可能性にとっての最大の脅威である。人びとに対する制御は、過程と結果を制御することによって強化できるが、しかし過程と結果に対する制御もそれ自体として重要である。

6・3・1 食品生産、調理、販売——勝手に調理する

不確実性を減らすために考えだされる技術体系は、食品製造業のいたるところでお目にかかることができる。たとえばパンの大量生産は、一回に焼く数個のパンに愛情と関心を注ぐような、熟練したパン職人に管理させているわけではない。そのような熟練したパン職人は、われわれの社会の需要を満たすのに十分な量のパンを作ることができない。さらに、彼らが作るパンは、人間が仕事をするために生じる不確実性に悩まされている。たとえば、そのパンは焼きすぎだったり生焼けだったりするかもしれない。パンを大量に生産する業者は、生産性を上げ、予測不可能性を排除するために自動化したシステムを開発す

る。そのようなシステム下では、ほかのあらゆる自動化したシステムと同じく、人間は技術体系によって厳しく管理され、最小限の役割を果たすだけである。

現在の最先端のパン工場は製油所に似ている。小麦粉、水、多数の添加物、そして大量のイースト菌、砂糖、水が混ぜられ、一時間かけて発酵させる。そしてさらに小麦粉が加えられ、パン生地が成形され、一時間かけてふくらまされ、トンネルオーブンに入れられる。一八分後にそのパンはできあがり、冷まされて切られ、包装される[44]。食品産業では、熟練した職人が取り仕切っていた生産工程を技術体系が次々に侵略していき、人間は計画を立て、装置を保守するだけしかすることがなくなった。食品の貯蔵や輸送も同様に自動化されている。

さらに、食品の製造過程と同じように、人間に頼らない別の技術体系が食べ物の作り方に影響を与えている。温度計測装置をもつ電子オーブンのような技術体系は、食事がいつできあがるかを「決めている」。オーブンやコーヒーメーカーなど多くの器具は、いまでは自動的にスイッチが入ったり切れたりする。あらゆる種類の包装された食品には使用説明書がついているので、その食品をどのように準備して調理すればいいのかがわかる。ミセス・ダッシュのような、前もって混ぜ合わされた製品があるため、料理をする人は、独創的な調味料の配合を工夫する必要がなくなった。日清食品のスーパーボイル・スープ

――スープが勝手に調理する――は、容器の底に特別な区画をもっている。キーを回すと化学反応が起こり、スープが温められる。[45] 料理の本でさえ、料理人から想像力を奪い去り、調理の過程を管理するよう作られている。

いくつかの驚異的な技術開発が、食用動物を飼育する方法で発生している。「水産養殖」は二〇〇〇年に年間五〇億ドルの産業として急成長を遂げた。[46] コレステロールが健康を害すると気にかける人たちの急増によって、魚介類に対する需要が驚異的に増えたためである。[47] 旧式の非効率で予測不可能な漁法――独りで釣り糸を垂れている漁師や巨大な網で一度に何トンもの魚を引き揚げる大型漁船――に代わって、いっそう予測可能で効率的な魚介類の「農場」が開発された。たとえば店内でみられる新鮮な鮭の五〇パーセント以上がノルウェーの海岸にある巨大な柵内で飼育されている。

水産養殖場はいくつかの利点をもっている。もっとも一般的に、水産養殖は自然の生息域にいる魚につきまとう気まぐれをあてにせず、いっそう予測可能な供給を実現する。さまざまな薬品や化学物質が、魚介類の量と質の予測可能性を高めている。水産養殖はまた、動物をかぎられた場所に閉じ込めることによって予測どおりの効率的な収穫を可能にした。さらに遺伝学者は、より効果的に魚介類を生産するために動物の遺伝子操作を行う。たとえばオヒョウは、通常、市場で販売できる大きさになるまでに一〇年かかるが、新しい小型の品種は、たった三年で必要な大きさに成長する。海の農場は計算可能性を向上させ、もっとも少ない時間と費用と労力の使用で、もっとも多くの漁獲を上げることができる。同じように、ほかの動物を育てる比較的小規模な家族経営の農場も、「工場農場[48]」化を急速に進めている。工場農場が最初に採用した動物がニワトリであった。次の一文は、ある評論家がニワトリの「工場」について記したものである。

現在のニワトリの生産者は、ふ化場から、一万、五万、あるいはそれ以上のたくさんの生まれたてのヒヨコを手に入れ、それをそのまま、窓のない長い小屋に入れる。……その小屋のなかでは、周りの環境すべてが制御され、ニワトリをより少ない餌でより手っ取り早く成長させるようになっている。餌と水は、屋根から吊された貯蔵庫から自動的に供給される。照明はきちんと調節される。……たとえば、ヒヨコが早く（重さを）増すように、最初の一、二週間は、一日二四時間明るい光を当てる。……

ニワトリが生まれてから八週目の終わりか、九週目になると、一羽のニワトリのために確保されているスペースは、〇・五平方フィートにすぎない。また、三・五ポンドの鳥のために確保されているのは、A４判の紙の面積に満たない[49]。

ほかの利点もあって、このようなニワトリ農場では、農場主一人が五万羽超のニワトリを飼育できる。

このようなニワトリの飼育には、農場主の手順からニワトリそのものにいたるまで、ビジネスのすべての面を確実に制御するための一連の予測可能な局面がある。たとえば、こうして育てられたニワトリの大きさや重さは、自由に歩き回るニワトリよりも予測することが可能である。このように閉じ込められたニワトリを「収穫」するのは、広い敷地内を走り回るニワトリを捕獲するよりも効率的である。

しかし非常に密集した小屋にニワトリを閉じ込めてしまうため、暴力や共食いのような予測不可能性が生じる。農場主は、ニワトリが十分な大きさになるにつれて照明を薄暗くしたり、共食いをしないように「くちばし抜き」をしたりするなどさまざまな方法によって非合理的な「欠陥」に対処している。

ニワトリの一部は生育させられ、卵を収穫するために利用される。しかしそのニワトリも食用のニワトリと同じような扱いを受けている。めんどりは原料（餌）を最終的な生産物（卵）へと変える「変換機」としてしかみなされていない。ピーター・シンガーは、鶏卵の生産を合理化するために用いられる技術体系について以下のように述べている。

　檻が段になって積み重なって、餌と水を入れる桶が列にそって並んでいる。中央に蓄えられた餌と水が桶に自動的に補給される。その檻の床は傾斜していて、針金でできている。その傾斜によって、鶏は簡単に立つことができないが、卵は集めやすいように檻の前に転がってくる。……より最新の設備では、ベルトコンベアによって、包装する施設まで運ばれる。……糞尿は（針金の床を）通り抜けて下に落ちるが、何ヵ月もの間積み重なったままにしておき、簡単な操作でそれをいっぺんに片づけることができる。[50]

明らかに、このシステムはめんどりの卵の生産を強力に制御しており、鶏卵の生産を非常に効率的にしている。それによってまた、供給を予測でき、品質をより均一にすることができる。

ほかの動物、とくに豚、羊、牛、子牛は、同じような環境で育てられている。子牛の筋肉が発達し、肉が固くなるのを防ぐために、子牛はすぐに小さい仕切りのなかに閉じ込められ、そこでは運動することができず、大きくなるにつれて、回ることさえできなくなる。仕切りのなかにずっと閉じ込められ、しかも子牛はその肉の淡い色を失わせるような草が与えられることもない。その仕切りのなかでは、食べると肉の色が黒ずんでしまうワラが、子牛に与えられることはない。「子牛には、ビタミン、ミネラル、成長促進剤が加えられた脱脂粉乳をベースにした液状の餌が与えられる[51]」と、ピーター・シンガーはその著書『動物の解放』のなかで述べている。子牛に最大限の餌を確実に食べさせるため水は与えない。そのために子牛は液状の餌を飲みつづけざるをえないのである。仕切りの大きさと餌を厳しく管理することによって、子牛の生産者は、ふたつの数量目標を最大化できる。できるだけ短い時間で最大量の肉を生産することと、柔らかくて白い、つまり魅力のある肉を作ることができるのである。

さまざまな技術体系の利用が、明らかに食肉の生産過程への制御をさらに強化し、精肉生産の効率や計算可能性や予測可能性を向上させた。さらにこれらの技術体系が農場労働者も管理する。たとえば、牧場主に勝手にやらせておけば、彼らは若い牛に餌を十分に与えなかったり、まちがった餌を与えたり、過度に運動させてしまうかもしれない。厳しく管理された工場のような牧場では、人間による牧場の管理（ならびに予測不可能性）は事実上まったく除去されている。

6・4　究極的な制御の事例――出生と死亡

魚、ニワトリ、そして子牛がマクドナルド化されているだけでなく、人間、とくにその出生と死亡の過程もマクドナルド化されている。

6・4・1　妊娠を制御すること――おばあちゃんでも出産できる

妊娠が急速にマクドナルド化され、その過程に対する制御がますます強化されている。たとえば、男性の性機能不全[52]の問題は急速な成長をみせている性機能不全クリニックによる攻撃を受けている。その一部はすでにチェーンに拡張し、[53]そしてそこで用いられる幅広い医療（とくにバイアグラ）や機器という人間に頼らない技術体系の普及をとおして治療が可能になってきた。多くの男性がパートナーを受精させ、そうしなければ起こらなかったはずの妊娠を開始させることができる。

同様に、不妊は人工的な（より正確にいえば「ドナー」による）[54]受精、体外受精[55]、細胞質内精子注入法[56]やウァーン法[57]など関連するさまざまな外科的あるいはそれ以外の手段の発達によって改善されてきた。一部の産科クリニックは技術に絶対の自信をもっているので、もし三度試みて生存子が生まれなければ保証金を還付すると約束している。[58]妊娠できないか、あるいは出産できない女性のためには、代理母がその仕事を代行する。[59]いまや閉経後の女性でさえ、妊娠するチャンスがある（「おばあちゃんの妊娠[60]」）。二〇〇三年四月、六五歳のインド女性が子どもを産んだ。[61]彼女がいまのところ世界における最高齢出産者である。これらの発展やそのほか多くの発展――たとえば家庭用の妊娠検査法[62]――は、子どもをもつことをいっそう予測可能な出来事にしている。有効で使いやすい家庭用の妊娠検査法のおかげで、女性が妊娠しているかどうかについて正確にわかるようになった。

受精にかかわる大きな予測不可能性の一つは、女性が妊娠したのは女子なのか、それとも男子なのかということである。性別選択[63]のクリニックが、ロンドンと香港で開業しているが、これらは最終的には「ジェンダー選択センター」のチェーンになるであろうものの第一号である。一九七〇年代の初期に開発された技術を用いて、精液はアルブミンによって濾過され、男子染色体をもつ精子と女子染色体をもつ精子とが分離される。それで女性に、望むほうの精子を人工的に授精させる。男子をもつ確率は七五パーセント、女子をもつ確率は七〇パーセントである。[64]新しい技法は、どの精子がX（男子）染色体とY（女子）染色体をもっているかを決定するために、精子細胞を染色する方法を用いている。次に、人工授精あるいは体外受精によって、選択された精子が卵子と結合させられる。この技法を確立したアメリカの実験室では、八五パーセントの確率で女子を提供できると報告している。男子を得る確率はいぜん不明、もしくは女子の場合よりもその確率は低いと考えられている。[65]その目標は「男子」あるいは「女子」の精子を用いて一〇〇パーセントの正確さで両親の要求に見合う性別の子どもを提供することである。

妊娠の過程に対する制御の拡張は一面で喜ばしいことであるが、しかしぞっとするような光景をも生みだしている。「子どもの性別を前もって特定できるならば、悪夢のような情景が考えられる。まるでオートマチック車とか、革張り内装の車を注文するように、特定の仕様を指定して赤ちゃんを注文するようになるかもしれない」[66]。ある医療倫理学者が言うには、「車を選ぶように子どもを選ぶことは、消費主義の精神の一部であり、子どもは全体的な人間存在というよりもむしろ『製品』になる」[67]。マクドナルド化の観点から言えば、赤ちゃんを工学的あるいは工業的に生産され、商品化されたまさにもう一つの「商品」に変えてしまうことによって、人びとは出生過程を脱人間化する危険をおかすことになる。

もちろん、われわれは妊娠（そしてほかのすべての事柄）をマクドナルド化していく、まさしく最前線に立っている。たとえば、最初のクローン羊ドリー（すでに死んでいる）が一九九六年、スコットランドで作られた。それ以降、ほかの動物もクローン化されてきた。これは人間のクローン化の可能性に門戸を開いた。実のところ、クローニングによってエイリアンが地球上に住みつき、そして人類の運命がクローン化することであると信じているラエリアン宗教団体のクローエイドが最近（未確認であるが）、五人目の人間のクローンを作ったと報告している[68]。クローニングは、分子、細胞、あるいは有機体のまったく同じ複製の創出を結果する[69]。これは人びとの「クッキーの型抜き」人種、すべてがイケメンで、抜群の運動能力をもち、知的で、遺伝的な欠陥など無縁な人種の工学技術と大量生産のイメージを想起させる。もしすべての人がクローニングによって作りだされるならば、われわれはこの過程の制御における究極の状態に近づくであろう。そしてすべてが同一である世界は、身の回りにあるすべてのものの同一性を受け入れる心構えのできている世界であろう。もちろん、これはＳＦのシナリオであるが、しかしこの道程にわれわれを連れ出すために必要な技術体系がすでにここにあるのはまちがいのない事実である。

6・4・2　妊娠を制御すること――理想の赤ちゃんを選ぶ

一部の親たちは妊娠が確認されてはじめて子どもが男子か女子かを気にかける。しかしその一方で、胎児が男子か女子かを判別するのに羊水穿刺を用いることもできる。羊水穿刺は、一九六八年、出生前の診断のためにはじめて用いられた。それは、通常は妊娠の一四週目と一八週目のあいだに、羊膜嚢から羊水を採取する方法である[70]。羊水穿刺によって、胎児が「望んでいたのとは違う」性別であるならば、両親は人工中絶を選択するかもしれない。これは明らかに性別選択後における妊娠と比べてはるかに効率の劣る技術である。実際に、性別選択の方法として中絶を用いるかもしれないと答えるアメリカ人は非常に少ない（ある調査によれば約五パーセントにすぎない[71]）。しかし羊水穿刺によって、両親が彼らの子どもの性別が何であるかを、非常に早く知ることができるのである。

赤ちゃんの性別についての関心は、遺伝子異常の可能性と比較すれば取るに足らない問題である。最近開発されたさまざまな検査は、胎児がダウン症、ハンチントン病、血友病、タイ・サックス病、そして、鎌状赤血球貧血症のような遺伝子異常をもっているかどうかを判定するものである。[72] 新しい検査法には以下のものがある。

▼漿膜絨毛（しょうまくじゅうもう）の標本抽出法（ＣＶＳ）　漿膜絨毛の標本抽出法では、一般には、妊娠九週目と一二週目のあいだに行われる。その際には、後に胎盤となる嚢から突き出た指のような構造から標本の採取が行われる。これらの構造は、胎児と同様の遺伝子の構成をもっている。[73]

▼母親の血清中のアルファ・フェトプロテイン（ＭＳＡＦＰ）の検査は、妊娠の一六週目から一八週目にかけて行われる簡単な血液検査である。高水準のアルファ・フェトプロテインは脊椎披裂（せきついひれつ）を、そして低水準ならば、ダウン症を示唆しているかもしれない。

▼超音波検査法　高周波のエネルギーを胎児に当てて、その姿を見ることができる。それは多くのほかのこと（性別、胎児の懐胎年齢など）と同じく、さまざまな遺伝子異常も明らかにすることができる。

こうしたすべての人間に頼らない技術体系の利用は、近年劇的に増大した。なかでも一部（超音波、ＭＳＡＦＰ）はルーティン化した診療の一つである。[74] 胎児を検査するための多数のほかの技術が現在利用できるし、また将来、さらに確実な別の技法がまちがいなく生みだされるであろう。

もしもこれらの検査の一つあるいはそれ以上によって、胎児に遺伝子異常があることが判明したならば、遺伝子異常をもった胎児を中絶することを望む両親にとって、中絶は一つの選択である。このような選択肢を選ぶ両親は、子どもや家族が遺伝子異常や遺伝性疾患による苦痛を負うことを望まない。優生学者は、そのような子どもが生まれることや、彼らの誕生に伴ってなんらかの非合理性をもたらされることは、社会にとって合理的ではないと考える。費用—利得の観点（計算可能性）からすると、障害をもつ胎児を中絶することは、子どもを出産し、数年のあいだ生きながらえさせるよりも費用がかからない。そのような論理があるとすれば、人間に頼らない技術体系が利用できることで、社会は、どの胎児の生存を認め、どのような胎児の生存を認められないのかを明らかにできる。ここでの究極のステップは、中国が現在取り組んでいるように、ある種の結婚や出産に対する全体社会による禁止措置であろう。そのような法律の目標は、国家の重荷となるような病気や発達障害の子どもたちの数を減少させることにある[75]。

遺伝子異常を予測し修復しようとする努力は急速に進展している。ヒトゲノム・プロジェクトは人間ゲノムの遺伝子を含む領域の九九パーセントの地図を作成し終わった[76]。このプロジェクトが始まったとき、わずか一〇〇種程度の遺伝性疾患がわかっていただけであったが、今日、一四〇種の遺伝性疾患が判明している[77]。こうした知識は、科学者が新しい診断テストと治療法を開発することを可能にする。それぞれの遺伝子がどこにあり、それぞれがどんな役割を果たしているかについての知識は、胎児、子ども、そして将来の配偶者たちの遺伝性疾患をテストする能力を拡張するであろう。問題のある遺伝子をもたらす将来の親たちは結婚をしないか、それとも子どもを産まないかを選択することになる。もう一つの可能性（そして恐れ）は、その技術体系がより安価に、しかもより広く利用できるようになると、人びとは自分でテストできるようになる（われわれはすでに家庭で妊娠テストを行っている）。全般的に人間の配偶と生殖は、こうした新しい人間に頼らない技術体系によって著しく影響され、また制御されることになろう[78]。

6・4・3　出産を制御すること――疾病としての誕生

マクドナルド化と制御の強化が出産過程にもはっきり表れている。これを表す一つの目安は、非常に人間的で個人的な経験であった助産術の衰退である。一九〇〇年、助産師はアメリカにおける出産の約半数に携わっていたが、一九八六年にはわずか四パーセントにまで激減した[79]。しかし現在、助産術はわずかに復活の兆しをみせている。その理由は、現代の出産のやり方にみられる脱人間化と合理化にある。[80] 現在、アメリカ合衆国で生まれてくる赤ちゃんの六・五パーセントが助産師によっている。[81] なぜ助産師を望んだのかと尋ねられた女性たちは「病院のスタッフによる、人間味のない、手抜きの措置」「医者の私的な都合のために引き起こされる無駄な時間」「同様の理由による不必要な帝王切開[82]」といったことについて不満を述べている。

助産術の衰退の裏側にあるのは、専門医[83]、とくに産科医による出産過程の管理強化である。出産過程を合理化し、脱人間化するのにもっとも寄与したのは彼らである。助産科と婦人科でレジデントをつとめたこともあるミッシェル・ハリソン博士は、病院での出産を「脱人間化の過程[84]」であると認める医師の一人である。

子どもの誕生に対する制御の強化は、その官僚制化された度合にはっきり表れている。かつて出産の大半は家庭で女性の親類や友人の介助によって行われた。「社会的な出産」、つまり伝統的な方法は、かつてほとんど家庭内で実施されていた。しかしいまやほとんどすべてが病院のなかで「見ず知らずの他人[85]」の監視のもとで行われている。一九〇〇年、病院での出産は、アメリカの全出産のうち五パーセントに満たなかった。一九四〇年には、病院での出産が五五パーセントに上昇した。そして一九六〇年までに、この過程はほぼ完了し、出産の一〇〇パーセント近くが病院で行われるようになった。[86] 官僚制化の突出、つまりウェーバーの合理化のパラダイムは出産過程の合理化に明確に表れている。ごく最近、病院のチェーンが出現したが、それは、合理化過程に対するわたしのパラダイム――ファストフード・レストランチェーン――に準拠して創設された出産センターである。

長年にわたり病院と医療専門家たちは、子どもの誕生を操作し、また管理するために、多数の標準、つまりルーティン化（マクドナルド化）した処置方法を開発してきた。もっともよく知られているものの一つは、ジョセフ・ド・リー博士によって考案され、二〇世紀前半をとおして広く受け継がれてきた技法である。ド・リーは、出産を一つの疾病（「病理学的過程」）とみなした。彼の処置法は、危険度の低いケースに行われるべきものであった[87]。

1　患者は膀胱結石除去手術のさいの姿勢にさせられる。つまり、「仰向けに横たわり、足を宙に上げて、曲げて開き、あぶみで押さえる[88]」姿勢である。

2　間もなく母親になるはずの女性は、手術の第一段階から鎮静剤を服用させられる。

3　胎児が通らねばならない部分を広げるために会陰切開[89]が行われる。

4　分娩をより効果的に行うために、鉗子が用いられる。

5　この種の方法について、ある女性は次のように書いている。「女性は産婦人科の組み立て作業ラインでまるで羊のように切開されるのです。投薬され、手術台の上にくくりつけられます。そこで、子どもが鉗子によって取りだされるのです」[90]。

ド・リーによって標準化された方法は、人間に頼らない技術体系による制御（処置自体、鉗子、薬品、組み立て作業ラインへのアプローチ）だけでなく、マクドナルド化のほかの要素の大部分――効率性、予測可能性、そして人間的なものであるはずの分娩室を非人間的な赤ちゃん製造工場に変えてしまうという非合理性である――をも含んでいる。そこに欠けていた計算可能性は、後にエマニュエル・フリードマンの「フリードマン曲線」の形で付け加えられた。この曲線は、分娩に三つの厳密な段階を定めている。たとえば第一段階は、子宮口が二センチから四センチまでに拡張する八・六時間に正確に割り当てられている[91]。

赤ちゃんは、この世に生まれ出た瞬間、計算可能な得点化方式のアプガール採点法の歓迎を受ける。赤ちゃんたちは、五つの要素のそれぞれ（たとえば脈拍数、体色）について、ゼロから二までの得点で測定される。合計一〇点は、もっとも健康な新生児の状態をしめす。おおかたの赤ちゃんは、出産一分後には七から九の得点を得るが、出産五分後には八から一〇の得点を得る。ゼロから三までの値の赤ちゃんは、非常に深刻な問題をかかえていると考えられる。ハリソンは、なぜ医療専門家たちが新生児の好奇心や気分といった、より主観的な事柄を知ろうとしないのかいぶかっている。彼女は次のように結論づけている。

赤ちゃんは、自分が健康であることをわれわれに知らせるために泣くわけではありません。赤ちゃんを抱いてあげなさい。そうすれば、赤ちゃんと目を合わせることになります。赤ちゃんは息をします。溜め息をつきます。赤ちゃんには血色があります。赤ちゃんを腕に抱き上げ、赤ちゃんの元気が良いか悪いか、手足に力があるかないかを感じとってあげなさい。赤ちゃんは状態を計測されるために、冷たい台の上に乗せておかれる必要はないのです。(92)

分娩に用いられてきたさまざまな人間に頼らない技術体系の使用には、栄枯盛衰があった。鉗子は、一五八八年に発明され、アメリカ合衆国では鉗子の利用は一九五〇年代にピークに達した。その当時、鉗子を使用した分娩は、全出産の五〇パーセントにも達した。しかしその後、鉗子は廃れ、一九八〇年代には、鉗子を利用した出産は全出産のうちほぼ一五パーセントであった。間もなく母親になるはずの妊婦に投薬する方法も広く行われてきた。分娩電子モニターは、一九七〇年代に盛んとなった。今日では、超音波診断装置がもっとも頻繁に用いられている技術である。

分娩と関連したもう一つのやっかいな技術は、外科用のメスである。たとえば、多くの医者は、分娩中に膣口が過度に引き裂けたり、伸びたりしないように、分娩直前に会陰切開を日常的に行っている。会陰切開は、将来のセックス・パートナーの喜びを高めるために（そして、赤ちゃんの通過を簡単にするために）しばしば行われるが、出産直後の数日にはかなりの衰弱と苦痛が伴う。ミッシェル・ハリソン博士は、次のように結論づけている。「わたしをいたく悩ませているのは、会陰切開です。わたしは産科医たちが女性の膣を切開することを止めてほしいと思っています。出産は外科的な処置ではないのですから」[93]。

外科用メスはまた、帝王切開の場合にも重要である。本来完全に人間的であるはずの過程が、非常に多くの場合メスの技術（メスを用いる人）によって制御されるようになった[94]。最初の近代的な帝王切開術は一八八二年に行われたが、一九七〇年でも帝王切開を行ったのは全出産のわずか五パーセントに満たなかった。帝王切開術の利用は、一九七〇年代と一九八〇年代に急増し、一九八七年には全出産の二五パーセントに達し、「国家的な流行病[95]」とまで言われた。一九九〇年までに、この技術の利用はわずかに減少し、二一パーセントであった[96]。しかし二〇〇二年八月現在、出産の二五パーセントが複数回の帝王切開を受けていた。初回の帝王切開はこれまで最高の一七パーセントを記録した。前回に帝王切開を受けた後、今回の出産を普通分娩に変えた割合は一六・五パーセントに低下した[97]。この低下は、アメリカの産科医を送りだしている大学が公式に、「一度、帝王切開を行ったならば、その後もつねに帝王切開を行う」という伝統的な考えを放棄した（すなわちある母親が一度帝王切開を受けたならば、後に行うすべての出産は帝王切開によるものでなければならないという考え方がもはや支持されなくなった）にもかかわらず発生したのであった。

さらに加えて、多数の人びとが不必要な帝王切開がしばしば行われていると信じている。第一の筋道は歴史的なデータである。なぜこれほど多くの帝王切開が突然必要になったのであろうか。数十年前には、いまほど帝王切開は必要でなかったのであろうか。第二の筋道は、いくつかのデータは、支払い能力のある私費負担の患者は、医療扶助受給者（払戻金はごくわずか）よりも多く、また貧乏な患者の二倍も帝王切開を受けていたことをしめしている。[98] 帝王切開を受ける割合は、社会階級や所得と関係している。より高い社会階級に属し、より所得の多い女性のほうが、少ない収入で、より低い社会階級に属する女性よりも、帝王切開を必要としているようにみえてしまうのである。[99]

帝王切開の劇的な増加を裏づける一つの説明は、帝王切開が社会のマクドナルド化とよく適合したという事実である。

▼通常の、しばしば予測不可能な出産が数週間（あるいは数ヵ月も）早まったり遅れたりすることがあるのと比べて、帝王切開はまったく予測可能である。しばしば言われているように、医師たちが夕食に間に合うように帰宅できるようにするため、帝王切開はほぼ午後五時三〇分までに終わるようである。同様に、非常に裕福な女性は、自

然分娩の予測不可能性が職業キャリアや社会的な要請を妨げることのないように、帝王切開を選択するらしい。

▼帝王切開は比較的簡単な手術であり、自然分娩よりもより効率的である。自然分娩はより多くの予測不可能な条件を伴っているからである。

▼帝王切開は計算可能であり、四五分もかかることはまずなく、通常二〇分で終わる。自然分娩に必要とされる時間は、とくに初産の場合、はるかに計算不可能である。

▼帝王切開術には、麻酔、出血、血液の交換のような手術に伴うリスクを含めて、非合理が存在する（合理性の非合理性についての詳細は7章をみよ）。普通分娩をした人と比べて、帝王切開を受けた人は、より多くの身体的な問題を経験し、またより長い回復期間を必要とするようであり、死亡率は二倍の高さである。その上、帝王切開には高額の経費が必要である。一九八六年の調査によると、自然分娩と比較して帝王切開では、医師の費用が六八パーセント、病院の費用が九二パーセントも高い[100]。

▼帝王切開は脱人間化しつつある。つまり帝王切開は自然な人間的過程を脱人間的な過程に変えている。女性はしばしば必要もないのに非人間的、あるいは反人間的とさえ言える過程を伴う外科的な処置に耐えなければならない。少なくとも、帝王切開を受けた女性の多くは、経膣分娩という非常に人間的な経験を不必要に奪われ、赤ちゃん

が生まれてくる奇跡にも似た喜びはその重みを失い、外科手術という手軽なルーティンに変えられてしまうのである。

6・5　終いの過程を制御すること——デザイナーの作品としての死

死を前にした終い(しまい)の数ヵ月もしくは数年間、抗いがたいマクドナルド化の力への一連の挑戦がほとんどの場合必要である。自然の摂理として、身体の衰えの最終局面は、まったく非効率で、計算不可能で、また予測不可能である。どうしてすべてのシステムは即時に終了しないのであろうか。それどころかどうして、まず腎臓が傷んで、次に脳がやられて、そして遂に、心臓が止まるというふうになってしまうのだろうか。終いを迎える人の多くは、なぜか元気を取り戻し、予想よりも長く生きるか、それとも反対に、思ったよりも早く逝き、医師や愛する人たちを混乱させてしまう。終いの過程と向かい合って、われわれが制御を欠いているように思えることが、神話や文学、また映画のなかで力強く終いを迎える人物像の存在を題材にさせるのであろう。

しかし今日、われわれは終いの過程を合理化する方法をみいだし、そして少なくとも制御という幻想をわれわれに与えようとしている。昔であれば死んでいたはずのところを、そのずっと後まで人びとを延命させるように考案された人間に頼らない技術体系が増えていることについて考えてみよう。事実、そうした技術のおかげで、生きつづけたいとは思わない一部の人びとも生きながらえさせられている（言うまでもなく、これは非合理である）。「蘇生術を施さないこと」や「思い切った処置はいっさい行わないこと」といったことを記した事前指示（リビング・ウィル）に医師が従わないかぎり、人はみずからの終いの過程に対する制御を失うのである。これは家族員についても当てはまる。彼らは、そのような指示がなければ、人びとをできるかぎり延命させようとする医療側の指示に従わざるをえない。

終いの過程について誰が制御すべきかについては意見が分かれる。死ぬのは誰か、それは何時のことかについての意思決定が、ますます医療官僚機構に委ねられているように思われてならない。もちろん、われわれは行政官たちが合理的な関心に注力すると予測することはできる。たとえば医療機関は、患者の生き延びる日数、週数、あるいは年数を最大化しつづけるという点でかなりの進歩を遂げている。しかしそうして延ばされた時間における生活の質を重視するという点での改善はいちじるしく遅れている。このような計算可能性は、ファストフード・レストランが、人びとに自分たちのサンドイッチがどれほど大きいかは誇示しても、その質についてはまったく何も語らないのとよく酷似している。

われわれは、ますます人間的でない技術体系に頼るようになっていくと予想することができる。たとえばコンピュータは、終いの過程にある患者のある時点における生存の可能性を九〇パーセント、五〇パーセント、一〇パーセントなどのように評定することができるかもしれない。医療従事者の行為がこうした判定にますます影響されやすくなっている。だから人が生きるか死ぬか、つまり生命の配当が、ますますコンピュータ・プログラムに頼るようになってきた。

ところがおわかりのように、死亡は、出産とほとんど同じ道をたどっている。すなわち死は、家庭の外に移され、死にゆく人と家族の制御を離れ、医療従事者と病院の手に委ねられるようになった[101]。死が、誕生と同じく病院での出来事になってきたことによって、医師は、出産と同様に、死もおおかた制御している。一九〇〇年には、病院での死亡はわずか二〇パーセントであった。一九四九年には、それは五〇パーセントにまでなった。一九五八年までに六一パーセントとなり、一九七七年までに七〇パーセントに達した。一九九三年までには、病院での死亡の数はしだいに減少したが（六五パーセント）、それには、養護施設で死ぬ人（一一パーセント）や、ホスピスのような施設で死ぬ人（二二パーセント）の数の増加を加えねばならない[102]。ファストフード・レストランに由来する原理を用いている病院のチェーンやホスピスのチェーン化の成長は、死の官僚制化、合理化、否、マクドナルド化をさえ暗示している。

誕生と同じく、終いの過程のマクドナルド化は、一連の対抗手段、つまり過度の合理化に対抗しようとする努力を引き起こしている。たとえば出産を人間らしくするための一つの方法として、助産師への関心が高まった。しかし最大の反作用は、自分の死に対する制御を取り戻すための方法を追い求めていることであろう。事前指示とリビング・ウィルによって、個人はみずからの終いの過程において、病院と医療従事者に対して何をすることができ、また何をしてはならないかを、あらかじめ通知することができる。それから、自殺協会や、デレェク・ハンフリーの『最終の出口』(103)のような自殺についての本は、人びとに自殺する方法、つまり自己の死を制御する方法についての処方箋を与えている。最後に、安楽死(104)への関心と受容の高まりがみられる。もっともよく知られている、ジャック・ケボーキアン博士(現在、第二級殺人罪に問われて二五年の刑に服している〔二〇〇六年一二月、彼自身ターミナル医療のため仮釈放された〕)は、人びとがみずからの死の制御を取り戻す手助けをするために人間に頼らない技術体系、つまり「機械」を用いている。もっと一般的に、しかも驚いたことに、彼は死を計画化する「合理的方策」の提唱者なのである(105)。だから、死の合理化はそれに対抗しようとする努力のなかにもみて取れるのである。ケボーキアン博士はみずからの合理的方策の限界を書きとどめている。

勇敢で新しい信義と合理性からなる社会を心に描くことはさほどむずかしいことではない。そこでは、ある種の人間の処理システムが最悪の場合でも風変わりな老人としわくちゃな老女を夢の国に送りつけ、さっさと片づける。つまるところ、彼らはおそろしく高くつき、しかも非生産的である。……そして彼らは生活のすべての側面に合理的な制御を課そうとするアメリカ人気質にとって頭痛の種である。

ケボーキアン主義が効率と利便の名の下ですべての地域におけるルーティンとして実践されているかのように社会を説明するのはどだい無理な話である。[106]

6・6　むすび

マクドナルド化の第四の次元は、人間の技術から人間に頼らない技術体系への転換である。人間に頼らない技術体系を発展させる目的はさまざまであるが、この本の視点からみてもっとも重要であるのは、人びと、とくに従業員と顧客によって引き起こされる不確実性の制御を強化していることである。制御の最終目標は、従業員をロボットのような人間でない技術体系に置き換えることによって達成される。また、人間に頼らない技術体系は、顧客が起こす不確実性を制御するためにも用いられる。その目的は顧客をマクドナルド化した過程へのいっそう従順な参加者に仕立てることにある。従業員と顧客を制御するさいに人間に頼らない技術体系は、労働に関係する過程と生産物により大きな制御をもたらす。しかし人間に頼らない技術体系の利用によって大きな制御力を獲得するさいに払われる努力の究極的な事例は、誕生と死亡の領域にみいだされる。

人びとと過程とを制御するために、その性能を強化した人間に頼らない技術体系の成長がまちがいなく未来に出現するであろう。今日でも、たとえば本を読むよりオーディオテープを聞くことへの推移は、テープで読書をする者を優位に立たせている。「言葉の調子、速度と抑揚は、あなたが決めることができます。あなたはそれをためらうか、さもなければせっかちに飛びつくしかないのです」[107]。「スマート爆弾」(たとえば、「ジェーダム」——衛星誘導爆弾——は二〇〇三年、対イラク戦争においてきわめて頻繁に、しかも非常に有効に用いられた)などの軍需品は、人間を介入させないで軌道修正を行うが、しかし将来的には、スマート爆弾は、敵目標の隊列を入念に探査し、そして攻撃するかどうかを独自に「決定する」方向に向かうであろう。おそらく、次の大きな段階は、人工頭脳の改良であろう。これは、いま人間が行っている、考えて決定するという明白な能力を機械に与えることになる[108]。人工頭脳は非常に多くの分野に利点をもたらす(たとえば医療)。しかしそれは、脱技能化の大きな第一歩でもある。行き着くところは、人間が自分で考える機会と、そしておそらく能力をいよいよ失うことにつきる。

7章　合理性の非合理性

――「楽しげに行列している」者たちの交通渋滞

マクドナルド化はさまざまな社会状況で激しく吹き荒れた。なぜならそれは効率性、予測可能性、計算可能性、そして制御力の強化をもたらしたからである。こうした利点にもかかわらず、これまでの章で検証したように、マクドナルド化はときに莫大な損失をもたらす。合理的システムは、合理性を制約し、事実上骨抜きにし、そしておそらく瓦解させてしまうような一連の非合理性を不可避的に引き起こすからである。

もっと一般的に言えば、*合理性の非合理性*とは、マクドナルド化が引き起こす多くの否定的な側面を表示するラベルにほかならない。もっとはっきり言えば、非合理性は合理性の対極とみなすことができる。つまりマクドナルド化は、非効率性、予測不可能性、計算不可能性、そして制御の喪失をもたらすとみなすことができる(1)。非合理性は合理的システムが脱魔法化されることをも意味している。つまり合理的システムがその魔法性と神秘性を喪失したということだ。もっとも重要なことは、合理的システムがその内部で働く人たち、あるいはそれによって便益を受けている人たちの人間性、すなわち人間の理性を否定する不合理なシステムだということである。換言すれば、合理的システムは脱人間化なのである。だから、次の点にはぜひ留意してほしい。合理性と理性という用語はしばしば区別されずに使用されるが、この本では、合理性と理性は正反対の現象とみなされているということである。つまり合理的システムとは、しばしば理性を欠いたシステムなのである。

この章では、マクドナルド化の代価をこれまでの章よりいっそう組織だてて提示していく。すぐにわかるように、こうした代価には、非効率性、さまざまなタイプの幻想、脱魔法化、均質化、そして脱人間化が含まれている。

7・1　非効率性――レジ待ちの長い列

合理的システムは期待に反して、しばしばまったく非効率な結果をもたらす。たとえばファストフード・レストランで、カウンターに人びとの長い列ができ、あるいはドライブスルーに車の長蛇の列が並ぶ。食べ物を効率よく手に入れるために考案されたはずの方法が、しばしば非常に非効率なものに変わってしまう。

もちろん、ファストフード・レストラン以外にも、マクドナルド化した社会の非効率は随所でみられる。一九八〇年代と一九九〇年代初頭に日本産業が誇ったものさえもがそれ自体の非効率を伴っていた。2章で論じた「ジャスト・イン・タイム」システムが非効率を生み落とした。このシステムは一日に数回部品を運んでくることを要求するため、工場周辺の市街地や高速道路はいつもトラックでごったがえす。交通渋滞のために、人びとはしばしば仕事や仕事の約束に遅れ、それが生産性の低下をもたらしている。しかし非合理性は交通渋滞や約束に間に合わないことにとどまらなかった。これらトラックのすべてが、日本で値段の高い燃料を浪費し、大気汚染を悪化させている。この状況は、日本のコンビニエンス・ストア、スーパーマーケット、デパートもジャスト・イン・タイム・システムを導入し始め、これまで以上の配送トラックを道路に送り込んでいるため、さらに状態は悪化している。(2)

次の文章では、コラムニストであるリチャード・コーエンが、マクドナルド化した世界における非効率性のもう一つの事例を記述している。

おお主よ、コンピュータ時代が進展すれば、収益を得ることができると教えられました。しかし一つひとつの「収益」とともに、わたしはより多くの仕事をすることになりました。それは生活のATM（現金自動預払機）のルールです。わたしは教えられていた、否、約束されていたと言ってもよい。銀行での列から解放され、いつでも預金の入金や引き出しができるはずだった。ところが、ＡＴＭの前には行列ができ、銀行はわたしが引き出し、預け入れても収益を上げているようです。そしてもちろん、わたしはかつて銀行の出納係（彼らがいたことを覚えているかい）がやっていたことをいまでは自分でやっているのです。新しい電話が登場したら、郊外で吹雪にあったときには、おそらく電話用の電信柱に登らなくてはならないのでしょうか。[3]

　コーエンは少なくとも三つの異なる種類の非合理を強調している。(1)合理的システムはそれほど安くない、(2)それは人びとに無償労働を強制し、そしてここでもっとも重要なことだが、(3)それらはしばしば非効率的である。銀行でもドライブスルーでも、ＡＴＭの前で行列を作るより、人間の出納係を使ったほうがより効率的だろう。

　同じように、多くの人にとって、食事を作るほうが家族を車に押し込み、マクドナルドまでドライブし、食べ物を車に積み、また自宅へとドライブするよりもよほど効率的である。このことは、家庭でいちから作る食事には当てはまらないだろうが、テレビ・ディナー、電子レンジ料理、またはスーパーマーケット、ボストン・マーケット、あるいはイートジーズから買ってきたフルコースの料理にはむろん当てはまる。しかし、多くの人びとはファストフード・レストランの宣伝文句によって力を注入された信念にもとづき、自宅で食べるよりもそこで食べるほうが効率的だと主張することだろう。

　マクドナルド化の力は大きな効率性を誇示するが、そのシステムがいったい誰にとってもっとも効率的であるのかについては決して口にしない。そのシステムは顧客にとって果たして効率的であろうか。一片の牛肉やワンパックの牛乳だけを購入するだけの顧客が、必要としない何千もの商品のあいだを通り抜けていくことが果たして効率的であろうか。食品をスーパーマーケットのレジに設置されているレーダーでスキャンし、自分のクレジットカードもしくはデビットカードを差し込み横にすべらせて会計を済ませ、そして買ったものを自分で袋に詰めることが、顧客にとって効率的であろうか。自分のガソリンを自分で入れることが人びとにとって効率的なのか。人びとにとって、人間と話す前に膨大な組み合わせの電話番号を押しつづけることが効率的であろうか。ほとんどの場合、そのようなシステムが人びとにとって効率的でないことにすぐに気づくであろう。効率性から得られるほとんどのものは、合理化を推進した人たちの懐に入っていくのである。

　組織のトップにいる人間は、そのシステムの底辺部、もしくは底辺部近くで働く人間（組み立て作業ラインの労働者や、マクドナルドのカウンターや顧客窓口を担当している人間など）に合理化を押しつけている。オーナー、フランチャイズの店主、トップ・マネージャーは、合理的システムをとおして従業員を制御したいと考える。しかし彼らは、自分たちの地位が合理性の束縛からできるかぎり自由であること、つまり非効率的であることを望む。管理する立場にいる者たちは創造的であるために自由でいられるが、部下の者たちは合理的システムの規則、規程やほかの構造にやみくもに服従させられる。

7・2　高い代価——家で食べるほうがよい

マクドナルド化の効率性が消費者のお金を節約することはほとんどない。たとえばフランチャイズのオーナーにとって、Sサイズのソーダの費用は一一セントだが、八五セントで売られている。[4] いまどき、四人家族がファストフードで食事をするのにかかる値段は、すぐさま二〇ドルもしくは二五ドルを超えるが、その総額は家庭で作る食事の材料にかかる値段をはるかに上回る。

コーエンがATMの例で検証したように、人びとは合理的なシステムの非人間性と非効率性に余分な代価を支払わなければならない。マクドナルド化したシステムの大きな成功と高い収益性、社会の新しい部分への怒濤のような拡張、そして多くの人びとがそのようなビジネスへと参加したがっているという事実は、こうしたシステムが莫大な利潤を生むことを証明している。

ボブ・ガーフィールドは、「ディズニー・バケーションでいくら使ったか（そして使ったか、使ったか）[5]」と題した記事のなかで、マクドナルド化した活動の費用について書いている。ガーフィールドは彼の四人家族をウォルト・ディズニー・ワールドへ連れて行き、そこが「高価な世界」と名づけるのにふさわしい場所だということに気づいた。五日間のバカンスで一、七〇〇ドルが消えた。ディズニー・ワールドへの入場料だけで五五一ドル三〇セントもかかった（その価格は現に上昇をつづけている。一九九八年に、五日間の入場コストは四人家族で八〇〇ドル[6]、そして現在［二〇〇三年］では一、〇〇〇ドルを超えている）。彼の計算では、「楽しめた」のは五日間で七時間に満たず、「一時間あたり二六一ドルかかったことになる」。「なぜなら、マジック・キングダムでの時間のほとんどは、バスに乗り、列に並び、場所から場所へ移動することに費やされ、わたしたちにスリルを味わわせてくれた一七のアトラクションは多く見積もっても合計四四分にすぎなかった[7]」。こうして、安価な家族バカンスと考えられているものが、実は非常に高価なものだということが明らかになったのである。

7・3　楽しさの幻想——ハッ、ハッ、株式市場がいかれた

もし本当に効率的でなく、本当にそれほど安くないとしたら、マクドナルド化するものの、より具体的に言えば、ファストフード・レストランは、人びとに何を与えているのだろうか。なぜ、それは世界的に成功しているのだろうか。その答えの一つは、それが効率と倹約という幻想を与えているということなのである。

おそらくより重要なのは、またファストフード・レストランが実際に与えているように思われるのは、スタン・ルクセンバーグが指摘しているように[8]、楽しさまたは愉快であるということだ。マクドナルドは、いたるところにある王冠、ロナルド・マクドナルド、一連のマンガのキャラクター、そして次に来るときも楽しいことが待ち受けていると人びとの記憶にとどめる色鮮やかな装飾を用いている。いくつかのレストランは遊戯施設や子ども用の乗り物さえ提供している。そしてこれらのものが日々大きくなり、またより「ハイテク」化[9]している。その遊戯施設によってレストランを小さく見せるということもまんざら変わったことではないかもしれない。基本的に、多数のファストフード・レストランは食べ物屋ではなく、むしろ現実には、アミューズメントパーク化しているのかもしれない。

一昔前、マクドナルドは実際に遊園地ビジネスに参入していたのである。マクドナルドの系列企業であるリープス・アンド・バウンズは、一九九四年九月にディスカバリー・ゾーンに売却されるまで、実際に四九の遊園地を経営していた[10]。リープス・アンド・バウンズにある遊園地設備のほとんどは、マクドナルド・レストランにおける遊園地設備を引き継いでいる。あるマクドナルドの広報担当者は次のように言う。「このアイディアは広告のテーマである『食べ物、おしゃべり、そして楽しさ』のなかから生まれ育ってきたものです。われわれはただ楽しさをはじめてセットにしただけです」[11]。マクドナルドはつねに食べ物よりも楽しさを優先していると述べる皮肉屋も少なくない。

これに負けてはならじと、日本のマクドナルドはトイザらスと提携した。トイザらスの販売店の多くがそのなかにマクドナルドのレストランを入れている。マクドナルドは遊園地と玩具との提携をいっそう強めながら、「楽しさ」[12]を供給するビジネスであることを鮮明にしている。

もし楽しさが指導原理になっていることを信じられなければ、食べ物について考えてみなさい。ファストフード・レストランは遊園地のスタンドでいく種類かのフィンガーフードを販売している。これは「ワタアメ原理」と名づけることができよう。その食べ物が濃厚で、愉快で、親しみやすい風味をもっているかぎり、人びとは高い金額を支払ってわずかな価値しかない食べ物を買ってしまうのである。もちろん、ルクセンバーグがしめしたように、ファストフード・レストランが販売している食べ物は「塩辛いキャンディ」[13]である。マクドナルドで売っているフレンチフライの秘密の一つは、それが塩と砂糖の両方でコーティングされているということである。[14] 人びとは塩と砂糖を味わうことができるのだが、ポテトのスライスはほんの申しわけ程度に味わえるだけである。

今風の晩餐は食べ物よりもしばしば劇場を期待している。一人ひとりに手渡される二つ折りのメニューに代わって、マクドナルドは、いくつもの映画館を収容した地方のシネマコンプレックスに行って、さてどの映画を観るかを思案するかのように、夕食の代用品を提供するのである。[15] たとえ高級レストランでも、夕食は芝居じみたものを求めている。「わたしは動作がのろく、退屈な個室に陣取るよりも、物語にあるような部屋でありきたりの食事をしたい。……わたしは装飾、大げさ、劇場、そして多くの出来事を探しているのです」[16]。だからこそ、ハードロック・カフェ、プラネット・ハリウッド[17]、レインフォレスト・カフェやエスプン・ゾーン［テーマ・レストラン］などの「エンターテインメント」チェーンは、テレビセットをはめ込んだ壁やゲームコーナーを装備している。

スーパーマーケットもまた娯楽センター化を進め、多くの「楽しい食べ物」を売るようになっている。たとえば、カウント・ショキュラやディズニー・ミッキー・マジックス（〝ワウー！〟〝ミルクが青くなる！〟）、そしてスノーセージズ・イン・ア・ブランケット（ドッグフード）などの朝食シリアルがそうである。ある評論家は次のように述べる。

買い物客が若かった頃、アメリカ人はよく〝ショーほど素敵な商売はない〟と歌ったものだが、いまではそれを歌う人はいない。多分その理由は、いまではすべてのビジネスがショービジネスになってしまったからである。スーパーマーケットもまた例外ではない。いまのスーパーマーケットはテーマパークと変わらない[18]。

コネチカット州とニューヨークにあるスーパーマーケット・チェーン（シチュー・レオナード）は、扮装したキャラクター（アヒルのニンフ、雌牛のワウ）、歌い踊る機械バナナとセロリ、そして勘定が一〇〇ドルを超えると、モーと牛の声を出すレジスターが用意されている。子どもたちを喜ばせるために、あるスーパーマーケットは、プラスチック製のレースカーを装着したミニカートあるいは親に押してもらうフルサイズのカートを登場させている。あるスーパーマーケットの店長が言うには、「これは人間相手の商売です。お客様はここで幸せになります。人びとは楽しいからここで友だちと買い物をするのです[19]」。

これらすべてがアミューズメント強迫症の一部である。ネイル・ポストマンは非常に巧みに名づけた著作『死ぬほど楽しい』において、次のように主張している。ラスベガスはこの強迫症のシンボルとなった。なぜならラスベガスは「完全に娯楽の理念に捧げられた街であり、すべての公的言説がますますエンターテインメントの形式を帯びつつある文化の精神そのものをはっきり公言しているからである[20]」。もしマクドナルド化したギャンブル機器を備えたラスベガスが、エンターテインメントによる強迫症を象徴しているとすれば、マクドナルドは、ファストフード産業におけるエンターテインメントを象徴している。

そのほかの領域では、ジャーナリズムもまたエンターテインメントに注力している。たとえば合理化した雑誌といえるビジネスウィークは、ウォールストリート・ジャーナルよりもずっと読みやすく効率的であるばかりでなく、また大いに楽しめるように工夫されている。ビジネスウィークに広告を掲載している業者は言う。「われわれは読者に情報を提供するだけではなく、楽しませるのです」。二人の批評家がこの広告について述べている。「ビジネスウィークは本当にまじめなのか。われわれはこんなものを期待しているのか、ハハハ、ハ！　株式が暴落した！　なんてお笑い草だ！　あなたの会社が駄目になる。こりゃ楽しい[21]！」。同じく、テレビのニュースは、ニュースとショービジネスを混ぜ合わせているために、しばしば「娯楽報道番組（インフォテインメント）」と表現されている。シルヴァン学習センターなどの教育ビジネスは「教育娯楽番組（エデュテインメント）」と呼ばれている。

エンターテインメントはショッピングモールにとっても屋台骨である。何しろモールは、アメリカ人お気に入りのエンターテインメントの形式、つまりショッピングの場所である。モールはファンタジー・ワールドとして設計され、コウィンスキーが「細切れドラマ[22]」と呼んでいるものを演じる劇場のような設定が施されている。このドラマでは顧客とモールで働く従業員の双方が重要な役割を演じる。モールは荒々しい買い物客を落ち着かせるために、バックグラウンドミュージックを流している有線放送のミューサクのような背景を備え、またさまざまな小道具も満載している。そのうちいくつかは一年をつうじてそのままであり、そのほかのもの（たとえばクリスマス用の飾りなど）は特別な催しや商品販売促進のさいに運び込まれる。楽しみを増やすために、レストラン、バー、映画館、エクササイズセンターなどがある。週末になると、ピエロ、風船、手品師、バンドなどが店から店へと渡り歩く人びとをさらに楽しませている。通信販売の脅威に直面している現状で、あるマーケティングの専門家は「あなたのショッピングセンターをもっと楽しくしなくてはなりません[23]」と語っている。

ミネソタ州ブルーミントンにあるモール・オブ・アメリカは、最先端のショッピングを楽しませている[24]。モール・オブ・アメリカの中心部には、巨大なアミューズメントパークであるノッツ・キャンプ・スヌーピーがあり、そこには本格規模のジェットコースター、アーケード、屋内射撃場がある。そこを訪れた人は、アクリル製のトンネルを移動しながら水族館のなかを通り抜けていく。ゴルフ・マウンテンは、技能別に分かれた一八ホール・コースのミニチュア版である。このモールにはまた、これまで組み立てられたなかで最大級のレゴの作品がある。さらに、巨大なスポーツ・バー、ザ・フッターズ、レインフォレスト・カフェがある。そしてもちろん、映画館もある。そのなかにはなんと一四ものスクリーンをもっているものもある。ある批評家は言った。「モール・オブ・アメリカはモールではなく、サーカスだ[25]」。

多数の小売業チェーン店が「小売りテインメント」の肩書きを得ようとしてエンターテインメント強迫症の進行に一役買っている。たとえばシアトルのレイでは、二〇〇メートルの高さをもつ岩壁を登ることができる。ナイキタウンは三階建ての大きさをもつ巨大スクリーンでスポーツビデオを放映している。アバクロンビー&フィッチは、モデルたちのビデオを見せている。またガッドズークは音楽ビデオを提供している。

7・4　リアリティの幻想――「歌手」さえリアルではない

マクドナルド化した社会の多くの側面は、詐欺的な状況と事件（ダニエル・ブーアスティンが「疑似的な出来事[26]」と呼んだもの）を含んでいる。たとえばパック旅行、現代版のキャンプ場、ブッシュガーデンのような遊園地にある国際村、まるでニューヨーク、ニューヨークといったラスベガス、コンピュータでの電話の受け答え、ロイ・ロジャースやヌトリ・システムの虚偽の親愛関係が含まれる。これらすべては、イアン・ミトロフとウォレン・ベニスのいう「虚構産業[27]」の一部とみなすことができる。この言葉によって彼らは、すべての産業が虚構を生産し、販売しようとしているという事実を指摘している。たとえばマクドナルドは、人びとが食べ物を購入するとき、楽しみを得ているという幻想、たくさんのフレンチフライを食べているという幻想、しかも安い食べ物を手に入れているという幻想を彼らに与えている。そのような虚構の有名な一例であるが、ポップグループのミリ・ヴァニリの二人の「歌手」はレコード・アルバムのなかで実際には歌っていなかった。[28]

広い範囲にわたる虚構のなかから、外見どおりの本物がますます少なくなっているスーパーマーケットのいくつかをしめしてみよう。

▼シズリーン（「ベーコン」もどき）は牛肉と七面鳥からできており、コッシャー・ベーコンは豚肉を含んでいない。

▼モリー・マックバターとバター・バドはバターをまったく含んでいない。

▼テレビ・ディナーの冷凍七面鳥の香りは人工的なものだろう。というのも自然の香りは、調理中に消えてしまうからだ。

▼洗濯用洗剤に含まれているレモンの香りは、レモンからとったものではない。

このような虚構は、多くの疑似的な出来事とともに、マクドナルド化した社会にとって欠くことのできないものとなってきた。

7・5　見せかけの友情──「やあ、ジョージ」

ファストフード・レストランが本物の友情を大きく制限あるいは排除さえしているため、人びとに残されたものは、まったく人間関係ではないものか、「虚偽の親愛関係」である。バーガーキングの「従業員規則第一七条」は、「つねに微笑みを」[29]である。かつてわたしが食べ物の料金を払うときに、「いい旅を」と言ったロイ・ロジャースの定員は、その後わたしの「旅」がどのようになろうが、まったく関心をもってはいない（実際に、気づいてみれば、本当のところ彼らは、いんぎんに「いっちまえ」と言っていたのである）。この「いっちまえ」現象は、客が立ち去るときに「ごきげんよう」という多くの従業員のあいだに定着してしまった。事実、言うまでもないことだが、彼らはふつう客がその一日をどのように過ごしていくかにまったく興味や関心をもつはずはない。ここでも、彼らは本当は、礼儀正しくいんぎんに「いっちまえ」、もしくはほかの客の相手ができるように立ち去れ、と言っているのである。

ヌトリ・システムでは、カウンセラーはダイエットしている人をしっかりつかまえておくために、やるべきことに関するリストを受け取る。カウンセラーは、「クライアントを名前で呼んで、心をこめて挨拶する」よう勧められる。クライアントの名前を知っていることは親愛の疑似意識を演出している。心をこめた挨拶も同様である。カウンセラーはまた、クライアントと「親身になって」話すよう指示される。カウンセラーは「出会った瞬間から個人的に接しなさい」と書かれた、小さなきらきら光るカードを渡される。このカードが問題の発生している状況において、疑似個人的な反応による個人的な挨拶を合理化する。たとえば、クライアントがダイエットに効果のあるサポートをあまり受けていないと感じているような兆候をしめせば、マニュアルはカウンセラーに次のように言うことを指示する。「あなたにお会いできて大変にうれしいです。あなたのことを考えていたんですよ。プログラムの進み具合はいかがですか」。カウンセラーは「本当に」クライアントに会えてうれしいと思っているだろうか。クライアントのことを「本当に」考えているだろうか。クライアントのダイエット・プログラムがうまくいっているかどうかに「本当に」関心をもっているだろうか。マクドナルド化した社会では、そのような問いに対する答えは言わずもがなである。

さらに人びとは、コンピュータによって書かれた手紙や、興味本位もしくは悪意に満ちた「ジャンクメール」(30)の山に毎日のように攻めたてられる。なんとか個人的な手紙であるかのように見せようとしている手紙もある（同じくいままでは、わたしは「やあ、ジョージ」

で始まる電話をテレマーケターから頻繁に受け取っている）。たいていの場合、名簿のデータベースからコンピュータで手紙を打ち出していることは明らかである。こうした手紙は、ロイ・ロジャースの従業員が実践している偽装された親愛感に満ちあふれている。たとえば、そうした手紙は親しい者同士で交わされる私信風に書かれており、企業の経営者が、過去数ヵ月に自分のデパートで買い物をしていなかったり、クレジットカードを使っていなかったりする顧客のことを気にかけているのだと、顧客に信じ込ませようとしている。具体例を挙げると、わたしの友人の一人は最近、車のオイル交換をした数日後に、ザ・リューブセンターというフランチャイズから手紙を受け取った（ファーストネームを使い、「深い」個人的関心を表していることに注意してほしい）。

　親愛なるケン、

　ザ・リューブセンターでお車のオイル交換をしていただきましたことを、心よりお礼申し上げます。……

　オイルを定期的に交換することを、わたしたちはとくにお薦めします。……わたしたちは、お客様にご案内させていただきます。……これでお客様は、次回、いつオイルを交換すればよいのかおわかりになるでしょう。……

　わたしたちは、お客様にぴったりのサービスを提供できるよう、手間と時間をかけて、徹底した従業員教育を行っています。

ザ・リューブセンター

サンディ・グリッドスタッフ／ランドール・S・シンプソン（傍点は筆者）

また、数年前、わたしはメリーランドに住んでいたのだが、ロングアイランド選出の下院議員から以下のような手紙を受け取った。わたしはドーニー議員と会ったことはなく、彼についてはまったく知らないのだが、にもかかわらず、彼はわたしに「私」信を書いたのである。

親愛なるジョージ、

信じられないかもしれませんが、わたしは議会での「九回目の」任期を目指して立候補しています！……

わたしは、わたしが八、六六〇件の議案に投票したことを思うとき、……どんなに多くの闘いをわたしたちが共にしてきたかを実感します。

ご協力いただけるようでしたら、ぜひご一報ください。（傍点は筆者）

ワシントンポスト紙はこうしたジャンクメールにしめされている偽装された友情について以下のような批判を行っている。

あちらこちらのデータベースから集められた人びとの名前やちょっとしたニュース

を、ダイレクトメールに織り交ぜながらマーケティング組織は親密性の幻想を作り上げようとしている。実際には、こうした技術体系は親密性を堕落させ、その価値を低めることを狙っているのであり、事実に手を加え、それを本当にあったことにしてしまうというまやかしをやっている。このような手紙にあるのは作り話であり真実ではない[31]。

どんなにそれが偽りに満ちたものだとしても、こうしたジャンクメールは、顧客がこちらの思ったとおりに行動するよう仕向けているのであり、顧客をうまく管理できるように作られているのである。

案内状について言えることは、いまやインターネット上で利用できるカードの文脈においても同じである。見せかけの友情が双方の特徴なのである。

7・6　脱魔法化――魔法はどこにある？

合理化の結果として西欧世界がますます脱魔法化されたというのが、マックス・ウェーバーのもっとも一般的なテーマの一つであった[32]。あまり合理化の進行していない社会の特徴であった「思考の呪術的な要素」が姿を消したのである[33]。そのため魔法や呪術、そして神秘さによって支配された世界に代わって、すべてが明瞭で、明快で直截で、論理的な、そして型にはめられた世界がわれわれと向き合っている。シュナイダーは次のように述べている。「マックス・ウェーバーは歴史を、深い魔法にかけられていた行程から脱魔法の未来――この歴程は自然世界から魔法的な性質と意味付与の力の両方を奪いさっている――に旅立ったとみなしている」[34]。合理化の過程は、当然にも、実質――魔法（それはある時代の人びとにとってきわめて重要であった）――の喪失をもたらす。われわれはまちがいなく社会全般の合理化から、そしてとくに消費状況の合理化から多くのものを手に入れたけれども、いわく言葉で言いつくせない大きな存在、つまり価値を喪失してしまった。マクドナルド化の次元が魔法に対してどのように働いたかについて考えてみよう。

効率的なシステムは魔法の入り込む余地を奪い、組織的にそれを閉め出している。呪術的、神秘的、幻想的、夢想的なすべてが非効率とみなされる。魔法にかけられている社会は、通常、目的に対してきわめて複雑な手段を組み込んでおり、そもそもそれは明白な目標をもっていないかもしれない。効率的な社会はこうした遠回りを認めない。そして効率性の考案者とその使い手は、それを排除するためにどんなことでも平気でやってのける。遠回りと無計画の排除は、ウェーバーが合理化した社会を脱魔法化したシステムとみなした理由の一つなのである。

魔法は量よりも質と関係している。呪術、幻想、夢想などは、たとえば人びとがもつ経験の数量や発生する状況の規模よりも一つの経験に固有な性質、そしてその経験の質的側面と強い関わりをもっている。大量の経験を生産し、またそうしたことに参加することの重視は、個々の経験の魔法的な質を低下させる。別の言い方をすれば、呪術、幻想、夢想の大量生産を想像するのはむずかしい。こうした大量生産は映画ではごく当たり前であるが、しかし本当の魔法が大量の製品やサービスを頻繁に配送できるように、また非常に遠方の地域に配達できるように工夫された状況において、「本当の」魔法を生産することは不可能でないとしても、非常に困難である。こうしたものの大量生産は魔法の実質を壊してしまう。

合理化の特徴が予測可能性より魔法にとっていっそう不利というわけではない。呪術的、幻想的、夢想的な経験はその性質からして予測不可能である。魔法的な経験を予測可能にすることや、いつも同じ方法で繰り返し起こすことにくらべれば、何ものも魔法的な経験をそうたやすくは壊せない。

制御とそれを作りだす人間に頼らない技術体系の両方が魔法と対立している。原則的に、幻想、呪術、そして夢想が外的制御を受けることはない。確かに、そうしたものに多くの魔法的な実質を与えるのは、自律性である。幻想的な経験においては行きたければどこへでも行ける。またどんなことも起こる。こうした予測不可能性は厳格に制御された状況ではありえない。一部の人びとにとっては、厳格で、全面的な制御こそが幻想であるかもしれないが、しかし多数の人びとにとって、それは悪夢以外の何ものでもない。人間に頼らない技術体系についてもほぼ同様のことが言える。冷たくて機械的なシステムはふつう、魔法と関係する夢想の世界の対立項である。ここでもまた一部の人びとは、人間に頼らない技術体系と関係する幻想をもつが、しかしそれらもまた、夢想よりもむしろ悪夢である。

すでにおわかりのように、マクドナルド化は脱魔法化とほどけないほど絡み合っていないとしても、それと関係していることは事実である。呪術と神秘さをもたない世界は、合理性を重視することのもう一つの非合理な結末である。

7・7 健康と環境破壊——あなたのペットさえ危険かもしれない

進展する合理化は人びとの幻想だけでなく、人びとの健康、そしてたぶん人間の生命さえも脅かしてきた。その一例は、ほとんどのファストフードの成分によって押しつけられている危険である。つまり大量の脂肪、コレステロール、塩、砂糖である。こうした食事は、肥満、高コレステロール、高血圧、そしておそらく糖尿病に悩まされる多くのアメリカ人にもっとも不必要なものである。事実、慢性的な肥満（子どもを含めて）について今日多くのことが語られ、そして多くの識者は、その責任の大半がファストフード産業、その食べ物、そしてすべてを「超大きくすること」の重視にあると強調している[35]。

ファストフード・レストランはまた、子どもたちが後年になって、いま挙げた症状やそのほかの健康問題に当面することになるかもしれない貧しい食習慣を作りだすことに手を貸している。子どもたちをターゲットにすることによって、ファストフード・レストランは生涯にわたるファストフードの熱烈な愛好者を作りだすばかりでなく、塩、砂糖、そして脂肪の多い食事を常用する人びとを生みだしているのである[36]。大変に興味深い研究の結果によれば、「移民してきた子どもたちの健康は、アメリカでの滞在期間が長くなるほど悪化していくこと、その大きな要因は彼らの食事がほとんどのアメリカの子どもたちのジャンクフードの食事に似かよってくることのせいである」[37]。その研究に関係したある社会学者は、「世界のマクドナルド化は、それが栄養豊かな食事に関するかぎり、必ずしも進歩を遂げているとは言いがたい」[38]と指摘している。

ファストフード産業がもたらす健康への危険な影響に対する攻撃は、年々激しさを増している。結果として、多くのフランチャイズ店がサラダを提供することで、その攻撃に対応せざるをえなくなった。たとえサラダにかけるドレッシングが塩と脂肪を多く含んでいるとしても、サラダを提供するというのが一つの答えであった。いくつかのファストフード・レストランはフレンチフライを牛脂で調理するのをやめ、その代わりに低コレステロールの植物油を使うようになった。

それでも、代表的なマクドナルドの食事であるビッグマック、フレンチフライのL、そしてシェイクのセットは一、〇〇〇キロカロリーを超え、塩、砂糖、そして脂肪を多く含んでいる。そのどれも大きな栄養価をもってはいないのである。ますます大きなモノを求める趨勢は、その問題を深刻にしただけである。ふつうサイズのシェイクに代わって登場したチョコレート三倍のシェイクは、マクドナルドの食事が全体で一、六九〇キロカロリーに増えたことを意味している。バーガーキングのチーズを添えたダブルワッパーは九六〇キロカロリーもある（そして脂肪分六三グラムを含んでいる）[39]。

マクドナルド化は、もっと直接的な健康への脅威を明らかにしている。レジナ・スクランブリングは、さまざまな伝染病、とくにサルモネラ菌による伝染病は食品生産の合理化と関連しているという。

ビーフという言葉がタブーとなり、アメリカ人が毎晩鍋にチキンが入っていることを望み始めた直後、サルモネラ菌が養鶏産業で繁殖した。しかしニワトリは車のようにはいかない。需要に応えるために工場の作業ラインをスピードアップするようなわけにはいかない。何かが欠けている。この場合、それは安全性である。ニワトリはフライ用のサイズに大急ぎで育てられ、殺され、内臓を取りだされ、そして毛をむしられる。それも大量に、速いスピードで。このような製品がスーパーマーケットのなかでもっとも清潔な食品になるわけがない。[40]

スクランブリングはまた、サルモネラ菌を、より合理化された鶏卵、果物、そして野菜の生産に結びつけている。[41] ハドソンフード会社（とくにマクドナルドとバーガーキングに牛肉を供給している企業）が、狂牛病の発生が冷凍ハンバーガーによっていると判明したために倒産した事実から、食料生産者は多くのことに注意を向けるようになった。[42]

ファストフード産業は栄養学者だけでなく、環境学者とも対立している。その産業は莫大な量のゴミを排出するが、そのうち何種類かは微生物で分解できないものである。ファストフードのゴミは郊外で目障りな姿を人びとにさらしている。マクドナルドだけにかぎってても、それが一年に必要とする紙を供給するために、毎年数百平方マイルの森林が犠牲になっている。[43] いくつかの紙の包みが発泡スチロールなどの製品に取り換えられたけれども、それでもすべての森林がファストフード産業に食いつくされる過程にある。実際のところ、現在の趨勢は、紙製品（および微生物で処理できる製品）に回帰している。実際に分解不能な発泡スチロールは、埋め立て地に積み上げられ、永遠ではないとしても、何年もそこに残存しつづけるゴミの山を築いている。全般的に、紙の乱用を是正しようとする努力にもかかわらず、ファストフード産業は、地球温暖化、オゾン層の破壊、自然資源の枯渇、そして自然生態系の破壊を助長しているのである。

さらにもう一つ、工場のような農場と水産養殖が環境悪化と健康被害をもたらしている。たとえば、大規模な去勢豚農場は莫大な量の糞尿を生み落とし、それが最終的に排水溝に流され、われわれの飲料水に混入している。汚染された飲料水のために病気に罹る人も、また流産する女性も現れた[44]。工場のような農場で抗生物質を飲まされて育った動物は、抗生物質に抗体をもつバクテリアをもっているかもしれない。これによってバクテリアに感染している患者が危険にさらされるかもしれない[45]。水産養殖も同様の環境問題と人間の健康に対する危険を引き起こしている[46]。

マクドナルド化したシステムは、人間に対する健康の危険だけでなく、ペットに対する危険ももたらしている。ペットが多くの健康問題と環境問題による影響を被っている。そしてこれが人間に影響をあたえ、またペットをも特有な脅威にさらしている。ペットのスーパーストアのチェーン（たとえばＰＥＴＣＯやペット・マート）店では、犬の毛の手入れに自動のヘア・ドライヤーを使ってきた。不幸なことに、何匹かの犬がケージに閉じ込められて、ドライヤーにあまりにも長くあたりすぎた。その過程で何匹かが死ぬか、ケガをした。「美容整形による事故の監視と防止（GASP）」という犬愛護団体の設立者は、次のように述べている。「電気ヒーターがブローしているところに、監視員のいないまま犬を放置しておくなどとんでもないことだ。ペットのスーパーストアのチェーンは、動物を組み立て作業ライン上の車と同じと考えている」[47]。

自動車の組み立て作業ラインについてみることにしよう。そのラインは、一年間に何百万台にものぼる自動車を大量生産するほど大成功を収めている。しかしそうした自動車のすべてが環境破壊をもたらした。その排気は大気、土壌や水質を汚染している。高速道路と普通道のとどまることを知らない拡張は、田園地帯に傷跡を残している。また、われわれは毎年、交通事故で何千人もの人がなくなり、また傷ついていることも忘れてはならない。

7・8　均質化──パリでも同じ

マクドナルド化のもう一つの非合理的な影響は、均質性の強化である。アメリカ中、そしてますます、世界中どこに行こうが、同一の製品が同じ方法で提供されている。

アメリカにおけるフランチャイズの拡張は、人びとが地方あるいは、都市ごとの差異をみいだせなくなっていることを意味する。[48] 地球規模でみると、旅行者は多様性よりもはるかに、多くの気安さを求めるようになった。エキゾチックな状況は、アメリカのファストフードチェーンの前線基地と化している。北京のマクドナルド、ケンタッキー・フライドチキンは、そのわずか二つの事例でしかない。

その上、多くの国のレストランのオーナーは、マクドナルドのモデルをその土地特有の料理を扱うレストランに当てはめている。旅行者はパリで、アメリカのファストフード・レストランの多さに衝撃を受けるだろうが、それ以上にクロワッサンテリーといったようなフランス産の形態が信じられないほど広がっていることにさらに大きな衝撃を受けるだろう。フランス人にとってクロワッサンは神聖な食べ物だから、彼らはその大量生産と販売を不快きわまるものと感じるはずだと思う人が多いかもしれない。しかし実際にそれが起こったのである。[49] クロワッサンの品質を低下させながらも、そのような店がパリ中に広がったことは、多くのパリジャンが速度と効率のためには喜んで品質を犠牲にすることをみせつけている。そしてあなたは尋ねるかもしれない。もしパリのクロワッサンが手なずけられ、ファストフードに変身を遂げることになれば、はたしてマクドナルド化を免れる食べ物があるのだろうか、と。

アメリカ産および外国産のファストフードの世界中への拡散は、ある状況と別の状況の相違をかぎりなく小さくしていく。その過程で新しい経験と多様な経験への人間の欲求は破壊されていないにしても制限されていく。多様性への欲求は、画一性と予測可能性への欲求によって置き換えられている。

一般にマクドナルド化された制度は、注目に値する新しい製品を開発することに、これまでさしたる成功を収めていない。この領域でのレイ・クロックの有名な失敗作として知られているフラバーガーを思いだしてほしい。このようなシステムは、よく知られた商品とサービスを売ることに関してはすぐれている。たとえばファストフード・レストランは良くも悪くもない並のハンバーガーを美しいパッケージに包み、お祭り騒ぎのような雰囲気のなかで売りまくっている。ここで重要なことは、マクドナルド化したほかの多くの側面にも同じことが広がっていることだ。たとえばジフィー・ルーブとその模倣者たちは、昔のままのオイル交換をしているにすぎないのであるが、それをよく知られたロゴとあざやかな色彩のなかで行うのである。

フランチャイズが商品とサービスの違いを平準化するのとまったく同様に、メール・オーダー用のカタログは季節感をなくしている。コラムニストのエレン・グッドマンは、秋が始まったばかりの頃、クリスマス用のカタログを受け取り、合理化に固有のこの側面を痛切に批判した。「全国的規模のメール・オーダー市場の確立によって、季節や地域性をほとんど配慮しないカタログが作成される。クリスマス用の食材は秋のうちに刈り取られ、輸送され、あなたの手元に届ける途中で化学的に熟成させられる。わたしは急いで秋を通り過ぎることを拒否します[50]」。

7・9 脱人間化——「かいば桶と醸造酒」にだまされる

マクドナルド化を非合理的、そして究極的に不合理と考える主な理由は、それが脱人間化をもたらしていると考えられるからである。たとえばファストフード産業は、わたしが「マックジョブ[51]」と名づけた作業を従業員にやらせている。バーガーキングのある従業員が語っているように、「どんなまぬけでもこの仕事はできます。とても簡単です」。「サルだって訓練すればこの仕事をできます[52]」。労働者は彼らの技術と能力のほんの一部分しか発揮することができない。こうしたファストフード・レストランの最小限の技能要請は、従業員の側からしても非合理的である。

従業員の側から言えば、マックジョブは、それが満足と安定性のどちらの意味でも多くをもたらさないので非合理である。従業員は、彼らのもっているすべての技能を仕事にもち込むこと、そして仕事で創造的であることを許されない。そのため、その職場には強い憤懣、仕事に対する不満、疎外が鬱積し、また高い欠勤率と高い離職率が発生する。[53] 事実、ファストフード産業は、アメリカにおいて、ほかのどの産業よりももっとも高い離職率（ほぼ一年で三〇〇パーセント）をしめす。このことは、平均的なファストフードの労働者は約四ヵ月しか働かないということ、ファストフード産業の全労働者は年にほぼ三回入れ替わっていることを意味する。

単純で反復的な仕事のためにやめていく労働者の補充は、比較的簡単であるものの、そのような高い離職率は、従業員の側のみならず、組織の側からしてもやはり望ましいものではない。従業員を長期に雇うほうがよいのは明らかである。離職には採用や研修などの費用が含まれており、極端に高い離職率によってそのような費用は大きくふくれあがるのである。さらに加えて、従業員の技能を使いこなさないことは組織にとっても非合理的である。なぜなら組織は、賃金（たとえわずかであるとしても）を支払っている従業員からさらに多くのものを引きだすことができるからである。

精肉業では、ファストフード産業の需要が、少なくとも一部に、脱人間化――非人間的な状況における非人間的な仕事――の増大を助長している。労働者は動物を殺し解体する組み立て作業ラインに付属している高速で回転する歯車にされている。歯車である彼らは、動物を対象に反復的で身体的に過酷な作業をさせられている。その動物は少なくとも最初は生きている。彼らはしばしば血にまみれ、血の溜まり場に立つこともままある。彼らはほかの労働者のすぐそばで非常に鋭利なナイフをものすごい勢いで振り下ろす。そのため異常に高い傷害率（そして死亡率）がしめされているにもかかわらず、多くの傷害者は、傷害を理由に解雇され、そして働き盛りのときに働けなくなることを危惧して、その事故を報告しないことが多い。その実、彼らは違法滞在の移民であることが多く、労働者はほとんど経営側の言いなりである。経営側は彼らを雇用するのも解雇するのも好き勝手である。経営側はこうした無力な労働者が体験している恐るべき労働状態を見過ごし、あるいはさらに悪化させている[54]。

ファストフード・レストランは顧客も脱人間化している。作業ラインに乗って食べることによって、食事をする人は食べ物を詰め込む自動人形に変えられている。食事の経験や食べ物自体から得られる喜びは非常に小さくなっている。よく語られる利点は、それが効率的で、しかもすぐに終わることである。

顧客のなかには、自分たちが非常に合理化したやり方で餌を与えられる家畜になったと感じる人もいるだろう。この点は何年も前に「サタデー・ナイト・ライブ」というテレビ番組が作った「ハンバーガー&ブリュー」の名前をもつ小さなファストフード・レストランのパロディのなかで描かれている。その寸劇のなかで、数人の若い企業幹部たちが「かいば桶と醸造酒」というファストフード・レストランが開店したことを知り、昼にそれを食べに行こうと決める。彼らがレストランに入ると、首によだれかけがつけられる。そして彼らは、チリがいっぱいに入った豚のかいば桶に似たものをみつける。ウェイトレスがバケツからすくってチリを周期的にかいば桶に補充する。顧客たちは、お堅い商売上の話をしながら、かいば桶の周りをぐるぐる回りながら腰を曲げ、かいば桶に頭を突っ込み、チリを吸い込んでいる。誰もが空気を吸うために頻繁に頭をもたげ、そして共用の「醸造酒のたらい」からビールをぐいぐい飲む。「食事」を終えた後は、「ほろ酔い加減で」料金を支払う。彼らの顔面はチリで汚れているため、レストランを出る前に文字どおり「ホースで洗われる」。若手の企業幹部たちはラスト・シーンでレストランから追い出されるのだが、実は、そのレストランは彼らがなかにいた三〇分の間閉まっていたのであり、それゆえ彼らは「だまされた」のである。「サタデー・ナイト・ライブ」は明らかに、ファストフード・レストランが顧客を下等動物のように扱う傾向があることを揶揄したのである。

顧客はまた、マニュアルどおりの相互作用や、相互作用を画一化しようとする別の努力によって脱人間化される。「画一性は、人間の相互作用とは相容れないものである。大量生産される人間の相互作用は、そのルーティン化がみえみえであれ、巧みに操られているものであれ、脱人間化として顧客に襲いかかる[55]」。脱人間化は紋切り型の相互作用が本物の人間関係に置き換わるときに起こる。

ボブ・ガーフィールドのウォルト・ディズニー・ワールドに対する批判は、脱人間化された顧客のもう一つの例を提示している。

かつて小売店には本物の楽しみと本物の想像力があった、とわたしは確信していた。しかしそれは、鋳型にはめて作られた土木工学の手になる幻想というブランドでしかなかった。つまり、そこには幻想などまったくなかった。

人びとをアトラクションへと流し込む狭い通路と囲いのネットから、従業員のよそよそしくプログラム化された、つまり映画「ステップフォードの妻たち」に登場してくるロボット化された永遠に従順な妻たちのような行儀作法、完璧にゴミのない地面、全体主義的秩序が一般化された北朝鮮モデルの社会主義社会のようなイメージ、そしてエンターテインメントそれ自体の徹底した受動的な性質にいたるまで、ディズニーはまさに幻想の反立であり、驚くべき技術スペクタクルであることが暴露されている……。

ディズニーは、想像力の解放とは遠くかけ離れ、主として想像力を閉じ込めることに成功を収めた。あなたを鉄製の軌道にそって引き寄せる「車」や「ボート」のコンベアのように、「白雪姫」や「映画の世界」や「スピードウェイ」といった乗り物に乗せてしまうことで、ディズニーは三、〇〇〇万人ともいわれる来園者を同じように計算し、変えることもなく、厳密に操作したエンターテインメントの経験へと引き込んでいく単調でしかも正確、かつコンピュータ制御されたメカニズムなのである。ディズニーは、約束もしていないのに顧客を忙しくさせている。ディズニーは誰も求めていないのに、すべての人の興味を引こうとしている。

たとえば次のようなことを想像してみてほしい。偽物の潜水艦に乗って偽物の潜水をし、偽物の珊瑚礁や偽物の魚を観賞して偽物の旅をするのだ。それらは、自宅から車で七〇分のところにある二つの素晴らしい水族館で観たことがあるのでよく知っているものばかりだ[56]。

だからディズニー・ワールドは、人間の経験を創造的、かつ想像力に富んだものにする代わりに、非創造的で、想像力に欠け、そして究極的には脱人間的な経験を与えるものでしかないことが暴露される。

自動車の組み立て作業ラインは、そこで働いている人たちにとって日常生活を脱人間化するもっともよく知られた方法である。すでにみたように、ヘンリー・フォード自身は組み立て作業ラインで要求される反復的な作業をできない相談だとしながらも、ほとんどの人びとは、限られた精神力と意欲しかもたないため、それに非常によく適応できるとみなしていた。フォードは次のように言う。「わたしは反復的な仕事がいかなる形においても人間を傷つけるという事実を発見することはできなかった。……もっとも徹底的な調査でさえ、人間の精神が仕事によってひねくれたり死んだりするケースを立証することができなかった」[57]と。しかし人びとはいまや、組み立て作業ラインの脱人間的な性格がそこで働く人びとに深刻な悪影響をもたらしていることを知っている。

組み立て作業ラインの破壊的性質をしめす客観的な証拠は、従業員の欠勤率、遅刻率、離職率の高さにみることができる。より一般的に言えば、ほとんどの人にとって組み立て作業ラインの労働はまったく親しみのもてないものである。以下はある従業員がこの様子をつづったものである。

わたしはほぼ二、三フィートの広さの一地点に一晩中立ちっぱなしである。人が作業をストップするのはラインが停止したときだけだ。われわれの仕事は、一台の車、一つの部品につき三二工程、一時間に四八部品、一日に八時間という内容である。三二掛ける四八掛ける八。計算してみてくれよ。これはわたしがボタンを押す回数なのだから。[58]

ほかの労働者も同じような見方をしている。「何も言うことはないさ。車が来て、それを溶接する。また車が来て、それを溶接する。また来て、溶接する。一時間に一〇一回」。

またある人は、それを記述するだけでなく、それを皮肉る。「塗装部門にはいろいろあるぜ。ペンキのホースをつかみ、色を絞り出し、注入する。つかみ、絞り出し、注入し、あくびする。つかみ、絞り出し、注入し、鼻を引っ掻く[59]」。もう一人の組み立て作業ラインの労働者は彼が感じている脱人間化を次のように描写している。「ときどきわたしは自分がまるでロボットのように感じる。あなたがボタンを押せば、見てのとおりだ。そう、機械のナットの一つになるのだ[60]」。

疎外感は、自動車の組み立て作業ラインで働く労働者のみならず、少なくともある程度まで、組み立て作業ラインの原理にもとづいて作られている広範囲な状況で働いている労働者にも同じような影響を与えている[61]。マクドナルド化した社会における組み立て作業ラインは、われわれの多くにとって、そしてほかの多くの状況にとって重大な意味をもっている。

7・9・1　ファストフード産業――「グリーシースプーン」がなくなった

ファストフード・レストランのもついくつかの脱人間的な側面についてはすでに指摘した。ファストフード・レストランのもう一つの非人間的な側面は、それが人間同士の接触を最小にしてしまうことである。たとえば、従業員と顧客の関係はいくらひいき目にみても一瞬だけのものである。なぜなら、平均的な従業員はパートタイムで働き、数ヵ月しかそこにいないために、いつも来る客でさえ彼／彼女と個人的な関係を作りあげることは滅多にない。地元の「グリーシースプーン」で食事中に、あるいは日替わり定食を食べながらウェイトレスと仲良くなるような時代はとっくに過ぎ去った。客が誰か、いつも何を注文するのかを従業員が知っているような場所はほとんどなくなった。次々に打ち壊されているのは、レイ・オルデンバーグが「素晴らしく良い場所」と呼んでいるもの、つまり地元のカフェや居酒屋である[62]。

ファストフード・レストランでは従業員と顧客との接触は非常に短い。注文し、食べ物を受け取り、料金を払うのにほとんど時間はかからない。従業員も顧客も、顧客は食事をとることを、従業員は次の注文を受けることを急かされ、顧客も従業員もそこをすぐに離れたいと感じている[63]。そのような状況で顧客と売場の従業員とが実質的にお互い交流する時間などありはしない。このことは、スピーディーなサービスと物理的な障壁のために、従業員と顧客とがさらに離れているドライブスルーにずっとよく当てはまる。

こうした高度に非人格的で匿名的な関係は、脚色され、マニュアル化され、制限されたやり方で顧客と接触するよう訓練された従業員によってなおさら強められる。それゆえ顧客は、同胞の人間としてよりも、むしろオートマトンとして扱われているような感覚をもたされる。従業員にしてみれば、顧客は急いでいるようだし、またしばしば本当に急いでいるので、自分たちマクドナルドの従業員にはほとんど何も言わないのだと思い込むことになる。もちろん、ファストフード・レストランが成功している一つの理由は、それが迅速で、非人格的な社会に合わせたためであると主張することは可能である（8章をみよ）。現代世界の人間は、不必要に個人的な関係をもたないか、自分の足しになることだけをしたいと思っている。ファストフード・レストランは、彼らが望んでいるものを正確に与えているのである。

ファストフード・レストランではもう一つの関係も大きく制限されている。なぜなら従業員はわずか数ヵ月しか仕事をつづけないため、従業員同士の十分な個人的な関係が発達しにくい。それとは対照的に、長く継続する雇用関係は職場での長期にわたる関係を促進する。さらに安定した職をもつ労働者は仕事の終わった後や週末に互いに集まることもある。ファストフード・レストランやほかのマクドナルド化した状況での仕事の一時的で、パートタイムという性格が、従業員同士の個人的な関係の可能性を小さくしている。

ファストフード・レストランでは顧客同士の関係も同じく単純化されている。マクドナルドのいくつかの広告がそうでないと人びとに信じさせようとしているが、人びとがレストランや喫茶店にコーヒーや食事のために集まり、交流しているためになかなか立ち去らないという時代は、ほとんど過去の物語になった。ファストフード・レストランは明らかに、そのような交流を歓迎していないのだ。

7・9・2　家族――給油所としてのキッチン

ファストフード・レストランは、家庭、いわゆる「くつろいだ食事」にとくに否定的な影響をおよぼす傾向がある。[64] ファストフード・レストランが、長くつづく楽しい会話にみちた食事を演出することはない。その上、ファストフード・レストランであるために、ティーンエイジャーは友だちと一緒に出かけてそこで食べることができるが、親などほかの家族員は別のところで食事をするか、あるいは別の機会に一緒に食事したほうがよいであろう。もちろん、ドライブスルーは家族らしい食事の可能性をさらに減少させるだけである。次に停まるところに着くまでに、その食べ物をガツガツ食べる家族が「充実した時間」を楽しむことなどほとんどありえない。

あるジャーナリストが家族の食卓に起こっていることを次のように記述している。

　プラスチックの椅子に座ってそれを揺らしながらコロネルズで夕食をしている家族が、カリカリに揚がったチキンの足をつまむ前に、はたしてお祈りをするだろうか。野菜のからし漬けを忘れたことを思い出し、人混みをかき分けてカウンターへ取りに戻ろうとする息子に、父親は今日あったことを尋ねるだろうか。母親は、小さなミルドレッドに苦手なフランス語の語形変化について質問してみようと思うだろうか。もっとも、そうでなければその家族は、電子レンジで温められた調理済みの冷凍食品をむしゃむしゃ食べながら「ハリウッド・スクエア」でも観ているだろうから、そもそもそのようなことが話題になることはない[65]。

最近、家族の絆の希薄化が論じられることが多いが、ファストフード・レストランはそうした希薄化に重大な影響をおよぼしているかもしれない。その反対に、家族の衰退がファストフード・レストランの固定客を生みだしているのかもしれない。

事実、右のことからもわかるように、家庭での食事は、ファストフード・レストランの食事とたいして違わない。家族は、一九四〇年代には昼食を一緒にとることをやめ、そして一九五〇年代には朝食も別々にとるようになった。今日、家族の夕食も同じ運命をたどっている。また家庭での食事はおそらくかつての形態をとどめていないだろう。フォーマルな夕食をとるためにテーブルにつくよりも、むしろ人びとはファストフード・モデルを踏襲して、かつてないほどあれをかじったり、これをつまんだりしながら「ガツガツと食べ」「満腹にする」ことを選ぶようになった。同様に、ただ食べるだけというのは効率が悪いので、家族は食事をしながらテレビを観るようになった。その上、夕食時間帯の「運命のわだち」といったテレビ番組の誘惑はむろんのこと、テレビゲームで「ビーン」とか「ヒュー」などといった騒音は、家族員同士が互いに相互作用することをむずかしくしている。われわれはその損失をあえて受け入れるかどうかを決めなければならない。

共に食事をするということは、家族が毎日集まることを促すわれわれの大切な儀式である。もしそれが失われたならば、われわれは家族であるための新しい方法を発明しなくてはならない。食べ物が与えてくれる喜びの分かち合いを捨て去ってよいものなのかどうか真剣に考えてみなければならない(66)。

家族らしい食事を破壊するのに中心的役割を果たした技術体系は、電子レンジと、それによってもたらされた電子レンジで調理できる食べ物の氾濫である。七〇パーセント以上のアメリカ人世帯が電子レンジを所有している(67)。ウォールストリート・ジャーナルの世論調査によれば、アメリカ人は家電製品のなかで電子レンジをもっとも気に入っている。ある消費者調査の担当者は次のように述べている。「家庭では列を作って並ぶ必要がないので、ファストフード・レストランでさえ、たいして早いように感じられなくなったのです」。通常、消費者の求める食品は電子レンジに入れて一〇分以上はかからない。昔の人びとが、料理に三〇分や一時間ぐらい喜んでかけていたのと好対照である。この速度の重視はもちろん質の低下をもたらすが、人びとはこの損失を気にしていないようだ。「わたしたちは、かつてそうであったほど、食べ物に対してうるさくなくなっただけです」[68]。

電子レンジ料理の速度は、電子レンジで調理できる食べ物のいちじるしい多様化とともに、家族員が違う時間と場所で食事を済ますことを実現した。子どもでさえ、「キッズ・キッチン」や「キッズ・キュイジーヌ」「マイ・オウン・ミール」（冷凍食品に同じような製品がある）といった商品を使って自分の食事をさっと作ってのける。その結果、「安全と幸せの感覚を与えてきた家族らしい食事そのものの性質は、食べ物が料理される代わりに『さっとやってのける』『やっつける』ことになったとき、永遠に失われたのである」[69]。

電子レンジ料理は進歩しつづけている。なかには、食べ物ができあがるとプラスチックの帯が青く変色する最新型もある。これを商品化している会社は、帯が電子レンジと料理の情報を直接交換することさえ約束する。「料理することがボタンを押すことに縮まったため、台所は一種の燃料補給ステーションになり下がった。家族員は車を停め、いくつかのボタンを押し、補給して、立ち去る。後片づけに必要なのはプラスチックの皿を投げ捨てるだけである」[70]。

家庭での食事は、マクドナルド化によって脅かされている家族生活の一つの側面でしかない。たとえば多忙で消耗しきっている親たちは、寝る前に子どもたちに本を読んであげる代わりに、オーディオテープを聞かせるのがよいという助言もある[71]。

次に、バイアグラがある。これは男性の性生活を蘇らせ、関係を改善できるが、それはまた男性と配偶者のあいだで問題の原因になることもある。たとえばバイアグラに匹敵する女性パートナー用の薬剤がいまのところないからである。その結果、年はとっているが、しきりにセックスしたがっている男性と比べて熱意のないパートナーのあいだに緊張が生じるかもしれない[72]。逞しく蘇った男性に若い女性、もっと元気な娘を探すきっかけを与えることになるかもしれない。そうなると、それまでの関係が脅かされることになる。

7・9・3　高等教育——食肉を加工するように

現代の大学は、さまざまな部分で高度に非合理的な場所である。多くの学生と教員が巨大で工場のような雰囲気のなかに投げ込まれている。彼らは大学が官僚制とコンピュータによって管理されているオートマトンのようだと、さらには食肉加工工場のなかを通過していく家畜のようだと感じるかもしれない。言いかえれば、そのような状況でなされる教育は脱人間化の経験だということである。学生大衆、巨大で親しみを感じさせない学生寮、大人数の授業、これらは学生が互いに知り合うのをむずかしくしている。時間割によって厳しく制約された大人数の授業では、学生が教授と個人的に知り合うことは不可能である。運が良ければゼミで助手の大学院生と知り合うくらいである。成績は、機械処理される一連の選択問題の試験によって判定され、名前ではなくしばしば学籍番号で非人格的に掲示される。これらすべてのことから学生は、自分たちが情報提供と学位授与という教育の組み立て作業ラインにそって動きながら知識を注入される単なる物体でしかないと感じるだろう。

もちろん、技術進歩は教育においてさらなる非合理性を生みだしている。教師と学生のあいだのわずかな接触は、インターネット教育、教育用テレビや有線テレビの放送[73]、通信教育、コンピュータ化された授業、そして教育マシンといった装置の進歩によってますます強化されている。少なくともインターネット教育でわれわれは、教育の脱人間化の最終段階を目にすることになるだろう。人間の教師の排除と、教師と学生との人間的相互作用の排除という結末である。

7・9・4　医療――あなたはただの番号だ

医師からすれば、合理化過程は一連の脱人間的な結果を伴う。そのなかでいちばん大きいと思われるのは、制御力が医師から合理化された構造や制度に移行したことである。昔の開業医は、患者の必要と要求および医師仲間による大きな制御を受けていたとはいえ、それでも自分の仕事に強い制御力をもっていた。合理化した医療では、外部管理が増大し、また社会構造や制度による管理へと移行している。医師はこれらの構造や制度によって管理されているだけでなく、自身は医師ではない経営者や官僚的管理者によって制御されている。医師が自分の職業生活を制御する力は確実に下降している。そのため、多数の医師が仕事上の不満と疎外感を経験しやすくなっている。彼らは労働組合を結成する方向に向かっている。こうした方向性は、超保守的なアメリカ医師会連合会が医師の労働組合の結成を認める決定を一九九九年に下したことにはっきり見てとれる[74]。

患者側からすれば、医療の合理化は多くの非合理性の元凶である。効率の欲求は、患者を医療の組み立て作業ラインを流れていく商品のように扱う。予測可能性の強化に向かう努力は、患者と医師や保健の専門家との個人的な関係の喪失をもたらす。というのも規則や規程によって、医師は基本的にすべての患者を同じやり方で扱わなければならないからである。このことは、患者がいつも同じ看護師と顔を合わせるのではなく、多くの看護師を目にする病院にも当てはまることである。もちろん、そのような病院の看護師が患者と個人的に知り合うことは決してない。もう一つの脱人間化の増大は、「病院勤務医（の総合診療）」——もっぱら病院内で診療する医師——の出現（少なくともアメリカにおいてである。いまでは、かかりつけの主治医（患者がこうした医師をもっているとしたらの話であるが）が診る代わりに、入院した患者は、これまで一度も出会ったことのない、まして個人的な関係をもったことのない医師から診察を受けることになる[75]。

計算可能性の強調の結果として、患者は、自分が個人ではなくシステムのなかの番号として処理されているような感覚をもつようになる。時間の最短化と収益の最大化は、患者に与えられる医療の質の低下をもたらす。

医師と同様に、患者もなじみが薄く、不親切で不可解に見える大規模な構造や制度に管理されると強く感じさせられる。最終的に、患者はますます専門技術者と人間に頼らない技術と出合うことになる。事実、より多くの医療器具をドラッグストアで購入することができるようになり、患者は自己診断できるようになってきているので、患者は医師とも専門技術者とも人間的な接触をしないで済ますことができるようになった。

このような合理化のもたらす究極的な非合理性は、医療実務の質の低下と患者の健康状態の悪化である。費用を引き下げ、収益を増大させることに重点を置き、ますます合理化する医療システムは、とくに社会のもっとも貧しい人たちの健康管理の質の低下をもたらす。おそらく医療の合理化のせいで以前よりももっと病気に罹りやすくなり、そして死亡さえする人たちもいるだろう。健康全般はむしろ低下しているかもしれない。しかしこのようなことは、医療制度が合理化をつづける未来においてはじめて評価することができる。なぜなら医療制度は合理化を続行するだろうが、健康に関する専門家と患者は、非合理的な結果を改善するために合理的構造と制度をどのように制御するかを学ぶ必要があるからである。

7・9・5　脱人間化した死

さらに加えて、もっとも人間らしい死の過程に脱人間化が生じている。人びとは、まったく見ず知らずの人の前で、没個人的に死を迎えるようになっている（誕生がそうであるように）。

患者は日ましに人間ではなくなり、集中治療室での複雑な挑戦の対象物に変わっていく。敗血症を起こす前から患者を知っているたいていの看護師と少数の医師たちにとっては、彼はまだいくらか人間であった存在（あるいはいまもそうかもしれない）にとどまっているのだが、専門医たちにとっては、彼は一つの症例である。……患者より三〇歳も年下の医師たちが彼をファーストネームで呼ぶ。それでも、病気の名前や病室の番号で呼ばれるよりはまだましかもしれない。[76]

フィリップ・アリエスによれば、脱人間化は、近代世界が「死を隠蔽してきた[77]」過程の一部分なのである。ここで、シャーマン・ヌーランド博士は、「死を合理化しよう」とするわれわれの要求について次のように書いている。

> われわれは死の力、およびそれが人間の思考力を奪ってしまう凍てつくような一時停止をなんとかして打ち消す方法はないかと考える。われわれは、死がつねに身近にあることから、その現実を意識的に、あるいは無意識のうちに覆い隠す方法を考えざるをえなかった。たとえば、われわれの先祖は死を民話や寓話、夢物語、さらには笑い話にさえしてきた。そして、ここ数十年のあいだに、新たなものが加わった。われわれは、現代的な終いの方法を編みだしたのだ。現代の終いは、現代的な病院で起こる。そこでは死が隠蔽され、遺体は洗浄され、最後にはきれいに化粧をほどこされて現代的な埋葬が執行される。人間はいまや死の力のみならず、自然の力をも打ち消すことができるのだ。[78]（傍点は筆者）

同様に、「デザインされる出産」と並行して、ジャン・ボードリヤールは「デザインされる死亡」について次のように述べている。

> 是が非でも死を簡素化すること、つまり死を隠蔽し、低温処理し、あるいは身なりを整え、化粧し、「デザイン」すること。汚れ、セックス、細菌学的あるいは放射性の廃棄物に対するのと同じ執拗さで死を追いつめること。死のメイク・アップが、……国際的市場取引の純粋法則に従って「デザイン」される。[79]

死に対する医師や病院の力の強化と密接に関係しながら、人間に頼らない技術体系が終いの過程で果たす役割が大きくなっている。技術体系は、たとえば脳死の後でも心臓を生かしておくといったように、生と死の境界線を曖昧にした。医療従事者は、いつ死を宣告してよいかを自分たちで決定するにあたって、技術に依存するようになった。人びとが愛する人たちに看取られるのではなく、たった独りで機械に囲まれて死ぬこと以上の脱人間化がありうるであろうか。

> いかに死にたいかと尋ねられると、ほとんどの人はおよそ次のように答える。速く、苦しまず、自宅で、家族と友人に見守られてと。自分がどのように死ぬと予想するかと尋ねると、恐れが思い浮かぶ。すなわち、病院で、たった独りで、機械の上で、苦しみながら[80]。

ヌーランドは、人間に頼らない大量の技術体系のまったただ中で脱人間化された死について次のように書いている。

> 信号音やきしんだ音を立てるモニター、シューシューと鳴る人工呼吸装置、明滅する色とりどりの電気信号――科学技術を駆使したこれらの防具は、ごく当然に求めうるはずの心の平安をわれわれから取り上げ、われわれを孤独のうちに死なせまいとする少数の人びとからわれわれを引き離す戦術を支えている。こうした手段によって、希望を与える目的で考案されたバイオテクノロジーは、実際には希望を取り上げ、最

期が近づいたときに側にいてくれる家族に当然返されるはずの最後の思い出を家族から奪ってしまう[81]。

7・10　むすび

マクドナルド社の宣伝や、これについて広く信じられている信念とは対照的に、ファストフード・レストランやほかの社会領域におけるそのクローンは、道理に適うシステム、まして本当に合理的なシステムではない。それらは顧客に多くの問題をもたらしている。たとえば効率の強化により、むしろ非効率、相対的に高い代価、幻想的な楽しみと幻想的現実、見せかけの友情、脱魔法化、健康や環境への脅威、均質化、そして脱人間化の重大な問題を頻出させている。確かに、マクドナルド化には利点があるが、しかしこうした非合理性は、明らかにその利点を相殺するか、あるいはそれを圧倒している。その非合理性を理解することがどうしても必要である。なぜなら、みずからを表現し、みずからの利益をさらに追求するマクドナルド化システムによって作りだされ、広く普及している完璧なシステムを、われわれはまだ見たことがないからである。

8章　グローバル化とマクドナルド化

8・1　つまり、すべては無ということか

これまでの五つの章では、マクドナルド化の基本的な特徴、そして次に、マクドナルド化に必然的に伴う合理性のもたらす非合理性を取り上げた。次の二つの章で、考察の焦点は社会変動の一類型としてのマクドナルド化に移る。

マクドナルド化はそれ自体、社会変動の重要な一類型であるにちがいないが、この章でわたしが考察したいと考えているのは、多くの論者がわれわれの時代においてもっとも重要、かつ大きな影響力をもつ変動と考えているもの――グローバル化――とマクドナルド化の関係である。次の章（9章）では、社会変動の一類型としてのマクドナルド化と関係するさまざまな論点を取り上げる。そこでは、マクドナルド化を推進している力、直近に

おける別の社会変動、たとえばポストインダストリアリズム、ポストフォーディズム、ポストモダニズムとマクドナルド化の関係、これには限界があるのかどうか、そしてマクドナルド化過程の将来がどうなるのかなどを取り上げる。その将来の細かなところがどうであれ、確実に、マクドナルド化はすでに社会的世界に深く組み込まれ、また予測できるかぎりの将来においても、それはわれわれと切っても切れない関係にある。多くの人たちはこの事実を歓迎しているが、ほかの多数の人たちはそれを懸念している。だから最後の章では、アメリカのみならず、世界のほとんどでみいだされるマクドナルド化の急速な増殖と終わりのみえない拡張を懸念している人たちに対して、たとえその潮流をせき止めることはできないとしても、それに対処するためのさまざまなアイディアを提供するつもりである。

マクドナルド化は、多くの側面と意義とをもっているが、しかし十分に明白なこともある。その一つは、マクドナルド化がマクドナルドと別の多数のマクドナルド化したシステムの輸出——これらはおおむねアメリカの基地から世界の多数の国々に輸出されている——に関して世界的な意義をもっているということである。さらに、自国産のマクドナルド化したさまざまな形態がそうした地域で発展し、そして現在では、世界中のさまざまな場所に輸出されていることも明白な事実である。そうしたものの多くが、マクドナルド化の元祖であるアメリカを含めて、世界の各地に輸出されている。こうしたグローバルな意味合いから、マクドナルド化とグローバル化というより大きな過程の関係についての分析の必要性が声高に主張されている。この章では、その関係について幅広い話題を取り上げるだけでなく、マクドナルド化が、「無のグローバル化」とわたしが呼んでいる現象に関する、わたしの直近の作品とどのように関係するのかについても論じていく[1]。後者の問題を論じるためには、わたしがグローバル化および無（nothing）の両方（それに関係するいくつかのアイディア）によって何を主張しようとしているかについて、どうしても読者に紹介しておく必要がある。

8・2　グローバル化

もっとも広い意味で、グローバル化とは、「実践方法の世界的普及、大陸を超えて広がる関係、地球規模での社会生活の組織化、グローバルな共通意識の成長[2]」と定義することができる。世界は広くグローバル化によってのみならず、この定義に含まれる過程の下位の次元によっても明らかに影響されている。

マクドナルド化は、多数のグローバル化の一つであると、少なくとも部分的にみなすことができる[3]。マクドナルド化はグローバル化（これはまちがいなく、アメリカ内部の生活に革命をもたらしている）の過程の唯一のものではないことを覚えておくことは重要であるが、しかし少なくともその側面のいくつかをグローバル化の方向で考察することは明らかに可能である。だからここで、マクドナルド化と、先に提示したグローバル化という用語の定義を構成している四つの側面のそれぞれとの関係について順次みていくことにしよう。

第一に、アメリカの実践方法（たとえば顧客を働かせること、いつも素早く食事を済ませ早々に立ち去らせること、ドライブスルーを利用すること）は、アメリカのマクドナルド（およびファストフード産業の多数のほかのリーダーたち）をとおして、世界中の多数の国々のファストフード・レストランへ拡散した。もっと一般的に、多数の異なるマクドナルド化した状況（たとえば教育や法の執行）を定義している幅広い実践方法も同じく世界的規模にまで拡大した。そのため、世界の多数の地域にある大学は、多人数の講義形式のクラス増設の方向に突き進み、また多数の国々の警察は、効率的な法執行の技法やアメリカで開発された群衆整理の技法の多くを採用している。

第二に、これまで前例のないほど多様な大陸間の関係が、マクドナルド化システムの増殖の結果として出現している。マクドナルド化したシステム間の密接な関連は、多数のグローバルな関係を抜きにしては成り立たない。たとえば、世界中にあるヤム・ブランズの一部分（たとえば世界のさまざまな場所で展開しているケンタッキー・フライドチキン）を構成している多数のレストラン間には強い結びつきがある。司法当局と大学がそれぞれの領域におけるマクドナルド化の最先端の知識と経験を共有するとき、両者の関係はさほど正規にではないが重要になってきた。

第三に、これらの関係の全体的な影響が、世界中、また地球全体で社会生活を組織するための新しい方法をもたらしている。もっと広く言えば、距離的にどれほど遠く離れていても、人間世界を組織する方法がマクドナルド化されたのである。これによって、人びとの食べ方がまったく変えられた（たとえば家庭で食事をする回数が減り、ファストフード・レストランで食べる回数が増えた）だけでなく、高等教育（個人別の指導が減り、大教室の講義形式が増えた）や法を執行（裁判所で「組み立て作業ライン」を利用する機会が増えた）する方法が一新された。

最後に、マクドナルド社そしてもちろん多くのマクドナルド化したシステムは、新しいグローバルな意識を生みだした。成長をつづけているマクドナルド・システムが世界の一部であることを完全に意識している人たちがおり、またその知識を楽しんでいる人たちも確かに存在している。だから一部の人たちは、はるばる遠くの地域まですすんで旅行に出かける。そうした人たちは、旅先の状況に適応する彼らの能力がなじみ深いマクドナルド化した状況の存在によっていかんなく発揮できることを知りつくしている。しかしマクドナルド化過程、およびそれが自分の生活や世界中の多くの人びとの生活に仕掛けていることに対して嫌悪感をいだいている別の人たちも同じくらい存在する（それ以上に多くないであろうが）。これらの人たちは少なくともそうした場所を旅行しようとは思わない。言うまでもなく、彼らはそこがすっかりマクドナルド化されていることを知っているからである。もっと一般的に言えば、マクドナルドなどマクドナルド化したビジネスは、非常に積極的で、また攻撃的な市場の仕掛人であるため、人びとはそれらの存在と、またそれらが自分たちの生活を変え、また世界中の多くの人たちの生活の様式を変えている様子を否応なく意識させられるのである。

要するにマクドナルド化はほかにも多くの側面をもってはいるが、それでもまちがいなくグローバル化の一側面である。このことは、グローバル化の定義の基本要素がたやすくマクドナルド化に当てはまることからも明らかである。

8・3　グローバル化——グローカル化とグロースバル化

グローバル化に関する現代の指導的な理論家の一人であるローランド・ロバートソンは、

グローバル化理論の最重要な問題と考えられる論点を概括している。[4] そのすべてが重要であるにちがいないが、この章の中心に位置する三つの問題（そしてグローバル化とマクドナルド化の関係に関する問題）があり、そしてそのなかの二つが互いに密接に関連している。二つの関連している問題とは、以下に挙げる論点である。

「グローバルな変動によってますます強まっているのは、同質性か、それとも異質性か、あるいはそれら双方の混合であるか」。

「ローカルとグローバルのあいだには、どのような関係があるのか」。[5]（傍点は筆者）

これらの二つの問題は密接に結びあっている。ローカルな（あるいは地元の）実践方法が世界中の別々の地域のそれぞれの場所で優勢であるとき、グローバルな異質性が優位を占めている。さまざまな事柄を行う方法が地域ごとに別々であり、高水準の異質性が保たれている。別の地域から取り残されたある地域が、ほかの地域で実践されているのとまったく同じ方法で何かをするということはとても起こりそうにない。これとは対照的に、世界中の異なる地方でグローバルなものが優勢であることは、同質性の成長と結びついているであろう。つまりグローバルな類似した情報と圧力のせいで、さまざまな事柄を同じ方法で実践することを指示する影響力が多くの地方におよんでいる。ローカルなものとグローバルなものの混合（現代では、いたるところでこの混合がみられる）、すなわち同質性と

> 異質性の混合がどうであろうとも、ロバートソンによって提起された第三の問題は非常に重要である。
> グローバル化過程を推進しているのは何か。その原動力はいったい何であるか。[6]（傍点は筆者）

この最後の疑問に対する答えはきわめて複雑である。というのも、ただ一つの原動力があるわけでも、また唯一のグローバル化過程があるわけでもないからである。それでもここではまず、グローバル化過程へのアプローチを具体的に提示した後、この章の後半ではわたしは、マクドナルド化をグローバル化の主要な原動力の一つとして議論していく（なお、グローバル化を推進する別の原動力としては、資本主義化とアメリカ化がある）。

彼が提起しているほかの中心的な疑問[7]は言うまでもなく、右にしめした疑問に対する答えがどのようなものであるとしても、ロバートソンをはじめとする多数のグローバル化論者にとっての主要な争点が、同質性―異質性、およびグローバルなもの―ローカルなものと強く結びついている主題間の関係にあることは明白である。事実、ロバートソンはこうした論点への関心だけでなく、いまでは広く知られている概念――「グローカル化」(glocalization)（これはグローバルなものとローカルなものの統合を重視し、またずっと多くの異質性を含んでいる）――を提示することによって、その関係に筋道をつけようと努力していることでもよく知られている[8]。グローカル化は統合的な一つの概念であり、ロバートソンはグローバル―グローカル、同質性―異質性の両方の側面に強い関心をいだいているが、それでも彼は、グローカルなものの重要性とそれに関連する異質性の存在をいっそう強調する立場に傾いている[9]。

　グローカル化の概念は、ロバートソンの視点の核心をついているだけでなく、グローバル化に関心をいだいている現代の多数の理論家たちが国境という枠組みを超える過程の性質をどのように考えるかの核心をもついている[10]。グローカル化はさまざまな地域に独自な成果をもたらす、グローバルなものとローカルなものの相互浸透であると定義することができる。つまり、均質化への傾向としばしば結びついているグローバルな力は、さまざまに異なる地域においてローカルなものと真っ向から衝突する。どちらか一方が他方を圧倒するというよりもむしろ、グローバルなものとローカルなものが互いに浸透しあい、それぞれの場所で独自な成果を生みだす。

　こうしたグローカル化の重視は、グローバル化一般について考えるさいにさまざまな意味をもつ。第一にグローカル化は、世界がますます多元的になっているとする観点をもたらす。グローカル化の理論は、世界の地域内、および地域間の相違にきわめて敏感である。要するに世界の一部におけるグローカルな現実は、世界の別の部分における現実とはまったく違っている。こうした世界についての見方は、グローバル化一般（とくに、それ以上に、マクドナルド化）と関連する恐怖の多くを、とくに世界中における同質性の増加についての恐怖を控えめに語ることになるかもしれない。

グローバル化の否定的側面に恐怖感をもたない人たちは、グローカル化を重視する人たちの側に賛同して、個人と地方の集団がグローカルな世界に適応し、革新をもたらし、そしてこれを運営する大きな力をもつと論じる。グローカル化の理論は個人や集団を重要で、しかも創造的な行為体（agents）とみなしている。つまりこの強力な個人や集団は、たとえグローカル化していく過程の影響を受けるとしても、その過程によって圧倒されることも、征服されることもない。むしろ、行為体はみずからの欲求と関心によってその過程を修正し、またみずからのために役立てることができる。言いかえると、それらはグローバル化の過程をグローカル化することができるのである。

要するに社会過程、とくにグローバル化に関係する過程は相対的であり、また状況に左右される。つまりグローバル化を推進する力は多くの源に起源をもつが、しかしその力は一般に、世界のどの地域においても対抗勢力に遭遇する。したがってある地域で発展するものは、そうした力と対抗勢力の関係の結果なのである。とすれば、グローバル化の力がローカルなものを圧倒するかどうかは、その力と特定の地方における対抗勢力のあいだの特定の関係に依存するということである。対抗勢力が弱ければ、グローバル化の力をそれに押しつけることができるが、もし対抗勢力が強力であれば（またグローカル化の理論家にとって、そうした力はほとんどの地域において強固なのである）、グローカルな形態は、グローバルなものとローカルなものを独自に統合していく形態を生みだす。だから、グローバル化を完全に理解するためには、いかなる地域であれ、存在している具体的で、しかも状況依存的な関係を取り上げる必要がある。

グローカル化の観点からみると、グローバル化を推進する力は、（全般的に）強制的とみなされるのではなく、むしろローカルなものと調和して、特徴のあるグローカルな現実の個人や集団による創造において活用される素材を提供するものとみなされる。一例を挙げれば、グローバルなマスメディア（たとえば、ＣＮＮあるいはアルジャジーラ）は、人びとがある地方で考え、信じているものを定義し制御するものとみなされるのではなく、むしろ独自の考えや視点の部分集合を創造するために、ほかの多くのメディアの入力情報（とくにローカルな情報）と統合される付加的な情報を提供するとみなされる。

グローカル化は、まちがいなくグローバル化の重要な一部分であるが、しかしそれで物語は終わらない。さらに、また後でみるように、ある程度のグローカル化がマクドナルド化の主導のもとで起きている一方で、グローバル化のもう一つの側面がマクドナルド化と強く関係している。グローカル化のこの側面は、わたしの書物『無のグローバル化』のなかで造られた概念である[11]。グロースバル化（grobalization = growth + ［glo］balization）という概念によってうまく記述することができる。グロースバル化の概念は、グローカル化の概念にどうしても必要な同伴者としてそもそも考案された。グロースバル化は、国家、企業、団体そのほか同種のものの帝国主義的な野心と欲望、むしろ欲求をさまざまな地域にむりやり押しつけることに焦点を合わせている[12]。そうしたものの主要な利害は、みずから権力、影響力、そしてある場合には、利潤の増幅（grow）を世界中で獲得しようとすることにある（だから、その用語はグロースバル化である）。グロースバル化はさまざまな下位の部分過程を包括している。そのうちの三つ――資本主義化、アメリカ化、そしてマクドナルド化[13]――は、グロースバル化の中心的な推進力であるだけでなく、筆者であるわたしにとっても、とくに関心のあるところである。三つすべてがわたしの近著『無のグローバル化』のなかで扱われているが、これから後における焦点は、当然にもマクドナルド化である。つまり、マクドナルド化はグロースバル化の代表でもあり、またその主要な推進力でもある。

　グロースバル化は、グローカル化と関連する基礎的なアイディアとおおむね対立する、さまざまなアイディアをもたらす。グロースバル化は、さまざまにグローカル化した地方間の大きな多様性を強調するよりもむしろ、世界がますます同質のものになりつつあるとみなす見方につながる。世界中の諸地域の内外には確かに違いがあるとしても、強調されるのはその類似性の強化である。だからグローースバル化の理論は、世界の多くの地域に現れている類似性の強化にとりわけ敏感である。このことはもちろん、グローーバル化と関連した同質性の強化を懸念する人たちの恐怖感を強めることになる。

グローーカル化と関連する見方とは対照的に、世界中の個人と集団は、グローースバル化した世界に適応し、革新を起こし、管理運営する能力をごくわずかしかもたないとみなされている。グローースバル化の理論は、自分と自己の世界を創造するはずの個人と集団の能力を呑み込んでしまう、より大きな構造と力とに注目している。

さらに、もう一つもっとも明確な対照が両者にはある。グローースバル化は、社会過程をおおむね一方向的で、しかも決定論的とみなしがちである。つまりその力はグローーバルからローーカルへと流出する。そしてローーカルなものがグローーバルなものに重要な影響を与える可能性はほとんど、あるいはまったくない。そのためグローーバルなものはローーカルな水準において起こることをおおむね規定していると一般にみなされている。グローーバルなものの影響は、ローーカルの水準で起きるものに関して、あるいはローーカルがグローーカルにどのように反応するかに関して状況に左右されるとはみなされない。つまりグローースバル化がローカルなものを圧倒する傾向をもつのである。グロースバル化は、ローカルなものが行動し、また反応する能力をも制約し、ひたすらグロースバルなものに追随するだけである。

要するにグロースバル化の観点からみると、グローバルな力が世界中の個人や集団が何を考え、何をするかをおおむね決定しているとみなされる。たとえばこの見方は、グローカル化を強調する視点よりも、特定の地域における人びとに影響力を行使する、CNNやアルジャジーラのようなグロースバルなメディア権力にはるかに大きな力を付与している。

8・4　マクドナルド化とグロースバル化

グローバル化の観点からみると、マクドナルド化のテーマは、高度にマクドナルド化したシステム――そしてもっと重要なことだが、その土台に横たわっている原理――がアメリカから世界中の地域へと輸出されたと主張していることである。世界中の多くの国々と、それぞれの国内における無数の下位部分がマクドナルド化の過程を実践している。言いかえると、マクドナルド化の影響は世界の各地で成長を遂げて、またマクドナルド化は明らかにグロースバル化の方向に位置づけられる。その主要な推進力は経済である――利潤を継続的に上昇させられるマクドナルド化システムの能力は、世界中の市場を安定的に拡張していく欲求にもとづいている。ところが、別の要因がマクドナルド化のグローバルな展開の成長を説明するのに役立つ。その要因のうちには、マクドナルド化を推進しようとする側にあるシステムへの根強い信念と、それを保有していない側にそれをもたせようとする強い欲望とが含まれている。

グローバル化の理論家たち、なかでも異質化とグローカル化の考えに肩入れをしている人たちは、マクドナルド化のテーマとこれに関係する考えを扱うとき、マクドナルド化のテーマに批判的でありがちであるのは注目に値する。なぜならそのテーマはグロースバル化と、それに伴う世界の多くの地域の同質化の影響に焦点を当てるからである。たとえば、すでにみたように、グローカル化の考えともっとも結びついている人物、すなわちロバートソンは、「世界のマクドナルド化について頻繁に語られることが、……（中略）……こうした商品やサービスが実際にローカル化の基盤であるとする点について徐々にわかってきたことによって軽減されるようになった[14]」と述べている。

マクドナルド化は、明らかにグローバルな視点、とくにグロースバル化の視点であるが、しかしグローカル化の理論と同じではなく、それよりも小さな面とそれ以上の面の両方を兼ね備えている。一方で、マクドナルド化はグローバルな過程の全領域にアプローチできるものを備えていない。たとえばグローバル化の経済的、文化的、政治的、および制度的な側面の多くはおおむねマクドナルド化と関係していない。その一方で、マクドナルド化はグローバルな影響の分析をはるかに超えるものを結果する。たとえばマクドナルド化の多くは、この過程の発祥地であり、またその中心地でもあるアメリカ内部で起きている多様な変容を伴っている。さらに、ほかの多数の国々とその地域内部でのマクドナルド化の普及（ひとたびそれが導入されると）について分析することができる。加えて、すでに述べたように、宗教、高等教育、警察などの社会的世界のさまざまな側面のマクドナルド化を、それぞれのグローバル化の意味合いを抜きにして考察することもできる。だから、マクドナルド化はグローバル化と完全に重なる過程でないし、またそれが唯一のグローバルな過程でもない。それにもかかわらず、マクドナルド化はグローバルな意味をもち、だから全世界で起きている変動を考察する上で有用な用具であるといえる。

明らかなことは、グローバル化、とくにグロースバル化について完全な考察を行おうとすれば、マクドナルド化はどうしても欠かせないということである。ほぼ確かなことだと思われるが、マクドナルド化の論理は、ほかのどのモデルよりも競争上有利な一組の価値と手順を作りだしている。マクドナルド化は、多数の具体的な利点をもたらすだけでなく、別の消費モデルよりもはるかにたやすく自己増殖していく（また社会のほかの多くの分野において繁殖していく)。アメリカで過去半世紀以上にわたってつづいているマクドナルド化の成功は、マクドナルド社、その同業者、世界各地にあるそのクローンのいだく世界的野望と相まって、既成の企業努力だけでなく、そのパラダイムの普及をとおして、マクドナルド化が引きつづき世界市場に侵攻することを強く示唆している。

しかし注意すべきことは、少なくとも現状の形でのマクドナルド化の持続的な躍進がまったく保証されていないということである。実際に、わたしが以前に脱マクドナルド化と[15]呼んだものの兆候は、アメリカでも、世界の別の地域でも認められる。マクドナルド社の「トラブル」について論じた1章でこの問題に言及したし、また9章でも、この問題についてさらに言及するつもりである。それにもかかわらず、現在、そして近い将来、マクドナルド化は、重要な力でありつづけるにちがいない。そして明らかに、しかも明確に、グローカルな過程だけでなく、「無の状態」(nothingness) の拡散に強力に寄与するグロースバルな過程である。

8・5 無—存在とマクドナルド化

この章ではこれまで、マクドナルド化に関係する範囲内で、グローカル化—グロースバル化の考えについて議論してきた。しかしこれから、第二の考えの集合、すなわち、無（nothing）と存在（something）——わたしの著書『無のグローバル化』から導きだされた——について議論する必要がある。すぐにわかるように、この考えは、マクドナルド化と直接に関係しているばかりでなく、グローバル化一般、ならびに、とくにグロースバル化—グローカル化とマクドナルド化の関係と直接に関係している。

無は次のように定義できる。無とは、「特有の実質的な内容を相対的に欠いており、一般[16]に中央[17]で構想され、制御される社会形態」[18]である。ファストフード・レストランをもっとも代表的な事例としてもっているマクドナルド化システムは、無を代表する形態と言って差し支えない。とはいえ、マクドナルド化と関係しない、あるいはそれと直接に関係しない別の多くの無の事例があることを指摘しておくことも重要である。

さて、ファストフード・レストランチェーンの事例をわれわれの無の定義の基本的な要素という観点から考察してみよう。第一にファストフード・レストランはチェーンの一部として、定義上からも明らかなように、中央本部によって構想されている。チェーンを設立し、中央本部と関係しているファストフード・レストランは、そもそも中央本部で構想され、その後も引きつづきその再構想のなかにも巻き込まれている。レストラン側に立ってみると、ローカル・チェーンのオーナーや経営者は、独力で構想を立てることをほとんど、あるいはまったく行わない。実際に、ファストフード・レストランはフランチャイズ権を入手し、そして収益の歩合を本部に上納しつづける。というのも彼らが本部の実証済みの知識と専門技術を欲しているからである。地方レベルのフランチャイズ独自の自主的な構想が相対的に欠如していることが、われわれがフランチャイズを無と考える理由の一つである。

われわれの定義する無の第二の側面――制御――に目を向けても同じ見方が成り立つ(19)。中央本部において地方のフランチャイズの構想を練っている者は、それに対して相応の制御を行っている。実際に、こうした制御・管理の一部は、構想が中央本部の掌中にあるという事実に起因する。フランチャイズを構想し、再構想するという仕掛けがかなりの制御力を生みだしている。しかし中央本部の制御力はもっと直接的な方法を用いてフランチャイズに対して行使されている。たとえば、中央本部はローカルなフランチャイズから歩合を上納させている。そして収益が減ったために、その取り分が削減されるような事態になると、中央本部はローカルなフランチャイズに圧力をかけて、収益率を改善するため手順を変更させる。さらに、中央本部はローカルなフランチャイズに定期的ならびに無通知の検査を実施するために査察員を派遣することもある。中央本部が望んでいるような仕方で操業していないと判断されたフランチャイズは、社の方針に合わせて操業するよう圧力をかけられる。社の方針に従って操業しないフランチャイズは、フランチャイズ権の喪失という最悪の罰則を含めて、悪影響を被ることになるかもしれない。要するにローカルなフランチャイズは自分の運命を制御しようにもできないために無とみなすことができる。

われわれの定義する無の第三の側面は、無は特有な内容をおおむね欠いている社会形態を必然的に伴うということである。これは明らかにフランチャイズのファストフード・レストランチェーンに本質的に当てはまる。つまり、そのアイディア全体が互いにヴァーチャルなクローンであるレストランを生むことにあるからである。言いかえれば、その目標は互いにできるかぎり類似しているものを生むことにある――それらは外からみてもほとんど同じように見えるし、内部も同じように構造化されており、同一の食べ物が出され、従業員は同じ仕方で行動し、また相互作用している。ファストフード・レストランチェーンの店舗がほかのすべてと互いに違っているということはほとんどない。

したがって、右に提示した定義と、ファストフード・レストランのチェーンのあいだにはほぼ完全な適合がみられる。しかしながら、ある意味で「無からは何も生まれない」ので、これはむしろどちらかと言えば極端な見方ではある。言いかえると、あらゆる社会形態（ファストフード・レストランを含めて）は、無の極端な形態からはずれる特徴をもっている。つまり、それらはいくつかのローカルな構想と制御力を備え、そして互いは少なくともいくつかの特有な要素をもっている。別言すれば、すべての社会形態は存在の状態(somethingness)のいくつかの要素を備えている。したがってわれわれは存在—無の連続体とともに、無についてだけでなく、存在についても考えてみなければならない。

このことは、われわれを存在の定義へと導くことになる。「存在とは、一般に地元で構想され、制御され、そして特有で実質的な内容に富んでいる社会形態」[20]である。この定義によって、無[21]も存在も互いに独立してあり得ないことは明白である。互いが他方と組み合わされ、また対比されるときにはじめて理解できるのである。

ファストフード・レストランが無の事例であるとすれば、家庭で最初から調理される料理は存在の事例である。食事は中央本部によってではなく、ここの調理人によって構想されている。管理・運営はその調理人の手中にある。最後に、調理人が準備する食事は特有の内容をもち豊かであり、そしてたとえ同じ食事を用意するとしても、ほかの調理人の用意する料理とは違っている。

無と存在が二分法で提示されるとしても[22]、われわれは存在から無への連続体という形で現実的に考える必要がある。そうすることによって、無と存在の概念は連続体の二つの極として、ここで正確に用いることができる。したがってファストフード・レストランは連続体の無の終端に位置するが、しかしすべてのファストフード・レストランは少なくともほかのすべてと違ういくつかの要素をもっている。それぞれは、それと関係している存在の状態のいくつかの要素をもっている。逆に、家庭で作られるすべての食事は特有であるが、それは料理本やレシピを少なくとももっているのであり、そうなると家庭料理も無のいくつかの要素をもつことになる。それゆえ、その連続体の無の極あるいは存在の極にある社会形態などないことになる。われわれのここでの関心からすると、ファストフード・レストラン、そしてより一般的に、あらゆるマクドナルド化したシステムは、存在―無の連続体上の無の方向に傾いている。

8・6　無―存在とグロースバル化―グローカル化

ここでは、グロースバル化―グローカル化と存在―無のあいだの関係についての議論、およびマクドナルド化を理解するために、それらがもつ意義について議論してみよう。図8・1は、われわれがグロースバル化―グローカル化と存在―無の連続体を交差させるときに表れる四つの基本的な可能性を提示している。この交差から四つの「理念型」が与えられるが、それらのあいだに厳重な仕切り線があるわけではない。これは図8・1中の点線と多方向に向かう矢印を用いることで表されている。

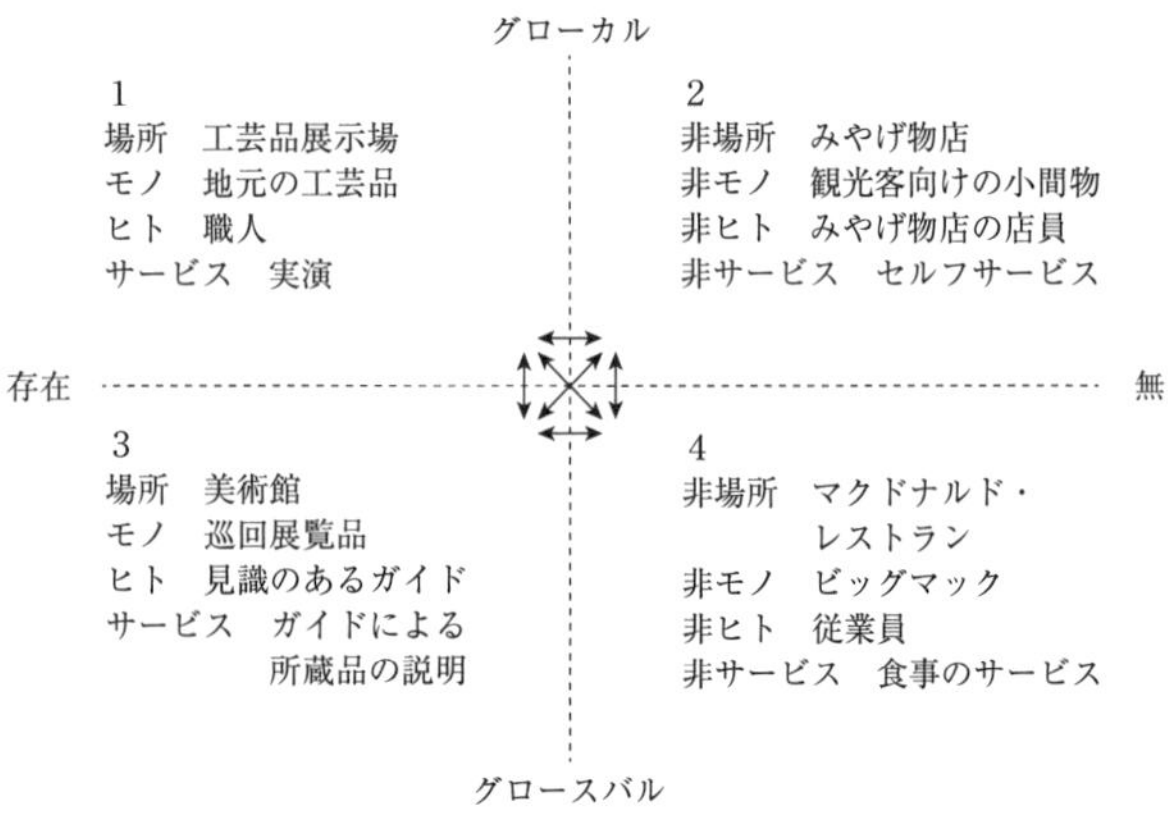

図8・1　グローカル—グロースバルのあいだと、存在—無のあいだの関係、および典型的な事例

出典：George Ritzer. *The Globalization of Nothing*. Thousand Oaks, CA：Pine Forge Press, 2004, p. 98.
『無のグローバル化』（正岡 寛司 監訳、山本 徹夫・山本 光子 訳、明石書店、2005年、200頁）

図8・1中の第一象限と第四象限は少なくともこの分析の目的にとってもっとも重要である。それは現代世界における緊張と対立の最重要点である。明らかに、無をグロースバル化する大きな力が働いており、しかもしばしばグローバルな覇権を掌握しようとする形でその行く手を阻むのは、存在のグローカル化である。われわれはすぐ後でこの対立とその意義を検討することになる。

ほかの二つの象限（第二と第三象限）は、その性格上明らかに事実上の残余であり、二次的な重要性しかもたない。それでも、少なくともある程度の無のグローカル化（第二象限）と、存在のグロースバル化（第三象限）があることを認識しなければならない。それらのあいだにあるいかなる緊張も、無のグロースバル化と存在のグローカル化の緊張よりもはるかに脆弱である。しかし無のグローカル化と存在のグロースバル化の考察から、グロースバル化は無の純然たる源ではなく（それは存在と関係していることがある）、グローカル化だけを存在の源とみなしてはならない（それは無と関係していることがある）ことが明らかになる。

8・7　存在のグロースバル化

いくつかの類型の存在がかなりの程度グロースバル化された。たとえばグルメ向けの食品、手作りの工芸品、注文服とローリング・ストーンズのコンサートは、いまや世界中でふつうに利用でき、また歴史上例をみないほど国家間を移動している。きわめて特別な事例を芸術の分野で挙げてみると、最近、ペルシャのアーティストとアメリカの交響楽団がペルシャ音楽とリムスキー・コルサコフ（ロシア）の「シェヘラザード」を共演したシルクロードコンサートがある。[23]

図8・1に戻ると、われわれは、ヴィンセント・ヴァン・ゴッホの作品などの巡回美術

展覧会という存在のグロースバル化を事例として挙げることができる。こうした展覧会が催される世界中の美術館、そして重要な展示品を来訪者に説明する見識のあるガイド[24]、美術館来訪者からの質問を受けた彼らが伝えることができる詳細な情報と見識を存在のグロースバル化の事例として挙げる。

こうした事例の存在にもかかわらず、グロースバル化と存在のあいだには、どうして小さな親和性しかないのであろうか。言いかえると、なぜグロースバル化は存在よりも無と関係しやすいのであろうか。以下に重要な理由を列挙しておく。

1　少なくとも無の需要と比べて、ほとんどの形態の存在への需要は世界規模でみてもはるかに小さい。その理由の一つは、グルメ向け食品、手作り工芸品、シルクロードコンサートのいずれであれ、存在の特有性は、無の場合よりはるかに限られたオーディエンスだけを惹きつけるものだからである。

2　存在の複雑性、とくに存在には多数の要素が含まれる可能性が高いという事実は、存在が異なる文化を保有している多数の人びとを不快にさせ、さらには彼らの感情を損なう特徴を少なくともいくつかもっている可能性が高いことを意味している。たとえば、シルクロードコンサートのロシア人のオーディエンスは、ペルシャ音楽とリムスキー・コルサコフの楽曲を並置したことに困惑を覚えるかもしれない。

3　存在の諸形態は競合する無の形態より一般的に高価であり、しばしばきわめて高価である（すでにみたように、ファストフードは、あなたが手に入れる食べ物の値打ちに比して高いが、それでもグルメ向けの食品はファストフードの食べ物と比べてとても高価である）。言うまでもなく、存在の価格が高ければ高いほど、それを買う余裕のある人は少なくなる。そのため高価な存在に対する世界的需要は、安価な無の世界的需要よりはるかに小さい。

4　値段が高く、需要がかなり小さいので、存在の宣伝とマーケティングにはわずかな資金しか使えず、だから存在の需要は伸びない（そしてある場合には、需要が伸びることを妨げる）。

5　存在の大量生産はきわめて困難であり、場合によっては（たとえば、シルクロードコンサート、ヴァン・ゴッホ展）、大量生産不能である。

6　存在の需要は無より価格に敏感に反応しない（それを買える人はかなり少数であるが、しかしどんなに高くても存在を買いたいと思えるし、しばしばそれを買えるほど余裕のある人びとがいる）ので、（たとえ大量生産が可能な場合でも）大量生産をして低価格にする必要性はない。

7　存在（グルメ向け食品、ヴァン・ゴッホの絵画）の運送費は通常きわめて高く、価格に加算されるので、需要は減少する。

8　存在のグロースバル化が（無のグロースバル化と比べて）滅多に生じないことは、無と存在の区別に役立つとも言える。存在はかなり稀少であるため、存在はその地位と無との差異を保持できる。もし存在が大量生産され、グロースバル化されるようになれば、それは連続体の無の極に近づくであろう。

8・8　無のグロースバル化

図8・1中の無のグロースバル化の事例は、マクドナルドでの食事である。どこであれマクドナルド・レストラン、そこで出される食事、そうした状況で働いている従業員、そして彼らが提供する「サービス」に特別なものはほとんどないか、あるいはまったくない。加えて、世界中のほとんどの地域にマクドナルドを拡張しようとするきわめて攻撃的な努力があった。だからこそ、マクドナルド（そしてほかのファストフードチェーン）の地球規模での拡大は、無のグロースバル化のほぼ完璧な事例である。

グロースバル化と無のあいだの強い親和性を表す主要な理由は、基本的にグロースバル化と存在のあいだの親和性の欠如の理由の裏返しである。たとえば、

1　言うまでもなく、存在よりも無のほうが世界中で大きな需要をもつ。というのは、存在よりも無のほうがしばしば安価である（いつもというわけではないが[25]）。そのため存在を買う余裕がある人たちよりも、無を買うことができる人のほうが多い（よく知っているように、マクドナルドという場所は低価格と「バリューセット」の食事を強調する）。

2　大多数の人びとはさまざまな形の無のほうを欲しがる。なぜなら無は比較的単純で、特有な内容を欠いているので、多くの人びとの好みに合うからである（マクドナルドでの食事はその単純で食べ慣れた――塩辛く甘ったるい――味で知られている）。

3　さらに加えて、無であることはおおむね特有な内容を欠いていることなので、別の文化をもつ人びとを困惑させたり、彼らの感情を害したりする可能性がきわめて低い（一部の文化で人びとをひどく怒らせたこともあるが、マクドナルドの単純で基本的な食べ物は、多数の異なる文化に適合する能力を実証した）。

4　最後に、潜在販売力が膨大なので、無の宣伝とマーケティングに莫大な資金を投入でき、無の需要をさらに大きくすることができる（マクドナルドは宣伝に莫大な経費を投入し、その商品に大量の需要を生みだすのに成功を収めている）。

大きな需要を考えるとき、実質的に内容豊かな存在の諸形態よりも、無の空虚な形態を大量に生産し大量に流通させることのほうがはるかにたやすい。実際、存在の多くの形態は、唯一無二の作品でない場合でも、あえてきわめて限られた数しか生産されない。熟練した陶工が数十個の陶器を作るのに、あるいは画家が、一、二枚の絵を完成させるのに、一週間、一月、一年（あるいはそれ以上）の手間暇をかけることもある。これらの工芸品や芸術品は長い時間の経過のなかで、ある所有者から世界のさまざまな地域にいる別の所有者の手に渡ることがあるが、このような取引は、世界貿易全体にほとんど影響しない。もちろん、数百万ドルの値段がつくような傑作もあるが、流通している工芸品や芸術品の大部分は、それよりはるかに安価である。これとは対照的に、数千、数百万、時には数十億個にのぼる無の諸形態が大量生産され、全世界で販売されている。ビッグマック、ワッパー、ケンタッキー・フライドチキンのようなファストフードの地球規模での販売は、すぐれた芸術作品（たとえばヴァン・ゴッホの作品）の国際的な取引あるいはローリング・ストーンズの直近の世界コンサートツアーのチケットの販売よりも、グロースバル化の点ではるかに大きな要因である。

さらに市場経済は、生産した大量の無がグローバルベースで市場に出荷し販売することを要請する。たとえば、規模の経済とは、生産し、販売するものが多ければ多いほど、価格が低くなることである。これは、アメリカ市場がどんなに広くても、アメリカ国内の無の生産者（すでに述べたとおり、彼らは無の生産の面で群を抜いた世界的リーダーである）が国内市場に満足できなくなり、彼らが消費財の世界市場を強引に追い求めざるをえないことを意味している。グロースバルな市場が大きければ大きいほど、そこに供給される製品の価格は廉価である。これは、さらに大量の無を販売することができ、世界的販路を開発途上国に拡大できることを意味している。

株式市場に由来する、もう一つの経済的要因がある。株式市場の要請にもとづいて無を生産し、販売する企業（事実上すべての企業）は売上高と収益を年々増やさなければならない。前年度の収益を維持しただけ、あるいはそれを下回った（どうかそんなことがありませんように）企業の株式は、株式市場で買い叩かれ、時には株価が急落する可能性がある。ずいぶん昔にマルクスが解明したとおり、収益を持続的に増やすために、企業は新しい市場を探索しつづけなければならない。そうするための一つの方法は世界規模で拡大しつづけることなのである。これとは対照的に、存在は企業、とくに株式市場に上場されている大企業によって生産されていないことが多いので、その市場を拡大しなければならないという圧力はないに等しい。いずれにせよ、すでに述べたとおり、職人、音楽家、熟練したシェフ、芸術家などが生産するものの数は限られているので、どんな種類の拡大にも大きな制約がある。それゆえ価格については、存在より無のほうが一般に安い。存在より無の諸形態のほうがはるかに低コストである。したがって存在よりはるかに強引に無を全世界で販売することができる。

また、全世界への輸送の面でも、無ははるかに有利である。一般に、非モノは簡単かつ効率的に梱包でき、しばしば広範な地域に輸送できる。たとえば、マクドナルド・ビジネスの基礎である冷凍ハンバーガーと冷凍フレンチフライは最高の見本例である。明らかに、できたてのハンバーガーやスライスした新鮮なジャガイモを梱包し、遠距離にわたって移送するのははるかにむずかしい。さらに、このような商品の単価は低いので、失敗したり、紛失したり、盗難に遭ったりした場合でも、大事にいたらない。これとは対照的に、存在（たとえば手作り陶器、骨董品の花瓶）の梱包はよりむずかしく、費用がかかり、それらの紛失、盗難、破損は大きな損失である。だから存在の保険料は無の保険料よりはるかに高い。これも、存在より無が安価なことの一因である。これらの要因により、存在の項目に含まれうる品目を全世界的な規模で取引することには大きな制約がある。

8・9 無のグローカル化

歴史をふりかえるとき、ローカルなものをロマンチックに描き、栄光を与える傾向が過去にはあった。そしていま現在、グローカル化の理論家たちは、グローカルなものを過大に評価している。グローカルなものは、グロースバル化の悪魔に対する対案であるばかりでなく、現代世界において価値あるものの多くの主要な源であると多くの人たちがみなしてきた。グローバル化の理論家たちは、しばしばグロースバルな無よりもグローカルな存在[26]（また、彼らの分析において滅多にお目にかかれないグローカルな無）に特別の地位を与えている。

グローバル化の理論家のほとんどはポストモダニストではないけれども（マイク・フェザーストンは例外の一人である。[27]さまざまなポストモダニズムについては9章をみよ）、さまざまなポストモダンの考えを幅広く受け入れること（そして多くのモダンな立場を拒絶すること）によって、多数のグローバル化の理論家たちがグローカル化に肯定的な態度をもつのに役立ってきた。フリードマンは「文化多元主義」と「世界のポストモダン化」を明示的に連結している理論家の一人である。[28]ポストモダンの視点は多くの点でグローカル化の理論と連動している。たとえば巨大な権力（グロースバル化のような）と対決している行為体の力に関するミシェル・ド・セルトーなどの作品は、地元の行為者たちがグローバルなものとローカルなものの相互作用から独自な現象を想像するという見解を生みだしている。そのように主張する一人であるド・セルトーは、行為者を「芽の出ない演出家、私事を歌う詩人、機能主義的合理性のジャングルにいる開拓者[29]」であると語っている。地元の共同体への同様の焦点化は、独自のグローカル化の現実を想像する力をそれに与えている[30]。より一般的に、ポストモダンの視点は雑種形成（ハイブリッド）と結びつき、そして次に、それが「本質論や同質性」などの近代的な視点を「打ち壊し」ていく。

グローバル化の理論家がグローカル化に関心をもち、そしてそれを選好することにはいくつかの妥当な理由があるとしても[31]、それは明らかに誇張されすぎている。そのなかの一つとして、（とくに無の）グロースバル化は（とくに存在の）グローカル化よりもいっそう広がり、また強力である。もう一つには、グローカル化そのものが無の重要な源であるとするものである。

無のグローカル化のうち最良の事例の一つがツーリズム[32]の領域でみいだされる。とくにグロースバルな観光客がグローカルな商品やサービスを製造または販売しているローカルな製造業者または小売業者（まだ彼らが存在したらの話である）と出会った状況でみいだされる（図8・1の第二象限は、この事例をしめしている）。明らかに、観光が存在（たとえば、眼識のある観光客向けに上手に作られた高品質の工芸品、地元のシェフが現地の最高の食材を使い、伝統的調理法に従って、愛情を込めて作った料理）の生産を刺激している例は、かなり多数ある。しかしほとんどの場合、時が経つにつれて、ますますグロースバルな観光が無のグローカル化をもたらしている。みやげ物店は地域文化を少ししか反映していない小間物でいっぱいになっている。おそらく世界の各地域から入手した材料を使って、このようなみやげ物を現地の工場で大量生産する傾向がますます強まっている。十分な需要の増加と収益性の向上が見込まれる安物のみやげ品が世界の他地域で数千個から数百万個も製造され、現地に出荷され、そこで観光客に売られていることがある（観光客はエッフェル塔のミニチュアに浮き彫りされている「中国製」という表示に気づかないこともあるし、それを気にかけないこともある）。みやげ物店の店員は非ヒトのように行動し、観光客はセルフサービスをする可能性がきわめて高い。同じく、本当に地元の料理や本当に地元の要素を取り入れたグルメ向け料理より、半熟練シェフが手早く作ったなんとなく地元のものであるような料理のほうがはるかに多いのである。このような料理は連続体の非場所の極に近い「観光客向け」レストランで、サービスらしいことをほとんどしない非ヒトによって出される傾向がある。

しばしば伝統的な衣装、踊り、音楽を使って上演されるグロースバルな観光客向けの郷土ショーは、無のグローカル化のもう一つの好例である。これらのショーは存在であったかもしれないが、グロースバルな旅行業者や観光客を満足させるために、無に変化している可能性がきわめて強い。これらのショーは中央本部で構想され、制御される空虚な形態になっている。それゆえそれらは無のグローカル化の例と言える。これらのショーは骨抜きにされていないとしても、しばしば難解な要素や不快感を与える可能性のある要素が取り除かれた水割りのようなものになっている。演技は大勢の観光客が気に入り、うんざりする人ができるだけ少なくなるように脚色されている。頻繁に上演するので、しばしば出演者が散漫に、うわべだけ演技しているように見える。ほとんどのグロースバルな観光客は慌しくショーを観て、地元のものであるような料理を食べ、すぐに次の旅先に行くことを望んでいる。結局、観光分野（みやげ品、郷土ショー、地元の料理）では、存在のグローカル化より無のグローカル化が進行している傾向がはるかに強い。

8・10　存在のグローカル化

図8・1（第一象限）にしめした存在のグローカル化の事例は、陶器、織物などの地元の工芸品である。このような工芸品は完全に特有なものであり、工芸品展示場などの場所で展示され、販売されている。陶工は陶器を作り、実演し、そして顧客はこうした陶工から多くのサービスを受ける可能性が大きい。

このようなグローカルな製品は存在でありつづける可能性が高いが、明らかに存在のグローカルな形態が無のグローカルな形態に変化した例は数えきれないくらいあり、存在のグローカルな形態が無のグロースバルな形態に変化した例もいくつかある（たとえばロシアのマトリョーシカ人形）。実際、需要が大きくなるにつれて、グローカルな存在がグローカルな無に移行し、グローカルな無を世界市場で販売できると考える企業家がいる場合は、さらにグロースバルな無[33]に移行するような過程がしばしば認められる。とはいえ、存在のグローカルな形態の一部（地元の郷土料理と工芸）は、この過程に抵抗することができる。さまざまな理由で、存在のグローカルな形態はそのまま取り残される。

1　まず、存在のグローカルな形態は、少なくとも大量生産された競合品と比べて高価な傾向がある。それゆえ、世界水準はいうまでもなく、地域水準でも需要が低下しつづける傾向がある。

2　存在のグローカルな形態は特有な内容を含んでいる。何よりも、それは消費者、とくに異文化のなかにいる消費者にとって、それらを理解し、評価することがかなりむずかしいことを意味している。また、それらの複雑さのゆえに、異文化のなかにいる人びとはそれらを好きになれない、さらには不快と感じる傾向もある。

3　存在のグローカルな形態を作りだしている人びとは、無の大規模生産者とは異なり、株主の期待に応え、株式市場の要件を満たすためにビジネスを拡大し、収益を上げなければならないという市場の圧力を受けていない。職人は、大きく儲けたいという欲望を免れていないであろうが、そうすべきであるとする圧力は外部というより、内部からくるものであり、大きな圧力でもなければ、変えられない圧力でもない。いずれにせよ、大きく儲けたいという欲望は、各工芸品の制作には時間がかかり、所定の期間内に制作できる品数は限られているという事実によって抑えられる。さらに、工芸品は大量生産以上に、大量宣伝や大量販売に向いていない可能性が大きい。

四つの類型のグローバル化についての以上の議論は、より大きなカテゴリー（無のグロースバル化）において、そして次に、グローバル化のほかの主要な類型の、より大きな状況においてマクドナルド化されているものについて述べるのに役立つ。いっそう重要なことだが、今日、もっとも重要なグローバル化の形態が無のグロースバル化、とくにマクドナルド化した無の形態のグロースバル化であるということである。

無のグロースバル化は存在のグローカル化とにらみあっているとしても、現代における権力の多くが無のグロースバル化と並行しており、そしてこれが存在のグローカル化を（たとえば、こうした形態の存在をマクドナルド化することをとおして）圧倒し、切り崩そうと脅かしている。

無のグロースバル化もまた存在のグロースバル化とにらみあっているが、しかしこれら二つの過程はむしろ互いに快適に両立できるように思える。その一つの理由は、二つの過程がまったく違うオーディエンスに仕えており、だから地球規模の市場で互いに対決することがほとんどないからである。もう一つの理由は、存在のグロースバル化は無のグロースバル化と比べて非常に小さく、後者は前者を無視しても、なんら問題はないということである。

最後に、無のグロースバル化と無のグローカル化のあいだに対立はない。双方が無の販売に関係しているだけでなく、それらはマクドナルド化の過程をたどっているからである。グロースバル化はマクドナルド化の本元である一方で、グローカルなものは、マクドナルド化の支配下にあり、ローカルなものの存在を要望どおりに反映しているマクドナルド化された生産物を提供しつづけている。

グローカル化の理論を通観し、そしてとくにわたしの最近の無のグローバル化（およびこれに関係する考え）に関する成果を考えた上で、この文脈におけるマクドナルド化についてもっと具体的な議論に目を向けてみよう。マクドナルド化の地球規模の意味について二つの極端な立場があり、それらは図8・1中で二つの中央の象限――存在のグローカル化と無のグロースバル化とその間の基本的な対立――に並んでいる。一方の側はマクドナルド（マクドナルド化の頂点にいる代表者）を、あらたなグローカルな現象を生産するためにローカルなものを統合する力とみなす人たちがいる。これは、マクドナルド化があらたな、そして歓迎されるべき社会形態を生みだす世界における、最悪の場合でも、悪性でない、あるいはせいぜい、肯定的な力であるとする立場につながる。もう一方の側は、マクドナルド化の批判者であり、彼らはマクドナルド化を、ローカルなものを圧倒するグロースバル化の力とみなす。ここでマクドナルド化は、ローカルな差異を破壊し、そしてよりグローバルな同質性をもたらす否定的な力とおおむねみなされている。

8・11 存在のグローカル化の事例としてのマクドナルド化のケース

マクドナルド（およびほかのマクドナルド化したシステム）がローカルな条件、現実、そして嗜好に順応しようとしているのはまちがいのない事実である。実際に、マクドナルド・インターナショナルの社長は、「わが社の目標は可能なかぎり地方文化の一部になりきることだ[34]」と語っている。その基礎メニューは損なわれずに地球上で生きつづけているけれども、マクドナルドは以下にしめすような（そのほかにもたくさんあるが）地元の食べ物を追加している。

▼ノルウェー　マックラクス――全粒粉のパンの上にディル・ピクルス・ソースを添え

てグリルされたサーモン・サンド

▼オランダ　グレンテバーガー――ベジタリアン用のバーガー

▼ウルグアイ　マックウェヴォ――ポーチドエッグを添えたバーガーとマックケソス――トーストしたチーズサンド

▼日本　チキン照り焼きサンド――キャベツとマスタードとマヨネーズ付きの醬油ソースとショウガで味つけされたフライドチキン

▼フィリピン　マックスパゲティ――フランクフルトソーセージの小片とトマトソースもしくはミートソース付きのスパゲティ[35]

▼ロシア　ピロツーク――ジャガイモ、マッシュルームとチーズパイ[36]

イギリスのマクドナルドは「マックチキン・コルマ・ナーン」と「ラム・マックスパイシー」を提供することによってイギリス人が熱中しているインドの食事に応えた[37]。また、もちろん、マクドナルドだけがローカルな嗜好と好みに適した食べ物を提供することによって適応する努力をしたわけではない。たとえば、イスラエルでは過越の祭りのさいにはピザハットはパン種を入れていないピザを販売し、ケンタッキー・フライドチキンのフライドチキンは粉をまぶすよりも、むしろバーベキューソースをつけていた。追い抜かれないために、マクドナルドはチキンマックナゲットを種なしパンで作っている[38]。

マクドナルドはまた、店舗を運営する仕方においてローカルな状況に適応している。

▼北京でも、メニューはアメリカのそれと同じであるが、しかし食べ物は食事よりもむしろおやつのスナックのように食べられている。食べ物をスナックとわかっていながら、北京の顧客（またほかの国でも同じく）はしばしば数時間も席についてねばっている。アメリカの顧客は、ドライブスルーをただちに離れるのと同じように、店で素早く食べるか、それともテイクアウトするか、いずれにせよ迅速に立ち去るのである。しかし北京とアメリカにおける最大の相違は、北京のマクドナルドは、入って、そしてできるかぎり素早く立ち去るよりもむしろ、地元の会社として、また「ぶらぶらし」、また何か儀式（たとえば子どもの誕生会）を催す場所として、みずからを演出しているところにある。それぞれの店舗は五人から一〇人ほどの女性の応接係を配置している。こうしたマクドナルドのおばさん[39]（台北ではロナルド・マクドナルドがマクドナルドのおじさんとしてよく知られている）は子どもたちを接待し、そして親たちに語りかける。[40]

▼北京の場合と同じく、香港のマクドナルドはもっと人間的な状況であり、アメリカ人の二倍くらい時間をかけて食事することができる。香港のマクドナルドは午後三時から六時頃まで、ティーンエイジャーのたまり場であり、マクドナルドはテーブル時間

を制限するようなことはあえてしない。それはあたかも「家庭[41]」のように感じられているのだ。従業員は顧客にほとんど笑みを見せない。その代わりに、彼らはその文化で高く価値づけられている特性――「有能」「廉直」「泰然自若[42]」――を表している。香港のマクドナルドで食事をする人たちは食べ残りを自分で片づけない。さらに、ナプキンは一度に一枚あてがわれる。なぜならもし容器にナプキンがあらかじめセットされていると、たちまちすべて消えてなくなるからである。

▼台北のマクドナルドはティーンエイジャーのたまり場でもある。わが家のように扱われ、「なじみ深く、また地元[43]」なのである。同じ顧客がいくどもやってくるので、互いにすっかりなじみあっている。

右の事例を要約するための一つの方法として、ジェームズ・L・ワトソンは、「東アジアの消費者は静かに、そして辛抱強く近くにあるマクドナルドを『グローカルな』制度に変えている[44]」と主張している。あるいは本節でなされてきた議論の視点と的確に一致しているのだが、ワトソンは「香港のマクドナルドはもはやローカルなものとローカルでないものとを区別できない[45]」と論じている。中国のマクドナルドは、アメリカ的現象であると同時に、中国的現象とみなされる。日本のマクドナルドは日本人によって「構築されたアメリカ的なもの」と一部の人たちはみなしている[46]。ジェームズ・L・ワトソンの用語を用いるならば、マクドナルドは超国家的な現象である。ワトソンにとって、マクドナルドは一枚岩であるよりもむしろ、「半自治的な事業連合体」なのである[47]。

これらすべての事例は、マクドナルド（そしてより一般的には、マクドナルド化）をグローカルな現象であると暗示している。そしてこのことを主張するにあたって、その意味合いは、生産されるものが、この分析の用語を用いるならば、存在であるということだ。生産されるものが時にローカルなものと記述されるとしても、それは明らかにローカルではない。なぜならその生産物は、しばしば深刻にグローバルなものの影響を受けているからである。それはグローバルとローカルなものの統合、すなわちグローカルなものである。それをグロースバルなものと考えることはできない。というのも、ローカルなものは、グロースバルに圧倒されないとしても、むしろそれに統合されているからである。そして、グローカルな水準で生産されるものの多くが存在と考えられ得るか、あるいはビッグマックあるいはチキンナゲットのように明らかにグロースバルな現象よりも、存在―無の連続体の存在のほうに少なくとも近づいている。ウルグアイ内では同じかもしれないが、マックウェヴォやマックケソスは内容の点で独自であり、別に理由がないとしても、それはほかの多くの国では売れないであろう。もちろん、これとは対照的に、ウルグアイで売られているビッグマックはほかのどこで売られているものともほぼ完全に同じである。同様に、人びとは東アジアの一部のマクドナルドで長居をするようたきつけられるので、それらはそこに独自な社会環境を作りだしがちである。それは何か独自なものを創りだせるほど長くいることのめったにないほとんどのほかの場所とは明らかに違っている。

マクドナルド（そしてほかのマクドナルド化したシステム）が世界中でローカルな現実にさまざまなやり方で適応していることは疑いのないところである。その適応能力がマクドナルドの海外での成功を助けている。もしマクドナルドが過剰に適応すると――もしマクドナルドがその標準的な食べ物と運営法を放棄し[48]、そしてそのアイデンティティと画一性を喪失してしまうなら――、マクドナルドが収めた世界規模の成功の多くの源を壊すことになる。もし世界中のローカルなマクドナルドが自分独自のやり方で運営し始めたら、最終的にマクドナルドはマクドナルドとしてのアイデンティティを失うことになるのではあるまいか。その会社自体（あるいは少なくとも国際的な操業）が最終的に破綻し、そしておそらくこうしたローカルな適応によって壊されることになるのではあるまいか。

8・12　無のグロースバル化の事例としてのマクドナルド化のケース

先の節の終わりのところで明らかにしたように、マクドナルド化したシステムは標準化されなければならない。したがって、それらは少なくともある程度まで世界中のローカルな市場にみずからを押しつけざるをえない。マクドナルドはさまざまなやり方でローカルな現実に適応できるけれども、その基本メニューと基本的な運営手順は本質的に世界中のどこでもいつでも同じである。この意味で、マクドナルドは無のグロースバル化のエピトーメ［権化］とみなされる。よって、その標準的な製品の「無の状態」とその基本的な運営原理は、ローカルな製品とローカルな運営原理を脅かし、また多くの場合にそれに取って代わるのである。

アメリカで創始した巨大なファストフードチェーンの国際舞台での膨大な拡張は、無のグロースバル化の一つの顕在物である。しかしながら、ほかの国々におけるアメリカの標準的なチェーンの存在そのものは、マクドナルド化の普及の形態における無のグロースバル化のもっとも重要な指標ではない。むしろそれは、世界中のますます多くの国におけるマクドナルド化したビジネスの地元のクローンの存在でしかない。結局のところ、アメリカからの輸入品の進出は、ローカルな文化にとっての、あるいはその変動にとっての根本的な脅威ではなく、別々の、また表面的でしかない要素の侵入の発現でしかないであろう。しかし地元バージョンの出現は、その社会の根底的な変化、正真正銘のマクドナルド化、そして無のグロースバル化の強力な証拠であるだろう。

以下の事例はローカルなレストランを変容させるマクドナルド化の力を映し出している。それらはまた、それらが特有な内容を概して欠き、またマクドナルドやほかの同類によって開発された多数の標準を真似ているという意味で無の顕在物である。

▼ロシアにおける多数のマクドナルドの成功は、ルスコィエ・ビストロ(49)など国内企業の発展をもたらした。その副社長は、「もしマクドナルドがわが国にやってこなかったならば、われわれは多分ここにはいなかったであろう(50)」と語っている。さらに、「われわれはわれわれのライフスタイルと伝統に適合するファストフードをここで作りたいと考えている。……われわれはマクドナルドを兄とみなしている……われわれは彼らから学ばなければならない(51)」。

▼中国の栄華チキンと香緋ローストチキンは、ケンタッキー・フライドチキンを模倣している。北京ファストフード会社はほぼ一、〇〇〇店舗におよぶローカルレストランと露店を保有し、そこでローカルな製品を売っている。その企業の重役のうち数人はケンタッキー・フライドチキンとマクドナルドの元従業員であり、彼らは基本的な運営法をそこで学んだのである。北京でもっとも有名なレストラン――全聚徳北京ダック・レストラン――でさえも、その経営幹部を一九九三年にマクドナルドに出向させ、そしてそれ以降、一九九四年早々に自前の「北京ダック・ファストフード」を導入し

た。[52]

▼日本では、マクドナルドのもっとも強い競争相手はモスバーガー（一、五〇〇超の店舗をもっている）であり、そこでは、ロールパンの上に牛肉とチリソースを載せたグリーシースプーン風の調合物が提供されている。[53] その親会社は別名称で「ちりめん亭」（日本で一六一店舗をもつラーメン屋。中国で二店舗をもつ）、「なか卯」（ご飯とうどんを販売し、八二店舗をもつ）、そして「みこし」（カリフォルニア州で四店舗のうどん屋を出店している）を操業している。[54]

▼ソウルでのマクドナルドの競争相手には、アンクル・ジョー・ハンバーガー（キムチバーガーの考案者の名前を冠し、地元の大切な香辛料唐辛子に漬けて作られた白菜を入れたバーガー）[55] とアメリカーナがある。[56]

ローカルなレストラン（そして多数のほかの制度）に一つのモデルを提供する以上に、マクドナルド化は全体社会の慣習に脅威を与えている。これは、特有なローカルな慣習がその起源をどこかほかのところにもち、しかも特有なものに欠けている別のものによって停止され、置き換えられている。たとえば、

▼親たちがそれを「チップ」と呼んでいるのに、イギリスの子どもたちは今日日常的にそれを「フレンチフライ」と呼んで欲しがっている。[57]

▼韓国（そして日本）において、食事をマクドナルドで個食するという個人主義は、ご飯を食べることのもつ親交――ご飯はふつう一つの釜で炊かれ、そしておかずは大きな皿に盛られ、取り分けられる――を脅かしている。

▼アメリカにおいてマクドナルドは子どもたちを香港（およびほかの多くの場所）のように常連客に変える手助けをしている。

▼香港への移住者はマクドナルドで終わるバスツアーを提供されている。[58] もしすべての都市がこのようにしたならば、少なくともこの事例においては、ある都市から別の都市を区別するものは何もない。

▼日本では、マクドナルドは新しい「ローカルな」現象と表現される。日本のボーイスカウトがシカゴでマクドナルドをみつけて驚いた。彼らは、マクドナルドが日本企業であると考えていたのだ。[59]

地方の住民はマクドナルドやマクドナルド化したシステムを自分のものとみなすようになったので、マクドナルドの過程は、もっと一般的には、無のグロースバル化が世界中の文化の現実にさらにもっと深く組み込まれるのは確かな事実である。[60] たとえば、立って食べることに対する日本の伝統的で、まったく特有な禁忌（タブー）はファストフード・レストランによって崩された。カンやボトルから直接に飲むことに対する文化の否定的な裁可もある程度覆されている。手で食べることに反対する規範はまだもち堪えている（日本人はふつうバーガーを包み紙に入れたままほおばり、したがって手が直接に食べ物に触れることはない）。それにもかかわらず、固く順守してきた規範がマクドナルドによって変えられているという事実は、マクドナルド化の深甚な衝撃の証しである。アメリカとほかの場所がいまや日本（そしてほかの多くの国）に特有な規範を置き換えているという意味で、それは無のグローバル化である。

マクドナルド化と無のグロースバル化は強力なグローバルな現実であるが、しかしそれはすべての国に影響しているのではなく、また各国に同程度に影響しているのでもない。たとえば韓国は、ほかの東アジアの地域と違って、反アメリカ（これは親アメリカと共存している）ならびにアメリカ主義が韓国の自己アイデンティティを破壊するという恐怖の長い歴史をもっている。したがってマクドナルド化に対する強固な反対はほかのほとんどの国以上であると予測することは可能である。

ローカルな慣習に対するマクドナルド化の否定的な効果にもかかわらず、われわれはマクドナルド化したシステムが多数の進展を伴っていることも忘れるべきではない。たとえば、香港（そして台北）のマクドナルドはそれらの都市における多数のほかのレストランの衛生状態の改善に触媒の役割を果たしている。

さらに、マクドナルド化は時にローカルな伝統を生き返らせることもある。たとえば、ファストフード・レストランは台北でブームになったが、それらはキンマキ木の実を食するなどの郷土の食の伝統を蘇えらせた。より一般的に、『ジハード対マックワールド』において、著者のベンジャミン・バーバーは、「マックワールド」の伝播が、マクドナルド化に心底対立するローカルな原理主義運動（ジハード）を随伴したと論じている。[61] しかしながら、結局、バーバーはマックワールドがジハードに勝利を収めるとの結論を下している。彼の言によれば、大々的に成功を収めるためには、原理主義運動がマクドナルド化したシステム（Eメール、インターネット、テレビジョンなど）を活用しなければならないからだ。

8・13　むすび

マクドナルド化は明らかにグローバルな過程――グローバル化のより広範な過程の一つの側面――である。より具体的には、それは無のグロースバル化の頂点を表す事例である。それは存在のグローカル化と遭遇し、そしてほかのすべてのグロースバルな力と同様に、存在のグローカル化を圧倒してしまう。したがって、マクドナルド化がグローカルな現象になるという考えに加担する議論もある一方で、グローバルな力としてのマクドナルド化を、無のグローバル化をとりわけ促進し、その固有な一部であるとする、ずっと強固な主張ができるのである。

9章　世界の変化とマクドナルド化――果たして限界はあるのか

前の章で述べたように、マクドナルド化はわれわれの時代における社会変動――グローバル化、とくに無のグロースバル化――のもっとも強力な過程の一つの重要な側面とみなすことができる。しかしマクドナルド化と社会変動のあいだにはそれ以上の関係があると考えられるので、この章では、それらと関連するいくつかの問題を取り上げる。第一に、前の章で、マクドナルド化が無のグロースバル化の中心的な推進力の一つであることが検証されたが、この章において、われわれはマクドナルド化を推進している力のいくつかに注目する。第二に、この章では、マクドナルド化とわれわれの時代におけるもっとも重要な社会変動のさらなる三つの力――ポストインダストリアルな社会、ポストフォーディズムの社会、およびポストモダンな社会の台頭――のあいだの関係に言及する。第三に、議論を具体的問題に当てはめていくため、エヴェレスト登山の問題を取り上げる。というのもその登山は、マクドナルド化の拡張に限界がないと思わせるからである。しかしながら、この章の最後の節で、われわれはいくつかの推移、とくにマクドナルドの現状における問題点（1章で触れた）を取り上げたが、それはこの過程に限界があることを示唆しているように思われる。こうした文脈において、わたしはマクドナルド社とマクドナルド化の双方がたどりうる将来について、いくつかの考えを提示しようと思っている。後でみるように、それらの将来は必ずしも互いに緊密に関係しているわけではない。つまりマクドナルド社の低調は、社会のマクドナルド化の逆転はむろんのこと、転落とも必ずしも結びつかない。

9・1　マクドナルド化を推進する力
――儲かる、気に入った、ぴったり合っている

マクドナルド化の基礎にある諸原理の誘引力は、その拡散を説明するのに役立つが、しかしほかの三つの要因がその普及の強化を理解するさいに等しく重要である。(1)物質的利害、とくに経済的目標と野心、(2)アメリカの文化――この文化はマクドナルド化をそれ自体目的として高く評価している――、(3)社会内部で生起している重要な変動とマクドナルド化との同調である。

9・1・1　高収益と低費用

マックス・ウェーバーは、最終的に物質的、あるいはより具体的には、経済的利害こそが資本主義社会の合理性の強化をもたらすと論じた。利潤を追求する企業は、マクドナルド化を徹底的に追求する。マクドナルド化はより低い経費とより高い収益をもたらすからである。明らかに、高い効率性と人間に頼らない技術体系の利用の高度化は、高い確率で高収益をもたらす。予測可能性が増すことによって、少なくとも組織が利益を生みだすために必要な、またその組織の利潤を毎年着実に増大させるために必要な条件を設定することができる。計算可能性の重視、つまり数量化できる事象の重視は、収益を得たり増やしたりするための意思決定を容易にし、収益性の測定を可能にする。要するに人びとと組織は、マクドナルド化から大きな利益を獲得し、結果的に、人びとと組織はマクドナルド化の勢力範囲を何がなんでも拡張しようと攻撃を仕掛ける。

収益本位でない非営利団体も、物質的理由でマクドナルド化の圧力を受けている。とくに、しばしば厳しい財政状態におかれている非営利団体は、マクドナルド化によって経費を切り詰めることで生き残り、さらには拡大も可能になる。

おもしろいことに、二〇世紀後半に旧ソビエト連邦や東ヨーロッパ諸国で起こった劇的な変化は、マクドナルド化を考えに入れて説明することができる。旧共産主義社会は、非効率性、計算不可能性、予測不可能性によって特徴づけられがちであり、また先端技術（軍事面を除く）の導入に遅れをとっていた。だから、そうした社会は深刻な経済的（そして社会的）問題に苦しんだ。このような問題が引き金となり、共産主義社会はみずからの経済的制度を破棄し、そしていっそう合理的な市場経済に類似の形態へと移行した。ロシア、そのほかの旧ソビエト連邦や東ヨーロッパ諸国はみずからの経済的状況を改善する強い欲求に駆りたてられ、いまやいっそうの合理化に向けて、断続的にまた個別的に邁進している。

9・1・2　マクドナルド化のためのマクドナルド化

経済的要因がマクドナルド化の根本にあるのは疑いようのない事実であるが、マクドナルド化は、多くの人びとや企業がマクドナルド化そのものを目的として追求するほど好ましい過程になってしまった。個人であれ、制度の代表者であれ、多くの人びとは効率性、計算可能性、予測可能性、および制御を高く評価し、そして経済的利益が得られるか否かにかかわらず、やっきになってマクドナルド化を求めるようになった。たとえば、ファストフード・レストランで食べること、あるいは家庭で電子レンジで用意した夕食を食べることは、効率的であるとしても、しかし人びとが「手作り」の食事を準備するよりもずっと高いものにつく。効率性が高く評価されるので、人びとは超過費用を払うことをまったく気にかけない。

しかしいっそうマクロな視点からみると、マクドナルド化の合理性に疑問を十分に差しはさむことができる。さらに別の起業家がマクドナルド化した施設をもう一つ開くことは、経済的に意味のあることかもしれないが、しかしそれほど多くの施設が特定の場所に集中しているということが全体社会の水準では果たして経済的に意味のあることなのだろうか。しょせんウェンディーズのバーガーとマクドナルドのバーガーは五十歩百歩である。だからマクドナルド化はつねに経済的につじつまが合っているわけではない。このことが意味しているのは、マクドナルド化は物質的利害からだけでは説明がつかないということである。マクドナルド化自体が価値をもつようになったのである。

アメリカ人は長いあいだ合理化、効率性などに高い価値を与えてきたし、だからマクドナルドはその価値体系の上に構築されたにすぎない。さらに、一九五〇年代後半の激増以来、マクドナルド（合理化を担ったほかの無数の事業体を挙げるまでもなく）は、人びとにその価値と重要性を確信させるために膨大な量の資金を投資し、また努力を傾注した。実際、マクドナルドは現在、多くの人びとが信じているように、みずからをアメリカの豊かな伝統にとっての脅威ではなく、むしろ豊かな伝統の一部だと公言してはばからない。多くのアメリカ人は小さい頃、マクドナルドで食事をし、一個のバーガーを求めてティーンエイジャーの仲間とともに外出し、そして自分の子どもが成長すれば彼らをそこへ連れていき、あるいは親と一杯のコーヒーを飲むためにそこへ出向くといった経験を保ちつづけてきた。マクドナルドは非常に熱烈な多数の愛好家を作りだすために、こうした感情的な障害を食い物にしてきた。マクドナルドは合理性の原理にもとづいて組み立てられているとしても、顧客たちのマクドナルドへの忠誠心は、合理的である以上に感情的である。だからマクドナルド化は二つの理由で速やかに進行していると思われる。マクドナルド化は合理性のもつ有利な点を提供し、人びとはその合理性に感情的にのめり込んでいく。このコミットメントこそが、人びとがマクドナルドの不利な点を彼らに見過ごさせる結果となっている。ついで、彼らがそれを受け容れてしまうことで、さらにマクドナルド化した世界への進展の道が開かれるのである。

大人がマクドナルドに感情的なコミットメントをもっているとすれば、子どもたちはなおさらである。(1) 事実、子どもたちは、マクドナルドの合理的な側面を少しも気にしていない。子どもたちはおおむね広告宣伝によって与えられた感情的な効果のせいでマクドナルドに引き寄せられている。子どもたちはマクドナルドが物質的利得を与えてくれると思っているからでなく、マクドナルド自体に高い価値を付与しているのである。

新しい起業家がフランチャイズを開設する気持ちになるとしても、そうするのはそれがビジネスを運営するための魅力的で、しかも定評のある方法であるからにすぎない。フランチャイズを創設するさいに、彼らは特定のフランチャイズ市場がすでに飽和状態になっており、そうした市場で利潤を上げるチャンスがほとんどないという事実を見過ごしているのかもしれない。

9・1・3　マクドナルド化と社会変動

マクドナルド化に突き進んでいく力についての第三の説明は、それがアメリカ社会や世界中で生じているほかの変化とうまく噛み合っているということである。たとえば、ひとり親家庭や家庭の外で働く女性の数はうなぎ上りに増加した。買い物をし、食材を整え、食べ物を調理し、そして後片づけをする時間的なゆとりをもつ人はきわめて少なくなってきた。せめて週末に伝統的なレストランで食事をするための時間（あるいはお金）すらないのかもしれない。ファストフードの食事の手っ取り早さと効率性は、こうした現実とうまく適合している。

ファストフード・モデルは、移動、とくに自動車による移動を強調する社会において成長する。アメリカの（そしてほかの地域でも）ティーンエイジャーと若い大人、つまりファストフード・レストランの最大の常連客は、いまもっとも自動車を利用している連中である。大都市の中心部にいる人たちを別にすれば、ファストフード・レストランへ頻繁に出向くための足はほとんど自動車である。

もっと一般的に言えば、ファストフード・レストランは、人びとが活動的であることを好むような社会に適している。[2] マクドナルド化された夕食のために、あるいは何か別の合理化された活動のために外出することは、そのような社会のニーズとうまく合致している。ドライブスルーが利用できればさらによい。食べるために車から出る必要もない。さらに、マクドナルド化の進展に手を貸しているのは、商用や休暇のために旅行する人びととの数量の増大である。飛び回っている人たちは、自分たちが本国（あるいは世界）のどこにいても、自宅で食べているのと同じ食べ物を食べようとして、慣れ親しんだファストフード・レストランに行くことができるという状態を気に入っているように思われる。

少なくとも社会の一部の層が豊かになって自由に使えるお金が増えたことが、ファストフード・レストランを成功に導いたもう一つの要因である。先にふれたように、そうしたレストランは、かつて人びとが信じていたほど安上がりにはならない。ちょっと余分の小金をもっている人たちが、ファストフードの「常食者」になり、そうしたレストランで定期的に食べることができる。と同時に、ファストフード・レストランは、貧しい人びとがごくたまに外食をする機会をも与えている。

マスメディアの影響の増幅もまた、ファストフード・レストランの成功に貢献している。圧倒的な数量の宣伝とテレビをはじめとするマスメディアのあまねく行き渡っている影響力を抜きにして、ファストフード・レストランは今日の隆盛を勝ちとれなかったかもしれない。同様に、H&Rブロック、ジェニー・クレイグ、パール・ヴィジョン・センターのようなマクドナルド化したシステムによる大規模な広告の展開が、そうした企業の驚異的な成功を支えてきた。

マクドナルド化したシステムの隆盛に最大の役割を果たしたのはまちがいなく技術革新である。官僚制、科学的管理法、組み立て作業ライン、この生産システムの主生産物である自動車の技術体系のすべてが、ファストフード・レストランの誕生時に貢献した。しかしその後は、無数の技術開発がマクドナルド化に拍車をかけ、また新規の技術開発がマクドナルド化によって促進された。たとえば、脂肪測定をするための「ファティライザー」、自動ドリンク分配機、スーパーマーケットのスキャナ、インスタント食品、電子オーブン、魚介類の養殖、工場のような農場、クレジットカードおよびデビットカード、ステアマスター（ダンベル）、ＤＶＤ、プロバスケットボールで採用されている二四秒時計、レクリエーション用の車（ＲＶ車）、現金自動預払機、ボイスメール、健康維持機構、ＣＤ、オンスター・ナビゲーションなどである。近未来に実現されるであろう驚異的な技術開発は、マクドナルド化を推進する社会の拡大欲求から生まれ、またあらたにマクドナルド化した領域を作りだすのに役立つにちがいない。

近年、コンピュータはマクドナルド化の成長に最重要な役割を果たしている技術体系である。[3] この観点からすると、インターネットの重要性が急増していることに注目すべきであろう。オンラインサービス企業の一つであるアメリカ・オン・ライン（ＡＯＬ）の会員数は、一九九五年に三〇〇万人を数えたが、二〇〇三年一二月現在、二、六五〇万人に激増した。[4] ポータル（たとえば、インターネットエクスプローラー）や検索エンジン（たとえば、Ｙａｈｏｏ！やグーグル）のようなインターネット技術は、インターネットへのアクセスを大いに合理化し、また単純化した。今日、インターネットはコンピュータ技術やコンピュータプログラミングをほとんど知らない数百万の人びとにもとても使い勝手が良く、また近づきやすいものになっている。[5]

９・２　そのほかの大きな社会変動
——「ポスト」の時代におけるマクドナルド化

この本のなかで、わたしはマクドナルド化をモダン世界における中心的な社会変動として提示している。しかし現代における多数の社会変動――とくに、ポストインダストリアリズム、ポストフォーディズム、そしてポストモダン社会の台頭は、社会のマクドナルド化とまちがいなく関係している。こうした変動に焦点を合わせている人たちは、われわれがすでにモダン世界を通過し終わり、そして星明かりのない異質な新しい社会に突入したと議論することが多い。この観点からみると、マクドナルド化のような「モダン」な現象は、間もなく消えてなくなる。しかし、わたしはマクドナルド化とそのモダンな（インダストリアルならびにフォーディストとともに）特徴は、近い将来にわたってただその場にあるだけでなく、ますます加速しながら社会に大きな影響を与えつづけると考えている。ポストインダストリアリズム的、ポストフォーディズム的、そしてポストモダニズム的といった重要な傾向がみられるけれども、そうした観点に立脚している思想家の一部は、モダニティの終焉を、少なくともマクドナルド化した形態での終焉を、早計に宣言しすぎたのではないだろうか。

9・2・1　ポストインダストリアリズムとマクドナルド化――「複雑化」と単純化

ダニエル・ベル（そして多くの人たち）は、われわれがインダストリアルな社会を通過し終わって、新しいポストインダストリアルな社会へ移行したと論じている。[6] この主張の重要な意味は、社会が財貨の生産からサービスの供給へ移行したことにある。二〇世紀全般にわたって、アメリカの経済は鉄鋼や自動車のような財の生産を中心に発展した。しかし今日、アメリカ経済は教育、コンピュータ、医療、ファストフードなどサービスの供給が優位を占めている。あらたな技術の開発と知識や情報処理の成長が、ポストインダストリアルな社会の特徴でもある。専門家、科学者、技術者たちの数量と重要度が格段に増した。その意味するところは、ポストインダストリアルな社会が、マクドナルド化システムによってルーティン化された労働者ではなく、創造的な知識労働者の優位を表しているということである。

しかしマクドナルド化した社会の骨格部分を担っている地位の低いサービス職種は、消失の兆しさえみせていない。事実、そうした職種は拡張をつづけてきた。しかし何にもまして、マクドナルド化はインダストリアルな社会を特徴づけてきた多くの考えやシステム、とりわけ官僚制化や組み立て作業ラインや科学的管理法の上に構築されている。確かに、社会は多くの点でポストインダストリアルであり、そして知識労働者がいっそう重要な存在に成長したけれども、しかしマクドナルド化の普及は、インダストリアルな社会のいくつかの側面がいまなおわれわれと共にあり、また近い将来もそうありつづけることを示唆している。

ジェラルド・ヘイグとチャールズ・パワーズはその共著『ポスト産業時代(インダストリアル)の生活』において、ポストインダストリアルのテーマに賛同する議論を展開している。[7] 彼らはあらたなポストインダストリアルな組織が出現し、そしてそれはほかの組織的形態だけでなく古典的な産業組織と共存していると主張する。ポストインダストリアルな組織は、職階の区分の平準化、組織間の境界の曖昧化、より統合的で分化の度合の低い組織構造、規則に拘束されない行動の増大、そして有能な従業員の創造性を重視する雇用政策といった数多くの特色をもっている。これとは対照的に、マクドナルド化した組織は、階統的であり、従業員だけでなく経営者の行動も規則によって厳しく制限されている。雇用者側が労働者を雇用するさいに、彼らにもっとも期待しないものは創造力である。ヘイグとパワーズは、「もっとも明確に定義され、技術的に単純で、そしてほとんど繰り返しでしかない作業」に従事する職種は、オートメーションに置き換えられているとみなしている。[8] そうした職種の多くは、重工業において排除されたけれども、マクドナルド化したサービス業界において生きつづけているだけではなく、増加さえしている。[9] ポストインダストリアルな組織は個人の好みに応じた仕事や製品という特色をもつかもしれないが、しかし標準化された作業（みんなが同じ手順やマニュアルに従う）と規格化された商品が、マクドナルド化した状況での規範である。まちがいなくポストインダストリアルな社会の組織が台頭しているが、しかしマクドナルド化した組織もまた普及している。モダンな社会は矛盾する組織的産物を保ちつづけている。

ヘイグとパワーズは全体社会の幅広い変動を心に描いている。その強調点は、創造的精神、複合的な自己、そしてこのような特性を身につけた人びとのコミュニケーションに置かれている。彼らは「複雑化がポストインダストリアルな社会における社会変動の有力なパターンである[10]」と論じている。モダン社会のいくつかの側面はそのイメージと一致しているけれども、マクドナルド化は非創造的な精神、単純な自己、そしてマニュアルとルーティンによって管理された最小限のコミュニケーションを要求している。マクドナルド化は「複雑化」ではなく、「単純化」を重視しているのである。

要するにポストインダストリアルな社会のテーマはまちがってはいないが、しかしその信奉者の多くが信じているよりもかなり限定されている。ポストインダストリアリズムはマクドナルド化と同時的に存在する。後者は消滅の兆候をしめさないばかりか、現実にその重要性は加増している。わたしの考えによれば、複雑化と単純化の両方が普及していくが、しかし経済やより大きな社会の異なる部門で普及していくのである。

9・2・2　フォーディズムとポストフォーディズム
――それともそれは、マクドナルディズムか

多数の思想家、とくにマルクス主義の思想家は、産業がフォーディズムからポストフォーディズムへの移行をなし遂げたと主張する点で同じ問題関心をもっている。もちろん、フォーディズムとは、フォード自動車の創設者であるヘンリー・フォードによって生みだされたアイディア、原理およびシステムを指している。

フォーディズムは数多くの特徴をもっている。

▼**均質な製品の大量生産**　フォード社は現在、元々のT型フォード以外に無数に異なる車種を市場に出しているが、現在の自動車でさえも、少なくとも車種別にはおおむね均質である。実際に、一九九五年、アメリカでフォード社は、いわゆる世界戦略車（もっとも新しい事例は、フォーカスである）、すなわち全世界の市場向けに同型で販売される車種を発表している。

▼**組み立て作業ラインのような柔軟性の低い技術**　人間に代わる多数の産業ロボットの導入や組み立て作業ラインを改良するための実験（とりわけスウェーデンのボルボ社によって行われた実験）にもかかわらず、現在の組み立て作業ラインはかつてヘンリー・フォード時代に使われていたものとほぼ同じである。

▼標準化された作業ルーティン、つまりテイラー・システム　車にホイールキャップを取り付ける従業員は、繰り返しなんどでも同じ動作を行い、しかもそのたびごとにほぼ同じやり方で取り付ける。

▼生産性強化の努力　生産性の向上は「労働の脱熟練化、労働強化、そして労働の均質化とともに、規模の経済[11]」に由来する。規模の経済とは、莫大な数量の製品を生産する大規模工場が少数の製品を生産する小規模なスケールの工場よりもずっと安価に個別の製品を製造できることを意味している。脱熟練化とは、少数の熟練労働者がすべての作業に携わった過去のやり方よりも、むしろ多数の労働者がほとんど、あるいはまったく技能を必要としない作業（たとえばホイールキャップを車に取り付ける）を行うならば、生産性が向上するということである。労働強化とは、生産過程がより厳しく、かつより速くなれば、それだけ生産性が向上することを意味している。労働の均質化とは、それぞれの労働者が高度に専門分化した同種の作業（たとえばホイールキャップの取り付け）を行うことを意味している。こうして、労働者はいつでも交換可能な存在になる。

▼大量生産された製品向けの市場　こうした市場は消費パターンの均質化と関係している。自動車産業のフォーディズムは、社会的に同じく位置づけられた人びとが、同一

ではないとしても、同じような自動車を購入する国内市場を確立した。

フォーディズムは、二〇世紀、とくにアメリカの重工業において成長を遂げたけれども、やがてそれは頂点に達し、一九七〇年代、とりわけ一九七三年のオイルショック後に没落し始めた。アメリカ自動車産業の衰退（と日本の自動車産業の上昇）が、フォーディズム衰退の主要因であった。

フォーディズムの衰退は、ポストフォーディズムの台頭を促したと一部の人たちは論じている。ポストフォーディズムそのものは多くの際立つ特色をもっている。

▼**大量生産された製品に対する関心の希薄化と、カスタム化し、特化した製品への関心の増大**　スタイルと品質が高く評価される。さえない外見をした画一的な製品よりもむしろ、人びとは容易に差異化できるパリッと目立つ製品を欲しがっている[12]。また、ポストフォーディズム時代の消費者は、高品質のモノを手に入れるためなら余分な出費も惜しまないで支払う。

▼**生産工程の短縮**　ポストフォーディズムの社会においてより特化した製品の需要が強まると、これまでよりもずっと小規模で生産性の高いシステムが要請される。画一的な製品を生産する巨大工場は、幅広い製品の生産に対応できる小規模な工場へと転換されている。

▼**柔軟な生産**　ポストフォーディズムの世界において、新しい技術体系が柔軟な生産に高い収益性をもたらしている。たとえば、プログラムを書き換えれば別の製品を生産することのできるコンピュータ化された設備が、旧式の単一機能の設備に置き換わりつつある。この新しい生産過程はより柔軟なシステム、たとえばより柔軟な経営形態によって制御されることになる。

▼**有能な労働者**　ポストフォーディズムのシステムは以前にもまして多くのものを労働者に要求している。たとえば労働者は多様な技能と、高い要求水準、しかもはるかに洗練された技術装置を操作するための高度な訓練を必要とする。これらの新技術体系は、労働者がより多くの責任を負い、そしてより大きな裁量権をもって事に当たらなければならないことを意味する。つまりポストフォーディズムは新しい種類の労働者を必要としているのである。

▼**いっそう進む分化**　ポストフォーディズムの労働者が差異化されればされるほど、彼らはいっそう差異化された商品、ライフスタイル、そして文化的なはけ口を欲するようになる。言い換えると、職場の差異化の進展は全体として社会の差異化の拡大をもたらす。そしてそのことが、より多様な要求と、さらなる職場の差異化をもたらすのである。

ポストフォーディズムのこうした要素がモダン世界において出現したにもかかわらず、フォーディズムの諸要素は継続し、いぜん消滅の兆しをまったく見せていないのも同じく明らかである。フォーディズムには、目につくほどの歴史的崩壊がこれまで存在しなかった。事実、「マクドナルディズム」(McDonaldism)、つまり明らかに多くの点でフォーディズムと共通している現象が現代社会において驚異的な速度で成長を遂げている。マクドナルディズムはフォーディズムと以下の点を共有している。

▼製品の均質がマクドナルド化した世界で優勢である。ビッグマック、エッグマフィン、そしてチキンナゲットは、いつでもどこでも同じである。

▼ファストフード産業に広く普及しているフレンチフライ機や自動ソフトドリンク分配機とともに、バーガーキングのコンベアシステムなどの技術体系は、ヘンリー・フォードの組み立て作業ラインシステムにおける多くの技術と同様に固定的で柔軟性を欠いている。

▼ファストフード・レストランにおける作業手順は高度に標準化されている。従業員が顧客に喋ることさえもがルーティン化されている。

▼ファストフード・レストランの仕事は脱熟練化している。それらはほとんどあるいはまったく技能を必要としない。

▼従業員は均質であり、だから置き換え可能である。
▼顧客の要求と行為はファストフード・レストランの必要によって均質化される。ウェルダンのバーガーなど決して注文できない。何が消費されるか、そしてそれがどのように消費されるかは、マクドナルド化によって均質化される。

このように、フォーディズムはさまざまな点でマクドナルディズムへと大きな変貌を遂げたけれども、しかし現代社会においてなお生き延び、しかも健在である。さらに、組み立て作業ラインの形態に代表される古典的なフォーディズムは、アメリカ産業にいまなお厳然と存在している。

ポストフォーディズムとフォーディズム／マクドナルディズムは共存している。しかし高品質な製品の生産と販売を強調するポストフォーディズムは、マクドナルド化の教義の一つ――量の重視とそれに応じた質への関心のなさ――と整合性をもたない。このことは一般的に正しいだろうが、質の高い製品をマクドナルド化することは不可能であろうか。一部の事例――たとえば、本日の特別料理や熟練したパン焼き職人の手になる素晴らしいケーキ――では、質はマクドナルド化できない。しかし別の一部では、質とマクドナルド化は決して相反していない。スターバックス・コーヒーショップの盛況ぶりを取り上げてみよう。[13] スターバックスは高い価格で質の高いコーヒーを販売している（少なくともアメリカのほとんどのコーヒーショップ、とくにマクドナルドや同業者で売られているコーヒーと比べて）というのは確かである。スターバックスは質を落とすことなく、コーヒー・ビジネスをマクドナルド化することに成功したのである。マクドナルドとスターバックスの双方にとって等しく難問であるサービスに関して、スターバックスはマクドナルド・システムにみいだされる問題に意識的な抵抗を試みた。その創業者は次のように述べている。

サービスはアメリカにおいて失われた芸術の一つである。わたしが思うに、人びとはよい仕事をしたいと願っているが、しかしもしひどい扱いを受ければ、彼らは打ちのめされてしまう。……カウンターの後ろで働くことはアメリカでは専門的な職種とみなされていない。われわれはそうだとは信じない。われわれは、われわれの従業員に尊厳と自尊心を与えたいと考えているが、リップサービスでそうできるとは考えていない。そこで、われわれは目に見える便益を提供する。ファストフード小売業の離職率は年間二〇〇パーセントから四〇〇パーセントにも達している。スターバックスでは、離職率は六〇パーセントである。[14]

サービスはコーヒーを淹れるよりもはるかに複雑なので、スターバックスが質の高いサービスを広い範囲に、しかも継続して提供できるかどうかは今後の課題である。

9・2・3　ポストモダニズム――われわれは超空間をさまよっているのか

「ポストモダニズム」[15]として知られているより一般的な視点からみると、われわれはモダン社会と訣別し、新しいポストモダン社会に参入した、もしくは参入しつつあるということになる。つまりポストモダニティはモダニティに後続し、そしてそれに取って代わるのである。モダニティは高度に合理的で、硬直的であると考えられているが、これに対して、ポストモダンはそれほど合理的でなく、むしろ非合理的で、しかもずっと柔軟であるとみなされている。ポストモダニティがモダニティの後継者とみなされるかぎり、ポストモダンの社会理論は、マクドナルド化のテーマと明らかに対立する。非合理性が増幅しているという考えは、合理性の強化という見解と対立する。実際に、われわれが新しいポストモダンの時代に突入したとするならば、マクドナルド化は強力な対抗勢力と対決することになる。

しかしそれほど過激でないポストモダンの位置づけによれば、われわれはモダンの特徴とポストモダンの特徴の両方を兼ね備えているマクドナルド現象をみつけることができる。[16]だからマクドナルドがポストモダニズムと関係するとしても、それはモダニズムと判定できるさまざまな現象（インダストリアリズムやフォーディズムとともに）と連結することもできる。たとえば、マクドナルドは顧客をオートメーション化することに成功した。つまり、顧客がファストフード・レストランに入ったり、あるいはドライブスルーにそって進んでいくと、彼らは強制的にある種の自動装置のなかに入れられ、そして「燃料補給が終わる」と、最後にそこから追い立てられる。まさしくマクドナルドはレストランというよりも工場である。しかしマクドナルドはその顧客にとって「低賃金で長時間こき使われる搾取工場ではなく、それはハイテク工場(17)」なのである。したがって、このポストモダニストの見方からすると、マクドナルドは、ポストモダンの現象であるとともに、モダンな現象である。

デビッド・ハーベイはもう一つの、しかし穏和なポストモダニストの議論を展開している。ハーベイはいくつかの大きな社会変動をみつけ、これらの変動がポストモダンな思考の基礎にあると議論する一方で、モダニティとポストモダニティのあいだに多くの連続性もあると確信する。彼の主要な結論は、「一九七三年以降、資本主義の表層には確かに大がかりな変化があったけれども、資本家による資本蓄積の基本的な論理とその危機的体質はいぜん変わらない(18)」ということである。

ハーベイの研究の中心にあるのは、時間—空間の圧縮のアイディアである。モダニズムは時間と空間の両方を圧縮し、生活の速度を速め、そして地球を縮めてきたが（たとえば、コンピュータはEメール・メッセージをほとんど瞬時に世界すべての場所に送信することを実現している）、その過程がポストモダンの時代において加速していると彼は確信している。しかし資本主義の初期の時代に基本的に同じ過程が経験されたのである。「つまりわれわれは、資本主義のダイナミックの中枢にいつもある時間による空間の無効化という過程を荒々しい形で再度目の当たりにしている」[19]。だからハーベイにとって、ポストモダニティはモダニティからの断絶ではない。両者は共に同じ基本的な力学を表しているのである。

マクドナルド化した世界内部で空間の圧縮を表す一例を挙げてみよう。かつて異国もしくは大都市だけで手に入れることのできた食べ物が、いまではアメリカ全土ですぐに利用できるようになったことにみられる。ファストフードチェーンの普及のおかげで、イタリア料理、メキシコ料理、そしてケージャン料理の食べ物がただちに自宅まで配送されてくる。同じように、時間の圧縮の一例を挙げると、昔は準備をするのに数時間もかかった食べ物が、いまでは電子オーブンによって秒単位でできあがり、あらかじめ準備された食べ物を店（たとえば、イートジーズのチェーン）でほんの数分のうちに購入できる。

同様に、時間―空間の圧縮の事例はほかの多くのところにも現れている。たとえば二〇〇三年の対イラク戦争において、テレビ（とくにＣＮＮとＭＳＮＢＣ）は視聴者を瞬時にある場所から別の場所へと移送した――バグダッドの空爆から、イラク領土の奥深くにいる軍隊に編入された通信員を経て、カタールでの軍司令部の記者会見場へと視聴者を瞬時に移動させた。おそらく視聴者は多数の軍事的な展開を、アメリカ合衆国の将軍や大統領と同時に、もしかすると彼らよりも先に知り得たのかもしれない。

フレデリック・ジェイムソンは、モダニティとポストモダニティを連結する周知の議論を『ポストモダニズム、あるいは後期資本主義の文化論理』[20]と題する論文（後に本になった）において展開した。このタイトルは、資本主義（確かに「モダン」な現象）が現在は「後期の局面」にあるものの、しかし今日の世界を支配しつづけているという、ジェイムソンのマルクス主義の立場を明快にしめしている。とはいえ、後期資本主義は新しい文化論理——ポストモダニズム——をいまや生みだしている。言いかえると、その文化論理は変化したけれども、基本的な経済構造は初期資本主義の形態と連続している。つまりそれはいぜん「モダン」なのである。さらに、資本主義はその存在を維持するための文化システムを大量に生産することで、旧来とまったく変わらない罠を仕掛けつづけている。

後期資本主義の局面は、「資本の巨大な拡張をこれまで物財ではなかった分野」に向けている。[21]ジェイムソンは、この拡張がマルクス主義者の理論と一致しているだけでなく、よりいっそう純化した資本主義の形態を創造しているとさえみなしている。ジェイムソンにとって、現代資本主義を解く鍵は、多国籍的性格と、多国籍企業（たとえばマクドナルド社）が物財に代わる製品の範囲を大幅に拡大した事実のうちにある。人びとがふつう文化と結びつけている審美的要素ですら、資本主義市場で売買される物財（たとえば、芸術作品）に変えられている。その結果、きわめて多様な要素が新しいポストモダン文化を構成している。

ジェイムソンはポストモダン社会を五つの基礎的要素からなるものとする明確なイメージとして提示している。ここでは、これらの要素を社会のマクドナルド化と関係づけてみよう。

後期資本主義との関連　マクドナルド化が初期資本主義の形態と関係づけられることになんの疑問もない。たとえば、マクドナルド化はしばしば資本主義と密接に関連するオーナーと投資家の物質的利害に動機づけられている。しかしまた、マクドナルド化は後期資本主義の多国籍主義を具体的に表している。多くのマクドナルドのビジネスは国際的であり、その主要な成長は世界市場で現在起きている。

見せかけ　ポストモダン社会の文化産物はその土台にある意味を深く詮索しない。よい一例は、有名なキャンベルスープのカンを描いたアンディ・ウォーホルの絵画である。これは、そのカンの完全な再現そのものである。ポストモダンと関連するキータームを用いるなら、この絵画は、*まがい物*（くわしくは以下をみよ）である。人びとはオリジナルとコピーの区別をすることがむずかしい。まがい物はコピーのコピーである。事実、ウォーホルはスープのカンを本物のカンを観察して描いたのではなく、カンを写した写真をみて描いたのである。ジェイムソンはまがい物を、「オリジナルが存在しなかったもののコピーだ[22]」と言い表している。明らかに、まがい物は見せかけであり、本物ではない。

マクドナルド化した世界は、こうした見せかけによって特徴を与えられる。人びとは、それらに触れることもないままマクドナルド化したシステムを駆け抜けている。たとえば顧客は、マクドナルド、その従業員、そしてその製品と行きずりに見せかけの関係を結ぶだけである。マクドナルドの製品もまごうことのないまがい物の事例である。チキンマックナゲットのそれぞれはコピーのコピーである。チキンナゲットのオリジナルなど存在した事実はない。それのオリジナル、つまりチキンは、マックナゲットのうちにみいだせない。チキンマックナゲットは「見せかけのチキン」なのである。

感情もしくは情動のかげり　ジェイムソンは、ウォーホルのもう一枚の絵画――写真のようなマリリン・モンローの肖像画――を古典的なモダニストの作品――エドヴァルド・ムンクの「叫び」――と対比している。ムンクのシュールレアルな絵画は絶望の極み、あるいは社会学用語を用いるなら、アノミーもしくは疎外状態に投げ込まれた人を表現している。ウォーホルのマリリン・モンローの絵画は本物の感情を描いていない。ポストモダニストは、ムンクによって描かれた疎外の原因は近代世界であり、そしてウォーホルによって描かれたポストモダン世界では、断片化が疎外に置き換わると主張するであろう。世界、そしてそのなかにいる人間は断片化されるので、その世界に残るのは「自由に浮遊し、非人格的な[23]」情動だけである。とはいえ、こうしたポストモダンな気分と関係する一種独特の絶頂感、もしくはジェイムソンが「強烈さ」と呼んでいるものと結びついている。一つの事例として、彼は「自動車の残骸ですら何か新しい幻想による壮麗さにきらめいている[24]」フォトリアリストの街路風景を挙げている。都市の十字路のど真ん中での自動車事故から得る絶頂感は、いうまでもなく特異な感情である[25]。

確かに、マクドナルド化した世界は、感情や情動の真摯な表出がまったく排除された世界である。マクドナルドにおいて、顧客、従業員、店長、そしてオーナーのあいだに感情的な絆が発達することはほとんど、あるいはまったくない。企業は本物の感情をあえて排除しようとする。そうすれば、ものごとはすべてスムーズに、しかも合理的に進行するからである。マクドナルド化した世界は断片化されており、だからこそ人びとは、今日はマクドナルドに、明日はデニーズに、そして明後日はピザハットへと出かけることができる。また、マクドナルド化した世界での疎外、とくに従業員のそれはモダン世界を映し出しているが、人びとはマクドナルド化はジェイムソンによって描かれた自由に浮遊する情動をも与える。マクドナルド化した世界に怒りを覚え、そして敵対するかもしれないが、しかし彼らは怒りと敵愾心をどこに向ければよいのかわからない[26]。とどのつまり、きわめて多くの事柄がマクドナルド化を推し進めているように思える。マクドナルド化した社会における感情の欠落にもかかわらず、人びとはその領域に入り込むとき、ある種の激烈、つまり絶頂感を頻繁に感じる。明るい照明、色彩、けばけばしい記号、子どもたちの遊園地などは、訪問者に自分たちは遊園地に入って、エキサイティングな時間を過ごしているのだという印象を与える。

歴史性の喪失　ポストモダニストたちは、歴史家たちは過去の真実を決してみつけられないか、もしくは過去に関して一貫した物語を組み立てられないと主張する。だから歴史家たちは、過去についてのアイディアの模倣作品あるいは「寄せ集め」を想像することだけで満足しなければならない。それは「過去のあらゆるスタイルをランダムにカーニバル化した[27]」ものであり、だから時に矛盾し、また時に混乱している。さらに、ポストモダン世界には、歴史的発展、つまり時間の経過についての鮮明な感覚が存在しない。過去と現在は複雑に絡み合っている。たとえば、ドクトロウの『ラグタイム』のような歴史小説は「歴史的指示対象の消失を表している。この歴史小説はもはや歴史的過去の再現を手がけたりせず、過去についてのわれわれの観念およびステレオタイプを『再現』するだけである[28]」。別の例は映画「ボディ・ヒート」（一九八一年）である。これは明らかに現在につい

ての物語であるのだが、しかし一九三〇年代を偲ばせる雰囲気を作りだしている。そうするために、

今日の対象世界――営造物も設備も、自動車でさえも、そのスタイリングはイメージに日付を与えることに役立っている――はていねいに取り除かれている。つまり、映画のなかにあるすべてのものがその形式的な同時代性をぼやかし、また歴史時間を超越して、それが永遠の一九三〇年代にいるような物語であると受け取ることができるよう計算しつくされている。[29]

こうした映画や小説は「われわれの歴史性のかげりの兆候[30]」である。過去、現在、そして未来を識別する能力の欠落は、個人水準ではある種の分裂症状として現れる。ポストモダンの個人にとって、イベントは断片化され不連続である。

マクドナルド化したシステムはおおむね歴史感覚を欠いている。人びとは出来事を正確に歴史上に位置づけようとする企てのすべてを拒否するか、それとも多数の歴史時代の寄せ集めを提示するような状況に置かれている。後者のもっともよい事例は、過去、現在、そして未来の世界を寄せ集めたディズニー・ワールドである。さらに、マクドナルド化した状況への訪問者は時間の経過感覚を失いやすい。多くの事例において、このシステムのデザイナーは意図的に時間の枠組みを取り除いている。最良の事例はショッピングモール

とラスベガスのカジノである。その二つとも、人の目に見えるところに時計と窓がない。しかし、マクドナルド化した世界のあらゆる側面がモダニティの持続性をしめす永遠性を作りだしているわけではない。ファストフード・レストランで食べようと選択した人たちにとって、時間は重要なものとされた（たとえばテーブルの使用は二〇分限りと指示する掲示によって）、彼らをぐずぐず居座らせることをしない。その一方で、ドライブスルーは、永遠のウェブの部分、つまり目的地という終わりのない連鎖の一つの環であるかのように映る。

再生産の技術体系　ジェイムソンは、ポストモダン社会において、自動車の組み立て作業ラインなどの生産技術は、複写技術——とくにテレビセットやコンピュータなどの電子メディア——に置き換えられたと論じている。つまり、ポストモダンの技術体系は過去に生産されたものを繰り返しいくども作り替えていく。産業革命時の「エキサイティング」な技術体系とは違って、この新しい技術体系はすべてのイメージを平板化し、またほかのすべてのものからそれぞれを見分けのつかないものにさせている。このポストモダン時代の「内破的」な技術体系は、モダンの大爆発の技術体系とはきわめて異なる文化的製品を生みだしている。

マクドナルド化したシステムが旧式の生産技術のいくつか（たとえば組み立て作業ライ

ン）を利用しているけれども、複写技術が優位を占めている。２章で論じたように、ファストフード・レストランはただひたすら商品、サービス、技術を絶やさずに長く再生しつづける。ファストフード・レストランが再生しているものは、平板化され、特色のない良くも悪くもない並の製品――マクドナルドのハンバーガーとサービス（マニュアルどおりの顧客との応対）――である。

要するに、ジェイムソンはポストモダニティのイメージを提示しているのだ。人びとは、そのなかをさまよいながら、多国籍資本主義制度や爆発的な成長を遂げた文化、および彼らが生活している商品市場のなんたるかを理解できないでいる。ジェイムソンは、この世界の、またその世界における人びとの場所のパラダイムとして、ポストモダンの著名な建築家ジョン・ポートマンによって設計されたロサンゼルスのホテル・ボナベンチャーの事例を挙げている。人びとはホテルのロビーに行く方向を自分で見定めることができない。これはジェイムソンが超空間と呼んでいるものの一例である。超空間では、モダンな空間の考え方は自分を方向づけるのに役立たない。このロビーは、いくつかの部屋をもった完全に左右対称な四つの塔に囲まれている。実際、そのホテルは色彩コードと方向指示図を付けなければならなかった。というのも、人びとは設計当初の思惑どおりに、ロビーで自分の位置を知ることに大変な苦労をさせられたからである。

ホテル・ボナベンチャーの訪問者が直面している状況は、後期資本主義の多国籍経済と文化爆発のなかで、人びとが自分の位置を確認できないことのメタファーの役割を果たしている。彼らが必要としているのは新しい地図である。そうした地図の必要性は、人びとが時間によって定義された世界から空間によって定義された世界へ移動したとするジェイムソンの見解を映しだしている。言うまでもなく、超空間というアイディアやホテル・ボナベンチャーのロビーの事例は、ポストモダン世界における空間の優位を反映している。したがって、ジェイムソンにとって、現在われわれが直面している中心問題は、人びとがポストモダン空間内に自分を位置づける能力、そしてその空間を地図化する能力を失ったことなのである。

同じように、ある状況のインテリアは明らかな特徴をもち、またまったく親しみやすいけれども、マクドナルド化した世界の全体は錯綜しているので、地図を作りにくい。たとえば北京の繁華街に出ても、マクドナルドやケンタッキー・フライドチキンで食事をしようと思えばできる。空間および特定の場所と結びついた事柄が激変しているので、人びとはもはや自分がどこにいるかがまったくわからず、だから新しい水先案内人が必要なのである。超空間の突出した事例として、ショッピングモール、大規模なラスベガスのカジノ、およびディズニーを加えることができる。すべてが高度にマクドナルド化されているからである。

マクドナルド化はジェイムソンが列挙した五つの特徴に一致しているが、しかしそれはおそらく、彼がポストモダニティをモダニティの後期段階とみなしたからである。一部の研究者は、こうした明確な一線を引くことをしないために、新しいポストモダン社会のアイディアを拒否する。わたしは、われわれが『新しい時代』――過去二世紀にわたって世界を支配した生産の資本主義的様式と基本的に異なる『ポストインダストリアルおよびポストモダンの時代』――を生きているとは信じない[31]」。

わたしは自分の書物『脱魔法された世界をふたたび魔法にかける――消費手段に革命を起こす』において、それと同様の結論に到達した[32]。マクドナルドなどのファストフード・レストラン、ショッピングモール、サイバーモール、ディズニー・ワールド、クルーズ観光船などは、すべて「新しい消費手段」である。これらのものはすべて第二次世界大戦後の現象である。これらのものは、われわれが消費している構造を合理化することによって消費の方法に革命を起こしたのである。7章で述べたように、マクドナルド化は脱魔法、つまり呪術や神秘の喪失を伴っていた。脱魔法した構造は消費者を惹きつけられない。この問題に答えるために、新しい消費手段が、少なくともある程度、再度魔法をかけたのである。感情の失われている世界において絶頂感を求めている消費者を惹きつけるために、これまでに比類のないスペクタクルな目玉商品が組み合わされた。これこそが、新しい消費手段をポストモダニズムと関連づけている特徴なのである。

『脱魔法された世界をふたたび魔法にかける』での中心的な問題の一つは、このように合理化した構造のなかで、どうすればふたたび魔法にかけることができるかであった。そのためには、消費者を魅了し、そしてお金を使わせることである。これにはいくつかの答えがある。

▼逆説的に聞こえるかもしれないが、合理化そのものが一つの魔法である。たとえば、われわれはわれわれの食事をほとんど瞬時に（少なくともほとんどの時間帯で）出すマクドナルドのもつ能力、一〇〇万冊以上の書物のなかから特定の一冊を一日か、二日のうちに宅配してくれるアマゾンドットコムの能力、そしてディズニー・ワールドあるいはラスベガス・ストリップなどの状況で利用できるあらゆる情景と音響という「呪術」と付き合っている。

▼こうした状況のまがい物としての性格は、状況に魔法をかけるのに役立つ。だから、ディズニーやラスベガスは一つの場所のなかに広範囲に捏造された見せかけの世界（エプコットセンター・ニューヨークに展示されている国々、ニューヨーク、ベラギオ、

パリカジノホテル）を同列に並べている。多数の「実在」の世界を訪ねるためには、世界一周に多額の費用と長期の時間が必要である。その代わりに、人びとは呪術によって一地方にあるまがい物を訪ねることができるのである。

▼新しい消費手段は、かつてさまざまな、あるいは別々の場所にあったものを一つの場所への内破あるいは瓦解によって呪術的に作りあげられる。たとえば、モール・オブ・アメリカは巨大な誘惑である。というのもそれはショッピングモールとアミューズメントパークを一つ屋根の下で結合しているからである。ラスベガスのカジノホテルの一部は屋内アミューズメントパークであり、またショッピングモールである。マクドナルドはウォルマートやディズニー・ワールドを含む多数の状況で内破をつづけてきた。ディズニー・ワールドでマクドナルドをみつけた子どもの興奮を思い浮かべてご覧いただきたい。

ほかのさまざまなやり方で、モダニティ（合理化）とポストモダニティ（まがい物と内破のポストモダン的な過程による再度の魅惑化）がマクドナルド化した消費の手段の内部で共存している。

明らかに、マクドナルド化は姿を消しそうな兆候を見せていないし、また新しいポストモダンの構造によって置き換えられる兆候も見せていない。それでも、マクドナルド化したシステムはモダンな要素と肩を並べながら、多数のポストモダンな様相をもみせている。だから、マクドナルド化している世界はモダニティとポストモダニティの両方の側面を暗示しているということがまちがいなく言えるのである。しかもこのことは、ポストモダニティがマクドナルド化の継続の障壁でないことをも暗示している。

9・3　マクドナルド化の拡張には限界があるだろうか

前の章、およびこの章の前節での議論において、マクドナルド化は不変であることがわかった。つまり、グローバル化、ポストインダストリアリズム、ポストフォーディズム、およびポストモダニズムは、マクドナルド化の継続的な拡大にとって越えることのできない障壁を作らないし、むしろそれに貢献することさえあるということだ。後でみるように、そうした不変性にたとえ禁忌（タブー）があるとしても、われわれはまずマクドナルド化の行進の事例を、ここできわめて具体的に取り上げてみよう。

9・3・1　エヴェレストの頂上に通じる「黄色いレンガ道」はあるのか

マクドナルド化の限界にかかわる問題が、ジョン・クラコアーの『空へ――エヴェレストの悲劇はなぜ起きたか』において少なくとも暗示されている。これは一九九六年にエヴェレスト山に登攀（とうはん）しようとする死もいとわないいくつかの営みを描きだしている。一般に登山[33]、そしてとくにエヴェレスト登山で発生しがちな死をもいとわないような行為をマクドナルド化する、涙ぐましい努力があったこともまちがいのない事実である。その一方で、その努力が一九九六年、エヴェレスト登山で一二名もの犠牲者を出したのもまた明白な事実である。この結果は、「本質的に非合理的な行為[34]」は少なくともいまのところ完全には合理化できないことをしめしている。クラコアーは、登山をマクドナルド化するために費やされた長い年月をさまざまな局面に分けて記述している。

そのリストの最上位には、技術の進歩の数々が挙げられている。たとえば、精巧な登山用具、高所で補助酸素を供給するためのキャニスター、登頂出発地点まで輸送するためのヘリコプター（そこまで一ヵ月以上の旅が必要）、傷病者救出用のヘリコプター、転落、激しい高山病などと関係する問題を処理するための医療技術（と人員）、および登山者が山に登るさいに使用する連絡用のコンピュータ、インターネット、ファックスなどがある。クラコアーは、入山者が単独で登り始めるのを阻止し、そして油を十分に差された機械のようにスムーズに行動する登攀チームを編成するために設計された組織の取り決めを引用している。あるグループの指導者が「感動的な組織技能」と「精巧に作りあげられたシステム」のために絶賛された。[35]

エヴェレストの登頂を合理化するためになされた努力をいかんなくしめす事例は、あるチームが一九九六年に開発した「人の身体を衰弱させる高所に対して登山速度を調整して環境に順化する」ためのシステムである。[36] そのシステムによれば、ベースキャンプから山頂までの行程は、一日に標準的に数メートルずつ登るというものであった。全体的に、「速度調整」法では、標高八、八四八メートルのエヴェレストに登頂するために、五、〇〇〇メートルまで登るのに四週間、六、五〇〇メートルまで登るのに八日を費やし、そしてその後頂上まで登るのに一日をかける。その標準的な、あまり合理化されていない手順では、六、五〇〇メートルまでにもっと多くの時間を使い、そして八、八四八メートルの頂上までは一気に登るという方法であった。観察にもとづいてクラコアーは慎重に結論を下している。「五、〇〇〇メートルから六、五〇〇メートルのあいだの環境順化を現在の八日もしくは九日の期間から広げることが、安全性の点で大きなゆとりをもたせることになるのは確かな事実である」。[37]

エヴェレスト登山をマクドナルド化しようとした人たちは、山へのルートを快適で、穏やかで、安全な「有料道路」に変えようとしていると描くことができる。[38] エヴェレストと切っても切れない危険を制御できると証明できれば、より高い料金を稼ぎ、そして将来もっと裕福な登山者をみつけることができることに、彼らはこだわったのである。ある集団の指導者は「われわれは大きなEの意味を理解した。われわれはそれを一つの全体に結びあわせた。われわれはいま、エヴェレストの頂上まで黄色のレンガ道を作りあげた[39]」と述べている。

しかしこうした努力の限界は、エヴェレストへの登頂遠征が「スイスの登山電車のように運行できはしない[40]」という議論に表されている。合理性の非合理性のいくつかがこうしたマクドナルド化への努力と関係している。エヴェレストに交通渋滞が生じた。それというのも、多人数の多くのグループが登山を目指して押しかけたからである。有料の登山者は訓練されておらず、準備も整えておらず、しかもガイドにべったりすがっていたからである。ほとんどの人たちは、互いの強さや登山家としての限界についてほとんどわかっていなかった。登山者は多額の料金を支払っているので、指導者は登山者の要求を拒絶すべき状況においても、だめですと言いにくいことを彼らは知る羽目になった。

しかし、合理性の非合理性を表す最大の事例は、環境への順化と関係している。順化のための速度調整法は効率的であり、人びとがより高いところに、また素早く登り、より早く登頂することを可能にしたが、しかしそれは高所での補助酸素の使用に依存している。各水準での順化のために適切な時間をかけなければ、一九九六年の登山に関係した者たちが証明したように、標高のより高いところで酸素を利用することができず、生存がいっそう難しかったのである。

一九九六年の登山は、もう一つの非合理性を顕わにしていた。未経験の登山者、エヴェレスト初登山のガイド、露骨なまでに利己的なガイド、あるグループの指導者の「無謀きわまりない」アプローチ、グループ指導者間の激しい競争意識、そしてあるグループの違反（頂上から下山するさいの期限切れ）などが含まれている。こうした非合理性は、エヴェレストに登山しようとする努力、あるいは山登りの合理化に限ったことではなく、同じようなことがどのような登山においても問題を発生させ、また問題を大きくしたのである。

合理性の非合理性、およびこの特定の登山の非合理性という以上に、エヴェレストの登頂を目指すことに含まれる固有の非合理性がある。一九二一年に始まった組織体による登山は、エヴェレストで一三〇人以上の犠牲者を記録している。頂上にたどり着いた四人中の一人の割合で犠牲者がでたことになる。登山者が高く登るほど、生理学的な問題が増加する。クレバスが移動し、登山者を死にいたらしめる原因にもなる。崩落する岩石は登山者に犠牲を強いる。温度がマイナス三〇度以下に下がることもある。けれども、最大の非合理性は天候である。一九九六年、完全に予想外であった大嵐が頂上に到達しようと試みていた一二名の登山者に襲いかかった。一二名の遭難はエヴェレスト登山史において一事故としては最大の死者数を記録した。

一九九六年のエヴェレスト大惨事は、人間がたとえ万事を尽くしたとしても、登山のマクドナルド化に限界があることを証明しているように思われる。エヴェレスト登山のような死をもいとわない活動まで完全に合理化できないことは確かである。それでもマクドナルド化は妥協を許さない絶対的な過程ではない。マクドナルド化は程度の問題である。したがって、われわれは登山にかかわる非合理性を最小に抑えようとしつづけるであろう。エヴェレストの場合で言えば、将来の登山者は一九九六年の大惨事（またほかの惨事）から学習し、その危険を最小に抑えるか、それともそれを排除するための方法を開発することができるであろう。最大の危険は予測を上回る気象であるが、やがて天気予報と予測探知機の改善が行われ、それらが設置されるであろう。

明らかに、多くの教訓が学習された。早くも二〇〇三年の春シーズンに、エヴェレスト登頂をほぼなし遂げた一日あたりの人数の新記録が達成された（二〇〇三年五月二二日、なんと一〇九名もの人が頂上を極めたのだ）。ちなみに、その年に年間最大数を記録した（秋のシーズンが訪れるまでに二三八名の登頂者を数えた）。この年の登頂には一人の犠牲者もでなかった。[41] さらに、成功を収めた登山者のうちの二人は、アウトドア・ライフ・ネットワーク（ＯＬＮ）の要請を受けて、トヨタ自動車が後援した「リアリティＴＶ」の番組の人員であった[42]。

　これまで以上の事故や犠牲者が将来におけるエヴェレストの登山で発生するかもしれないが（驚異的な大嵐はこれからもやってくる）、われわれはエヴェレストの頂上に向かって作られた黄色いレンガ道（ディズニーによって管理運営されているかもしれない）がますます近くなるであろうことは十分に予想がつく。しかしそうなるずっと以前に、エヴェレストを魅惑的とみなしていた向こう見ずの者たちは、まだそれほどマクドナルド化されていない別の冒険をみつけるであろう。

　この本のなかで出生と死亡を取り上げ、そしていま、死をもいとわないエヴェレスト登頂のような活動を取り上げているように、マクドナルド化の過程には大きな勢いがある。しかしマクドナルド化に対立するいくつかの強力な障壁となる自然の限界があることもまた事実である。自然界にはいぜん障壁があるであろうが、社会的世界や経済界にもはたして障壁はあるのであろうか。アメリカのみならず、世界中の社会的生活と経済的生活にかかわるすべてのものを変えてしまうマクドナルド化を停止するための手だてが何かあるのであろうか。

9・4　将来を見つめる——それは脱マクドナルド化か？

この本の1章で、マクドナルド社が現在（二一世紀）かかえている問題について議論し、そしてマクドナルド社がたとえ全面包囲されているとしても、マクドナルド化の持続的な存在とさらなる増殖に脅威がないことを明らかにした。ここでは、マクドナルド社とマクドナルド化の双方の将来についてもっと一般的な考えについて少しみてみようと思う。

9・4・1　マクドナルドとフランチャイズの将来——元凶モデルか

さまざまな事情がマクドナルド社の将来を脅かしている。マクドナルド社が間もなく破産に追い込まれることはないであろうが、さまざまな乱雲の兆しがみえていることに注目すべきであろう。(43)

第一は、マクドナルドがアメリカで直面している深刻な問題である。海外での業績の拡大は流星のように一瞬の輝きだけで終わりはしなかった。海外事業は高収益を上げている。しかしアメリカ国内のファストフード産業は飽和状態に達し停滞している。不調な市場でマクドナルドのシェアは低下をつづけている。マクドナルドはメキシコのファストフードやピザフランチャイズとの激しい競争に曝されている。さらに加えて、レッドロブスターのような高級なフランチャイズが高い収益を上げている。マクドナルドはアメリカでの売上げをふたたび勢いづけるためにいろいろな試み（たとえば、新しいメニューの品揃え）をしてきたし、現在もそれをつづけている。しかしそれはおおむね失敗に終わった。アメリカ市場での地位を改善できないせいで、マクドナルド社本体に大きな問題が発生し、それがやがて企業全体を脅かすことになるかもしれない。マクドナルドは近年における牛肉とバーガー用の肉にみつかった問題をうまく切り抜けられなかった。イギリスで発生した「狂牛病」騒動（二〇〇三年、カナダでもみつかった）や牛の大腸菌問題はそうした事例の代表例である。[44]

マクドナルドの観点からみて、第二の面倒な問題は、10章で論じることになるが、その操業と営業に反対する動きが世界規模に拡大している事態である。とくに脅威であるのは、抗議団体がマクドナルドは環境悪化、危険な食事、資本主義の悪魔、ひどい労働条件、低調な労働組合、子どもたちの無視、アメリカ化の脅威といった問題のシンボルであると確信していることである。非常に多くの店舗を各地域に擁する国際的事業体としてのマクドナルド（マクドナルド化ではないけれども）は、国際キャンペーンと地方での反対の双方からの攻撃に曝されている。かつて、またおそらくいまなお、多くの人の目には、（肯定的な意味で）企業モデルとしても、マクドナルドはいまでは、世界にある悪いものすべてのパラダイムになってしまう危機に立たされている。一九九九年、メディア報道では、ベオグラードにある二店舗のマクドナルド・レストランの窓ガラスをたたき壊すセルビア人の写真が氾濫していた。そのすぐそばには別のアメリカ製品（リーバイス、ハーレー・タビッドソン）の店舗があったが、それらはまったく荒らされることなく、ふつうに営業していた。(45) 同じように、フランスのロックフォール・チーズに一〇〇パーセントの関税をかけるアメリカ政府の決定は、フランスにある地元のマクドナルド・レストランに腐った野菜や堆肥の汚物をぶちまけるような破壊的な抗議行動を誘発した。(46) もっと最近では、二〇〇三年の対イラク戦争勃発のさいに、マクドナルドをしっかり真似たファストフード・レストランが、反アメリカ主義、そして祖国を占領しているアメリカ軍と戦争している最中に開店した。(47)

マクドナルドにとってもう一つの脅威は、いかなる企業もいつまでもトップに居座りつづけることはできないということである。遅かれ早かれ、内部問題（減収、あるいは株価の下落、経営陣の創造性の欠如）、外部問題（あるいは両者の結合）が、マクドナルド社を転落のコース（いまはまだそうなっていないが）に向かわせるかもしれない。結局、マクドナルド社は、何がいぜんとして企業の原動力であるかについての二番煎じになるかもしれない。最終的に、そうした要因がマクドナルド社の完全な消滅をもたらすかもしれない。

もっと一般的に、マクドナルドがその一部分であるフランチャイズ制は、万全の成功でないということかもしれない。驚くほど多数のフランチャイズが重大な辛酸をなめ、また倒産している。たとえば、トルティーヤ・ケーキを販売しているラップ&ロールは、食事のメニューがあまりに限られていたため閉鎖に追い込まれた[48]。すべて込み込みの旅行、しかも合理化した休暇旅行の開拓者の一つであったクラブ メッドは、大きな欠損を出してしまい、いまは新しいニッチとアイデンティティを模索している[49]。ボディショップはアメリカのチェーンで多額の損失を招き、難儀している[50]。「家庭での食事を追放する」ビジネスの開拓者であった巨大なボストン・マーケット（以前は、ボストン・チキンを名乗っていた）は倒産した。その原因は過剰拡張の犠牲、疑惑の多い資金調達、ロースト チキン・ビジネスの過当競争であった。ボストン・マーケット社の地域開発の担当者は「われわれはマクドナルドの次に来るビジネスというコンセプトをもっていた[51]」と嘆いていた。皮肉なことに、ボストン・マーケットはマクドナルドに買収され、その傘下に入った。スターバックスですら財政的な問題をかかえており[52]、いくつかの抗議による被害を受けた[53]。マクドナルドはフランスで成功を収めたけれども、バーガーキングはシャンゼリゼにあった店舗を含めて、レストランの閉店を余儀なくされた[54]。ホリディ・インはいくつかの大きな問題を経験している。そのなかには、ホリディ・インは「古くさく、しかも金属疲労を起こしている」[55]という評判がある。フランチャイズ制の内部にあるもう一つの問題は、フランチャイズ企業とフランチャイズ権を手に入れた企業間の拡張をめぐる対立である。これがフランチャイズ企業を脅かしている[56]。マクドナルドはフランチャイズ制を維持することに鋭意努力しているが、しかしその企業モデルの一般的な後退という辛酸をなめている。

フランチャイズとチェーンに特有の失敗の危険があるわけではない。その危険はすでに合理化したシステムを、さらにマクドナルド化するよう考案された新機軸に拡大している。チェックアウト・チャンネルは、ファストフード・レストランとスーパーマーケットの会計のために行列を作って待たされる消費者のために考えだされた。人びとは列を作り、同時にテレビを観ながら待つことができる。だから、テレビネットワークを開発した企業の幹部は次のように述べている。「最大の関心事の一つが列を作るという問題です。……予測される待ち時間を減らせる何かがあれば、小売業者は利益を得るはずです[57]」。人びとがファストフードを手に入れるために列を作って待つことが暗黙の了解事項になっていることに注意を向けるべきである。つまり、ファストフードは速いものではなく、その効率的なシステムがさほど効率的でないということである。ところが、チェックアウト・チャンネルは失敗した。その理由の一部は、プログラムが数分おきに繰り返されるため、苛立ったカウンター係やレジ係が頻繁にテレビを消してしまったからである。

9・4・2　マクドナルド化の将来――「ミス・ハップス」と「ミス・ステーキ」

1章で明らかになったように、マクドナルド社や同業者にとっての脅威とマクドナルド化にとっての脅威とがごちゃ混ぜにされてはならない。マクドナルド社はほぼまちがいなく将来のある時点で消滅してしまうだろう。しかしその時点でマクドナルド化の過程は、アメリカ社会のみならず世界中の多くの場所にいまよりも深く侵攻しているであろう。マクドナルド社がいつの日か転落し、あるいは消滅する最終の時点で、われわれはその過程の新しいモデル、もしくは新しい名称（マクドナルド化に代わる名称）をみつけなければならないであろう。しかしその過程（より一般的に、合理化過程）はいっそう加速する勢いで、ほとんど確実に継続していくであろう。

しかし、マクドナルドにとっての脅威をさらに増幅すると思われる対抗勢力はないのだろうか。それがマクドナルド化自体にとっての脅威を増幅することにはならないだろうか。実際に、いくつかのことは考えてみるに値する。

その一つは、零細で、マクドナルド化していないビジネスの、目を見張る台頭である。わたしの住んでいるワシントンD・Cの郊外に、小さいが、高品質のパン屋（具体例については10章で述べる）が多数開店した。もちろん、パン屋がただ一つの事例ではない。多数の異なるタイプのマクドナルド化していない小規模企業が目立っている。

こうした企業はマクドナルド化したシステムの爆発的な成長以前には、ごくありふれた情景であった。マクドナルド化した競争者の圧力のせいで、それらは消滅したのである。しかし最近、それらは少なくとも一部でマクドナルド化への対抗勢力として復興を果たした。ところが、次章で論じるように、こうした代替案は、たぶんマクドナルドにとって致命的な脅威とはならないであろう。

マクドナルド化に対するもう一つの対抗的な傾向がスポーツの世界で起こった。最近までプロモーターはスポーツイベントをより予測可能なものにしようと懸命であった。近代的な左右対称の野球場は、フェンスに当たったボールの跳ね返りをより予測しやすくした。野球場に規格が設けられたことによって、飛んだボールがホームランに値する飛距離と高さが標準化された。現在の野球場は、ボストンのフェンウェイパークのような反合理的で、しかも予測不能な球場をなくすために設計された。というのもその球場は天然芝のフィールドと左右非対称のために有名な「グリーンモンスター」（レフト側の塀は近くにあり、かつ高い）は、比較的に飛距離の短い打球をホームランにし（ほかの球場では通常アウトになる）、そしていい当たりだが弾道の低いボールはヒットになってしまう。シカゴのリグリー球場はフェンスを覆っているツタのために選手がボールを見失うこともある。しかしこうした球場はメジャーリーグにおいて例外であった。おもしろいことに、古き良き時代の野球への郷愁が左右対称の球場に反作用しているように思われる。カムデンヤードにあるオリオールパークのような最新のいくつかの球場はまったく左右非対称である。このような球場は伝統のある球場と関係する多くの特徴を復活させることで郷愁を演出している。たとえばオリオールパークは古い倉庫を保存し、建て替え、これを時代遅れの球場の背景として活用している。さらに、こうした新しい「レトロ」な球場は、ある種の先祖返りであるけれども、それらが多数の高度に合理化した要素を維持していることもわれわれは忘れてはならない。

もう一つの注目に値する対抗傾向は、高品質の産物を生産できるマクドナルド化したシステムの台頭である。わたしはいくどかその代表的な事例の一つについて論じてきた。スターバックスのコーヒーショップは大規模で、いまなお急成長を遂げているチェーンである。スターバックスは高品質の製品を販売するマクドナルド化したシステムを作りだせることを立証した。一見すると、その成功は、すでにわれわれが周知しているマクドナルド化とマクドナルド化のテーマ（とくにそれと結びついた平凡さ）に挑戦しているように映る。しかしスターバックスは多くの点で代表的とは言えないチェーンなのである。

▼スターバックスは基本的にコーヒーという一つの単純な製品のいくつかのバラエティを販売しているだけである[58]。

▼いつもおいしいコーヒーを淹れ、コーヒーを出すことはかなり容易なことであり、まして先進的な技術を利用すればなおさらである。

▼スターバックスの常連客はおいしいコーヒー一杯に、比較的高額のお金を喜んで支払う。実際に、スターバックスで「銘柄もののコーヒー」を一杯飲むのと、マクドナルドでランチを食べるのとはほぼ同じ費用がかかる。

ほとんどのチェーン店は、これらの条件を満たすことができないため、マクドナルド化したものと平凡さの両方を兼ね備えている。また高い品質を保ちながら、それでもスターバックスは多くの点でマクドナルド化していることを忘れてはならない（さまざまなタイプのコーヒーカップはいつでもどこでも予測可能である）。しかしながら、より多くのチェーン店がスターバックス・モデルに倣おうとしていることもまた事実である。

この文脈において、フォード／フォーディズムとマクドナルド／マクドナルド化の類似について論じることには意味がある。自動車の初期の時代における大量生産では、人びとは車種に関してほとんど、あるいはまったく選択肢をもたなかったし、その選択肢の質のバリエーションもほとんど、あるいはまったくなかった。もちろん、長い年月を経て、とくにポストフォーディズムの現代では、人びとは自動車に関して非常に多くの選択肢を手に入れた。なかんずく高品質の車（メルセデス・ベンツやBMW）と並の品質の車（フォードのフォーカスとプリムスのネオン）のあいだで選択することができる。しかしそれらすべてが標準化された部品と組み立て作業ラインを使って製造されたことに変わりはない。つまり高品質な自動車も、フォードの技術体系によって生産されているのである。

マクドナルドとマクドナルド化についても、これと同様のことが指摘できる。最初の頃、ファストフード・レストランの関心は、手頃で、低品質で、標準化された製品を出すことにあった。しかし今日、人びとは以前よりも食べ物に多くの選択肢を求めている。このなかには、マクドナルド化の利点を活かしながら、しかし高品質である食べ物が含まれている。まさにフォードの原理を使ってメルセデス・ベンツを生産できるように、マクドナルド化の教義を用いて高品質のキッシュパイを提供することができるのである。さまざまな高品質のキッシュパイを提供するレストランチェーンにとっての障害は、そうした製品に十分な需要を見込めないことである。

このことは果たして、一部の論者がすでにポストフォーディズムの時代に移行したと論じているように、われわれがポストマクドナルド化の時代にほぼ参入したことを意味するのであろうか。ある程度はそうだ。しかしポストフォーディズムに肩入れをしている議論は誇張にすぎるとわたしは考えているので、わたしはポストマクドナルド化のテーマをあまり深追いしようとは思わない。現在のポストフォーディストのシステムがフォーディズムに強く影響されているように、明日のポストマクドナルド化したシステムは、マクドナルディズムに強く影響されているにちがいないからである。

いかなる製品も、たとえ最高品質な製品でも、少なくともある程度までマクドナルド化することはできる。マクドナルド化を拒みつづけると思えるのは、完成されたレストラン（8章で導入した用語を用いるならば、「存在」）の真髄、つまり八方手をつくして食材を集め、それらをシェフの酔狂と熟練技によって、日々異なる手の込んだ料理を用意するといった類いのことくらいである。

スターバックス（そしてモートンのような高品質なレストランチェーン）は、ほかのマクドナルド化したシステムと一つの次元、つまり計算可能性の点ではおおむね外れている。それは量よりも質を重視する傾向をもっている。しかし果たして、ほかの次元ではどうであろうか。たとえば、あるチェーンは非効率を基礎にして、もしくは人間に頼らない技術でなく、人間を使って組織できるであろうか。こうしたことはとても起こりそうにない。しかしほとんどのシステムがマクドナルド化してしまうと、マクドナルド化の一時停止を渇望する人たちのあいだに、大きな市場が出現する時代が訪れるかもしれない。予測不能な製品とサービスを提供する非効率で、しかも労働集約的な店舗のチェーンがそうした状況下でみずからのニッチを切り開くかもしれない。しかしそうしたチェーンが成功を収めると、それがたちまちマクドナルド化の圧力を受けることは必定である。つじつまの合わない挑戦によって、非効率性と予測不可能性などの事態をマクドナルド化するといったことも起こるかもしれない。皮肉なことに、それはまちがいなく、効率的に非効率を表し、予測的に予測不能を表すといったことをやってのけるのであろう。

たとえば、予測不可能性をマクドナルド化するレストランチェーンを想像してみよう。ポストモダンの用語を用いるならば、それは「まがい物の」予測可能性を生みだすのである（わたしはこの想像上のバーガーとフレンチフライのチェーンを「ミス・ハップス（きまぐれ）」と名づけた。それはステーキハウス姉妹店「ミス・ステーキ」[59]ももっている）。非効率を管理するための手順が作りだされ、顧客を惹きつけるために工夫された手順は、予測可能なシステムを装備している。次に、それら手順はさまざまな局面に分解され、そしてそれから、文章化され、企業のマニュアルの一部とされる。新しく雇われた人には、非効率的に行動するのに必要な手順が教え込まれる。こうして、非効率性を合理化したレストランチェーンが誕生する。われわれは予測不可能性を合理化したレストランチェーンをもつことになる。たとえば、合図を受けると、給仕助手はスパゲッティを載せた皿を、時々訪れる顧客の胸あたりのところにさりげなく落としてしまう。冗談ではなく、非合理に見えるものを合理化し、そしてその過程で、高度にマクドナルド化した社会における既存市場を備えたシステムを作りだすことは可能である。実際に、ユニバーサルスタジオ・オブ・フロリダのテーマパークでの「スース博士の上陸」は直線ではなく、むしろスース博士の流儀に倣って「曲がりくねり、そして風で波立っている」。窓はゆがみ、避雷針は曲がり、椰子の木は首をうなだれている[60]。

マクドナルド化へのもう一つの潜在的な脅威は「スニーカー化」である。すでにポストインダストリアルな社会に入った――標準化された「ワン・サイズ全対応型」といった製品から離れる動向――という証拠がたくさんある。実際に、われわれが目にするのはいっそう進んだカスタム化である。本物のカスタム化（たとえば体に合わせて作られたスーツ）は、簡単にはマクドナルド化になじみにくい。しかしこの文脈におけるカスタム化はニッチ・マーケティングと同種である。たとえば、「スニーカー化」の結果、いまや市場のさまざまな隙間（ニッチ）（ランニング用、ウォーキング用、エアロビクス用など）向けに生産された数百種におよぶスタイルのスニーカーが出回っている。もちろん、これは本物の特別注文ではない。スニーカーは一人ひとりの足を測って作られてはいない。同様の開発はいたるところでみいだされる。一〇〇種類以上のウォークマンが製造され、三、〇〇〇種類のセイコーの腕時計、八〇〇種類のフィリップスのカラーテレビセットが製造されている[61]。

ここでの中心的な論点は、スニーカー化が脱マクドナルド化への動向を反映していないいことである。ナイキのような大企業は、一つのタイプのスニーカーにつき数十万足、ときには数百万足生産しているので、マクドナルド化した生産システム（市場調査システム、流通システム、販売システムも同様）に敏感に反応できる。事実、将来のマクドナルド化が向かう一つの方向は、ますます数量の少ない製品とサービスの生産にマクドナルド化を適用することである。マクドナルド化する（少なくとも高度に）には、利益を見込めない絶対的限界点はあるだろうが、その限界点は技術の進歩によってますます低くなる。つまり、規模の経済をますます少量生産に適用することができるようになる。より多くの異なるスニーカー、さらに進んだスニーカー化は、マクドナルド化にとって重要な脅威ではないのである。

「マス・カスタム化」と呼ばれているものについても、同様の議論を立てることができる[62]。顧客の依頼で一台のコンピュータを組み立てるデル社、レストランでナプキンを差しだす素晴らしいホテル、顧客個人の名前入りのマッチ箱、ウォルマートやセブン－イレブンなどさまざまな小売業者に違うサイズのミックスナッツの包みを提供しているプランタ－ズ社などが含まれる[63]。ロゴソフトウェアー・ドット・コムはカスタム化した帽子、シャツ、チームのユニフォーム、そして横断幕を提供している。それらはあなたの望みどおりにTシャツのどこでも名前、住所、あるいはロゴマークをプリントするか、刺繍するかしてくれる。[64] 追加料金は必要だが、それらをシャツの別の箇所につけることもできる。この過程は数千、あるいは数百万もの同じTシャツ、いわばナイキのロゴのついたシャツの大量生産に比べれば、もちろんマクドナルド化していない。大量生産は、効率的で、大きな予測可能性をもたらし、ほとんど数量化できるし、またロゴソフトウェアー・ドット・コムがやっているような、Tシャツの注文生産よりも、人間に頼らない技術に頼りやすい。しかしロゴソフトウェアー・ドット・コムの採用している手順は、特別注文服を仕立てる伝統的な技法と比べて明らかにマクドナルド化されている。したがって、われわれはここでもまた、マクドナルド化の程度について語ることができるのである。

同じような事象が無形の生産物の生産でも起きている。CNNはアメリカだけでなく、世界中にマクドナルド化したテレビニュースを配信した開拓者であった（CNNヘッドラインニュースはニュース、ビジネス、スポーツ、そしてエンターテインメントからなる三〇分のパターンを用意している）。しかしながら近年、CNNはニュースを地域別に分けることに踏み切った。世界の地域ごとに異なるニュースを提供している。[65] このように「スニーカー化」したニュースに加えて、オラクルと提携したCNNは、インターネットを介してC

NNカスタムニュースを提供している[66]。だが事実は、おおむね同質の生産物を多数の異なるやり方で「細かくさいの目に切って」いるだけのことである。

ますます細かく区分けして、しかもより高品質の生産物に差異化した製品とサービスの生産と販売は、マクドナルド化の新しい方向を示唆している。だがそれは脱マクドナルド化ではない。だから、マクドナルドの低調、否、崩壊でさえも考えることができるとしても、マクドナルド化が低速化する、まして消えてなくなるとする考えを支持する兆候はほとんどみあたらない[67]。

9・5　むすび

この章では、マクドナルド化を推進している力とともに、その過程に立ちはだかる多数の社会的、経済的障壁について考察した。われわれはその過程を推進する多くのものをみつけただけでなく、その過程に歯向かう多数の障壁もみつけた。しかしこうした障壁があるとしても、マクドナルド化という潮流を止め、あるいは逆流させ、そして脱マクドナルド化に向かわせるような事態は近い将来に出現しそうにない。

けれども、永遠に持続する社会制度などあるはずがない。またマクドナルド化も、いつの日か社会風景から消えていくであろう。マクドナルド化したシステムは、社会の性質が劇的に変わって、その変化に適応しえなくなるまで勢力をもちつづけるにちがいない。2章で、わたしは官僚制、科学的管理法、および組み立て作業ラインをマクドナルド化の先駆者として考察した。マクドナルド化は、その先駆者と同じく、重要性を低下させたとしても（あるいはたとえ社会風景から消え去るとしても）、いい意味でも悪い意味でも、それが与えた劇的な衝撃のゆえに長く記憶にとどめられるにちがいない。将来のある時点で、マクドナルド化の用語は適当でなくなるかもしれないが、しかしわれわれは合理化の直近の局面と顕在物の本質を理解するために同様の概念を必要とするにちがいない。

10章　マクドナルド化と付き合う——役に立つ案内

無限にマクドナルド化しつづける世界のなかにあって、われわれはどう生きていけばよいのであろうか。この問いに対する答えは、マクドナルド化への人びとの態度によって多少違ってくる。多くの人は、マクドナルド化した世界を「ビロードでできた檻」とみなしている。彼らにとって、マクドナルド化は脅威ではなく、ニルヴァーナ、つまり超越の境地である。「合理化の鉄の檻」というウェーバーの比喩は、冷酷、厳格、そしてきわめて不快の感覚を人に伝えている。しかし多数の人は、マクドナルド化を好み（また、切望すらして）、その増幅を歓迎している。確かに、これは現実的な立場の一つである。とくに、マクドナルド化する世界が到来した後に生まれ育ち、これまでマクドナルド化した社会だけで生きてきた人たちにとっては、マクドナルド化した社会は、彼らが知っているただ一つの世界である。その社会がそうした人たちにとって品位と品質の標準である。広い選択範囲と多くの選択肢のせいで心を乱されたりしない世界を気に入っているので、彼らは別の状況を考えようとはしない。彼らにとって生活の多くの側面が予測可能であることは好ましいことなのである。彼らは非人間的な世界を楽しんでいる。そのなかで彼らは、ロボット同然の人間や産業ロボットと付き合っている。少なくともマクドナルド化した自分の世界の周辺で、彼らは人間との緊密な接触をあえて避けようとしている。こうした人びとが、ますます社会全体の多数派になりつつある。

別の多くの人にとって、マクドナルド化は「ゴムでできた檻」であり、その柵を引っ張って伸ばしさえすれば、そこから逃げだすこともできるし、またそのための適切な手だてをみつけることもできる。こうした人たちは、マクドナルド化の多くの側面を嫌っているが、その魅惑的な部分にも気づいている。自分が「ビロードでできた檻」のなかにいると感じる人たちと同じように、これらの人びとにとって、マクドナルド化したシステムとサービスの効率、速度、予測可能性、そして非個人的な性質は好ましいものなのである。彼らはとても忙しい。そのため効率よく食べ物（あるいは何かほかのマクドナルド化したサービス）を入手できることに感謝している。その一方で彼らは、マクドナルド化のコストに気づいているので、できることなら、それから逃れようと努める。マクドナルド化がもたらす効率は、そこから逃げだす能力をも高めているかもしれない。素早く食事を済ませることによって、彼らは合理化されていない別の活動を楽しむ時間をひねりだすことができるかもしれない。このタイプの人は週末や休暇に、昔ながらのやり方でキャンプをするため、自然のふところに飛び込み、登山、洞窟探検、(手のこんだ装備のない)釣りや狩り、骨董探し、博物館巡り、老舗のレストラン、旅館、民宿などの探索をするために出かけていく。このような人びとは、自分の留守番電話を人間味のあるものにしようとして、独創的なメッセージを入れたりする。たとえば、「留守をしていて申しわけございません。発信音がなってても切らないでメッセージをお願いします」[1]。こうした人びとはまた、手のこんだ家庭料理を最初から準備して調理する。パン焼きの愛好家の一人がこう言った。「パン焼きの趣味には、生活のための食を手に入れる以上の意味があります。その意味はパンづくりの体験とその過程にあるのです……。うまくパンが焼ければ、わたしの心は満たされます。だからわたしはパン粉をこねなければならないのです」。別の人は「パン焼きは一種の呪術なんです」[2]と言った。

ところで、檻の柵がゴムのように見えるとしても、柵はそこに厳として存在している。たとえば、留守番電話の独創的なメッセージを好む人たちをあてこんで、ユーモアのあるメッセージを録音して売る企業が出現し、これが創造的な機械応答のメッセージを好む人たちにとっての逃げ道を合理化している。だからいまや、ハンフリー・ボガートばりの声色を使って、自分の電話に答えさせることができる。「世界中の無数にある留守番電話のなかで、この電話にかけてくれて光栄です」[3]。同様に、家庭でのパン焼きはたいていの人にとって、パン焼き機を使う羽目になった。パン焼き機を使えば、おいしいローフ・パンを作れなくても、「パンにバターを塗ることを除けば全部やってくれる」[4]のである。

三番目のタイプの人は、マクドナルド化した檻が鉄でできていると確信している。このような人は、檻の牢固さによって完全に打ちひしがれていないとしても、彼あるいは彼女はその過程によってひどく気分を害しており、たとえ逃げ道があるとしても、ほとんどそれをみつけることができないであろう。二番目のタイプの人とは違って、そうした人びとは、万が一逃げ道をみつけられたとしても、これは一時的な猶予を得るにすぎず、やがてはマクドナルド化の支配のもとに屈すると考えてしまう。彼らは、マックス・ウェーバーやわたしと同じく、未来を「氷でおおわれた暗黒と冷酷の極地の夜」とみなす悲観的な将来を予想するのである[5]。彼らは、マクドナルド化のもっとも厳しい批判者であり、現代社会のなかで自分のいる場所がますます少なくなっていると考える人たちである[6]。

この章では、以上に挙げた三つのタイプの人びとが、マクドナルド化した世界でそれぞれ選びうる作戦行動について提案してみたいと思う。マクドナルド化を「ビロードでできた檻」と考えている人は、ひたすらファストフード・レストランと、社会のほかの領域にあるそのクローンに通いつづければよい。彼らは、まだ合理化されていないところをマクドナルド化しようと懸命に努める。その反対に、「鉄でできた檻」と考えている人たちは、マクドナルド化した社会を根本的に改革するために努めようとするかもしれない。その変革には、マクドナルド化する以前の世界に戻そうと努め、また金色のアーチの崩壊によってできた瓦礫からマクドナルド化されない新しい世界を生みだそうと努めるかもしれない。

しかしながらこの章ではまず、マクドナルド化と関係した問題のいくつかを改善することに関心をいだいている、「ゴムでできた檻」あるいは「鉄でできた檻」と考えている人たちに注目してみよう。ここで焦点を合わせるのは、主としてマクドナルド化と穏やかな形で付き合っていくやり方である。

最初に、マクドナルド化されない制度を作りだすためのいくつかの試みについて考えてみよう。次に、マクドナルド化したシステムを変えようとしている集団的な努力を全般的にみておこう。最後に、人びとがマクドナルド化した社会と付き合うためのもっと個人的な方法の二、三の事例について考えてみよう。

10・1 「筋の通った」対案を作りだすこと
――時には、ルールを破らなければならない

マクドナルド化の行き過ぎが、あまり合理化されていない対案の成長をもたらした。そ

うした対案は、製品やサービスの効率的な生産や顧客の効率的な処理を重視しない。それらは、量の多さよりも品質の高さに注力する。それらは製品とサービスの予測不可能性に夢中になることもある。また、人間に頼らない技術を使う代わりに、外部からの圧力をあまり受けることなく、技能を発揮する熟達の職人を雇用することが多い。つまりこれらは、従業員や顧客にとって、マクドナルド化していない状況なのである。

合理化した状況への対案は、ビジネスやほかの社会制度のなかにもある。たとえば、菜食主義者向けの食品や健康食品に特化した食料コープは、スーパーマーケット[7]に対案を提示している。そこで取り扱われている食品は、スーパーマーケットのそれよりも健康によい。買い物客はたいていコープの会員であり、そのため経営に活発に参加する。従業員もまた自分の仕事にしばしば積極的に携わり、その上愛着さえもっている。

教育の分野では、高度に合理的な州立大学に代わる対案は、マサチューセッツ州アマーストのハンプシャー・カレッジ[8]のような小規模な学校である。この大学のモットーは、「羽目をはずしても大丈夫」である（ファストフード・レストランも、これと似たモットーを使いたがっている。たとえば、バーガーキングは、「ついうっかり、ルールを忘れる」を使っている。こうしてほしいとはまったく思っていないのだが）。こうした大学には、専攻や成績平均点などというものはない。

合理化されていない制度が成功すると、それらをマクドナルド化させようとする圧力が強まる。したがって、いかに合理化を避けるかが問題である。たとえば、合理化を避ける方法の一つは規模を過度に拡大しないことである。どんな制度でも規模が大きくなると、ある時点で合理的な原則を実際に働かせる必要が生じる。規模が大きくなると、もう一つの危険――フランチャイズ化――が生まれる。それはまちがいなく合理化をもたらす。大規模化とフランチャイズ制は、いっそう大きな利益への強烈な欲望を生みだすので、合理化されていないビジネスを志す起業家たちは、そうしたビジネスを立ち上げた理由をいつも念頭に置いておかねばならない。彼らはまた、常連客に対する責務を心にとめておかなくてはならない。なぜなら彼らはマクドナルド化されていないからである。しかし彼らもまた資本主義社会の被造物なので、収益性の魔力に屈して、ビジネスの拡大やフランチャイズ化を目論むかもしれない。そのような場合には、合理化されていないビジネスを新規に始めるために、その収益金を使ってほしいものだ。

以下では、まずマクドナルド化に抵抗することに懸命に努力している三つの具体例について考える。とくに最初の二つは、成功を収めつつも、思いがけず落とし穴にはまってしまった事例である。つまりこれらのビジネスは、マクドナルド化に反対することには成功したけれども、製品と操業のマクドナルド化に引き込まれたために、自分たちを成功に導いた基礎を壊してしまった。

また自動車産業とその努力について、とくにマクドナルド化と関係する諸問題のいくつかを除去するために変化を敢行したスウェーデンの自動車企業について考察する。

10・1・1 マーベラス・マーケット――パリパリの皮と芳醇な味

ワシントンD・Cにあるマーベラス・マーケットは、比較的合理化されていない、筋金入りのビジネスの好例であった[9]。わたしはここでまず、マーベラス・マーケットがその誕生時から合理的なモデルを避けようとしていたわけではまったくなかったと言っておこう。マーベラス・マーケットは、テイクアウトのマーケットである。食品を「素早く」手に入れることができ、「手間のかからない」夕食の準備に利用できることを売り物にしていた。だから、このようなマクドナルド化への反動として展開したビジネスでさえ、ファストフード・システムにすっかりなじんで成熟した社会の要求を完全に無視することはできなかった。

しかしマーベラス・マーケットは、はじめは合理性よりも主として理性に重点を置いていた。とりわけ量よりも品質を重視したのである。ここに、食べ物についての考え方を記事にしたマーベラスの会報がある。

「料理というものは、単なる量で量れるものではありません。それは生活の仕方なのです。食べ物は空腹への反応だけではないのです。食べ物は、ムードを生みだし記憶を蘇らせ、必要と欲求を呼び覚まし、緊張を解放し、創造力を刺激するものなのです[10]」（これをファストフード・レストランの言っていることと比べてほしい）。マーベラス・マーケットの主力商品はパンである。

わたし［オーナー］は、一九六一年にワシントンにやってくると、すぐにこう言われた。「ワシントンにはおいしいパンがない」。わたしはその後数年間、何千回も白けた苦情を聞かされた。たいていは昔を懐かしんでいる人がそう言っていた。

わたしは、もう苦情を聞かされることはないだろう。昔が戻ってきた。マーベラス・マーケットのパンには、パリパリの皮と芳醇な味がある……。

あなたは、毎日、クルミや干しぶどうの入ったラウンドローフ・パン、サワードゥのおいしいバタール、大きい穴のあいた田舎っぽい噛みでのあるローフ・パン、ローズマリーとブラックオリーブの入ったパン、昼食の前に焼いたバゲット、そして夕食のときまで新鮮なようにと、午後四時に焼きたてのバゲットを手に入れられるだろう。

このパンは、前もってスライスされビニール袋に包まれたやわらかいローフ・パン……に慣れた人には少々驚きかもしれない。あなたはかつてこのようなパンを味わったことがあるだろうか。これらのパンは……病みつきになる。

マーベラス・マーケットの会報はこう結ばれている。「われわれは、素晴らしい味の食べ物を売ろうと決意しました」。

マーベラス・マーケットは効率的な操業をしなかった。その食べ物は予測不能であった。顧客は自動人形、あるいは産業ロボットとではなく、人間と対面できたのである。マーベラス・マーケットはこう言っている。「ここは、パン焼き職人やコックがお客にじかに説明する親しみやすい店です。彼らはパンと食べ物の新しいレシピに取り組んでいます」。

ファストフードの店舗の多くが撤退を余儀なくされたが、マーベラス・マーケットのようなストアや店舗は存続しつづけた。新しいと言えるものは、こうした店が、マクドナルド化の行き過ぎにうんざりしている人びと向けに対案を提供するために意図的に作られた点である。けれども、わたしはさまざまな理由で、マーベラス・マーケットのような場所は、マクドナルド化した社会で袋小路に取り残される運命にあると考えている。

▼このような場所の成長はそれ自体による制約を受けている。規模が大きくなるにつれて、ますます品質が脅かされる。

▼マーベラス・マーケットのような場所を作るために必要な技能や気質をもつ人が少ない。

▼ファストフードで幼少時から育った人たちは、おそらくファストフードの食品を究極の品質と考えるだろう。「バタール」ではなく、マクドナルドのハンバーガー用パンが、その世代の品質の基準になりがちである。たとえば、一人の四歳児をもつ母親はこういう。「ケビンがわたしの手料理に感動してほしいと思ったこともある……。でもいまのところ、わたしはビッグマックやフレンチフライにたちうちできないわ」[11]。

▼そしてもっとも重要なことだが、もしこのようなマーケットや店が市場の相当部分を支配する兆候をみせたなら、マクドナルド化の力は、それらに注目し、そしてそれらを合理的システムへと変えようと努め、そして世界中でフランチャイズ化が進行する。たとえば、ガルフ・アンド・ウェスタンや大規模な複合企業がマーベラス・マーケットを買収して、その製品を合理化し（ケンタッキー・フライドチキンが、かわいそうなサンダース大佐のレシピに対して行ったのとまったく同じように）、マーベラス・マーケットの世界的チェーンを作ったとしたら、それらはもはやマクドナルド化の対案ではなく、その過程の一部というべきである。

マーベラス・マーケットは、ワシントン地域でまたたく間に驚異的な成功を収めた。売上げが激増したので、需要をまかないきれなくなり、パンの販売を一人あたり二つのローフ・パンに制限し、日中の数時間、店を閉めるようになった。オーナーは、新しく大きなオーブンを購入して、販売にまったく関係しない、パンの生産に専念する工場を造りあげた。また、ワシントン地域のさまざまな場所にパンを運ぶため、トラックを購入し、スーパーマーケットとレストランに売りさばき始めた。ビジネスが拡大すると、オーナーは自分のマーケットが品質を重視していると主張するようになった。「わたしたちは、品質を保つために、手作りをやめることを拒否し、高速生産を拒否し、さらに毎週、基準を満たさない何百ポンドのパンを取り除いている」。しかし、わたしの、そして多くの顧客の見方によれば、パンの質が落ちていた。たとえば、店は焼きすぎのローフ・パンを売っていた。大量の需要が品質悪化の原因だと思われた。

これらの問題を考慮して、オーナーは一九九一年一一月九日、新しいパン工場の完成にさいし、顧客に向けて公開状を発表した。その一方で、その手紙は、会社の成長がさまざまな点で非合理を生みだしたことを認めていた。

> わたしたちは過渡期にあります……。
> その途上で、われわれのパンの品質が不安定であったために、またわたしたちがパンの生産スケジュールを順守しなかったために、お客様はご気分を害したことと思います。
> 今週の何日間か、たとえば土曜日には、お客様がいらっしゃる前に、品切れにして、

しまいました。お客様の多くはテニスをしたいとか、会社で請求書を送っていたいと思っていらっしゃったでしょうに、それなのに土曜日の朝に行列を作って待っている……。

　お客様は、ここ数ヵ月のあいだ、品質のバラツキにかなり寛大でいらっしゃったにもかかわらず、わたしたちはこの間、失態を重ねて参りました。（傍点は筆者）

その一方で、オーナーは、ビジスネスの拡大が品質の低下（やほかの非合理性）を引き起こさないと約束した。

　さて、このたびわたしたちは、新しい大規模なパン工場を建設しました。この工場には、わたしたち流のパンを作ることのできる最良の設備が整っております。その設備は自動化されてはいません。わたしたちは、ここでまたほかの工場でもゆっくりと手作りのパンを作っております……。したがってわたしたちは、さらなる品質と堅実さを備えたパンを提供できます。

　さらに加えて、わたしたちは、新しいパン屋のリーダー……わが国最高のパン屋の一つ……になれるよう努力をして参りました。

　はじめは約束しておいて、後になって妥協したワシントンの別のパン屋と同じ道を、わたしたちがたどるだろうとお思いの方に申し上げます。わたしたちに限ってそのよ

うなことはありません。（傍点は筆者）

マーベラス・マーケットのオーナーは、自分のビジネスを合理化する危険にはっきりと気づいていた。そこでこのオーナーはビジネスの拡大をしながらも、これに伴う危険を避けようとしたのである。しかし、彼は失敗した。元々のマーベラス・マーケットは倒産し、そして一九九六年に、売却された（これにくじけることなく、そのオーナーは新規ビジネス、つまりブレッドラインを開設した）。これは「新鮮で焼きたて、しかも手作りで、マクドナルド化していない、サンドイッチ、ピザ、ローストポークロールパンなど」に専門特化している。[12] マーベラス・マーケットの急成長とその後の失墜は、マクドナルド化の対案を提供する魅力とともに、一度ビジネスが成功すると、これをマクドナルド化しようとする抗いがたい圧力が生じることも教えている。

マーベラス・マーケットのような零細ビジネスは、今日、企業の生き残りを賭けた深刻な問題に直面している。零細ビジネスが対処しなければならない課題は山積み状態である。たとえば、自己の際立つ個性を打ち出すこと（チェーン店のアイデンティティに対抗すること）、チェーン店が出店してこないニッチを見つけ出すこと、差異化した製品を提供すること、そして返品を受け付け、無料で贈り物用の包装をサービスすることなど、チェーン店がすでにしているサービスのいくつかを消費者に提供することによって、チェーン店との競争に対抗することなどである。[13]

10・1・2　ベン・アンド・ジェリーズ――「思いやりの資本主義」

バーモント州のウォーターベリーにあるベン・アンド・ジェリーズ・アイスクリーム社は、高度に合理化したビジネスとは違う組織として定着し、しかも大きな成功を収めた有名な対案の一つである。ベン・アンド・ジェリーズは、一万二、〇〇〇ドルの初期投資を行って、一九七八年五月五日に、改築されたガソリンスタンドでアイスクリームを売り始めた。[14] ベン・コーエンとジェリー・グリーンフィールドもそれまで実際に企業経営を経験したことがなかった。彼らは、品質の高い製品を安値で売り始めた。実際にベンは、「高い品質の製品を作り出すことになりふり構わないほどに没頭[15]」した。その品質の特徴は、高い脂肪分を含むアイスクリームと大きなトッピングなどにある。大きくて厚切りの塊を入れたアイスクリームは、合理的な意思決定の過程から生まれたのではなく、むしろベンに微妙な味を判別する能力が欠けていたことから生まれたのである。高い品質に対する彼のこだわりは、一九八五年に超厚切りの塊を入れたアイスクリームを作りだした方法に表れている。

［ベンは、］液体チョコレート・シロップを、わたしたちの通常のチョコレートミッ

クスに混ぜることを思いついた。その結果、信じられないほど豊かで、ずんぐりとしていて、とても食べ応えのあるアイスクリームができた。トッピングとして、ベンは、白と黒のチョコレートの厚切り、チョコレートでおおったアーモンド、ペカンとクルミを選んだ……。彼は、なかに入っている塊の重さと大きさいずれの総量も、わたしたちがほかのどんなアイスクリームで使うよりも、四〇パーセント多くなるようにした。それは、わたしたちがいままでに作ったなかでもっとも高価な製品であったが、ベンはそのことをまったく意に介さなかった。彼には商品の費用についての関心が欠けていた。というのも、費用を考えてしまうと、彼は創造過程に集中できなくなってしまうからである。味が良ければ、ベンは、それで商売ができると考えていた[16]。

第一号店は、合理的とはほど遠かった。たびたびカウンターに長い行列ができてしまい、とても非効率であった。大きさのまちまちなアイスクリームと、一貫性のないサービスが予測不可能性をもたらした。計算可能性は存在しないに等しかった。開店後二ヵ月で店は閉店し、次のような貼り紙がされた。「わたしたちは、利益が上がっているかどうか判断するため、本日をもって閉店します[17]」。その当時から、またいまでもある程度まで、技術は旧式であり、従業員の管理もほとんど行っていない。

ベンとジェリーは、自分たちのビジネスを「型破りなもの」と描くようになっていた。彼らにとって、それは素朴であり、余分なものがなく、手作りで、そして自家製であることを意味した。それは、型どおりで、洗練され、磨かれ、包装されたものの対極にあった[18]。

ベン・アンド・ジェリーズは、合理化したビジネスの冷たく非人間的なものから自分たちを差異化しようと意識的に努力するうちに、「思いやりのある会社」として知られるようになった。ベン・アンド・ジェリーズはその「革新的な」価値――たとえば貧困の問題を取り上げること――を日常のビジネスに統合していこうと企てた[19]。多くの合理化したビジネスと違って、ベン・アンド・ジェリーズは、品質にだけこだわったのではなく、従業員や環境にもこだわった。一九九五年までの会社の方針は、経営者たちはもっとも低い賃金を得ている従業員の五倍以上の所得を得てはならないというものであった。この会社は、「思いやりの資本主義」を実践して、会社が設立した財団に税込み所得の七・五パーセントを引き渡した。その財団は、「創造力ある社会の変化に貢献する」団体に助成金を支給した。不況におちいったバーモント州の家族農場を支援するためミルクに割増料金を支払い、地元の先住民からブルーベリーを、ジョージア州のアフリカ系の農民から桃を、アマゾンの熱帯雨林に住む人びとからナッツを購入している。その法人株主総会では、役員の通常の選挙だけでなく、株主たちが支持する目標を法案として通過させるため、ビデオテープに録画したメッセージを議会に送るなど、伝統的でない活動も実践している。

ベン・アンド・ジェリーズは、企業の活動を原因とする環境破壊を排除し、また制限している。その会社はプラスチックやボール紙を再生し、オフィスでは再生紙を使い、省エネを実行している。彼らの店では、いまや塩素を加えないで製造された完全に生分解できる容器に向けた画期的な第一歩として、無漂白の茶色の再生紙から作られた「エコ・パイント容器」を使用している。さらに加えて、二〇〇二年、彼らは地球温暖化と戦うキャンペーンをしているディブ・マシューズ・バンドおよび「セーブ・アワ・エンバイロンメント・オルグ」と提携した⑳。ベン・アンド・ジェリーズは、その主力製品である超オマケ付きのアイスクリームが少なくとも一部の人びとの健康を危険にさらすことを認めてさえいる。一九九〇年の年次報告書では、「アイスクリームは栄養価値が高いが、大量の脂肪分と砂糖分を含んでいる。健康上の理由のために、これを食べないほうがよい人は、食べないことを選択してまったく構わない㉑」という記載がある。事実、会社は最近、活発にライト・アイスミルクと低脂肪あるいは脂肪分ゼロの冷凍ヨーグルトを市場に出荷し始めた。これらの製品は、ベン・アンド・ジェリーズの健康への関心を反映している（ただし会社は、超オマケ付きアイスクリームを精力的に出荷し、従業員一人ひとりに一日三パイント分のアイスクリームを支給しつづけている）。それらの製品はまた、健康志向をますます強めている人びとが高脂肪分のアイスクリームに対してもつようになった抵抗感をも反映している。

会社は、マクドナルド化の影響が従業員におよぶことを避けようと努めてきた。従業員はユニフォームを着ることも、マニュアルに従わされることもない。事実、今日まで、ベン・アンド・ジェリーズは、「多様なライフスタイルを受け入れ、従業員は好きな衣服を身につけることができ、職場を思うままに個性的な場にすることができた」[22]。ベンとジェリー自身は、いつもTシャツとスニーカーで出社した。少なくとも最近まで、従業員は明らかに自分の仕事に愛着を感じていた。彼らは、どんな日でも、自分が実行する仕事について、少なくとも業務内容の一部を選択できた。また、会社には、業務外の仕事を進んで行おうとする「愉快な連中」がいる。彼らは退屈な重労働をいくらかでも取り除こうとしてきた。パステルカラーで彩られたウォーターベリー工場の見学ツアーのさいに、「従業員が楽しげに大歓声をあげている」様子をみることができるのである。役員の留守番電話は、彼（彼女）が「超越瞑想をしているので[23]」席をはずしていると、電話をかけてきた人に語るだろう。そして、わたしがベン・アンド・ジェリーズの広報の担当者から受け取った手紙には、「広報の女王」（"P. R. Info Queen"）の署名があった。それから、無料マッサージ、健康クラブの会員券、（経営者と従業員間の）利益分配制、保育施設などの数多くの福利厚生が備えられている。ある労働者は、「これが仕事のあるべき姿だ」と言った。あるジャーナリストは、「従業員のためを考える思いやりのある会社のなかで最たるものだ」と述べている。[24]

とはいえ、ベン・アンド・ジェリーズは、その当初からマクドナルド化の兆候をしめしていた。たとえば、アイスクリームの量が一定しなかったことに注目し、製造過程を合理化するため定期的に改良を行った。彼らは、アイスクリームのコーンの重さを量るために計量器を使った。もっとも、これはその非効率性のために後に中止されてしまった。ベン・アンド・ジェリーズのフランチャイズ第一号店の「スクープ・ショップ」は一九八一年にバーモントで開店した。最初の州外のフランチャイズは一九八三年に開店した。現在、アメリカに二三五のスクープ・ショップがあり、と同時に、多数の店舗がフランス、イスラエル、オランダ、イギリスで展開している。[25] 需要を満たすために、ほかの業者たちが、ライセンス契約をして、ベン・アンド・ジェリーズのアイスクリームを製造し始めた。そのため、売上げ、利益、そして従業員数も劇的に増加した。一九八二年のはじめに、ジェリーは、合理化の進行に気づいていた。「わたしたちは、自家製アイスクリーム・パーラーとして開業し、それから一種の製造工場へと発展していった……。わたしたちはかつてすべてのアイスクリームをすべて自分たちの手で作ったし、またすべてのコーンに自分たちですくって盛りつけた。いまやベンやジェリーに一度も会ったことのない人がわたしたちのアイスクリームを買っている[26]」。

ジェリーは、一度会社を去ったが、数年後、経済的な成功と会社を設立したときの価値観とを結びつけるために復帰した。国際的な成功を達成したところで、会社は成長を抑えるための明確な経営方針を打ちだした。マクドナルド化したビジネスを率いる成長本位のリーダーと比べて、「ベンは、成長していないビジネスは死にかけているという主張に決して耳を貸さなかった[27]」。この会社は、フランチャイズの拡大を制限し、そして既存のフランチャイズとの結びつきを強化した。同様に、その会社は従業員数の増加を弱めた。仕事と生産物の品質の双方を改善するためコンサルタントを雇った[28]。

パトリシア・アバディーンは『トゥェンティハンドレッド（二〇〇〇年）』（ジョン・ネスビットとの共著）において、ベン・アンド・ジェリーズを次のように表現した。「……一九九〇年代に設立された企業形態の新しいモデルであり、わたしたちは、二一世紀にこのモデルを確実にみることになろう[29]」。この考えはわたしの考えとは異なる。つまり今後もっとも継続しそうな第一の企業モデルは、高度に合理化したマクドナルドであって、合理化を拒否するベン・アンド・ジェリーズではない。最小限、実現可能な対案をしめそうとすれば、ベン・アンド・ジェリーズは、長い目でみると経済的な成功とマクドナルド化の回避の両方の達成が可能なことを間断なく提示しつづけなくてはならない。

最近の展開は、マクドナルド化の反対者を元気づけることに役立っていない。長期にわたって問題をかかえていたが、もっとも重要なことに、ベン・アンド・ジェリーズは、二〇〇〇年に巨大コングロマリットのユニリーバに売却された。ベン・アンド・ジェリーズはユニリーバ社のアイスクリーム事業から独立して営業することを容認され、独立の取締役会を維持している。それでも、マクドナルド化していないベン・アンド・ジェリーズの経営方針や手順の多くが、完全に合理化されたコングロマリットの圧力のもとで縮小される傾向にある。事実、二〇〇〇年末、ユニリーバの経営者がベン・アンド・ジェリーズの代表取締役に指名された。マクドナルド化の一つの明確な標識は、その企業のウェブサイトが「広報の女王」("P. R. Info Queen")をアップしておらず、むしろまったく趣のない「広報担当部長」("Director of Public Relations")をアップしていることにみられる。[30]

10・1・3 B&B――「マックベッドとマック朝食」に代わりうるもの

合理化に対する対案のもう一つの例は、ベッド・アンド・ブレックファースト(B&B)である。実際、B&Bについてのニュース記事の表題は、「B&Bはマックベッドやマック朝食から旅行者を救いだす[31]」というものであった。B&Bは、旅行者に部屋を貸して家庭風のもてなしと朝食を提供するいわゆるペンションである。伝統的に、館主は顧客に個人的な気配りをしめし、ペンションに住みながら営業している。Ｂ＆Ｂ、その多くはずっと前から存在していたが、一九八〇年代はじめにブームになった[32]。一部の旅行者たちは、合理化したモーテルの部屋の寒々とした非人間性に我慢できなくなっていた。これに代わって、Ｂ＆Ｂは合理化していないタイプの宿泊施設を提供したのである。Ｂ＆Ｂに宿泊したことのある者はこう言っている。「それは素晴らしいものだった……。宿の主人はわたしたちを家族のようにもてなしてくれた。それは、とても快適で親しみやすく、魅力的でロマンチックでさえあった[33]」。

しかし、ここでもまた、成功はマクドナルド化の兆候を顕わにした。提供される快適さの範囲が拡大するにつれて料金も上昇する。Ｂ＆Ｂは旅籠（はたご）や小規模なホテルとほとんど代わり映えのしないものになっている。オーナーたちは、もはやＢ＆Ｂに住まなくなり、彼らは自身の代理を務める管理人を雇っている。ある事情通によれば、「最良のＢ＆Ｂは、オーナーが家屋に住んでいるペンションである……。オーナーが去って、管理人を雇うようになると、よくないことが起き始める。ベッドの下にほこりが積もり始め、煮つまったコーヒーや焦げたトーストが出されるようになる[34]」。言いかえれば、品質が落ちるのである。Ｂ＆Ｂが拡大し始めると、一九八一年に「全米Ｂ＆Ｂ連合会」が設立され、Ｂ＆Ｂのガイドブックが作られた。いまや視察が行われ、基準が作られ、格づけが実施されている。言いかえれば、急成長しているB&B業界を合理化するための努力が目下進行中なのである。

マクドナルド化の圧力はイギリスにおいても一段と強まっている。イギリス政府官庁はB&Bに対して一連の規格にあった設備——フルサイズの鏡、アイロン台、電話、テレビ、ズボンプレッサー——を提供して、政府認定の標準査定を満たすよう圧力をかけている。こうした圧力はB&Bの均質化をもたらし、またそれらをモーテルやホテルの設備と差異化することをますますむずかしくしている。B&Bはどれほど多くの設備を備えているかによって評定されるようになり、美的、主観的、そして数量化できない要因——たとえば温かく客を迎えること、友好的な雰囲気、環境の素晴らしさ、歴史的あるいは建築学的な建物の価値など——が重んじられなくなっている。(35)

10・1・4　スウェーデンにおける自動車組み立て作業ラインの改良

マクドナルド化したシステムは、その過程と関係する最悪の問題を排除するため自己修正を行う。こうした方向転換のもっともよい事例は、自動車産業とその組み立て作業ライン技術である。自動車製造会社が、その最悪の非合理性の一端を減らそうと努めるのは、ほとんどの場合、重大な外圧があるときだけである。環境保護主義者の圧力によって、自動車会社は、自動車による大気汚染を減らそうと多少の努力をしてきた。政府の圧力や外国との厳しい競争によって、自動車は小型化され、燃料効率もよくなった（とはいえ自動車産業はそれまで大型で、燃費の悪い、そして汚染をまき散らすレクリエーションカーを販売しつづけてきた）。

しかしながら、少なくともこの本の観点からみて、自動車産業の最大の非合理性は、組み立て作業ラインでの労働と関係している。伝統的な組み立て作業ラインの高速化と作業の細分化が労働を自己疎外的、脱人間的なものにしている。何年もの長い間、労働者と労働組合は、自動車会社に対して仕事の性質を改善するよう要求してきた。しかし企業は、せいぜい給料を上積みするくらいで、ほとんど何もしてこなかった。組み立て作業ラインで働くことに不満をもっている労働者を辞めさせても、すぐに次の労働者をみつけることができたので、仕事を人間的なものにする本当の圧力の危険に遭遇したことがなかった。

しかし一九六〇年代から七〇年代、スウェーデンには、組み立て作業ラインの仕事を人間的なものに変えていかざるをえない多くの要因が存在した(36)。スウェーデン人労働者は、自動車の組み立て作業ラインでの仕事を嫌っていた。彼らは、アメリカの自動車製造業の労働者よりもおおむね高い教育を受け、やる気もあったので、嫌悪感もまた大きかった。

彼らは無断欠勤、遅刻、サボタージュ、転職を頻繁に行って、自分たちの嫌悪感がとても大きいことを表現した。スウェーデンの実業家たちは、これらの問題（とくに離職）を、アメリカの実業家のように無視することができなかった。一九六〇年代のスウェーデンでは、失業者が少なかったので、仕事を辞めた労働者の補充はとてもむずかしかったのである。そのためスウェーデンでは、組み立て作業ラインでの仕事のもつ脱人間的、自己疎外的な側面を減らすため、いくつかの対応を迫られることとなった。

サーブ社やボルボ社のような、スウェーデンの自動車会社（少なくともその一部はアメリカの自動車企業によって所有されている）は、その最悪状態を取り除くため組み立て作業ラインを大きく改良した。長いラインを短く分割し、一つのラインで就業する労働者の数を約二五人から三〇人にとどめた。こうした比較的小規模な作業集団のなかに、共同体の一員としての帰属意識が生まれた。高度に細分化された仕事をさせる代わりに、集団の構成員の一人ひとりに、いっそう複雑な仕事を行うことを認めた。また労働者たちは、職務を交換することができた。どの作業をすべきか、どのようにすべきかを指示する方式に代えて、作業集団とその構成員は、ある限度内で自己決定をすることができた。こうした変化は、少なくともその当初かなりの成果を上げたのである。

アメリカの自動車産業も、こうした人間的な改革に対する関心は大きかったが、スウェーデンのような低失業率による圧力が欠けていたので、ずっと後まで実際の変化は起きなかった。その後、変化は生じたのだが、それは仕事を人間化するためではなく、日本の自動車産業との競争に勝つためであった。

10・2　集団によって反撃すること
——心臓、心、味覚芽、そしてピザ・デ・スパーナを救え

これまで挙げたすべての事例が、マクドナルド化に抵抗するための積極的な努力とみなすことができる。しかし、もっと消極的な行為もしばしば利用できる。多数の人が手をつなぎあうならば、その過程の特定の要素（たとえば、マクドナルドあるいはウォルマート）、またはその過程一般に反対する運動を組織することができる。こうした社会運動のもっとも重要な三つの運動を取り上げるとすれば、マクドナルドに反対する国内の、および国際的なキャンペーン（マック名誉毀損裁判支援キャンペーン、国内心臓救済キャンペーン）、ファストフードに反対するキャンペーン（スローフード）、およびウォルマートなどのチェーン店やスーパーストアに反対するキャンペーン（スプロール・バスター）を挙げることができる。マクドナルド化と戦う地方の共同体による多数の努力とともに、右に挙げた三つのそれぞれについて手短にみておこう。

10・2・1　マック名誉毀損裁判支援グループ――マクドナルドの割に合わない勝利

マック名誉毀損裁判支援キャンペーンの起源は、ロンドン・グリーンピースに属している二人の失業中の仲間（ヘレン・スティールとデービッド・モリス）に対してマクドナルド社（イギリス）によって提訴された名誉毀損裁判に端を発している。[37] 彼らはこの本で取り上げて批判した多くの事柄について、マクドナルドを批判した「事実記述」（人びとの健康を害している、環境を破壊している、そして悪い労働条件と低賃金しか払っていないなど）の印刷物を配布することに関与した。一九九七年一月に終わった裁判は結審までに三〇数ヵ月を要した。これは、イギリス裁判史上における名誉毀損裁判で最長を記録した。裁判長はほとんどの点でマクドナルドに有利な判決を下した。しかしいくつかの点では被告側が有利な立場に立っていた。たとえば、裁判官は、マクドナルドが子どもたちを搾取していること、その食べ物が栄養豊富であるとの偽りの宣伝をしていること、長期にわたって顧客の健康を危険にさらしていることである。しかしこれは、マクドナルドにとって犠牲ばかり多くて割に合わない勝利であった。というのも、その勝利は広報にとって大きな損失とみなされたからである。マクドナルドは著名な弁護士たちを雇うなどして、その裁判に一、五〇〇万ドルをつぎ込んだ。これに対して、無一文のスティールとモリスは自分たちの立場を守ることができた。マクドナルド社にとってもっと大きな問題は、スティールとモリスがその判決を訴えつづけているという事実である。ヘレン・スティールは次のように述べている。「令状がわれわれのもとに送達されて以来、一二年余が経過したけれども、デーブとわたしはいまでもマック名誉毀損裁判に関わっている。われわれはこの裁判を欧州人権裁判所に提訴しました。イギリスの名誉毀損制度が言論の自由と公正な裁判の権利を侵害していると訴えているのです。われわれ二人はまた地方集団――ハリンゲー連帯集団――と関係をもち、さまざまな地域問題とキャンペーンに携わっています[38]」。

「マクドナルドのどこが悪いか。彼らがあなたに知られたくないこと」というパンフレットが数百万部も発行され、世界中に配布され、多数の言語に翻訳された。もっと重要なことは、www.mcspotlight.org を立ち上げたことであり、そのサイトには「一ヵ月に」一五〇万件の「ヒット」があると報告している[39]。それは、マクドナルド化のほかの側面とともに、マクドナルドに反対するグローバルな運動の中心的な場所となった[40]。それは世界各地のマクドナルドに反対して立ち上がるための行動指針に関する情報の貯蔵庫の役割を果たし、そしてそうした行動の進め方に情報を提供している[41]。それは毎年恒例の「世界反マクドナルドの日[42]」においては推進力の役割を果たしている。「マックスポットライト」のほかの標的のなかには、ボディショップがある。ボディショップの「グリーン」のイメージの背後には、その製品が環境を傷つけ、そして安い賃金で従業員を働かせ、そしてコンシューマリズムを煽動している事実が隠されていると批判する。

　マック名誉毀損裁判支援グループはマクドナルド社の労働者による組合の結成を応援し、アメリカやそのほかの地域においてこの方向での動きが時にみられる。[43] この動きは労働組合の一般的な趨勢に反しているけれども、もしそれが成功を収めるならば、それはまたマクドナルド化に食ってかかるもう一つの土台を提供するであろう。しかしファストフード・レストランは非人間的な労働条件を改善しようとする動きをまったくみせたためしがない。たとえばバーガーキングは組合と敵対している。[44] またマクドナルドは労働組合に敵意をむき出しにしている。たとえば、それはモスクワで組合と労働協約を交わした後に、組合を潰し、またドイツでは、労働評議会を回避するために一店舗を閉鎖した。[45] 安定した供給量を確保できる人びとがたとえ数ヵ月間だけでもすすんでこうした状況で就労するかぎり、ファストフードチェーンは、彼らの労働条件をそれほど気にかける必要はなかった。

　一部の地方でマクドナルドは、伝統的な労働力プール――ティーンエイジの子どもたち――から安定した労働力の供給を調達できないという問題に遭遇した。より多くの労働者を仕事に惹きつけ、より長く仕事にとどまらせるために、仕事を改善するよりもむしろ、マクドナルドは雇用範囲を広げることでその問題に対処した。それはもっと遠方に住んでいるティーンエイジャーを探しだし、障害をもつ成人を雇用し、高齢の従業員をマックマスターズと呼んでいるプログラムに組み込んだ[46]。

過去に、マクドナルドは高齢者を雇用しなかった。というのも経営陣は、彼らは低賃金と仕事の性格に耐えられないと確信していたからである。しかしふたを開けてみると、鉄鋼業などの「煙突型重工業の斜陽ないし没落」によって雇用された多数の高齢労働者が職を求めて絶望的な状態にあり、こうした悪条件にも耐えて働くかもしれないと思われた。キンダーケアは若手労働者の不足を補うために高齢者を雇用している。事実、ある専門家は次のように語っている。「働かねばならない高齢者にとって、キンダーケアで働くことはマクドナルドで働くことよりも確かに勝っている[47]」。

10・2・2　全国心臓セーバー協会――マック動脈硬化バーガー

多数の栄養学者がファストフードを批判してきた。コメディーとトークショーの司会者のジョニー・カーソンでさえも、マクドナルドのバーガーを「マック動脈硬化バーガー[48]」というラベルを貼って減らず口を叩いている。これまでもっとも有名なファストフードの製品の批判は、フィル・ソコロフと彼が組織した非営利団体・全国心臓セーバー協会である。一九九〇年、ソコロフは「アメリカを毒しているもの」と題した全面広告をニューヨークタイムズなど二四の主要日刊紙に掲載した。その広告は、体重とコレステロールを増やす食べ物を提供しているとしてマクドナルドをとくに名指しした。加えて、ソコロフは、ほかの誰よりも、コレステロールと心臓の健康に関して人びとを啓蒙することに多大な貢献を果たした。実に、彼は潜在的に不健康な食習慣に関してアメリカ人を啓蒙するために二、五〇〇万ドルもの私財を投じたのである。[49]

ソコロフが一九八八年、はじめてこうした広告を掲載したとき、マクドナルドはそれを最悪の扇情主義と非難し、まったくの誤解であると反応した。[50] しかしソコロフは固執し、一九九〇年七月、「マクドナルド、あなたのハンバーガーはいぜん脂肪だらけだ！ その上、あなたのフレンチフライは牛脂で調理されている」と題する見出しで広告を掲載した。人びとがファストフード・レストランをひいきにしなくなるだろうとする調査結果を受けて、マクドナルドほかのチェーンがこれに対応するために全力を傾け始めた。一九九九年半ばまでに、バーガーキング、ウェンディーズ、マクドナルド、そのほかのチェーンも、フレンチフライの調理に植物油を使用していると公表した。そこでソコロフは「わたしはそれほど幸せではない。何百万オンスの飽和脂肪酸がアメリカ人の動脈を詰まらせているではないか[51]」と言い放った。最近の調査は、植物油で調理されたフレンチフライが牛脂で調理されたそれと同程度に、動脈閉塞の原因となる脂肪を一般に含むと立証している。[52]

マクドナルドはこれらの批判にもっとも率直に反応した。二〇グラムの脂肪と四一〇カロリーを含有する「クォーターパウンダー」の代わりに、一〇グラムの脂肪と三一〇カロリーのリーンデラックスを売りだした（シナボンはミニボンよりも四〇パーセント脂肪の少ないミニボンデライトを提供することによって同じ攻撃に応えた）[53]。いぜんダイエット食品にはほど遠いが、それでもスリムを売りにしているマックリーン・デラックスハンバーガーはこの問題へのマクドナルドの対応を表している。一九九一年、マクドナルドはさらに前進し、脂肪分を約九パーセント〔これは代表的なマクドナルドのバーガーの含有脂肪量の半分以下に当たる〕に控えたマックリーン・デラックスハンバーガーを導入した（それでもまだ多くの栄養学者は高すぎるとみなした）。この偉業を達成するために、マクドナルドは、低脂肪のせいで乾燥しすぎるのを防ぐため海藻から抽出したコロイド物質を加えた。さらに、風味の落ちるのを補うため、マクドナルドは天然のビーフ香料をミックスに加えた。

ほかのチェーンのいくつかは脂肪を二五パーセントカットしたハンバーガーを売りだしたが、総じて低脂肪に向かうバンドワゴンに敏捷に飛び乗ろうとはしなかった。ハーディーの広報担当は、「われわれは水と海藻のバーガーを売るつもりはない」[54]と語っている。バーガーキングは一九九〇年代初頭、しばらくのあいだ体重を気にしている人向けのバーガーを実験したが、しかしすぐにその作戦を諦めた。少なくとも食べ物の一部に含有される脂肪とコレステロールのせいで攻撃を受けた後、一九九五年頃、タコベルは新しい系統の製品、ボーダーライトを発表した。これらはバーガー・メニューの品目と比べて約半分の脂肪と五分の一のカロリーしかないものであった。この目標を達成するために、タコベルは脂肪の少ない粗挽き粉、低脂肪のチーズ、そして脂肪分の少ないサワークリームを使用した。[55] サブウェイはその食べ物が太らせないこと、そしてサブウェイの低脂肪サブを食べながら非常に減量した人の例として「ジャレド・フォーグル」を広告に使った。

おもしろいことに、これらの努力のほとんどが失敗に終わった。マクドナルドは極端に売上げが伸びないことを理由にして一九九六年にマックリーンの販売を停止した。[56] タコベルはその低脂肪品目を縮小する羽目になった。[57] そうした製品は風味に欠け、しばしば準備に手間がかかり、何よりもファストフードの愛好者のあいだで不興をかったからである。彼らはふつうダイエットのためにそこに通っているわけではないからだ。二〇〇三年、マクドナルドは低脂肪の食事に関心をもつ人たちのためにいく種類かの新しいサラダの導入に踏み切った。

10・2・3　スローフード――伝統的で地元の良質の食べ物を出す場所を創ること

スローフード運動は一九八〇年代の草の根運動に起源をもつ。この運動はローマでマクドナルドが開店することに反対したイタリアの食の評論家[58]によって組織された。それは食べ物の様式の均質化に反対し、そして「地元の料理スタイルと三流どころの食べ物生産者のために意見を公表すること」を使命としている。それはまた、地元の宝である料理に対する「EUの規制による均質化を払いのける」課題に取り組んだ。[59]もっと積極的に、その目標は「異なるすべての国々出身のメンバーにアイデンティティを与える」[60]ことなのである。

スローフード（www.slowfood.com）は、世界中で非常にうまく一つの力に結集し、そしていまでは五五ヵ国に七万人の会員を擁している。[61]それは多数の具体的なねらいをもっている。第一にスローフードは「質と味わい」で並はずれた食べ物を育て増やす伝統的な方法を支援する。第二にマクドナルド化した企業によって生産される代物に対立するような食べ物を食べることに賛成する。第三に食べ物がいかに生産されるかだけでなく、どのように食べられるか、そしてどのように調理されるかの点で、地方の伝統を継承しようと努力する。第四に伝統的で、しかもできるかぎり手作りに近づけようとする食べ物の調理に賛同する。第五に食べ物が作られる場所に特有な生の材料をできるかぎり食べる。第六に食べ物を生産する地方の技法を脅かす環境劣化に反対する。第七に強力な地球規模の競争者、とくに高度にマクドナルド化した競争者の猛攻撃に遭遇して生き延びようと奮闘している地元の小売業者やレストランを支援する（それは「地方の旅籠やカフェ」の味方をする）。[62]

第八に右にしめした諸要因を促進する運動と連帯し、また行動を共にして世界中に「元気な」地元を創りだす。第九に危険にさらされ、そして保護を必要としている数百の食べ物をリストアップし、「味質の約櫃（やくひつ）」を作りだす。明らかにマクドナルド化した食べ物への直接の反撃とは何かについての議論において以下のことが提言された。「約櫃の食べ物が近代社会を生き延びなければならない――味質に欠け、人工的で、大量生産され、そして驚異的に安く売られている食べ物によって押しつけられている脅威に対抗しなければならない(63)」。第一〇にスローフードを支援するため、レストラン、地方社会、都市、行政府、そして国際機関と提携する方途を探る。第一一に毎年スローフード賞を、とくに「食べ物に関わる生物の多様性を保護する人たち――その過程において村落やエコシステムを救済している人たちに」与える(64)。第一二に第三世界の努力に対して特別な賞と支援を提供する。そして、「賞受賞者の植物、動物、そして食べ物(65)」を保護することに資する地方の努力を現地で組織するための手だてを探索する。

さまざまなやり方でスローフード運動は、食べ物の領域でマクドナルド化していない選択肢の途切れない存在を維持しようと戦っている。もしスローフードやわれわれがマクドナルド化の現象の大海に押し流されまいとすれば、すべての領域の、またあらゆるタイプの選択肢が団体とその運動を組織しなければならない。スローフード運動と同様な地球規模組織が、マクドナルド化していない選択肢を支持し、またマクドナルド化の猛攻撃をさまざまな領域で防止する目標を掲げて形成できるはずである。

マクドナルド化していない選択肢の持続と防衛が重要であることは言うまでもないが、スローフード運動が「博物館」を建設しているとみなされてはならない。つまり、それはただ単に過去と現在を持続させることに関心をもっているだけでなく、未来を創造することに関心をいだいているのである。これの意味しているのは、マクドナルド化していないまったく新しい形態の創造を促進することに積極的に関与することが、それにとっても、またそれに類似しているすべての団体にとっても重要だということである。こうしたことが、すでに存在している物とまったく新しい物の創造の組み合わせを生みだすかもしれない。まったく新しい物を創造することはたやすいことではないが、しかしマクドナルド化していない現存の諸形態を維持する努力を見失ってはならない。

スローフードは、マック名誉毀損裁判の支援集団や全国心臓セーバー協会のいずれともきわめて異なる水準に属する運動である。マクドナルド社が名誉毀損で訴えた経済的に貧しい攻撃目標は、主としてスローフードに惹きつけられている裕福なグルメ、世界中の元気な場所、そしてグルメフードを賞味するための定例の会合――サロン・デル・グスト――からは遠くかけ離れている。マック名誉毀損裁判の支援者のほとんどは、サロン・デル・グストーの食事の代金の高さに仰天する。また全国心臓セーバー協会の支援者は、スローフードの会議出席者における喫煙者の占有率の高さに愕然とし、さらに出された食べ物の多くに含まれる脂肪分の多さに驚いた（パスタ料理のタリオリーニはキロあたり四〇個の卵黄を使用している）。スローフードは主としてマクドナルド化したレストランや食の中心地における食べ物の質の悪さ（そして暗に、ほとんどすべての製品の質の悪さ）の問題に焦点を絞っている。これに対してマック名誉毀損裁判は、健康の脅威（全国心臓セーバー協会がそうであるように）、環境および労働者を焦点化している。

ところが、スローフードは、それが小農民、養蜂家などの伝統的な手法で高品質の製品を生産しつづけている従業者を支援し報奨しようとしている点では、いっそう一般大衆向けの側面をもっている。スローフードは環境にも非常に敏感である。参加者のほとんどの目標、方法、そして社会階級の相違がどうであれ、これらの集団はすべて社会のマクドナルド化に敵対の気持ちを共有し、またそれに対する対案作りを支援し、あるいはそれを作らないとしても、その悪いところの行きすぎを是正したいと望んでいる。

都市をもっとスローにしようと試みている運動についても言及しておくべきであろう。これはスローフードの原理の多くをイタリアなどの都市に関係する部分に適用しようとしている。この運動は食べ物にかぎらず、芸術、建造物、生活様式――文化一般――を、マクドナルド化（そしてアメリカ化）から防衛しようとしているのである。グレイブの都市トスカーナの市長は「アメリカの都市モデルがわれわれの都市に侵入し、そしてイタリアの街々を同じものにしてしまう危険にさらしている。われわれはこの種のグローバル化を止めなければならない[66]」と語っている。この市長は都市スロー運動を、マクドナルド化の対案を堅持することに関連づけている。「われわれは大規模なファストフードチェーンがここに来ることを要求しても、それを断固阻止しなければならない。われわれは、われわれの街を訪れる人びとが、メルボルンやロンドン、あるいはパリで食べることのできるのと同じハンバーガーを食べることを望まない。どうか本物の何か違うものを食べてほしい[67]」。

10・2・4　スプロール・バスター
――マクドナルド化したスーパーストアの「ヒットリスト」

アル・ノーマンによって設立されたスプロール・バスター（www.sprawl-busters.com）は、マサチューセッツ州のグリーンフィールドをウォルマートから守ろうとする彼の成功を収めた努力から生まれた。いまではその組織は、マクドナルド化したスーパーストアとチェーンを閉め出そうとする地元社会にコンサルタント業務を提供している。ノーマンは目標達成のための一環として、CBSテレビの番組「シックスティーミニッツ」は、ノーマンを「反ウォルマート運動のグル」と呼んだ。[68]

スプロール・バスターから地元社会に提供されているサービスには、メディアの中身、物価上昇、住民投票のための請願、データ調査の実施などを監視する手助けが含まれる。スプロール・バスターは、ウォルマートだけでなく、スーパー・ケーマート、ホーム・デポ、アメリカのドラッグストアCVS、ライト・エイド〔薬・雑貨の販売〕を「暗殺対象」に含めている。その主目標は地元の事業体と地元共同体の統合を守るためにスーパーストアやチェーンを閉め出すことにある。[69] 二〇〇三年四月の時点で、彼らはほぼ二〇〇の町で大規模ストアの進出を阻止している。アル・ノーマンは最近、『スラムダンキング・ウォルマート――まちを守る戦略・アメリカの郊外開発実例に学ぶ』[70]という書物を刊行した。

10・2・5　地方での抗議――「近所にさよなら」を言いたくない

一部の地域社会は、ファストフード・レストランの侵入[71]――そのけばけばしい記号と構造物、交通混雑、騒音、ファストフード・レストランの常連の一部による騒々しい様相――に向かって独力で戦い、時には成功を収めた。もっとも一般的には、彼らはファストフード・レストランが表している合理性の非合理性および伝統の侵害に反対して戦ってきた。したがってその地域社会の一部がファストフード・レストランにとっていかに魅力的であっても（たとえば、フロリダ州のサイニベル島）、そこにファストフード・レストランチェーンがあるとしてもごくわずかである。

ミシガン州のソーガタックにあるリゾート村は、アイダ・レッドと呼ばれている古風で趣のある古いカフェを買収しようとしたマクドナルドと一戦を交えた。地元の実業家の一人は、「人びとはマクドナルドならどこででも見ることができる。しかし人びとがファストフードを探しにソーガタックのリゾート村を訪れるはずがない」と語っている。地元の旅籠の所有者は「町は総力を挙げて、合理化の広範な過程に実に勇敢に抵抗してきた。われわれが戦っているのはハワード・ジョンソン、マクドナルド、そして世界のモールである」と考えていた。「……あなたはモールに行ける。しかしあなたは自分がいまどこの州にいるのかわからないはずだ。われわれはそうしたすべてから自由である[72]」。

アメリカの外に目を向けると、その抵抗はしばしばさらに大きなものである。たとえば、イタリアで最初のマクドナルドの開店は、数千人に拡大した広範な抗議行動をもたらした。景観の素晴らしいローマのスペイン広場の近くで開店したイタリア・マクドナルドは、有名なファッションデザイナーのバレンティノの本部のすぐそばの場所であった。ローマの政治家の一人は、マクドナルドは「古代ローマ通りの退廃の主原因である[73]」と言い放った。もっと最近、ポーランドのクラクフにある中世を代表する主要な広場で開店しようとしたマクドナルドに反対する抗議行動について、ある評論家は次のように語っている。

この企業活動は大量産業文明、また表層的なコスモポリタン的な生活様式を象徴している。……多数の歴史事件がここで発生し、そしてマクドナルドはこのもっとも貴重な都市部の文化的退廃の端緒である[74]。

イギリスの優美なリゾート都市であるホーブは、マクドナルドとバーガーキングが出店していないイギリス最大の都市（人口六万七、六〇二人）である[75]。ファストフードの侵入に抵抗するために、ホーブ市は、そのメインストリートに繁栄している多彩なビジネス——六店のイタリア料理、五店のインド料理、二店のフランス料理のレストラン、二店のピザ・パーラー、二店のカバブ店、日本、タイ、アメリカ、スペイン、トルコとイギリスといった各国料理のレストラン、大陸の居酒屋、コーヒーショップ、フィッシュアンドチップスの店——を展開している[76]。

別のマクドナルド化したビジネスが同じような反対運動に遭遇している。サンフランシスコでは、地元の商店は少なくともしばらくは新規のブロックバスターの開店を阻止した。地元のビデオ店の所有者は「ブロックバスターは零細な商店を絶滅させるため略奪的なやり方を用いている。もしわれわれがブロックバスターを認めると、次に、マクドナルド、ボストン・チキン、シズラーがやってくる。そしてあなたは近所にさよならをすることになる[77]」と述懐している。

一部の地方でのマクドナルド化したビジネスに対する情熱的な抵抗にもかかわらず、フランチャイズを完全に地域社会から閉め出すことに成功を収めた事例は稀である[78]。同様に、小さな共同体はウォルマートを閉め出すことに通常失敗する[79]。ウォルマートが出店してくるさいに地元の商店を徹底的に痛めつけるだけでなく、その後になって閉店（滅多にないことだが）することで、ふたたび地元をこっぴどく痛めつける[80]。

こうした抗議や批判に反応するため、またそれらの機先を制するために、マクドナルドは、進出を予定している地域社会によりよく適合する店舗を作ろうとしている。したがって、マイアミのリトル・ハバナにあるマクドナルドはスペインスタイルの屋根をもち、そしてハシエンダのようにみえる。またメーン州にあるマクドナルドは古風なニューイングランドの旅籠のようにみえる[81]。記念すべき一万二、〇〇〇店目のマクドナルド・レストランが一九九一年にオープンした。これは保存されていた一八六〇年代のコロニアル様式の白亜の家屋をロングアイランドからもってきた。そのインテリアは一九二〇年代の情景を再現している[82]。ポーランドで営業しているマクドナルドの営業担当重役は「われわれは破壊された一四世紀の建物をもってきて、それを自然の美しさにマッチするように修復した[83]」と述べている。

ウィーンにあるマクドナルドは「マックカフェ」を開店した。しかしその努力は、ウィーンコーヒー同業組合からの反対に遭遇した。同組合は地元の有名なコーヒーハウスの閉店を恐れたからである。あるカフェのオーナーは「一度なくしたものは二度と取り戻せません……われわれが提供しているのはウィーンの居間の拡張、すなわちライフスタイルなのです[84]」と語っている。

マクドナルドは環境を傷つけることの少ない包装を採用することで、環境団体に対応する構えをしめしてきた[85]。一九九〇年代、マクドナルドはポリスチレンのハマグリ型のハンバーガー・ボックスを廃棄し始めた。その箱は環境保護団体から攻撃された。というのもその箱の生産は汚染物質を排出したからである。もっと重要なことに、その箱は何十年ものあいだ埋め立て地あるいは道路脇に残留しつづけるからである。セロハンのような外包みの紙がそれに取って代わった。加えて、マクドナルドはリサイクル製品として四〇億ドル以上も買い上げ、そして二〇万トン以上も包装紙を少なくした。EPAグリーンライトプログラムの推薦する基準に従って、マクドナルドはエネルギーをより効率的に使用できるように建物を設計し、そしてレストランでのエネルギー使用を削減するよう店長に指示した。さらにマクドナルドは、水とエネルギー保存および動物と植物の生物多様性の保護と保存に焦点化した努力の一環として、コンサーベーション・インターナショナルとの業務提携に踏み切った。[86]もう一つのファストフード・フランチャイズであるハーディーは、一九九一年、包装紙にリサイクルされたポリスチレンを使うと発表した。ある環境保護活動家は「世間がこれらの人びとに積極的な段階に踏み込むよう圧力をかけていると考えている」[87]と話している。

苦情に対する反応は、たとえこうしたすべての適応が広い意味での合理性の限界内に限られているとはいえ、それでもファストフード・レストランが適応できる制度であることをしめしている。一部の人びとは巨大で、時代遅れの、金色のアーチの喪失に苦情を訴えている。そして少なくとも一つのマクドナルド・フランチャイズはそれを復活させる反応をしめした。その一方で苦情への反応のなかには、マンハッタンの金融街にあるマクドナルドのように、グランドピアノでショパンを演奏し、シャンデリア、大理石の壁、生花、ドアマン、そして人びとをテーブルに案内するホストを備えている例がある。金色のアーチは実際に目には見えない。しかしながら、そのメニューにいくつかのハイカラな品目（エスプレッソ、カプチーノ、タルト）を加えるほかに、そのメニューは（ほかの店より多少値段が高いとはいえ）おおむねほかのすべてのマクドナルドのそれと同じである。このフランチャイズと別のフランチャイズの連続性を強調しているある訪問者は、「飛びきりの場所、そして最良のことは、いぜんとしてあなたの指で食べ物を食べられることだ[88]」と話している。

ファストフード・ビジネスが油断大敵と肝に銘じていることは、食べ物の流行は変わるという認識である。たとえ巨大なフランチャイズといえども、破産の憂き目にあうことがある。一九九〇年までに、ニューヨークにあったチョック・フル・オブ・オー・ナッツのコーヒーショップ・チェーンはただ一店舗のみを残すだけに落ちぶれた。一九六〇年代、そのチェーンの全盛期を迎えており、約八〇店舗のレストランを経営していた。そのナッツをたっぷり含んだサンドイッチ、黒みがかったレーズンブレッドの上にクリームチーズと砕いたナッツを載せ、あっさりとした艶のある包装紙で包まれたサンドは「ファストフードの元祖[89]」と言われたものだ。またかつてレストラン業界のリーダーとなったハワード・ジョンソン（HoJo's）がある。しかしいまではそれは、モーテルチェーンに縮小している。レストランチェーンのある専門家は「一九六〇年代、ハワード・ジョンソンはナンバーワンのチェーンであった。……ハワード・ジョンソンは全世界を彼らの手中に収めていたが、しかし彼らはその上にあぐらをかいてしまった。……彼らは一九五〇年代と一九六〇年代に立ち往生した。ハワード・ジョンソンはアイスクリームとハマグリにこだわりすぎた[90]」と回想している。

10・3　マクドナルド化に対する個人の対応
――「スカンクワークス」、目隠しされた子どもたちと、幻想的な世界

マクドナルド化を不快に思い、反対する個人は、さまざまなやり方でそれに挑戦することができる。合理化した檻をゴム製とみなす人は、マクドナルド化した世界の危険性とその行き過ぎに圧倒されることなく、それが提供する最良のものを手に入れる道を選択できるかもしれない。しかしマクドナルド化した制度の魅力は大きいので、これは容易なことではない。また、合理化した活動に取り込まれたり、その信者になったりすることはいともたやすい。したがって合理化したシステムを利用しようとする人たちは、それが提供するものが生みだすマクドナルド化の危険についていつも考えておかねばならない。それでも、真夜中に銀行の預金残高を知ること、病院の救急治療室を避けるために「マック医者」でまめに治療をしておくこと、そしてジェニー・クレイグで素早く、しかも安全に体重を減らすことは、たいていの人にとってとても魅力的である。明らかにその秘密は、マクドナルド化した世界のなかで誰に束縛されることもなく、それが提供する最良のものを利用できるという点にある。

そうするためには、どうすればよいのだろうか。まず、マクドナルド化したシステムを利用せざるをえないときだけ、あるいはこれの提供するものが合理化されていないシステムで間に合わないときだけ、人びとはこれを利用すればよい。わたしたちは、マクドナルド化したシステムの利用制限を促すために、タバコの箱に印刷されているのと同様な警告ラベルを、マクドナルド化したシステムの入り口に貼り付けるべきである。

警告！

社会学者たちは、マクドナルド化したシステムの常習的な利用が、あなたの身体や心の健康に、そして社会全体にとっても危険であることを発見しました。

何はともあれ、マクドナルド化したシステムの常習的な利用や規則的な利用は避けるべきである。鉄製の檻を避けようとすれば、できるときはいつでも、合理化されていない別のものを探さなくてはならない。こうしたニッチの探索はむずかしく、時間がかかる。

最後の手段は、荷物をまとめて、高度にマクドナルド化したアメリカ社会から脱出することだろう。しかしほかの多くの社会（ほとんどすべてではないにしても）も、合理化過程に乗りだしたか、あるいは乗りだす寸前である。したがって別の社会への移住は、しばらく時間をかせげるかもしれないが、結局は、見ず知らずのところでマクドナルド化に直面しなければならなくなるであろう。

10・3・1　合理化されていないニッチ――スカンクワークスで働く生活

マクドナルド化した社会から出て行くといった最後の手段を行使しないとすれば、合理化したシステム内に合理化していないニッチを開拓することであろう。ここでは仕事に焦点をあてる。とはいえ、同様のニッチは別のすべての社会制度のなかで努力して手に入れることができる。

こうしたニッチを作る能力は、その人が職業階層上どこに位置しているかによって異なる。高い地位の職業に就いている人たちは、低い地位の職業に就いている人よりも、こうしたニッチを作りだす能力が大きいだろう。医師、弁護士、会計士、建築家など個人で開業している人たちは、こうした環境を自力で作りだす能力をもっている。大規模な組織の上層部の人たちの一般的な（不文律の）規則は、自分自身の仕事は可能なかぎり合理化せずに、部下たちの仕事は徹底的に合理化することであるように思われる。合理性とは、他人、とくに無力の人たちに押しつけられる権力なのである。

低い地位の職業に就いている人たちの一部も、合理化とは離れた立場にいる。たとえばタクシードライバーは、個人営業が多いので、合理化していない労働生活を自由に組み立てることができる。彼らは、自分の行きたいところに行くことができ、乗客を選び、そして好きなところに車を停めて食事をし、休憩することができる。これと似た可能性は、オートメーション化された工場の夜間警備員や保守作業員にもある。自営業の人たち、あるいは組織のなかで相対的に他人から離れて働いている人たちは、合理化していない職場環境を作りだせる絶好の立場にある。

大規模な州立大学で終身在職権を得ている教授（どうか、匿名に願います）の立場は、高度に合理的な大学官僚組織のなかで、合理化されていない職業生活を作りだすことのできる地位の極端な例である。たとえば、今学期、某教授は、月曜日午後三時〇〇分から四時一五分まで、そして夕方六時三〇分から九時〇〇分まで講義を行う。そして水曜日午後三時〇〇分から四時一五分まで講義を行う。これらの時間と、学生面談のためのオフィスアワー（週におよそ二時間）、教授会（月に一回、一時間）、不定期の委員会が大学によって決められている勤務時間である。その教授は、しばしばほかの時間にも構内にいるが、それでも種々のアポイントメントを、彼女の都合のよい時間に入れることができる。さらに、あらかじめ決まっている講義時間は、わずか三〇週、つまり二学期分であり、残り二二週は事実上自由である。したがって、ただ一週間に数時間だけ、あるいは一年の半分強のあいだだけ、彼女は特定の時間に特定の事をするために特定の場所にいなければならないだけである。言いかえれば、彼女の仕事時間はほとんど合理化されていない。

もし彼女が望みさえすれば、終身在職権を与えられた教授として、毎日を怠けて過ごすこともできるが、彼女はそうしないと決めている。代わりに、彼女は論文や書物を書くという専門的な活動に専念している。彼女が執筆する時間、対象、方法は、いずれもまったく合理化されていない。真夜中や早朝に、ワープロ、黄色い原稿用紙、または黒板まで使って、マクドナルド化や、直近の人口学的な趨勢について執筆する。彼女は、ビジネススーツやバスローブに身を包んで書くこともできる。彼女は、好きなときに休憩をとって、犬とお決まりの散歩に行ったり、望むときに、お気に入りの本が録音されたテープを聞いたりすることができる。要するに、彼女の職業生活はまったく合理化されていない。

　別のタイプの組織にも、少なくともある程度までは、合理化されていない仕事を見つけだすことは可能である。たとえば、いくつかのハイテク企業は〔秘密の研究開発プロジェクトのために〕「スカンクワークス」を作りだしてその利用を奨励した。そこで人びとは、組織のルーティンから切り離されて、それぞれ自分に合わせて仕事を行う。スカンクワークスは同調ではなく、創造を重視する。(91) トーマス・ピーターズとロバート・ウォーターマンは、スカンクワークスを、合理化されていないだけでなく、非合理的でさえある職場環境として描いている。

　スカンクワークスは、起業家精神を育てるために、過激とも言える脱中心性と自律性を創造してきた。その結果、仕事の重複、職掌の混乱、調整の欠如、内部の競争、そしていくぶん混沌とした状況などが生じた。彼らは、継続的に革新を達成するため整理整頓という基準を否認してしまった。[92]（傍点は筆者）

右の引用文で傍点を付した用語は、マクドナルド化した社会の観点からみて、合理化していないか非合理的であると考えられた言葉である。

合理化されていない時間と空間は、創造力を引き出しやすい。外部から絶え間なく課される反復的な要求と直面していては、創造的であることはむずかしい。したがって合理化していない状況で働くことは、個人に対してだけでなく、多くの事業者や社会に対しても貢献することになる。彼らはみな創造的で新しいアイディアとその成果が確実にどんどん現れることを要求する。これらはスカンクワークスから生まれるのであって、それが厳格に管理された官僚的状況から生じる可能性はかぎりなく低い。

高度に合理化した団体のなかでさえも、人びとは合理化されていない仕事の時空間を切り開くことができる。たとえば、ルーティンの仕事を素早く終えることによって、労働者は、彼または彼女自身が合理化されていない活動——仕事に関連してはいるが——をする時間を残せるだろう。マクドナルド化した団体内で合理化されていない空間をみつけだすこと、あるいは切り開くことが簡単であるとわたしは言っているのではない。また、わたしは誰もがいつもこれを行うことができると言っているのではない。しかしそれでも、自力で合理化されていないニッチを切り開くことのできる人びとはいるし、そうした時間をもつことができる。

わたしはこのアイディアをいくつかの理由であまり強要しようとは思わない。

▼合理化した団体は、創造的な仕事をするために必要な資源と状況、およびその仕事のはけ口を与える。言いかえれば、合理化していない創造的なニッチは、合理化したシステムの支援が必要である。

▼合理化されていないニッチだけで構成できる大規模な団体はありえない。もしあったとしても、その結果は組織の混沌である。

▼誰もが合理化していないニッチで働きたい、あるいは誰もが働けると言っているのではない。本当のところ、多くの人たちは高度にルーティン化した仕事を好んでいる。

だから、わたしは創造的な仕事空間からのみ構成された職業世界を論じるつもりはない。しかしわたしは、何もしなければ高度に合理化されてしまう世界では、合理化されていない多くのニッチが必要であるとあえて主張しているのである。

人びとは、ほかの点で高度にマクドナルド化した環境において、合理化していないニッチビジネスを起業し創業することができるはずである。

マーベラス・マーケット、ベン・アンド・ジェリーズ、B&Bは、こうしたビジネスの代表例である。いくつかの自営のビデオストアは、外国映画、白黒のクラシック映画、独立製作者の映画作品、特定の倫理的あるいは民族集団向けの作品、とくにブロックバスターのようなチェーンが避けているポルノ作品を品揃えしたために生き残れたのかもしれない[93]。そうした店はまた、多くの個人的なサービスも提供している（うまい言い訳があれば、返却が遅れても追加料金を徴収しない、いい映画を推薦する、特別な注文を受ける）。広い範囲の作品、そして配達と回収といったサービスを提供している。地元の自営のレストランも、おそらくほかのどれよりもずっとマクドナルド化している産業で、みずからのニッチを見つけだすことができたかもしれない[94]。地方の小さなチェーンのオーナー（それでも一つのチェーンなのである）が次のように話している。「チェーンに打ち勝つために、いつも分別のあるレストランであろうと心がけてきた。……だってすべてが消えてなくなるなんてことはあるわけないもの[95]」。戦いに巻き込まれた一部の地元の本屋は、たとえば、定期的に作者を登場させて語り合う討論集団を立ち上げ、また特定の種類の本に特化することによって生き延びた[96]。

10・3・2　個人的な行為の範囲
――もしほかのすべてで失敗したなら、子どもたちを救いなさい

次に、マクドナルド化と戦おうとする個人にいくつかの提案をしてみよう。[97] これらの提案のいくつかは「なかば冗談」であるが、読者は、マクドナルド化が非常に重大な問題であるという事実を覚えておいてほしい。

▼もし金銭的ゆとりがあるならば、集合住宅や建売住宅に住むのは避けなさい。規格化されていない環境に住もうと思いなさい。なるべくあなた自身で建てるか、あなたが注文して建てた住宅に住みなさい。もしあなたがどうしても集合住宅か建売住宅に住まなくてはならないのなら、それを人間的で個性的なものにしなさい。

▼できるかぎり日常をルーティン化することを避けなさい。毎日を違ったやり方で、できるかぎり多くのことをしようとしなさい。

▼もっと一般的には、できるかぎり多くのことを自分自身で行いなさい。もしあなたが各種サービスを利用しなければならないなら、合理化されていない、フランチャイズ制でない施設に行くようにしなさい。たとえば、自分で自動車を整備しなさい。もしあなたがそうしたくなかったり、あるいはできないなら、地元の独立経営のガソリンスタンドで整備してもらいなさい。どんな犠牲をはらっても、フランチャイズ制の整備会社に通ってはなりません。

▼所得税申告期に、H&Rブロックに飛び込む代わりに、地元のなるべく個人経営の税

理士に依頼しなさい。

▼同じように、こんど、ちょっとした病気や歯の治療が必要なとき、「マック医師」や「マック歯科医」が頭に浮かんでも、その誘惑に抵抗して、あなたの近所でなるべく個人経営の医者や歯医者のところに行きなさい。

▼こんど、あなたがメガネを必要とするときには、たとえばパールヴィジョンセンターではなく、地元の眼鏡屋の検眼士に頼みなさい。

▼ヘアカッタリーやスーパーカットなどの美容院チェーン店は避けなさい。代わりに地元の理髪店や美容院に行きなさい。

▼少なくとも週に一度は、マクドナルドでの昼食をやめて、地元のカフェやデリに行きなさい。また、少なくとも週に一度は、夕食を家で最初から料理しなさい。電子レンジのプラグを抜き、冷凍食品を使わないようにしましょう。

▼デパートでは、店員をまごつかせるために、クレジット・カードではなく現金を使いなさい。

▼すべてのダイレクトメールを郵便局に送り返しなさい。とくにそれが「居住者」や「住民」宛ての場合には。

▼こんどコンピュータから電話がかかってきたら、受話器を静かに床に置きなさい。そ

うすれば機械の声は勝手に話をつづけるので、回線がふさがれ、しばらくのあいだ、ほかの人たちがこうした電話に悩まされないで済むでしょう。

▼企業に電話するときは、つねに本物の人間と話をすることのできる「留守番電話」のオプションを選択しなさい。

▼決して、モリー・マックバターやバター・バッドのような人工バター製品を買ってはなりません。

▼本物の陶器と金属食器を使うレストランを探しなさい。環境に悪影響を与える発泡スチロールのような素材を使うレストランは避けなさい。

▼マクドナルド化したシステムの乱用に抗議するグループを組織しなさい。すでにみたように、マクドナルド化したシステムはこうした抗議に対応しています。もしあなたがこうしたシステムで働いているならば、より人間的な労働条件を作りだすために、同僚たちを組織しなさい。

▼あなたがファストフード・レストランの常連であるなら、たとえば、イ・アウト・バーガーで食事をしなさい。そのバーガーショップは、カリフォルニア、ネバダ、アリゾナ州に約二〇〇店舗あるけれどもチェーン店ではありません。そこは、マクドナルド化の危険に敏感に対処しています。たとえば、その店では、ハンバーガーを注文す

るたびに、生肉（冷凍肉ではない）を使い、新鮮なジャガイモをレストランでカットしてフレンチフライを揚げています。

▼あなたがマクドナルドの常連ならば、カウンターの店員たちと知り合いになりなさい。また、そのシステムを人間的なものにし、それを壊すために、あなたができることをなんでもやりなさい。たとえば、急いで食事する代わりに、たくさんの朝食客、とくに高齢者たちのあいだで、インフォーマルな「朝食クラブ」を作り、そして「新聞を読んだり、おしゃべりをしたり、コーヒーを飲んだり、エッグマフィンにぱくつくために毎週同じ日に集まる(98)」のです。もし朝食を脱マクドナルド化できるなら、ほかの食事もぜひそうしましょう。ファストフード体験の別の側面もぜひ脱マクドナルド化しましょう。

▼週に一度は、USAトゥデイではなく、ニューヨーク・タイムズを読みなさい。同様に、断片ばかりをたくさん集めたネットワーク・ニュースショーではなく、三回もつづく長編物語を放映している公共放送網を週に一度は観ましょう。CNNヘッドラインニュースなんてとんでもない。

▼もっと一般的に言えば、できるかぎりテレビを観るのはやめましょう。もしテレビを観なければならないなら、公共放送網を選択しなさい。あなたが民放番組を観なくて

はならないなら、コマーシャルのあいだは音を消して目をそらしなさい。結局のところ、たいていのコマーシャルは、合理化の価値観を押し売りする企業のものなのです。

▼フィンガーフードを避けなさい。もしあなたが手づかみ料理を食べなくてはならないなら、それを自家製のサンドイッチ、新鮮な果物、野菜に替えなさい。

▼次の長期休暇には、たった一ヵ所だけ訪れて、その地域と住民のことをよく知りなさい。

▼決してドーム・スタジアムや人工芝のスタジアムに入ってはなりません。ボストンのフェンウェイパークやシカゴのリグレー球場に定期的に行きなさい。

▼コンピュータ採点の小テストのある授業の履修をやめなさい。もしコンピュータ採点のテストが避けられないなら、でたらめなマークをし、コンピュータが読みとれなくするために、答案用紙の端を巻いてしまいなさい。

▼小規模のクラスを探して、教授と知り合いになりなさい。

▼題名にローマ数字をつけている続編映画を観に行ってはなりません。

レジナ・スクランブリングは、食料生産の合理化がもたらす健康への脅威（とくにサルモネラ菌）を研究することで、右のリストに似たさまざまな戦略を開発した。[99] 興味深いことに、スクランブリングは、ニワトリを合理化以前の方法に戻って育てることがその答えにはならないことを知っていた。彼女はニワトリ生産の合理化以前の方法でさえ、「虫の捕食」というニワトリの「ライフスタイル」が、サルモネラの危険性を高めると論じる。しかし彼女は、農家直売マーケットの店で、古い方法で育てられたニワトリを好んで買っている。彼女は、「同じニューヨーク州の農民が手でつめた箱入りの」卵を買う。彼女の考えでは、このような卵は、大量生産した卵より新鮮で清潔である。彼女はまた、マスクメロンを農家直売マーケットで買い、スーパーマーケットで買うことを拒否する。なぜならスーパーマーケットのメロンは、輸送に時間がかかっており、傷みや病気の危険が高いからである。合理化によって人びとは、一年をとおして同じ果物と野菜を食べることができるようになったけれども、それはまたコストと脅威を生みだしている。彼女が書いているように、それらは、「わたしたちがその水を飲んだことのないような国、わが国では禁止されている殺虫剤が使い放題に使われている場所」で育てられたのである。したがって、もちろん彼女は旬のあいだしか、果物や野菜を買わない。

もっと一般的に言えば、スクランブリングは、人びとが果物と野菜の旬の季節を理解する必要があると論じている。

わたしたちは、イチゴの収穫の期間が、ホタルと同じぐらい短期間であることを思いだそう。トウモロコシは待ったなしである。それらは収穫されてから数時間以内に食べるのがもっともおいしい。冬季の一月には、農民市場のようなものはない。ただ売り物はジャガイモとカボチャとリンゴがあるだけだ。自然のサイクルに深く感謝しよう。

人びとは、わたしたちがいつでもすべての食料を手に入れられるわけではないことを理解しなければならない。[100]

スクランブリングの立場は筋が通っており、称賛に値する。しかしマクドナルド化の力は、彼女が明確に区別した境界をものともせずに、ひたすら前進をつづけている。たとえば、科学は最近、遺伝子を組み換えると、トマトを熟させるガスが発生しないことを発見した。[101]このガスのために、トマトは（ほかの多くの果物と野菜も）熟すまでつるにつながっていたのである。その代わりに、トマトを早く収穫して、冷蔵することなく何週間も貯蔵し、遠距離を輸送する。それから小売業者が売りに出したいときに、エチレンガスにさらして熟させるのである。もしこの技術が商業上成り立つと証明されるならば、スクランブリングとは対照的に、人びとは、「年から年中」たくさんの果物と野菜、そして切り花さえも手に入れることができるだろう。

同様に、イチゴの収穫は、スクランブリングが言うような「一瞬のものではない」かもしれない。カリフォルニア州のワトソンビル（「世界のイチゴ資本」）で栽培されたドリスコル・イチゴは、［温暖な気候のために］大きくて光沢があるが、もっとも重要なことは一年をつうじて収穫できることである。驚くべきことに、ドリスコル・イチゴは「味が一定である[102]」。

マクドナルド化したシステムが子どもたちを市場に引っ張り出すことに躍起になっていることを思うとき、子どもたちがマクドナルド化の心ない支持者にならないために取るべき手段はとくに重要である。ファストフード・レストランは、テレビ・マンガ番組のスポンサーになり、子どもをターゲットにした映画とタイアップし、また玩具を含むさまざまな景品を提供している。実際に、マクドナルドは単体企業としては世界最大の玩具製造企業に成長し、年間一五億個もの玩具を製造し、ハスブロー社やモッテル社よりも大規模である[103]。販売代理店の副社長によれば、「調査によれば、子どもたちは食事よりも、明らかにオモチャに惹きつけられていることがわかった[104]」。

子どもたちを守るためには、以下のことを試みなさい。

▼「マック子ども」保育センターを利用する代わりに、副収入を望んでいる責任ある隣人に、あなたの子どもを預けなさい。

▼子どもたちを、できるかぎりテレビから遠ざけて、創造的な遊びに参加するよう勧めなさい。とくに重要なことは、合理化した団体からのコマーシャルの弾幕に、子ども

たちを常時さらすようなことはやめなさい。土曜日朝のマンガ番組はとくにいけません。

▼学校システムのなかにマクドナルド化が入り込まないように努めなさい。

▼もし金銭的なゆとりがあれば、子どもを、マクドナルド化されていない小さな教育施設に通わせなさい。

▼要するに子どもたちをファストフード・レストランやそのクローンに連れていくのをできるだけ避けなさい。もしほかの選択肢がなければ（たとえば、あなたがハイウェーにいて、唯一の選択肢がさまざまなファストフードチェーンであるなら）、その試練が終わるまで、子どもに目隠しをすることを考えなさい（ただし、以上の提案のいくつかは、なかば冗談である）。

10・3・3　自由――耐えられなければ、あなたは逃げだせますか

マクドナルド化に対処しようとする、あなたたちすべての集団的ならびに個人的な努力が失敗に終わったとき（大いにありそうなことだが）、あなたは一体どうするだろうか。あなたはほかに何かできるだろうか。自殺は一つの可能性であるにちがいないが、しかしそれはわたしにとっても極端に過ぎる。しかし合理化した社会から逃れるための、それほど

過激でなく、しかも有効な方法がいくつかはある。

一つの可能性は、避難場所として考案された地域に逃れることである。『脱出の方法』と題した書物のなかで、クリス・ロジェックは、そうした明白な事例をいくつか挙げている。テーマパーク（たとえばディズニー・ワールド）、史跡（たとえばゲティスバークの戦場跡）、また物騒な箇所（たとえばアーリントン墓地にあるジョン・F・ケネディの墓あるいはアウシュビッツ）、そして文字どおり風光明媚な景色（たとえばアーネスト・ヘミングウェーのお気に入りであったフロリダ州キーウェスト）などの場所がそうである。[105] そうした場所がマクドナルド化されていないかぎり、それらは避難場所として役立つ。しかし問題は、それらをマクドナルド化しようとする強固な圧力があることだ。とくにそれらが非常に多くの人たちを惹きつけるように工夫され、あるいは非常に多くの人が訪れる場合に問題である。ディズニー・ワールドは、最初からマクドナルド化されているが、そしてほかの場所は、多数の人がそれに魅力を感じて訪れるようになると、さらにマクドナルド化されるにちがいない。

もっと一般的に、ロジェックは、人びとに「自由への抜け穴」を提供するものとして、海辺や荒野など、旅の場所を取り上げて分析している。[106] しかしここでもまた、そうした場所は、マクドナルド化からおおむね、あるいは全面的に自由でありつづけるかぎり、逃げ場所になる。けれどもそれらもまた、多数の人びとがそこを避難場所として発見するや否や、マクドナルド化の強力な圧力下に置かれてしまう。

『逃避の試み――日常生活への抵抗の理論と実践』において、スタンレー・コーエンとローリー・テイラーは、日常生活のルーティンから逃れるための非常に多様な方法を概括している。[107]すべてのルーティンがマクドナルド化の結果ではないが（たとえば時に、人びとは自力でルーティンを開発する）、多数のルーティンはマクドナルド化過程の一部である。コーエンとテイラーによって論じられている対案の多くは、マクドナルド化の危険にさらされているが、二つの対案は多少なりとも注目に値する。第一の対案は、自分自身の内面、とくに幻想のうちに逃げ込むやり方である。その状況がどれほどマクドナルド化されようとも、自分で作った内なる幻想のうちにどんどん逃げ込むことができる。したがって、ディズニー・ワールドによって作られた高度にマクドナルド化した幻想をさまよいながら、人びとは、周りにある組み立て式の幻想に鼓吹されながらも、自分で作った幻想についてゆっくり思いをめぐらすことができる。そうした組み立て式のマクドナルド化した幻想を購入し、そしてそれを内面化する傾向があるが、しかしそれらをみずからの幻想世界の深層にこっそり潜り込ませることはできる。自分自身の幻想への逃走は、マクドナルド化したシステムに挑戦することにも、またそれを変えることにもつながらないけれども、しかしそれは望む人たちに実行可能な方法を与えるかもしれない。

もう一つの可能性は、コーエンとテイラーが「局地への旅」と呼んでいるもの、あるいはミシェル・フーコーが「極限の体験」と呼ぶものである。[108] それらは幻覚剤のようなものを含め、「過剰」と「無法」によって定義される。けれども人は、過剰で無法なやり方で行動しようとするさいに、それとまったく同じ技法を購入する必要はない。たとえば、人は「すべてを置き去りにして」身軽に旅に出ることもできる。[109] アメリカ大陸を徒歩で横断しなさい（ただし、高速道路、モーテルチェーン、およびファストフード・レストランを避けること）、チベットの山でキャンプしなさい（ただし、アール・イー・アイ、エル・エルビーン、コールマンやウィネベーゴなどのラベルがついたものは何ももたずに）、一年の休暇を取りなさい。そしていつも書きたいと思っていた書物や音楽、あるいは交響曲を創作しなさい（ただし、お気に入りの用箋と鉛筆を使いなさい）。ああそうだ。もし気に入るなら、ドラッグあるいはセックスをとことんやることもできる。しかしそれらは、マクドナルド化のまだ届いていない局地もしくは限界に行くための最後の方法ではない。しかし、どうかよく覚えておいてください。滑落してしまうことがあるかもしれないが（そこにはマクドナルド化した安全ネットがない）、その旅があなたの心をわくわくさせるにちがいない。しかし、急ぎなさい。マクドナルド化はすぐそこまで迫っている。

10・4　むすび

マクドナルド化にうまく対処する、あるいはそれから逃れるための幅広い手段を手に入れることはできる。しかし、たとえ多くの人が、そうした手段のすべてを採用したとしても、そうした行為によって、マクドナルド化の趨勢を逆転できるという希望を、わたしはまったくもっていない。しかしこうした運命論的な見方にかかわらず、わたしは闘うことに意義があると確信している。

▼その努力をすることが、マクドナルド化したシステムの最悪の残酷さを軽減するであろう。

▼それによって、より多くのマクドナルド化を免れているニッチが発見され、創造され、利用されるようになるだろう。そうした風穴を開ければ、やる気があれば、少なくとも日々の生活の一部で、あるいは生活のより大きな部分においても、マクドナルド化から逃れることができる。

▼おそらくもっとも重要なことは、努力それ自体がみずからを高める行為だということである。ほとんどすべての点において、この世界は人間的な表現を阻止するために、

合理的システムを構築してきた。合理化されていない個人的ならびに集合的な闘争のなかではじめて、人びとは真に人間理性を世界に表現することができるのである。

わたしはこの本全般をとおして、マクドナルド化の不可逆性を強調したけれども、わたしのもっとも甘い期待は、わたしがまちがっていてほしいということだ。事実、この本を執筆した大きな動機は、マクドナルド化の脅威について読者に警告し、その潮流を止めるために努力するよう動機づけることであった。わたしは人びとがマクドナルド化に抵抗できること、そしてより筋の通った人間的な世界を作りだすことを望んでいる。

数年前に、マクドナルドは、フランスの有名なシェフ、ポール・ボキューズの写真を、無断でポスターに使用して、彼から告訴された。激怒したボキューズは、「すべてが軟らかいこの悪趣味な骨のない食べ物の販売を、わたしが奨励することがありえようか」と述べた。しかしながら、ボキューズはマクドナルド化の不可避性を認めているように思われる。「この種のことには需要があるので、これを取り除こうとすることは、わたしには、ブローニュの森から売春婦を追いだすのと同じくらい徒労であるように思われる」[110]。驚いたことに、その二週間後、パリ警察はブローニュの森の売春婦を厳しく取り締まったと発表した。警察の広報担当者は「そこには誰も残っていない」と言った。したがって、ちょうどシェフ、ボキューズが売春婦についてまちがっていたように、たぶんわたしはマクドナルド化の不可避性についてまちがっているのである。それでもなお、わたしが楽観的になりすぎる前に、注意しておきたいことは、「作戦が終われば、売春婦たちが戻ってくることを、誰もが知っている」ことである。警察は、「春になれば、前よりもたくさんの売春婦がいるだろう[111]」と予測している。同様に、反対がどんなに激しかろうが、未来は、マクドナルド化の縮小よりも、マクドナルド化の拡大をもたらしそうである。

たとえマクドナルドがもっと広く行き渡るとしても、わたしの希望は、あなたがこの章で説明したわたしのアドバイスのいくつかに従って、マクドナルド化の最悪の結果に抵抗し、それを軽減することである。もし、マックス・ウェーバーの鉄の檻や、氷で覆われた暗闇と冷酷の極地の夜に支配された未来のイメージに直面して途方にくれたら、詩人ディラン・トーマスの言葉についてよく考えてほしい。「甘い夜に身をゆだねてはいけない。怒れ！　怒れ！　消えかかる光に向かって[112]」。

参考文献

この本の巻末の注で列挙した引用文献を繰り返し挙げるよりも、むしろわたしはこの本の水源につながる主要な学術成果の一部を挙げておきたいと思う。そうした水源として三つのカテゴリーがある。第一は、マックス・ウェーバーの業績、とくに合理性を取り上げている研究である。第二は、ウェーバーのオリジナルな考えを改定し、また拡張したネオ・ウェーバー学派の人たちの多くの研究業績である。最後に、マクドナルド化する社会の具体的な側面に焦点を合わせた一連の業績である。

マックス・ウェーバーの研究業績

Max Weber. *The Protestant Ethic and the Spirit of Capitalism.* New introduction and translation by Stephen Kalberg, 3rd Roxbury ed. Los Angeles, CA: Roxbury 2002. 梶山力訳・安藤英治編『プロテスタンティズムの倫理と資本主義の《精神》』、未來社、一九九四年。

Max Weber. "Religious Rejections of the World and Their Directions." In H. H. Gerth and C. Wright Mills, eds. *From Max Weber: Essays in Sociology.* New York: Oxford University Press, 1915/1958, pp. 323-359. 大塚久雄・生松敬三訳「世界宗教の経済倫理　中間考察——宗教的現世拒否の段階と方向に関する理論」『宗教社会学論選——マックス・ヴェーバー』九七—一六四頁、みすず書房、一九七二年。

Max Weber. "The Social Psychology of the World Religion." In H. H. Gerth and C. Wright Mills, eds. *From*

Max Weber: Essays in Sociology. New York: Oxford University Press, 1915/1958, pp. 267-301. 大塚久雄・生松敬三訳「世界宗教の経済倫理　序論」『宗教社会学論選——マックス・ヴェーバー』三一—九六頁、みすず書房、一九七二年。

Max Weber. *The Religion of China: Confucianism and Taoism*. New York: Macmillan. 1916/1964. 森岡弘道訳『儒教と道教』創文社、一九七一年。

Max Weber. *The Religion of India: The Sociology of Hinduism and Buddhism*. Glencoe, IL: Free Press, 1916-1917/1958. 深沢宏訳『ヒンドゥー教と仏教』日貿出版社、一九八三年。

Max Weber. *The Rational and Social Foundations of Music*. Carboondale: Southern Illinois University Press, 1921/1958. 安藤英治・池宮英才・角倉一朗訳『音楽社会学』創文社、一九六七年。

Max Weber. *Economy and Society: An Outline of Interpretive Sociology*. Edited by Guenther Roth and Claus Wittch; translated by Ephraim Fischoff et al. Berkeley: University of California Press, 1978.

Max Weber. *General Economic History*. Translated by Frank H. Knight. Mineola, NY: Dover, 1927/2003. 黒正巌・青山秀夫訳『一般社会経済史要論』岩波書店、上下、一九五四—五五年。

ネオ・ウェーバー学派の業績

Rogers Brubaker. *The Limits of Rationality: An Essay on the Social and Moral Thought of Max Weber*. London: Allen & Unwin, 1984. 諸田實・吉田隆訳『規律の進化——マックス・ヴェーバーの前合理主義世界における合理性と支配の関係』未來社、一九八六年。

Randall Collins. "Weber's Last Theory of Capitalism: A Systematization." *American Sociological Review* 45 (1980): 925-942.

Randall Collins. *Weberian Sociological Theory*. Cambridge, UK: Cambridge University Press, 1985.

Arnold Eisen. "The Meanings and Confusions of Weberian 'Rationality.'" *British Journal of Sociology* 27 (1978): 57-70.

Harvey Greisman. "Disenchantment of the World." *British Journal of Sociology* 27 (1976): 497-506.

Harvey Greisman and George Ritzer. "Max Weber, Critical Theory and the Administered World." *Qualitative Sociology* 4 (1981): 34-55.

Jürgen Habermas. *The Theory of Communicative Action. Vol. 1, Reason and the Rationalization of Society*. Boston: Beacon, 1984. 藤澤賢一郎・岩倉正博・平野嘉彦・山口節郎ほか訳『コミュニケイション的行為の理論』未來社、上中下、一九八五—八七年。

Stephen Kalberg. "Max Weber's Types of Rationality." *American Journal of Sociology* 85 (1980): 1145-1179.

Stephen Kalberg. *Max Weber's Comparative Historical Sociology*. Chicago: University of Chicago Press, 1994. 甲南大学ヴェーバー研究会訳『マックス・ヴェーバーの比較歴史社会学』ミネルヴァ書房、一九九九年。

Stephen Kalberg. "Max Weber." In Geroge Ritzer, ed. *The Blackwell Companion to Major Social Theorists*. Oxford, UK: Blackwell, 2000, pp. 144-204.

Donald Levine. "Rationality and Freedom: Weber and Beyond." *Sociological Inquiry* 51 (1981): 5-25.

Arthur Mitzman. *The Iron Cage: An Historical Interpretation of Max Weber*. With a new introduction by the author; preface by Lewis A. Coser. New Brunswich, NJ: Transaction Books, 1985. 安藤英治訳『鉄の檻――マックス・ヴェーバー 一つの人間劇』創文社、一九七五年。

Wolfgang Mommsen. *The Age of Bureaucracy*. New York: Harper & Row, 1974. 得永新太郎訳『官僚制の時代――マックス・ヴェーバーの政治社会学』未來社、一九八四年。

George Ritzer. "Professionalization, Bureaucratization and Rationalization: The Views of Max Weber." *Social Forces* 53 (1975): 627-634.

George Ritzer and Terri LeMoyne. "Hyperrationaliy." In George Ritzer, ed. *Metatheorizing in Sociology*. Lexington, MA: Lexington Books, 1991, pp. 93-115.

George Ritzer and David Walczak. "Rationalization and the Deprofessionalization of Physicians." *Social Forces* 67 (1988): 1-22.

Guenther Roth and Reinhard Bendix, eds. *Scholarship and Partisanship: Essays on Max Weber*. Berkeley: University of California Press, 1971.

Lawrence Scaff. *Fleeing the Iron Cage: Culture, Politics, and Modernity in the Thought of Max Weber*. Berkeley: University of California Press, 1989.

Wolfgang Schluchter. *The Rise of Western Rationalism: Max Weber's Developmental History*. Translated, with an introduction, by Guenther Roth. Berkeley: University of California Press, 1981. 嘉目克彦訳『近代合理主義の成立――マックス・ヴェーバーの西洋発展史の分析』未來社、一九八七年。

Mark A. Schneider. *Culture and Enchantment*. Chicago: University of Chicago Press, 1993.
Alan Sica. *Weber, Irrationality and Social Order*. Berkeley: University of California Press, 1988.
Ronald Takaki. *Iron Cage: Race and Culture in 19th-Century America*. Rev. ed. New York: Oxford University Press, 2000.

マクドナルド化する社会の種々相に関する文献

Mark Alfino, John Caputo, and Robin Wynyard, eds. *McDonaldization Revisited*. Westport, CT: Greenwood, 1998.
Benjamin R. Barber. *Jihad vs. McWorld*. New York: Times Books, 1995.
Zygmunt Bauman. *Modernity and the Holocaust*. Ithaca, NY: Cornell University Press, 2000.
Daniel Bell. *The Coming of Post-Industrial Society: A Venture in Social Forecasting*. Special anniversary ed., with a new foreword by the author. New York: Basic Books, 1999. 内田忠夫ほか訳『脱工業社会の到来』上下、ダイヤモンド社、一九七五年。
Max Boas and Steve Chain. *Big Mac: The Unauthorized Story of McDonald's*. New York: Dutton, 1976. 山田修訳『ビッグマック——マクドナルドに学ぶ一〇〇億ドルビジネスのノウハウ』啓学出版、一九八七年。
Daniel J. Boorstin. *The Image: A Guide to Pseudo-Events in America*. With a new foreword by the author and an afterword by George F. Will, 25th anniversary ed. New York: Atheneum, 1987.

Pierre Bourdieu. *Distinction: A Social Critique of the Judgment of Taste*. Cambridge, MA: Harvard University Press, 1984. 石井洋二郎訳『ディスタンクシオン——社会的判断力批判』藤原書店、一九九〇年。

Alan Bryman. *Disney and His Worlds*. London: Routledge, 1995.

Alan Bryman. "The Disneyization of Society." *Sociological Review* 47 (1999): 25-47.

Deborah Cameron. *Good to Talk? Living in a Communication Culture*. London: Sage, 2000.

Simon Clarke. "The Crisis of Fordism or the Crisis of Social Democracy?" *Telos* 83 (1990): 71-98.

Ben Cohen, Jerry Greenfield and Meredith Maran. *Ben & Jerry's Double-Dip: How to Run a Values-Led Business and Make Money, Too*. New York: Fireside, 1998.

Stanley Cohen and Laurie Taylor. *Escape Attempts: The Theory and Practice of Everyday Life*. 2nd ed. London: Routledge, 1992.

Thomas S. Dicke. *Franchising in America: The Development of a Business Method, 1840-1980*. Chapel Hill: University of North Carolina Press, 1992.

John Drane. *The McDonaldization of the Church*. London: Darton, Longman and Todd, 2001.

Richard Edwards. *Contested Terrain: The Transformation of the Workplace in the Twentieth Century*. New York: Basic Book, 1979.

Marshall Fishwick, ed. *Ronald Revisited: The World of Ronald McDonald*. Bowling Green, OH: Bowling Green University Press, 1983.

Stephen M. Fjellman. *Vinyl Leaves: Walt Disney World and America*. Boulder, CO: Westview Press, 1992.

James T. Flink. *The Automobile Age*. Cambridge: MIT Press, 1988.

Henry Ford. *My Life and Work*. Garden City, NY: Doubleday, 1922. 豊土栄訳『二〇世紀の巨人産業家ヘンリー・フォードの軌跡』創英社、二〇〇三年

Thomas L. Friedman. *The Lexus and the Olive Tree*. Rev. ed. New York: Farrar, Straus, Giroux, 2000. 東江一紀訳『レクサスとオリーブの木――グローバリゼーションの正体』草思社、上下、二〇〇〇年二月。

Herbert J. Gans. *The Levittown: Ways of Life and Politics in a New Suburban Community*. With a new preface by the author. New York: Columbia University Press, 1967/1982.

Barbara Garson. *All the Livelong Day: The Meaning and Demeaning of Routine Work*. Rev. and updated ed. New York: Penguin Books, 1994.

Steven L. Goldman, Roger N. Nagel, and Kenneth Preiss. *Agile Competitors and Virtual Organizations: Strategies for Enriching the Customer*. New York: Van Nostrand Reinhold, 1995.

Richard E. Gordon, Katharine K. Gordon, and Max Gunther. *The Split Level Trap*. New York: Gilbert Geis, 1960.

Roger Gosden. *Designing Babies: The Brave New World of Reproductive Technology*. New York: W. H. Freeman, 1999.

Harold Gracey. "Learning the Student Role: Kindergarten as Academic Boot Camp." In Dennis Wrong and

Harold Gracey, eds. *Readings in Introductory Sociology*. New York: Macmillan, 1967.

Harry L. Gracey. "Learning the Student Role: Kindergarten as Academic Boot Camp." In James M. Henslin, ed. *Down to Earth Sociology*. New York: Free Press, 2001.

Allen Guttmann. *From Ritual to Record: The Nature of Modern Sports*. New York: Columbia University Press, 1978.

Jeffrey Hadden and Charles E. Swann. *Prime Time Preachers: The Rising Power of Televangelism*. Reading, MA: Addison-Wesley, 1981.

Jerald Hage and Charles H. Powers. *Post-Industrial Lives: Roles and Relationships in the 21st Century*. Newbury Park, CA: Sage, 1992.

David Harvey. *The Condition of Postmodernity: An Enquiry into the Origins of Cultural Change*. Oxford, England: Basil Blackwell, 1989. 吉原直樹訳『ポストモダニティの条件』青木書店、一九九九年。

Dennis Hayes and Robin Wynyard, eds. *The McDonaldization of Higher Education*. Westport, CT: Bergin & Garvey, 2002.

Kathleen Jamieson. *Eloquence in an Electronic Age: The Transformation of Political Speechmaking*. New York: Oxford University Press, 1988.

Robert Kanigel. *One Best Way: Frederick Winslow Taylor and the Enigma of Efficiency*. New York: Viking, 1997.

Joe L. Kincheloe. *The Sign of the Burger: McDonald's and the Culture of Power*. Philadelphia: Temple

University Press, 2002.

Aliza Kolker and B. Meredith Burke. *Prenatal Testing: A Sociological Perspective*. Westport, CT: Bergin & Garvey, 1994.

William Severini Kowinski. *The Malling of America: An Inside Look at the Great Consumer Paradise*. New York: William Morrow, 1985.

John Krakauer. *Into Thin Air*. New York: Anchor, 1997. 梅津正彦訳『空へ――エヴェレストの悲劇はなぜ起きたか』文藝春秋、一九九七年。

Ray Kroc. *Grinding It Out*. New York: Berkeley Medallion Books, 1977. 野崎雅恵訳『成功はゴミ箱の中に――レイ・クロック自伝』プレジデント社、二〇〇七年。

Corby Kummer. *The Pleasures of Slow Food: Celebrating Authentic Traditions, Flavors and Recipies*. San Francisco: Chronicle Books, 2002.

Raymond Kurzweil. *The Age of Intelligent Machines*. Cambridge: MIT Press, 1990.

Fred "Chico" Lager. *Ben & Jerry's: The Inside Scoop*. New York: Crown, 1994.

Frank J. Lechner and John Boli, ed. *The Globalization Reader*. 2nd ed. Malden, MA: Blackwell, 2003.

Robin Leidner. *Fast Food, Fast Talk: Service Work and the Routinization of Everyday Life*. Berkeley: University of California Press, 1993.

John F. Love. *McDonald's: Behind the Arches*. Rev. ed. New York: Bantam Books, 1995. 徳岡孝夫訳『マクドナルド――わが豊饒の人材』ダイヤモンド社、一九八七年。

Stan Luxenberg. *Roadside Empires: How the Chains Franchised America*. New York: Viking, 1985.

Jean-Francois Lyotard. *The Postmodern Condition: A Report on Knowledge*. Minneapolis: University of Minnesota Press, 1984. 小林康夫訳『ポスト・モダンの条件――知・社会・言語ゲーム』水声社、一九八六年。

Frank Mankiewicz and Joel Swerdlow. *Remote Control: Television and the Manipulation of American Life*. New York: Time Books, 1978.

Jessica Mitford. *The American Way of Birth*. New York: Plume, 1993.

Ian I. Mitroff and Warren Bennis. *The Unreality Industry: The Deliberate Manufacturing of Falsehood and What It Is Doing to Our Lives*. New York: Oxford University Press, 1993.

Sherwin B. Nuland. *How We Die: Reflections on Life's Final Chapter*. New York: Knopf, 1994. 鈴木主税訳『人間らしい死にかた――人生の最終章を考える』河出書房新社、一九九五年。

Martin Parker and David Jary. "The McUniversity: Organization, Management and Academic Subjectivity." *Organization* 2 (1995): 1-19.

Thomas J. Peters and Robert H. Waterman. *In Search of Excellence: Lessons from America's Best-Run Companies*. New York: Harper & Row, 1982.

Neil Postman. *Amusing Ourselves to Death: Public Discourse in the Age of Show Business*. New York: Viking, 1985.

Peter Prichard. *The Making of McPaper: The Inside Story of USA TODAY*. Kansas City, MO: Andrews,

McMeel and Parker, 1987.

Stanley Joel Reiser. *Medicine and the Reign of Technology*. Cambridge, UK: Cambridge University Press, 1978.

Ester Reiter. *Making Fast Food: From the Frying Pan into the Fryer*. 2nd ed. Montreal and Buffalo: McGill-Queen's University Press, 1997.

George Ritzer. "The McDonaldization of Soceity." *Journal of American Culture* 6 (1983): 100-107.

George Ritzer. *Expressing America: A Critique of the Global Credit Card Society*. Thousand Oaks, CA: Pine Forge Press, 1995.

George Ritzer. *Enchanting a Disenchanted World: Revolutionalizing the Means of Consumption*. Thousand Oaks, CA: Pine Forge Press, 1999.

George Ritzer. *The Globalization of Nothing*. Thousand Oaks, CA: Pine Forge Press, 2004. 正岡寛司監訳・山本徹夫・山本光子訳『無のグローバル化——拡大する消費社会と「存在」の喪失』明石書店、二〇〇五年。

George Ritzer, ed. *McDonaldization: The Reader*. Thousand Oaks, CA: Pine Forge Press, 2002.

George Ritzer, ed. "McDonaldization: Chicago, America, the World." Special issue. *American Behavioral Scientist* 47 (October 2003).

George Ritzer and David Walczak. "The Changing Nature of American Medicine." *Journal of American Culture* 9 (1987): 43-51.

Roland Robertson. *Globalization: Social Theory and Global Culture*. London: Sage, 1992. 阿部美哉訳『グローバリゼーション――地球文化の社会理論』東京大学出版会、一九九七年。

Chris Rojek. *Ways of Escape: Modern Transformations in Leisure and Travel*. London: Routledge, 1993.

Eric Schlosser. *Fast Food Nation*. Boston: Houghton Mifflin, 2001. 楡井浩一訳『ファストフードが世界を食いつくす』草思社、二〇〇一年。

Charles E. Silberman. *Crisis in the Classroom: The Remaking of American Education*. New York: Random House, 1970.

Peter Singer. *Animal Liberation*. 2nd ed. New York: Review of Books, 1990. 戸田清訳『動物の解放』技術と人間、二〇〇二年。

Alfred P. Sloan, Jr. *My Years with General Motors*. Garden City, NY: Doubleday, 1964.

Barry Smart, ed. *Resisting McDonaldization*. London: Sage, 1999.

Frederick W. Taylor. *The Principles of Scientific Management*. New York: Harper & Row, 1947. 上野陽一訳編『テーラー科学的管理法』技報堂、一九五七年。

John Vidal. *McLibel: Burger Culture on Trial*. New York: New Press, 1997.

James L. Watson, ed. *Golden Arches East: McDonald's in East Asia*. Stanford, CA: Stanford University Press, 1997. 前川啓治・竹内惠行・岡部曜子訳『マクドナルドはグローバルか――東アジアのファーストフード』新曜社、二〇〇三年。

Shoshana Zuboff. *In the Age of the Smart Machine: The Future of Work and Power*. New York: Basic

Books, 1988.

注

第1章

（1）ここで述べた視点と同じであるが、しかしもっと狭義の視点については、Benjamin R. Barber. "Jihad vs. McWorld." *The Atlantic Monthly*, March, 1992, pp. 53-63; *Jihad vs. McWorld*. New York: Times Books, 1995をみよ。またこの戦争についてもっとポピュラーな議論については、Thomas L. Friedman. *The Lexus and the Olive Tree: Understanding Globalization*. New York: Farrar, Straus, and Giroux, 1999をみよ。

（2）本書は、エリック・シュロッサーのベストセラーになった本『ファストフードが世界を食いつくす』と対照的なところに位置している。その本はファストフード産業について書かれた書物であり、マクドナルド社に主として注目している（Eric Schlosser. *Fast Food Nation*. Boston: Houghton Mifflin, 2001）。

（3）一九九三年、この本の初版の準備を始めて以降、マクドナルド化の用語は、ある程度学術的かつ国際的な語彙になった。たとえば、学術的な作品としては、Dennis Hayes and Robin Wynyard, eds. *The McDonaldization of Higher Education*. Westport, CT: Bergin & Garvey, 2002; John Drane. *The McDonaldization of the Church*. London: Darton, Longman and Todd, 2001; Barry Smart, ed. *Resisting McDonaldization*. London: Sage, 1999; Mark Alfino, John Caputo, and Robin Wynyard, eds. *McDonaldization Revisited*. Westport, CT: Greenwood, 1998. 研究雑誌の特集記事としては、*Sociale*

Wetenschappen (vol. 4, 1996)（オランダの雑誌）がマクドナルド化をとくに取り上げて特集を組んでいる。ついで、George Ritzer, ed. *McDonaldization: The Reader*. Thousand Oaks, CA: Pine Forge Press, 2002; *American Behavioral Scientist* (October, 2003) 誌が「マクドナルド化――シカゴ、アメリカ、そして世界」を特集した（編者はG. Ritzer)。そのほかにマクドナルド化に言及した通俗メディアは多数にのぼる。

（4）アラン・ブライマンはディズニー化の用語を提唱している。彼はこれと同じような形で次のように定義している。「ディズニー・テーマパークの諸原理がアメリカだけでなく、世界のすべての地域のさまざまな部門でますます支配を強める過程」(p. 26) である。Alan Bryman. "The Disneyization of Society." *Sociological Review* 47, February, 1999: 25-47; Alan Bryman. *The Disneyization of Society*. London: Sage, 2004.

（5）George Ritzer, ed. *McDonaldization: The Reader*. Thousand Oaks, CA: Pine Forge Press, 2002をみよ。

（6）McDonald's. *2002 Summary Annual Report*. Oak Brook, IL, 2003.

（7）McDonald's Web site: www.mcdonalds.com

（8）Martin Plimmer. "This Demi-Paradise: Martin Plimmer Finds Food in the Fast Lane Is Not to His Taste." *Independent* (London), January 3, 1998, p. 46.

（9）International Franchise Association: www.franchise.org/resourcectr/faq/g4.asp

（10）その残りは自社所有（一九パーセント）と、共同事業体所有（一四パーセント）である。

McDonald's. *2002 Summary Annual Report*. Oak Brook, IL, 2003.

（11） Yum ! Brands Web site: www.yum.com/investors/overview.htm

（12） Yum ! Brands Web site: www.yum.com/investors/overview.htm

（13） Subway Web site: www.subway.com

（14） サブウェイの出版物 "Subway Restaurants Named Number One Franchise." January, 2003.

（15） Starbucks Web site: www.starbucks.com; Lorraine Mirabella. "Trouble Brews for Starbucks as Its Stock Slides 12 Percent." *Baltimore Sun*, August 1, 1998, p. 10c; Margaret Webb Pressler. "The Brain behind the Beans." *Washington Post*, October 5, 1997, pp. H0i ff; Alex Witchell. "By Way of Canarsie, One Large Hot Cup of Business Strategy." *New York Times*, December 14, 1994, p. C8.

（16） Glenn Collins. "A Big Mac Strategy at Porterhouse Prices." *New York Times*, August 13, 1996, p. D1.

（17） Glenn Collins. "A Big Mac Strategy at Porterhouse Prices." *New York Times*, August 13, 1996, p. D1.

（18） Glenn Collins. "A Big Mac Strategy at Porterhouse Prices." *New York Times*, August 13, 1996, p. D1.

（19） 同じく高価なステーキハウス・チェーンであるルーシーズ・クリスは、たぶん少しばかり誇らしげに、そして自意識をもって、「われわれのそれはマクドナルドのコンセプトではありません」と主張する。 Glenn Collins. "A Big Mac Strategy at Porterhouse Prices." *New York Times*, August 13, 1996, p. D1. それがたとえ真実であるとしても（実のところ、それは疑わしいのだが）、このタイプのすべてのレストランがみずからを、肯定的にせよ否定的にせよ、マクドナルドが設定した標準に対抗して自己定義していることをしめしている。

(20) Timothy Egan. “Big Chains Are Joining Manhattan’s Toy Wars.” *New York Times*, December 8, 1990, p. 29.

(21) Stacey Burling. “Health Club ... For Kids.” *Washington Post*, November 21, 1991, p. D5.

(22) Tamar Lewin. “Small Tots, Big Biz.” *New York Times Magazine*, January 19, p. 89.

(23) McDonald’s Web site: www.mcdonalds.com/corporate/press/financial/2002/10222002

(24) McDonald’s Web site: www.mcdonalds.com/corporate

(25) McDonald’s Web site: www.mcdonalds.com/corporate/investor/financialinfo/annual/report/business/russia

(26) Robin Young. “Britain Is Fast-Food Capital of Europe.” *Times* (London), April 25, 1997.

(27) Ilene R. Prusher. “McDonaldized Israel Debates Making Sabbath ‘Less Holy.’” *Christian Science Monitor*, January 30, 1998, p. 8.

(28) Blockbuster Web site: www.blockbuster.com

(29) Wal-Mart Web site: www.walmartstores.com

(30) Tim Hortons Web site: www.timhortons.com; Les Whittington. “Tim Hortons: Canada Success Story.” *Gazette* (Montreal), October 17, 1997, pp. F4 ff.

(31) Eric Margolis. “Fast Food: France Fights Back.” *Toronto Sun*, January 16, 1997, p. 12.

(32) Valerie Reitman. “India Anticipates the Arrival of the Beefless Big Mac.” *Wall Street Journal*, October 20, 1993, pp. B1, B3.

(33) Mos Food Services Web site: www.mos.co.jp

(34) Alison Leigh Cowan. "Unlikely Spot for Fast Food." *New York Times*, April 29, 1984, section 3, p. 5.

(35) Peter S. Goodman. "Familiar Logo on Unfamiliar Eateries in Iraq." *Washington Post*, May 26, 2003, pp. A1, A14.

(36) The Body Shop Web site: www.thebodyshop.com

(37) Philip Elmer-Dewitt. "Anita the Agitator." *Time*, January 25, 1993, pp. 52 ff; Eben Shapiro. "The Sincerest Form of Rivalry." *New York Times*, October 19, 1991, pp. 35, 46; Bath & Body Works Web site: www.bathandbodyworks.com

(38) Pret a Manger Web site: www.pretamanger.co.uk/philosophy

(39) "Stylish, Swedish, 60-ish; Ikea's a Global Phenomenon." *Western Mail*, May 20, 2003, p. 1.

(40) H&M Web site: www.hm.com

(41) Marshall Fishwick, ed. *Ronald Revisited: The World of Ronald McDonald*. Bowling Green, OH: Bowling Green Univeristy Press, 1983.

(42) John F. Harris. "McMilestone Restaurant Opens Doors in Dale City." *Washington Post*, April 7, 1988, p. D1.

(43) E. R. Shipp. "The McBurger Stand That Started It All." *New York Times*, February 27, 1985, section 3, p. 3.

(44) McDonald's Web site: www.media.mcdonalds.com/secured/company/hisotry/storemuseum/index.

html

(45) Bill Keller. "Of Famous Arches, Beeg Meks and Rubles." *New York Times*, January 28, 1990, section 1, pp. 1, 12.

(46) "Wedge of Americana: In Moscow, Pizza Hut Opens 2 Restaurants." *Washington Post/Business*, September 12, 1990, p. B10.

(47) Jeb Blount. "Frying Down to Rio." *Washington Post/Business*, May 18, 1994, pp. F1, F5.

(48) Thomas L. Friedman. *The Lexus and the Olive Tree: Understanding Globalization*. New York: Farrar, Straus, and Giroux, 1999, p. 235.

(49) Thomas L. Friedman. "A Manifesto for the Fast World." *New York Times Magazine*, March 28, 1999, pp. 43-44.

(50) Economist Web site: www.economist.com/markets/bigmac/displayStory.cfm?story_id=1730909

(51) Thomas L. Friedman. "A Manifesto for the Fast World." *New York Times Magazine*, March 28, 1999, p. 84.

(52) Conrad Kottak. "Rituals at McDonald's." In Marshall Fishwick, ed. *Ronald Revisited: The World of Ronald McDonald*. Bowling Green, OH: Bowling Green University Press, 1983, pp. 52-58.

(53) Bill Keller. "Of Famous Arches, Beeg Meks and Rubles." *New York Times*, January 28, 1990, section 1, pp. 1, 12.

(54) William Severini Kowinski. *The Malling of America: An Inside Look at the Great Consumer*

Paradise. New York: William Morrow, 1985, p. 218.

(55) Stephen M. Fjellman. *Vinyl Leaves: Walt Disney World and America*. Boulder, CO: Westview Press, 1992. 自前のマクドナルド化したシステムを作りだし、輸出した外国のもう1つの事例を挙げてみよう。たとえば、日本のセガエンタープライズは、一九九六年、ロンドンに最初のセガワールド室内都市テーマパークを開業する計画をもっている。"A Sega Theme Park for Picadilly Circus." *New York Times*, February 14, 1995, p. D5.

(56) Bob Garfield. "How I Spent (and Spent and Spent) My Disney Vacation." *Washington Post/Outlook*, July 7, 1991, p. B5. さらに、次の文献をみよ。Margaret J. King. "Empires of Popular Culture: McDonald's and Disney." In Marshall Fishwick, ed. *Ronald Revisited: The World of Ronald McDonald*. Bowling Green, OH: Bowling Green University Press, 1983, pp. 106-119.

(57) Steven Greenhouse. "The Rise and Rise of McDonald's." *New York Times*, June 8, 1986, section 3, p. 1.

(58) Richard L. Papiernik. "Mac Attack?" *Financial World*, April 12, 1994, p. 30.

(59) Laura Shapiro. "Ready for McCatfish?" *Newsweek*, October 15, 1990, pp. 76-77; N. R. Kleinfeld. "Fast Food's Changing Landscape." *New York Times*, April 14, 1985, section 3, pp. 1, 6.

(60) Louis Uchitelle. "That's Funny, Those Pickles Don't Look Russian." *New York Times*, February 27, 1992, p. A4.

(61) Center for Defense Information Web site: www.cdi.org/russia/246-16.cfm

(62) Nicholas D. Kristof. "Billions Served (and That Was Without China)." *New York Times*, April 24, 1992, p. A4.

(63) Gilbert Chan. "Fast Food Chains Pump Profits at Gas Stations." *Fresno Bee*, October 10, 1994, p. F4.

(64) Cynthia Rigg. "McDodnald's Lean Units Beef up NY Presence." *Crain's New York Business*, October 31, 1994, p. 1.

(65) Anthony Flint. "City Official Balks at Placement of McDonald's at New Courthouse." *Boston Globe*, March 9, 1999, p. B3.

(66) Anita Kumar. "A New Food Revolution on Campus." *St. Petersburg Times*, May 11, 2003, p. 1A.

(67) Carole Sugarman. "Dining Out on Campus." *Washington Post/Health*, February 14, 1995, p. 20.

(68) Edwin McDowell. "Fast Food Fills Menu for Many Hotel Chains." *New York Times*, January 9, 1992, pp. D1, D6.

(69) Dan Freedman. "Low Fat? The Kids Aren't Buying; Districts Struggle to Balance Mandates for Good Nutrition with Reality in the Cafeteria." *The Times Union*, September 22, 2002, p. A1.

(70) "Back to School: School Lunches." *Consumer Reports*, September 1998, p. 49.

(71) Mike Berry. "Redoing School Cafeterias to Favor Fast-Food Eateries." *Orlando Sentinel*, January 12, 1995, p. 11.

(72) "Grade 'A' Burgers." *New York Times*, April 13, 1986, pp. 12, 15.

(73) Gloria Pitzer. *Secret Fast Food Recipeis: The Fast Food Cookbook*. Marysville, MI: Author.

（74）　この議論はジョージ・リッツアに起源をもつ。“Revolutionalizing the World of Consumption.” *Journal of Consumer Culture* 2 (2002): 103-118.

（75）　George Anders. “McDonald's Methods Come to Medicine As Chains Acquire Physicians' Practices.” *Wall Street Journal*, August 24, 1993, pp. B1, B6.

（76）　Peter Prichard. *The Making of McPaper: The Inside Story of USA TODAY*. Kansas City, MO: Andrews, McMeel and Parker, 1987.

（77）　この事例（ならびにメニュー）に気づかせてくれた、リー・マーチンに感謝する。

（78）　Peter Prichard. *The Making of McPaper: The Inside Story of USA TODAY*. Kansas City, MO: Andrews, McMeel and Parker, 1987, pp. 232-233.

（79）　Howard Kurtz. “Slicing, Dicing News to Attract the Young.” *Washington Post*, January 6, 1991, p. A1.

（80）　Kathryn Hausbeck and Barbara G. Brents. “McDonaldization of the Sex Industries?” In George Ritzer, ed. *McDonaldization: The Reader*. Thousand Oaks, CA: Pine Forge Press, 2002, pp. 91-106.

（81）　Nicholas D. Kristof. “Court Test Is Likely on Dial-a-Porn Service Game.” *New York Times*, October 15, 1986, section 1, p. 16.

（82）　Robin Leidner. *Fast Food, Fast Talk: Service Work and the Routinization of Everyday Life*. Berkeley: University of California Press, 1993, p. 9から引用した。

（83）　Jean Sonmor. “Can We Talk Sex: Phone Sex Is Hot-Wiring Metro's Lonely Hearts.” *Toronto Sun*,

January 29, 1995, pp. M11 ff.

(84) Jean Sonmor. "Can We Talk Sex: Phone Sex Is Hot-Wiring Metro's Lonely Hearts." *Toronto Sun*, January 29, 1995, pp. M11 ff.

(85) Martin Gottlieb. "Pornography's Plight Hits Times Square." *New York Times*, October 5, 1986, section 3, p. 6.

(86) Arthur Asa Berger. *Signs in Contemporary Culture: An Introduction to Semiotics*, 2nd ed. Salem, WI: Sheffield, 1999.

(87) Max Weber. *Economy and Society*. Totowa, NJ: Bedminster, 1921/1968; Stephen Kalberg. "Max Weber's Types of Rationality: Cornerstones for the Analysis of Rationalization Processes in History." *American Journal of Sociology* 85 (1980): 1145-1179.

(88) Ian Mitroff and Warren Bennis. *The Unreality Industry: The Deliberate Manufacturing of Falsehood and What It Is Doing to Our Lives*. New York: Birch Lane Press, 1989, p. 142.

(89) Martin Plimmer. "This Demi-Paradise: Martin Plimmer Finds Food in the Fast Lane Is Not to His Taste." *Independent* (London), January 3, 1998, p. 46.

(90) Robin Leidnerはその著*Fast Food, Fast Talk: Service Work and the Routinization of Everyday Life*において「マニュアル」の考えを展開した。

(91) レシピの考えは、Alfred Schutzの作品を参考にしている。たとえば*The Phenomenology of the Social World*. Evanston, IL: Northwestern University Press, 1932/1967をみよ。

（92）Robin Leidner. *Fast Food, Fast Talk: Service Work and the Routinization of Everyday Life*. Berkeley: University of California Press, 1993, p. 82.

（93）6章でみるように、こうした制御の重視は、しばしば人間による技術体系を人間に頼らない技術体系に置き換えることから生じる。

（94）Robert J. Samuelson. "In Praise of McDonald's." *Washington Post*, November 1, 1989, p. A25.

（95）Edwin M. Reingold. "America's Hamburger Helper." *Time*, June 29, 1992, pp. 66-67.

（96）この頁で列挙した種類の利点を説明するにあたって、同僚のスタン・プレッサーがわたしに貴重な示唆を与えてくれたことに感謝する。

（97）合理的、合理性、そして合理化の用語は、ふつうに使用されている用法とは違う仕方で、ここでも、また本書全般を通じて使われていることに注意を喚起しておきたい。その一つを挙げてみると、人びとはこれらの用語をおおむね肯定的なものであると考えている。しかし本書でそれらの用語は一般に否定的な仕方で使用されている。この分析での肯定的な用語は、純粋に人間的「理性」（たとえば、創造的に行為したり働いたりすることのできる能力）である。この能力はファストフード・レストランのような非人間的で、合理的なシステムによって否定されているとみなされる。もう一つの例を挙げると、合理化の用語は、ある行動を説明するための方法としてのフロイト理論と通常関連しているが、しかしここで、合理化は社会のいたるところに広がる合理性の増大を記述するために用いられる。だからこの本を読んでいく場合、右に挙げた用語が、従来使用されてきた方法と違っている方法で用いられていることに留意しながら、それらの用語を解釈してほしい。

（98） Timothy Egan. "In Land of French Fry, Study Finds Problems." *New York Times*, February 7, 1994, p. A10.

（99） Alan Riding. "Only the French Elite Scorn Mickey's Debut." *New York Times*, April 13, 1992, p. A13.

（100） George Stauth and Bryan S. Turner. "Nostalgia, Postmodernism and the Critique of Mass Culture." *Theory, Culture and Scoiety* 5 (1988): 509-526; Bryan S. Turner. "A Note on Nostalgia." *Theory, Culture and Scoeity* 4 (1987): 147-156.

（101） Lee Hockstader. "No Service, No Smile, Little Sauce." *Washington Post*, August 5, 1991, p. A12.

（102） Douglas Farah. "Cuban Fast Food Joints Are Quick Way for Government to Rally Economy." *Washington Post*, January 24, 1995, p. A14.

（103） この意味で、これはマルクスの資本主義批判に類似している。マルクスは資本主義に先行した社会にロマンチックな生命を吹き込むのではなく、むしろ資本主義によって供給された土台の上に真に人間的（共産主義的）社会を創造しようと希求した。マルクス主義者の理論と明確な親和性があるとはいえ、すぐにわかるように、この本は、マックス・ウェーバーの理論に確かな土台をもっている。

（104） これらの概念は、社会理論家の作品、つまりアンソニー・ギデンスと関連している。たとえば、*The Constitution of Society*. Berkeley: University of California Press, 1984 をみよ。

（105） これは、レイ・オルデンバーグが「とても素晴らしい場所」と呼んでいるものである。Ray Oldenburg. *The Great Good Place*. New York: Marlowe, 1989/1997.

第2章

（1）この章をとおして論じることになる先駆者たちは、マクドナルドに先立って合理化を進めた制度のすべてを網羅しているわけではないが、マクドナルドやマクドナルド化を理解する上でもっとも重要なものである。

（2）ウェーバーの発想についてのここでの議論は、マックス・ウェーバーの『経済と社会』（Totawa, NJ: Bedminster, 1921/1968）にもとづいている。

（3）ファストフード・レストランは、官僚的システムの一部とみなされてきた。事実、巨大なコングロマリット（たとえば、ヤム・ブランズ社）はいまや多数のファストフードチェーンを所有している。

（4）ウェーバーは、形式合理性と区別するために、後者を実質合理性と呼んだ。

（5）Ronald Takaki. *Iron Cage: Race and Culture in 19th-Century America*. New York: Oxford University Press, 1990, p. ix.

（6）Harvey Greisman. "Disenchantment of the World." *British Journal of Sociology* 27 (1976): 497-506.

（7）クラブメッドは現在、そのオペレーションを再構造化している。

（8）Zygmunt Bauman. *Modernity and the Holocaust*. Ithaca, NY: Cornell University Press, 1989, p. 149.

（9）Zygmunt Bauman. *Modernity and the Holocaust*. Ithaca, NY: Cornell University Press, 1989, p. 8.

（10）しかしルワンダの現状についてみると、一〇〇日間にわたって継続したフツ族とツチ族の戦闘において推定八〇万人の人たちが殺された（ホロコーストにおけるユダヤ人の死者の三倍にのぼる）。

使用された方法——主として大型ナイフ——は合理的でないと決めつけられた。Philip Gourevitch. *We Wish to Inform You That Tommorw We Will Be Killed with Our Families: Stories from Rwanda*. New York: Farrar, Straus, and Giroux, 1998.

（11）　3章で述べることだが、ファストフード・レストランは（無報酬で）顧客にさまざまな作業をやらせることによって効率を強化している。

（12）　Zygmunt Bauman. *Modernity and the Holocaust*. Ithaca, NY: Cornell University Press, 1989, p. 103.

（13）　Zygmunt Bauman. *Modernity and the Holocaust*. Ithaca, NY: Cornell University Press, 1989, p. 89.

（14）　Zygmunt Bauman. *Modernity and the Holocaust*. Ithaca, NY: Cornell University Press, 1989, p. 8.

（15）　Zygmunt Bauman. *Modernity and the Holocaust*. Ithaca, NY: Cornell University Press, 1989, p. 102.

（16）　Feingold, cited in Zygmunt Bauman. *Modernity and the Holocaust*. Ithaca, NY: Cornell University Press, 1989, p. 36からの引用。

（17）　Frederick W. Taylor. *The Principles of Scientific Management*. New York: Harper & Row, 1947; Robert Kanigel. *One Best Way: Frederick Winslow Taylor and the Enigma of Efficiency*. New York: Viking, 1997.

（18）　Frederick W. Taylor. *The Principles of Scientific Management*. New York: Harper & Row, 1947, pp. 6-7.

（19）　Frederick W. Taylor. *The Principles of Scientific Management*. New York: Harper & Row, 1947, p. 11.

(20) George Ritzer and Terri LeMoyne. "Hyperrationality: An Extension of Weberian and Neo Weberian Theory." In George Ritzer, ed. *Metatheorizing in Sociology*. Lexington, MA: Lexington Books, 1991, pp. 93-115.

(21) Ester Reiter. *Making Fast Food*. Montreal and Kingston : McGill-Queen's University Press, 1991, pp. 112-114.

(22) Henry Ford. *My Life and Work*. Garden City, NY: Doubleday, 1922; James T. Flink. *The Automobile Age*. Cambridge: MIT Press, 1988, pp. 93-115.

(23) Henry Ford. *My Life and Work*. Garden City, NY: Doubleday, 1922, p. 80.

(24) Bruce A. Lohof. "Hamburger Stand Industrialization and the Fast-Food Phenomenon." In Marshall Fishwick, ed. *Ronald Revisited: The World of Ronald McDonald*. Bowling Green, OH: Bowling Green University Press, 1983, p. 30; Ester Reiter. *Making Fast Food*. Montreal and Kingston: McGill-Queen's University Press, 1991, p. 75.

(25) Marshall Fishwick. "Cloning Clowns: Some Final Thoughts." In Marshall Fishwick, ed. *Ronald Revisited: The World of Ronald McDonald*. Bowling Green, OH: Bowling Green University Press, 1983, pp. 148-151. 同じ段落で議論されている、自動車産業と観光産業の成長のあいだの関係についてもっとくわしく知りたい人は、James T. Flink. *The Automobile Age*. Cambridge: MIT Press, 1988をみよ。

(26) ゼネラルモーターズ社、とくにアルフレッド・スローンは、自動車産業の官僚制的構造をいちじるしく推進した。スローンはＧＭ社で複数事業部制を採用したことで有名である。このシステムでは、事業部が日常的な意思決定を行い、そして中央本部が長期的な意思決定を行う。この組織革新は当時としては画期的に成功を収めた。だから自動車産業だけでなく、別産業の企業もこぞってそのシステムを採用した。James T. Flink. *The Automobile Age*. Cambridge: MIT Press, 1988; Alfred P. Sloan, Jr. *My Years with General Motors*. Garden City, NY: Doubleday, 1964をみよ。

(27) "Levit's Progress." *Fortune*, October 1952, pp. 155 ff.

(28) Richard Perez-Pena. "William Levitt, 86, Suburb Maker, Dies." *New York Times*, January 29, 1994, p. 26.

(29) "The Most House for the the Money." *Fortune*, October 1952, p. 152.

(30) "The Most House for the the Money." *Fortune*, October 1952, p. 153.

(31) Herbert Gans. *The Levittowners: Ways of Life and Politics in a New Suburban Community*. New York: Pantheon, 1967, p. 13.

(32) Patricia Dane Rogers. "Building ..." *Washington Post/Home*, February 2, 1995, pp. 12, 15; Rebecca Lowell. "Modular Homes Move Up." *Wall Street Journal*, October 23, 1998, p. W10.

(33) Richard E. Gordon, Katherine K. Gordon, and Max Gunther. *The Split Level Trap*. New York: Gilbert Geis Associates, 1960.

(34) Georgia Dullea. "The Tract House as Landmark." *New York Times*, October 17, 1991, pp. C1, C8.

(35) Herbert Gans. *The Levittowners: Ways of Life and Politics in a New Suburban Community*. New

York: Pantheon, 1967, p. 432.

(36) William Severini Kowinski. *Tha Malling of America: An Inside Look at the Great Consumer Paradise*. New York: William Morrow, 1985.

(37) Kara Swisher. "A Mall for America?" *Washington Post/Business*, June 30, 1991, pp. H1, H4.

(38) "First Foreign-Funded Department Store Closes in China's Wuhan." *Asia Pulse*, November 7, 2001, Northern Territory Regional Section.

(39) Janice L. Kaplan. "The Mall Outlet for Cabin Fever." *Washington Post/Weekend*, February 10, 1995, p. 53.

(40) William Severini Kowinski. *The Malling of America: An Inside Look at the Great Consumer Paradise*. New York: William Morrow, 1985, p. 25. 消費史におけるモールの意義について詳細は、Lizabeth Cohen, *Consumer's Republic: The Politics of Mass Consumption in Postwar America*. New York: Alfred A. Knopf, 2003. とくに6章をみよ。

(41) Ray Kroc. *Grinding It Out*. New York: Berkeley Medallion Books, 1977; Stan Luxenberg. *Roadside Empires: How the Chains Franchised America*. New York: Viking, 1985; and John F. Love. *McDonald's: Behind the Arches*. Toronto: Bantam, 1986.

(42) John F. Love. *McDonald's: Behind the Arches*. Toronto: Bantam, 1986, p. 18.

(43) John F. Love. *McDonald's: Behind the Arches*. Toronto: Bantam, 1986, p. 20.

(44) Thomas S. Dicke. *Franchising in America: The Development of a Business Method, 1840-1980*.

Chapel Hill: University of North Carolina Press, 1992, pp. 2-3.

（45） Taco Bell Web site: www.tacobell.com

（46） John Vidal. *McLibel: Burger Culture on Trial.* New York: New Press, 1997, p. 34.

（47） ウェイン・ヒュイゼンガは、ダラスの企業家によって開発されたチェーンを譲り受けてビデオ産業に変え、そしてそれをブロックバスターに変えるさいに同様の役割を果たした。David Altaner. "Blockbuster Video: 10 Years Running Family-Oriented Concept Has Changed Little Since 1985, When Chain Was Founded by a Dallas Businessman." *Sun-Sentinel* (Fort Lauderdale), October 16, 1995, pp. 16 ff.

（48） John F. Love. *McDonald's: Behind the Arches.* Toronto: Bantam, 1986, pp. 68-69.

（49） McDonald's Web site: www.mcdonalds.com/corporate/careers/hambuniv

（50） マクドナルドのハンバーガー大学と同じく、バーガーキングも自前のバーガーキング大学を一九七八年に設立した。Ester Reiter. *Making Fast Food.* Montreal and Kingston. McGill-Queen's University Press, 1991, p. 68.

（51） John F. Love. *Mcdonald's: Behind the Arches.* Toronto: Bantam, 1986, pp. 141-142.

第3章

（1） Herbert Simon. *Administrative Behavior.* 2nd ed. New York: Free Press, 1957.

（2） Ray Kroc. *Grinding It Out.* New York: Berkeley Medallion Books, 1977, p. 8.

(3) Max Boas and Steve Chain. *Big Mac: The Unauthorized Story of McDonald's*. New York: E. P. Dutton, 1976, pp. 9-10.

(4) Max Boas and Steve Chain. *Big Mac: The Unauthorized Story of McDonald's*. New York: E. P. Dutton, 1976, pp. 9-10.

(5) Ray Kroc. *Grinding It Out*. New York: Berkeley Medallion Books, 1977, pp. 96-97.

(6) Jill Lawrence. "80 Pizzas Per Hour." *Washington Post*, June 9, 1996, pp. W07 ff.

(7) Arthur Kroker, Marilouise Kroker, and David Cook. *Panic Encyclopedia: The Definitive Guide to the Postmodern Scene*. New York: St. Martin's Press, 1989, p. 119.

(8) Michael Lev. "Raising Fast Food's Speed Limit." *Washington Post*, August 7, 1991, p. DI.

(9) Jim Kershner. "Trays of Our Lives: Fifty Years after Swanson Unveiled the First TV Dinner, Meals-in-a-Box Have Never Been Bigger." *Spokesman Review*, March 19, 2003, p. D1.

(10) "The Microwave Cooks Up a New Way of Life." *Wall Street Journal*, September 19, 1989, p. B1; "Microwavable Foods: Industry's Response to Consumer Demands for Convenience." *Food Technology* 41 (1987): 52-63.

(11) "Microwavable Foods: Industry's Response to Consumer Demands for Convenience." *Food Technology* 41 (1987): 54.

(12) Eben Shapiro. "A Page from Fast Food's Menu." *New York Times*, October 14, 1991, pp. D1, D3.

(13) Boston Market Web site: www.bostonmarket.com/newsroom/index.jsp

(14) Alan J. Wax. "Takeout Meals Take Off." *Newsday*, July 27, 1998, pp. C08 ff.

(15) Alan J. Wax. "Takeout Meals Take Off." *Newsday*, July 27, 1998, pp. C08 ff.

(16) ヌトリ・システムについての解釈を示唆してくれたドラ・ジームザに感謝する。"Big People, Big Business: The Overweight Numbers Rising, Try NutriSystem." *Washington Post/Health*, October 10, 1989, p. 8.

(17) Lisa Schnirring. "What's Behind the Women-Only Fitness Center Boom?" *Physician and Sportsmedicine* 30 (November 2002): 15.

(18) William Severini Kowinski. *The Malling of America: An Inside Look at the Great Consumer Paradise*. New York: William Morrow, 1985, p. 61.

(19) Brew Thru Web site: www.brewthru.com

(20) Wendy Tanaka. "Catalogs Deck Halls to Tune of Billions: Mail Order Called 'Necessity' for Consumers." *Arizona Republic*, December 9, 1997, p. A3.

(21) Robin Herman. "Drugstore on the Net." *Washington Post/Health*, May 4, 1999, pp. 15 ff.

(22) Doris Hajewski. "Employees Save Time by Shopping Online at Work." *Milwaukee Journal Sentinel*, December 16, 1998, pp. B1 ff.

(23) Bruno Giussani. "This Development Is One for the Books." *Chicago Tribune*, September 22, 1998, pp. C3 ff.

(24) L. Walker. "Google Turns Its Gaze on Online Shopping." *Washington Post*, December 15, 2002, p.

H7.

(25) George Ritzer. *Expressing America: A Critique of the Global Credit Card Society*. Thousand Oaks, CA: Pine Forge Press, 1995.

(26) Dennis Hayes and Robin Wynyard, eds. *The McDonaldization of Higher Education*. Westport, CT: Bergin & Garvey, 2002; Martin Parker and David Jary. "The McUniversity: Organization, Management and Academic Subjectivity." *Organization* 2 (1995): 319-337.

(27) Linda Perlstein. "Software's Essay Test: Should It Be Grading?" *Washington Post*, October 13, 1998, pp. A1 ff.

(28) Michael Miller. "Professors Customize Textbooks, Blurring Roles of Publisher, Seller and Copy Shop." *Wall Street Journal*, August 16, 1990, pp. B1, B4.

(29) www.wisetermpapers.com あるいは www.12000papers.com をみよ。

(30) www.edutie.com をみよ。

(31) George Ritzer and David Walczak. "The Changing Nature of American Medicine." *Journal of American Culture* 9 (1987): 43-51.

(32) Julia Wallace. "Dr. Denton Cooley—Star of 'The Heart Surgery Factory.'" *Washington Post*, July 19, 1980, p. A6.

(33) "Moving Right Along," *Time*, July 1, 1985, p. 44.

(34) Mark Potts. "Blockbuster Struggles with Merger Script." *Washington Post/Washington Business*,

December 9, 1991, p. 24; Eben Shapiro. "Market Place: A Mixes Outlook for Blockbuster." *New York Times*, February 21, 1992, p. D6.

(35) Blockbuster Web site: www.blockbuster.com

(36) Susan Karlin. "Video on Demand Is Ready, but the Market Is Not." *New York Times*, October 10, 2002, p. G8.

(37) Frank Ahrens. "Video Stores: Are They Headed to the Bottom?" *Washington Post*, September 2, 1998, pp. D1 ff.

(38) Steve Fainaru. "Endangered Species: Will the Corner Video Store Disappear in the Interactive Age?" *Boston Globe*, January 16, 1994, p. A1.

(39) "Earful of Books." *Business Wire*, July 13, 2001.

(40) "Nation's Largest Audiobook-Only Retailer Uniquely Positioned to Capitalize On Robust Industry Growth." *PR Newswire*, March 14, 2002.

(41) Thom Weidlich. "Have Book, Will Travel: Audio Adventures." *Direct* 10 (July 1, 1998): 23.

(42) Clint Williams. "Reads on the Road: Books on Tape Racking Up Miles While Easing Comuter Stress." *Atlanta Journal and Constitution*, February 7, 1998, pp. 01J ff.

(43) William Workman. "Digital Audio Enables 'Interne Walkman.'" *Computer Shopper*, May 1998, pp. 089 ff.

(44) Stephen M. Fjellman. *Vinyl Leaves: Walt Disney World and America*. Boulder, CO: Westview Press,

1992.

（45） Michael Harrington. "To the Disney Station." *Harper's*, January 1979, pp. 35-39.

（46） Lynn Darling. "On the Inside at Parks a la Disney." *Washington Post*, August 28, 1978, p. A10.

（47） マクドナルド化とスポーツクラブについて助言を与えてくれたことに関して、スティーブ・ランケナウに感謝する。

（48） マクドナルド化の別の次元についてみると、エクササイズ・マシーンもまた高度な計算可能性を提供している。その多くが走行距離、難易度、燃焼カロリーを記録する。

（49） Jeffrey Hadden and Charles E. Swann. *Prime Time Preachers: The Rising Power of Televangelism*. Reading, MA: Addison-Wesley, 1981.

（50） John Tagliabue. "Indulgences by TV." *New York Times*, December 19, 1985, sec. 1, p. 8.

（51） John Drane. *The McDonaldization of the Church*. London: Darton, Longman and Todd, 2001, p. 36.

（52） Don Slator. "'You Press the Button, We Do the Rest': Some Thoughts on the McDoanldization of the Internet." Paper Presented at the Meetings of the Eastern Sociological Society, March 6, 1999.

（53） JoAnna Daemmrich. "Candidates Increasingly Turn to Internet." *Baltimore Sun*, October 21, 1998, pp. 1B ff.

（54） Glenn Kessler and James Rowell. "Virtual Medical Symposia: Communicating Globally, Quickly, and Economically; Use Internet." *Medical Marketing and Media*, September 1998, pp. 60 ff.

(55) "Student Internet Research Made Efficient and Effective." *THE Journal (Technological Horizons in Education)*, October 1998, pp. 88 ff.
(56) Noreen Seebacher. "Love at e-mail.com." *Detroit News*, December 18, 1998, pp. E1 ff.
(57) Russell Blinch. "Instant Message Programs Keep Millions Ecstatic." *Denver Rocky Mountain News*, May 11, 1998, p. 6B.
(58) Jennifer Lenhart. "'Happy Holidays,' High-Tech Style." *Washington Post*, December 20, 1998, pp. B1 ff.
(59) 彼らはすでに、マクドナルド化した品種改良、飼育、食肉加工処理を行っている（6章をみよ）。
(60) Henry Ford. *My Life and Work*. Garden City, NY: Doubleday, 1922, p. 72.
(61) しかし近年、H&Rブロックは、一部の顧客に完全な会計サービスを提供するために、伝統的な会計事務所を買収してきた。Doug Sword, "H&R to Buy Local Accounting Practice." *Indianapolis Star*, September 10, 1998, p. C01.
(62) Daniel J. Boorstin. *The Image: A Guide to Pseudo-Events in America*. New York: Harper Colophon, 1961, p. 135.
(63) Ian I. Mitroff and Warren Bennis. *The Unreality Industry: The Deliberate Manufacturing of Falsehood and What It Is Doing to Our Lives*. New York: Birch Lane Press, 1989, p. 12.
(64) Thomas R. Ide and Arthur J. Cordell. "Automating Work." *Society* 31, 1994, p. 68.
(65) Steak n Shake Web site: www.steaknshake.com

（66） かつてこのチェーンは六〇〇のレストランを操業し、繁栄していた。しかしいまでは、アメリカ北西部地域でごく少数のレストランが互いに独立して営業するだけにまで衰退した。Sandra Evans. "Roy Rogers Owners Hope for Happy Trails." *Washington Post*, August 4, 1997, pp. F05 ff.

（67） www.kioscom.com/articles_detail.php?ident=1801 および www.triangletechjournal.com/news/article?item_id=4855

（68） Eric Palmer. "Scan-do Attitude: Self-Service Technology Speeds Up Grocery Shopping." *Kansas City Star*, April 8, 1998, pp. B1 ff.

（69） Eben Shapiro. "Ready, Set, Scan That Melon." *New York Times*, June 14, 1990, pp. D1, D8.

（70） Eben Shapiro. "Ready, Set, Scan That Melon." *New York Times*, June 14, 1990, pp. D1, D8.

（71） Chris Woodyard. "Grocery Shoppers Can Be Own Cashiers." *USA TODAY*, March 9, 1998, p. 6B.

（72） Robert Kisabeth, Anne C. Pontius, Bernard E. Statland, and Charlotte Galper. "Promises and Pitfalls of Home Test Devices." *Patient Care* 31 (October 15, 1997): 125 ff.

（73） Barry Meier. "Need a Teller? Chicago Bank Plans a Fee." *Washington Post*, April 27, 1995, pp. D1, D23.

（74） Thomas R. Ide and Arthur J. Cordell. "Automating Work." *Society* 31 (1994): 65 ff.

（75） James Barron. "Please Press 2 for Service; Press? for an Actual Human." *New York Times*, February 17, 1989, pp. A1, B2.

（76） Michael Schrage. "Calling the Technology of Voice Mail into Question." *Washington Post*, October

19, 1990, p. F3.

(77) これは、国勢調査局のローズ・コーワンとマイク・ライアン（わたしの助手）間の私信にもとづいている。

第4章

(1) 質が量と同じにされるとたちまち、質はマクドナルド化の別の側面である「標準化と予測可能性」とも同じにされる。Ester Reiter. *Making Fast Food*. Montreal and Kingston: McGill-Queen's University Press, 1991, p. 107をみよ。

(2) Shoshana Zuboff. *In the Age of the Smart Machine: The Future of Work and Power*. New York: Basic Books, 1988.

(3) Bruce Horovitz. "Fast-Food Chains Bank on Bigger-Is Better Mentality." *USA TODAY*, September 12, 1997, p. 1b.

(4) 加えて、こうしたけばけばしい看板が実質的に姿を消したのは抗議行動のためである。この点については、10章で考察する。

(5) "Taco Bell Delivers Even Greater Value to Its Customers by Introducing Big Fill Menu." *Business Wire*, November 2, 1994.

(6) Philip Elmer-DeWitt. "Fat Times." *Time*, January 16, 1995, pp. 60-65.

(7) Barbara W. Tuchman. "The Decline of Quality." *New York Times Magazine*, November 2, 1980, p.

38. たとえばユナイテッド航空はその莫大な数の便のフライトの質について、たとえば時間どおり飛行機が到着する見込みについてはまったく何も言わない。

（8） Marion Clark. “Arches of Triumph.” *Washington Post/Book World*, June 5, 1977, p. G6.
（9） A. A. Berger. “Berger Vs. Burger: A Personal Encounter,” In Marshall Fishwick, ed. *Ronald Revisited: The World of Ronald McDonald*. Bowling Green, OH: Bowling Green University Press, 1983, p. 126.
（10） Max Boas and Steve Chain. *Big Mac: The Unauthorized Story of McDonald's*. New York: Dutton, 1976, p. 121.
（11） Max Boas and Steve Chain. *Big Mac: The Unauthorized Story of McDonald's*. New York: Dutton, 1976, p. 117.
（12） A. C. Stevens. “Family Meals: Olive Garden Defines Mediocrity.” *Boston Herald*, March 2, 1997, p. 55.
（13） “The Cheesecake Factory Restaurants Celebrate 25 Anniversary.” *Business Wire*, February 25, 2003.
（14） Susan Gervasi. “The Credentials Epidemic.” *Washington Post*, August 30, 1990, p. D5.
（15） Iver Peterson. “Let That Be a Lesson: Rutgers Bumps a Well-Liked but Little-Published Professor.” *New York Times*, May 9, 1995, p. B1.
（16） Kenneth Cooper. “Stanford President Sets Initiative on Teaching.” *Washington Post*, March 3, 1991, p. A12.
（17） Kenneth Cooper. “Stanford President Sets Initiative on Teaching.” *Washington Post*, March 3, 1991,

p. A12.

(18) Dennis Hayes and Robin Wynyard. "Introduction." In Dennis Hayes and Robin Wynyard, eds. *The McDonaldization of Higher Education*. Westport, CT: Bergin & Garvey, 2002, p. 11.

(19) 多数のＤＲＧｓのうちから１例を挙げると、ＤＲＧ２３６、つまり「骨盤骨折と股関節骨折」がある。これを含めてすべてのＤＲＧｓの医療処置については１定額の医療保険金が支払われる。

(20) Dan Colburn. "Unionizing Doctors: Physicians Begin Banding Together to Fight for Autonomy and Control over Medical Care." *Washington Post/Health*, June 19, 1985, p. 7.

(21) Frank Mankiewicz and Joel Swerdlow. *Remote Control: Television and the Manipulation of American Life*. New York: Time Books, 1978, p. 219.

(22) Erik Larson. "Watching Americans Watch TV." *Atlantic Monthly*, March 1992, p. 66; Peter J. Boyer. "TV Turning to People Meters to Find Who Watches What." *New York Times*, June 1, 1987, pp. A1, C16をもみよ。

(23) Jennifer L. Stevenson. "PBS Is a Roost for Canceled 'I' ll Fly Away." *San Diego Union-Tribune*, August 11, 1993, p. E10.

(24) Nielsen Web site: www.nielsenmedia.com/FAQ/index.html

(25) Kristin Tillotson. "TV Sweeps: April 24-May 21." *Star Tribune* (Minneapolis), April 20, 1997, pp. 1F ff.

(26) Paul Farhi. "A Dim View of Ratings." *Washington Post*, April 11, 1996, p. D09.

（27）このようなことはスポーツだけではない。政党は会議を短くし、能率よくすることで、テレビの需給関係に順応している。

（28）Allen Guttmann. *From Ritual to Record: The Nature of Modern Sports*. New York: Columbia University Press, 1978, p. 47.

（29）Allen Guttmann. *From Ritual to Record: The Nature of Modern Sports*. New York: Columbia University Press, 1978, p. 51.

（30）野球になじみのない人に手短に指名打者について説明しよう。指名打者はチームの先発メンバーであり、ゲーム中ずっと正規に打者になることができる。ピンチヒッターは、ゲーム中ただ一回だけ打者として打席に立つことができるだけである。

（31）しかし野球における特化はこれを補ってあまりある。いまや人びとは、多数のリリーフ投手を目にする機会が確実に増えた。いまでは非常に特化したリリーフ投手の役割があり、ゲームの前半で出てくる「ロング・リリーバー」と、自分のチームが勝っているときにゲームを終わらせるための「クローザー」、左打者もしくは右打者からアウトをとることに特化した専門のリリーフ投手もいる。

（32）Carl Schoettler. "Examining the Pull of the Poll." *Sun* (Baltimore), October 11, 1998, pp. 13F ff.

（33）Kathleen Jamieson. *Eloquence in an Electronic Age: The Transformation of Political Speechmaking*. New York: Oxford University Press, 1988, p. 11.

（34）Kathleen Jamieson. *Eloquence in an Electronic Age: The Transformation of Political Speechmaking*. New York: Oxford University Press, 1988; Marvin Kalb. "TV, Election Spoiler." *New York Times*,

November 28,1988, p. A25をもみよ。

（35） Sam Marullo. *Ending the Cold War at Home: From Militarism to a More Peaceful World Order*. New York: Lexington Books, 1993.

（36） Peter Prichard. *The Making of McPaper: The Inside Story of USA TODAY*. Kansas City, MO: Andrews, McMeel and Parker, 1987, p. 8. とはいえ、その新聞は多少なりとも改善をしてきた。Howard Kurtz. "Surprise! We Like McPaper." *Brill's Content*, September 1998, pp. 125 ff.

（37） この新聞がファストフード店の一人用の席で読まれることを知って、わたしは「再会の時」という映画でピープル誌に似た雑誌の原稿を書いているマイケル（ジェフ・ゴールドブラムが演じた）の台詞を思い出した。「わたしの働いているところは、たった一つしか編集上の規則はないんだ。ふつう人間が片手間に読めるよりも長い記事は書けないということさ」。

（38） Peter Prichard. *The Making of McPaper: The Inside Story of USA TODAY*. Kansas City, MO: Andrews, McMeel and Parker, 1987, pp. 113, 196.

（39） おもしろいことに、パックツアーは栄光の座から滑り落ちたが、しかしその理由は、ほとんどの社会が全面的にマクドナルド化されてしまったため、パックツアーの必要がなくなったという事実である。

（40） Kmart Web site: www.kmart.com

（41） Ester Reiter. *Making Fast Food*. Montreal and Kingston: McGill-Queen's University Press, 1991, p. 84.

(42) Ester Reiter. *Making Fast Food*. Montreal and Kingston: McGill-Queen's University Press, 1991, p. 85.

(43) Jill Lawrence. "80 Pizzas Per Hour." *Washington Post*, June 9, 1996, pp. W07 ff.

(44) Stan Luxenberg. *Roadside Empires: How the Chains Franchised America*. New York: Viking, 1985, pp. 73-74.

(45) Stan Luxenberg. *Roadside Empires: How the Chains Franchised America*. New York: Viking, 1985, p. 80.

(46) Stan Luxenberg. *Roadside Empires: How the Chains Franchised America*. New York: Viking, 1985, pp. 84-85.

(47) Robin Leidner. *Fast Food, Fast Talk: Service Work and the Routinization of Everyday Life*. Berkeley: University of California Press, 1993, p. 60.

(48) Stuart Flexner. *I Hear America Talking*. New York: Simon & Schuster, 1976, p. 142.

(49) Frederick W. Taylor. *The Principles of Scientific Management*. New York: Harper & Row, 1947, p. 42.

(50) Frederick W. Taylor. *The Principles of Scientific Management*. New York: Harper & Row, 1947, p. 138.

(51) Mark Dowie. "Pinto Madness." *Mother Jones*, September/October 1977, pp. 24 ff.

第5章

（1） W. Baldamus. "Tedium and Traction in Industrial Work." In David Weir, ed. *Men and Work in Modern Britain*. London: Fontana, 1973, pp. 78-84.

（2） Best Western Web site: www.bestwestern.com/aboutus/index.asp

（3） Inter Continental Hotels Group Web site: www.ichotelsgroup.com

（4） Howard Johnson Hotel Web site: www.hojo.com/HowardJohnson/control/brand_history

（5） Entrepreneur Web site: www.entrepreneur.com/franzone/cats/0,6587,12-12-1-HOTEL,00.html

（6） Robin Leidner. *Fast Food, Fast Talk: Service Work and the Routinization of Everyday Life*. Berkeley: University of California Press, 1993, pp. 45-47, 54.

（7） Robin Leidner. *Fast Food, Fast Talk: Service Work and the Routinization of Everyday Life*. Berkeley: University of California Press, 1993, p. 82において引用されている。

（8） Margaret King. "McDonald's and the New American Landscape." *USA TODAY*, January 1980, p. 46.

（9） Malvina Reynolds詩集（原著）の九八頁をSchroder Music Co., ASCAPの許可を得て転載した(Copyright 1962)。

（10） Marcus Palliser. "For Suburbia Read Fantasia Disney Has Created the American Dream Town in Sunny Florida." *Daily Telegraph*, November 27, 1996, pp. 31 ff.

（11） Conrad Kottak. "Rituals at McDonald's." In Marshall Fishwick, ed. *Ronald Revisited: The World of Ronald McDonald*. Bowling Green, OH: Bowling Green University Press, 1983, pp. 52-58.

（12） Robin Leidner. *Fast Food, Fast Talk: Service Work and the Routinization of Everyday Life*. Berkeley: University of California Press, 1993.

（13） Robin Leidner. *Fast Food, Fast Talk: Service Work and the Routinization of Everyday Life*. Berkeley: University of California Press, 1993.

（14） Robin Leidner. *Fast Food, Fast Talk: Service Work and the Routinization of Everyday Life*. Berkeley: University of California Press, 1993, p.6.

（15） Robin Leidner. *Fast Food, Fast Talk: Service Work and the Routinization of Everyday Life*. Berkeley: University of California Press, 1993, p. 135.

（16） Robin Leidner. *Fast Food, Fast Talk: Service Work and the Routinization of Everyday Life*. Berkeley: University of California Press, 1993, pp. 220, 230.

（17） Robin Leidner. *Fast Food, Fast Talk: Service Work and the Routinization of Everyday Life*. Berkeley: University of California Press, 1993.

（18） このマクドナルド化の側面については7章で再度くわしく述べる。

（19） Robin Leidner. *Fast Food, Fast Talk: Service Work and the Routinization of Everyday Life*. Berkeley: University of California Press, 1993, pp. 107, 108.

（20） Elspeth Probyn. "McIdentities: Food and the Familial Citizen." *Theory, Culture and Society* 15 (1998): 155-173.

（21） Robin Leidner. *Fast Food, Fast Talk: Service Work and the Routinization of Everyday Life*. Berkeley:

University of California Press, 1993, p. 10.

(22) Julia Malone. "With Bob Dole Speaking in Marietta Saturday, Here's a Look at the Art of Writing and Delivering Political Speeches." *Atlanta Journal and Constitution*, June 6, 1996, p. 14A.

(23) Mark Lawson. "JFK Had It ... Martin Luther King Had It ... Bob Dole Doesn't." *Guardian* (London), September 18, 1996, pp. T2 ff.

(24) Peter Johnson. "Bush Has Media Walking a Fine Line." *USA TODAY*, March 10, 2003, p. 3D.

(25) ライドナーは、従業員は顧客の脱個人化された気分を和らげるために、その過程に変化を添えるよう督励されていると報告している。しかし、彼女が働いたフランチャイズでは、それさえ制限されていた。

(26) Robin Leidner. *Fast Food, Fast Talk: Service Work and the Routinization of Everyday Life*. Berkeley: University of California Press, 1993, p. 25.

(27) Robin Leidner. *Fast Food, Fast Talk: Service Work and the Routinization of Everyday Life*. Berkeley: University of California Press, 1993.

(28) Harrison M. Trice and Janice M. Beyer. *The Cultures of Work Organizations*. Englewood Cliffs, NJ: Prentice-Hall, 1993.

(29) Mary-Angie Salva-Ramirez. "McDonald's: A Prime Example of Corporate Culture." *Public Relations Quarterly* 40 (December 22, 1995): 30 ff.

(30) Dick Schaaf. "Inside Hamburger University." *Training*, December 1994, pp. 18-24.

（31）Robin Leidner. *Fast Food, Fast Talk: Service Work and the Routinization of Everyday Life*. Berkeley: University of California Press, 1993, p. 58.
（32）この情報は、ディズニーの公式出版物より得た。
（33）Lynn Darling. "On the Inside at Parks a la Disney." *Washington Post*, August 28, 1978, p. A10.
（34）Lynn Darling. "On the Inside at Parks a la Disney." *Washington Post*, August 28, 1978, p. A10.
（35）Alexander Cockburn. "Barnes & Noble Blunder." *The Nation*, July 15, 1996, 263, p. 7.
（36）Robin Leidner. *Fast Food, Fast Talk: Service Work and the Routinization of Everyday Life*. Berkeley: University of California Press, 1993, p. 58.
（37）Henry Mitchell. "Wonder Bread, Any Way You Slice It." *Washington Post*, March 22, 1991, p. F2.
（38）William Serrin. "Let Them Eat Junk." *Saturday Review*, February 2, 1980, p. 18.
（39）Matthew Gilbert. "In McMovieworld, Franchises Taste Sweetest." *Commercial Appeal* (Memphis), May 30, 1997, pp. E10 ff.
（40）John Powers. "Tales of Hoffman." *Washington Post Sunday Arts*, March 5, 1995, p. G6.
（41）これを計算可能性に関係づけると、その評定は年齢別に数量化されている。つまり、「ＰＧ」と評定された映画は一三歳未満の子どもたちが鑑賞できることを意味し、「ＰＧ－13」は一三歳未満の子どもたちには不向きであることを意味している。「Ｒ」の映画は一七歳未満では親の同伴（建前上）が必要であることを意味している。そして「ＮＣ－17」の映画は一七歳未満の子どもたちすべてに対して禁止されていることを意味している。

（42） Matthew Gilbert. "TV's Cookie-Cutter Comedies." *Boston Globe*, October 19, 1997, pp. N1 ff.
（43） Matthew Gilbert. "TV's Cookie-Cutter Comedies." *Boston Globe*, October 19, 1997, pp. N1 ff.
（44） Matthew Gilbert. "TV's Cookie-Cutter Comedies." *Boston Globe*, October 19, 1997, pp. N1 ff.
（45） Phyllis Furman. "At Blockbuster Video, A Fast Fix Moves Flicks." *Daily News* (New York), July 27, 1998, p. 23.
（46） 同じように、ブッシュガーデンにもヨーロッパ式のアトラクションがある。ドイツ式のビアホールなどである。しかしこれは訪問客をアメリカ式の予測可能な範囲内にも、まして現代のアミューズメントパークのいっそう予測可能な状況にも置くことをしない。
（47） イスタンブールのヒルトンをオープンするとき、コンラッド・ヒルトンは「われわれのホテルはみな、リトル・アメリカなのだ」と言った。Daniel J. Boorstin, *The Image: A Guide to Pseudo-Events in America*. New York: Harper Colophon, 1961, p. 98.
（48） John Urry. *The Tourist Gaze: Leisure and Travel in Contemporary Societies*. London: Sage, 1990.
（49） Andrew Beyer. "Lukas Has the Franchise on Almighty McDollar." *Washington Post*, August 8, 1990, pp. F1, F8.
（50） William Severini Kowinski. *The Malling of America: An Inside Look at the Great Consumer Paradise*. New York: William Morrow, 1985, p. 27.
（51） Iver Peterson. "Urban Dangers Send Children Indoors to Play: A Chain of Commercial Playgrounds Is One Answer for Worried Parents." *New York Times*, January 1, 1995, section 1, p. 29.

(52) Jan Vertefeuille. "Fun Factory: Kids Pay to Play at the Discovery Zone and While That's Just Fine with Many Parents, It Has Some Experts Worried." *Roanoke Times & World News*, December 8, 1994, Extra, pp. 1 ff.

(53) Stephen M. Fjellman. *Vinyl Leaves: Walt Disney World and America*. Boulder, CO: Westview Press, 1992, p. 226から引用。

(54) Beth Thames. "In the Mists of Memory, Sun Always Shines on Family Camping." *New York Times*, July 9, 1986 p. C7.

(55) Dirk Johnson. "Vacationing at Campgrounds Is Now Hardily Roughing It." *New York Times*, August 28, 1986, p. B1.

(56) "Country Club Campgrounds." *Newsweek*, September 24, 1984, p. 90; KOA Web site: www.koa.com

(57) Dirk Johnson. "Vacationing at Campgrounds Is Now Hardly Roughing It." *New York Times*, August 28, 1986, p. B1.

(58) Kristin Downey Grimsley. "Risk of Homicide Is Higher in Retail Jobs: Half of Workplace Killings Sales-Related." *Washington Post*, July 13, 1997, pp. A14 ff.

第6章

(1) Richard Edwards. *Contested Terrain: The Transformation of the Workplace in the Twentieth Century*. New York: Basic Books, 1979.

（2） Richard Edwards. *Contested Terrain: The Transformation of the Workplace in the Twentieth Century*. New York: Basic Books, 1979.

（3） Michael Lev. “Raising Fast Food's Speed Limit.” *Washington Post*, August 7, 1991, pp. D1, D4.

（4） Ray Kroc. *Grinding It Out*. New York: Berkeley Medallion Books, 1977, pp. 131-132.

（5） Eric A. Taub. “The Burger Industry Takes a Big Helping of Technology.” *New York Times*, October 8, 1998, pp. 13G ff.

（6） William R. Greer. “Robot Chef's New Dish: Hamburgers.” *New York Times*, May 27, 1987, p. C3.

（7） William R. Greer. “Robot Chef's New Dish: Hamburgers.” *New York Times*, May 27, 1987, p. C3.

（8） Michael Lev. “Taco Bell Finds Price of Success (59 cents).” *New York Times*, December 17, 1990, p. D9.

（9） Calvin Sims. “Robots to Make Fast Food Chains Still Faster.” *New York Times*, August 24, 1988, p. 5.

（10） Chuck Murray. “Robots Roll from Plant to Kitchen.” *Chicago Tribune-Business*, October 17, 1993, pp. 3 ff; “New Robots Help McDonald's Make Fast Food Faster.” *Business Wire*, August 18, 1992.

（11） 最近になって、転職率に見合うだけの十分な従業員を確保できなくなったファストフード・レストランでは、その伝統的な労働力プールを拡大する動きが現れた。

（12） Chuck Murray. “Robots Roll from Plant to Kitchen.” *Chicago Tribune-Business*, October 17, 1993, pp. 3 ff.

（13） Eric A. Taub. “The Burger Industry Takes a Big Helping Technology.” *New York Times*, October 8,

1998, pp. 13G ff.

(14) KinderCare Web site: www.kindercare.com/about_6.php3

(15) "The McDonald's of Teaching." *Newsweek*, January 7, 1985, p. 61.

(16) Sylvan Learning Center Web site: www.educate.com/about.html

(17) "The McDonald's of Teaching." *Newsweek*, January 7, 1985, p. 61.

(18) William Stockton. "Computers That Think." *New York Times Magazine*, December 14, 1980, p. 48.

(19) Bernard Wysocki, Jr. "Follow the Recipe: Children's Hospital in San Diego Has Taken the Standardization of Medical Care to an Extreme." *Wall Street Journal*, April 22, 2003, p. R4 ff.

(20) Frederick W. Taylor. *The Principles of Scientific Management*. New York: Harper & Row, 1947, p. 59.

(21) Henry Ford. *My Life and Work*. Garden City, NY: Doubleday, 1922, p. 103.

(22) Robin Leidner. *Fast Food, Fast Talk: Service Work and the Routinization of Everyday Life*. Berkeley: University of California Press, 1993, p. 105.

(23) Virginia A. Welch. "Big Brother Flies United." *Washington Post-Outlook*, March 5, 1995, p. C5.

(24) Virginia A. Welch. "Big Brother Flies United." *Washington Post-Outlook*, March 5, 1995, p. C5.

(25) StopJunkCalls Web site: www.stopjunkcalls.com/convict.htm

(26) Staff. "Call Centers Become Bigger." Global News Wire, *India Business Insight*, September 30, 2002.

(27) Gary Langer. "Computers Reach Out, Respond to Human Voice." *Washington Post*, February 11,

1990, p. H3.

(28) Carl H. Lavin. "Automated Planes Raising Concerns." *New York Times*, August 12, 1989, pp. 1, 6.

(29) Robin Leidner. *Fast Food, Fast Talk: Service Work and the Routinization of Everyday Life*. Berkeley: University of California Press, 1993.

(30) L. B. Diehl and M. Hardart. *The Automat: The History, Recipes, and Allure of Horn and Hardart's Masterpiece*. New York: Clarkson Potter, 2002.

(31) "Disenchanted Evenings." *Time*, September 3, 1990, p. 53.

(32) Ester Reiter. *Making Fast Food*. Montreal and Kingston: McGill-Queens University Press, 1991, p. 86.

(33) Stan Luxenberg. *Roadside Empires: How the Chains Franchised America*. New York: Viking, 1985.

(34) Martin Plimmer. "This Demi-Paradise: Maritn Plimmer Finds Food in the Fast Lane Is Not to His Taste." *Independent* (London), January 3, 1998, p. 46.

(35) Harold Gracey. "Learning the Student Role: Kindergarten as Academic Boot Camp." In Dennis Wrong and Harold Gracey, eds. *Readings in Introductory Sociology*. New York: Macmillan, 1967, pp. 243-254.

(36) Charles E. Silberman. *Crisis in the Classroom: The Remaking of American Education*. New York: Random House, 1970, p. 122.

(37) Charles E. Silberman. *Crisis in the Classroom: The Remaking of American Education*. New York:

Random House, 1970, p. 137.

(38) Charles E. Silberman. *Crisis in the Classroom: The Remaking of American Education*. New York: Random House, 1970, p. 125.

(39) William Severini Kowinski. *The Malling of America: An Inside Look at the Great Consumer Paradise*. New York: William Morrow, 1985, p. 359.

(40) Gary Langer. "Computers Reach Out, Respond to Human Voice." *Washington Post*, February 11, 1990, p. H3.

(41) Vatican Web site: www.vatican.va/news_services/television

(42) Jeffrey Hadden and Charles E. Swann. *Prime Time Preachers: The Rising Power of Televangelism*. Reading, MA: Addison-Wesley, 1981.

(43) E. J. Dionne, Jr. "The Vatican Is Putting Video to Work." *New York Times*, August 11, 1985, sec. 2, p. 27.

(44) William Serrin. "Let Them Eat Junk." *Saturday Review*, February 2, 1980, p. 23.

(45) "Super Soup Cooks Itself." *Scholastic News*, January 4, 1991, p. 3.

(46) AquaSol, Inc. Web site: www.fishfarming.com

(47) Martha Duffy. "The Fish Tank on the Farm." *Time*, December 3, 1990, pp. 107-111.

(48) Peter Singer. *Animal Liberation: A New Ethic for Our Treatment of Animals*. New York: Avon Books, 1975.

(49) Peter Singer. *Animal Liberation: A New Ethic for Our Treatment of Animals*. New York: Avon Books, 1975, pp. 96-97.

(50) Peter Singer. *Animal Liberation: A New Ethic for Our Treatment of Animals*. New York: Avon Books, 1975, pp. 105-106.

(51) Peter Singer. *Animal Liberation: A New Ethic for Our Treatment of Animals*. New York: Avon Books, 1975, p. 123.

(52) Lenore Tiefer. "The Medicalization of Impotence: Normalizing Phallocentrism." *Gender and Society* 8 (1994): 363-377.

(53) Cheryl Jackson. "Impotence Clinic Grows Into Chain." *The Tampa Tribune — Business and Finance*, February 18, 1995, p. 1.

(54) Annette Baran and Reuben Pannor. *Lethal Secrets: The Shocking Consequences and Unresolved Problems of Artificial Insemination*. New York: Warner, 1989.

(55) Paula Mergenbagen DeWitt. "In Pursuit of Pregnancy." *American Demographics*, May 1993, pp. 48 ff.

(56) Eric Adler. "The Brave New World: It's Here Now, Where In Vitro Fertilization Is Routine and Infertility Technology Pushes Back All the Old Limitations." *Kansas City Star*, October 25, 1998, pp. G1 ff.

(57) Clear Passage Web site: www.clearpassage.com/about_infertility_therapy.htm

(58) "No Price for Little Ones." *Financial Times*, September 28, 1998, pp. 17 ff.

(59) Diederika Pretorius. *Surrogate Motherhood: A Worldwide View of the Issues*. Springfield, IL: Charles C. Thomas, 1994.

(60) Korky Vann. "With In-Vitro Fertilization, Late-Life Motherhood Becoming More Common." *Hartford Courant*, July 7, 1997, pp. E5 ff.

(61) Ian Mackinnon. "Mother of Newborn Child Says She is 65." *The Times* (London), April 10, 2003, Overseas News section, p. 28.

(62) Angela Cain. "Home Test Kits Fill an Expanding Health Niche." *Times Union-Life and Leisure* (Albany, NY), February 12, 1995, p. 11.

(63) Neil Bennett, ed. *Sex Selection of Children*. New York: Academic Press, 1983.

(64) "Selecting Sex of Child." *South China Morning Post*, March 20, 1994, P. 15.

(65) Rick Weiss. "Va. Clinic Develops System for Choosing Sex of Babies." *Washington Post*, September 10, 1998, pp. A1 ff; Randeep Ramesh. "Can You Trust That Little Glow When You Choose Sex?" *Guardian* (London), October 6, 1998, pp. 14 ff; Abigail Trafford. "Is Sex Selection Wise?" *Washington Post*, September 22, 1998, pp. Z6 ff.

(66) Janet Daley. "Is Birth Ever Natural?" *The Times* (London), March 16, 1994, p. 18.

(67) Matt Ridley. "A Boy or a Girl: Is It Possible to Load the Dice?" *Smithsonian* 24 (June 1993): 123.

(68) Gina Kolata and Kenneth Chang. "For Clonaid, a Trail of Unproven Claims." *New York Times*,

January 1, 2003, p. A13.

(69) Roger Gosden. *Designing Babies: The Brave New World of Reproductive Technology*. New York: W. H. Freeman, 1999, p. 243.

(70) Rayna Rapp. "The Power of 'Positive' Diagnosis: Medical and Maternal Discourses on Amniocentesis." In Donna Bassin, Margaret Honey, and Meryle Mahrer Kaplan, eds. *Representations of Motherhood*. New Haven, CT: Yale University Press, 1994, pp. 204-219.

(71) Aliza Kolker and B. Meredith Burke. *Prenatal Testing: A Sociological Perspective*. Westport, CT: Bergin & Garvey, 1994, p. 158.

(72) Jeffrey A. Kuller and Steven A. Laifer. "Contemporary Approaches to Prenatal Diagnosis." *American Family Physician* 52 (December 1996): 2277 ff.

(73) Aliza Kolker and B. Meredith Burke. *Prenatal Testing: A Sociological Perspective*. Westport, CT: Bergin & Garvey, 1994; Ellen Domke and Al Podgorski. "Testing the Unborn: Genetic Test Pinpoints Defects, But Are There Risks?" *Chicago Sun-Times*, April 17, 1994, p. C5.

(74) しかし親たちのなかには、出生前診断によってもたらされる合理性に抵抗する者もいる。Shirley A. Hill. "Motherhood and the Obfuscation of Medical Knowledge." *Gender and Society* 8 (1994): 29-47.

(75) Mike Chinoy. *CNN News*. February 8, 1994.

(76) Joan H. Marks. "The Human Genome Project: A Challenge in Biological Technology." In Gretchen

Bender and Timothy Druckery, eds. *Culture on the Brink: Ideologies of Technology*. Seattle, WA: Bay Press, 1994, pp. 99-106; R.C. Lewontin. "The Dream of the Human Genome." In Gretchen Bender and Timothy Druckery, eds. *Culture on the Brink: Ideologies of Technology*. Seattle, WA: Bay Press, 1994, pp. 107-127; Staff. "Genome Resarch: International Consortium Completes Human Genome Project." *Genomics & Genetics Weekley*, May 9, 2003, P. 32.

(77) Staff. "Genome Resarch: International Consortium Completes Human Genome Project." *Genomics & Genetics Weekley*, May 9, 2003, p. 32.

(78) Matt Ridley. "A Boy or a Girl: Is It Possible to Load the Dice?" *Smithsonian* 24 (June 1993): 123.

(79) Jessica Mitford. *The American Way of Birth*. New York: Plume, 1993.

(80) 合理化の観点からの助産師批判については、Charles Krauthammer. "Pursuit of a Hallmark Moment Costs a Baby's Life." *Tampa Tribune*, May 27, 1996, p. 15をみよ。

(81) Judy Foreman. "The Midwives' Time Has Come—Again." *Boston Globe*, November 2, 1998, pp. C1 ff.

(82) Jessica Mitford. *The American Way of Birth*. New York: Plume, 1993, p. 13.

(83) Catherine Kohler Riessman. "Women and Medicalization: A New Perspective." In P. Brown, ed. *Perspectives in Medical Sociology*. Prospect Heights, IL: Waveland, 1989, pp. 190-220.

(84) Michelle Harrison. *A Woman in Residence*. New York: Random House, 1982, p. 91.

(85) Judith Walzer Leavitt. *Brought to Bed: Childbearing in America, 1750-1950*. New York: Oxford

University Press, 1986, p. 190.

(86) Judith Walzer Leavitt. *Brought to Bed: Childbearing in America, 1750-1950*. New York: Oxford University Press, 1986, p. 190.

(87) Paula A. Treichler. "Feminism, Medicine, and the Meaning of Childbirth." In Mary Jacobus, Evelyn Fox Keller, and Sally Shuttleworth, eds. *Body Politics: Woman and the Discourses of Science*. New York: Routledge, 1990, pp. 113-138.

(88) Jessica Mitford. *The American Way of Birth*. New York: Plume, 1993, p. 59.

(89) 会陰切開とは、赤ちゃんが通るために必要な開口部を広げるために、膣から肛門にかけて切開すること。

(90) Jessica Mitford. *The American Way of Birth*. New York: Plume, 1993, p. 61.

(91) Jessica Mitford. *The American Way of Birth*. New York: Plume, 1993, p. 143.

(92) Michelle Harrison. *A Woman in Residence*. New York: Random House, 1982, p. 86.

(93) Michelle Harrison. *A Woman in Residence*. New York: Random House, 1982, p. 113.

(94) Jeanne Guillemin. "Babies by Cesarean: Who Chooses, Who Controls?" In P. Brown, ed. *Perspectives in Medical Sociology*. Prospect Heights, IL: Waveland, 1989, pp. 549-558.

(95) L. Silver and S.M. Wolfe. *Unnecessary Cesarean Sections: How to Cure a National Epidemic*. Washington, DC: Public Citizen Health Research Group, 1989.

(96) Joane Kabak. "C Sections." *Newsday*, November 11, 1996, pp. B25 ff.

(97) Susan Brink. "Too Posh to Push?" *U.S. News & World Report*, August 5, 2002, Health and Medicine section, p. 42.

(98) Randall S. Stafford. "Alternative Strategies for Controlling Rising Cesarean Section Rates." *JAMA*, February 2, 1990, pp. 683-687.

(99) Jeffrey B. Gould, Becky Davey, and Randall S. Stafford. "Socioeconomic Differences in Rates of Cesarean Sections." *The New England Journal of Medicine*, 321 (4) (July 27, 1989): 233-239; F.C. Barros et al. "Epidemic of Caesarean Sections in Brazil." *The Lancet*, July 20, 1991, pp. 167-169.

(100) Randall S. Stafford. "Alternative Strategies for Controlling Rising Cesarean Section Rates." *JAMA*, February 2, 1990, pp. 683-687.

(101) しかし、ごく最近では、保険と病院の方針が変わり、養護施設や自宅で死を迎えられることが多くなりつつある。

(102) Sherwin B. Nuland. *How We Die: Reflections on Life's Final Chapter*. New York: Knopf, 1994, p. 255; National Center for Health Statistics, *Vital Statistics of the United States, 1992-1993, Volume II—Mortality, Part A*. Hyattsville, MD: Public Health Service, 1995.

(103) Derek Humphry. *Final Exit: The Practicalities of Self-Deliverance and Assisted Suicide for the Dying*. 3rd ed. New York: Delta, 2002.

(104) Richard A. Knox. "Doctors Accepting of Euthanasia, Poll Finds: Many Would Aid in Suicide Where It Legal." *Boston Globe*, April 23, 1998, pp. A5 ff.

(105) Ellen Goodman. "Kevorkian Isn't Helping 'Gentle Death.'" *Newsday*, August 4, 1992, p. 32.
(106) Lance Morrow. "Time for the Ice Floe, Pop: In the Name of Rationality, Kevorkian Makes Dying—and Killing—Too Easy." *Time*, December 7, 1998, pp. 48 ff.
(107) Amir Muhammad. "Heard Any Good Books Lately?" *New Straits Times*, October 21, 1995, pp. 9 ff.
(108) Raymand Kurzweil. *The Age of Intelligent Machines*. Cambridge: MIT Press, 1990.

第7章

(1) 人種差別や性差別といった、ここで議論されること以外の否定的な影響はこの過程では説明できない。

(2) Michael Schrage, "The Pursuit of Efficiency Can Be an Illusion." *Washington Post*, March 20, 1992, p. F3.
(3) Richard Cohen. "Take a Message-Please!" *Washington Post Magazine*, August 5, 1990, p. 5.
(4) Peter Perl. "Fast is Beautiful." *Washington Post Magazine*, May 24, 1992, p. 26.
(5) Bob Garfield. "How I Spent (and Spent and Spent) My Disney Vacation." *Washington Post/Outlook*, July 7, 1991, p. B5.
(6) Bruce Horovitz. "The Price of Family Fun: Disney Raises Theme Park Admission Prices." *USA Today*, April 13, 1998, p. 8B.
(7) Bob Garfield. "How I Spent (and Spent and Spent) My Disney Vacation." *Washington Post/Outlook*,

July 7, 1991, p. B5.

（8） Stan Luxenberg. *Roadside Empires: How the Chains Franchised America*. New York: Viking, 1985.

（9） Julia Kay. "High-Tech Playground to Lure Families to Burger Restaurant." *Times-Picayune*, January 27, 1997, p. E14.

（10） John Bowman. "Playing Around: Local Leaps and Bounds to Close in Wake of Discovery Zone Buying Chain." *Business First-Louisville*, January 9, 1995, section 1, p. 4.

（11） Stephen Levine. "McDonald's Makes a Play to Diversity." *Washington Post*, August 30, 1991, pp. G1, G4.

（12） Yomiuri Shimbun. "Goldern Arches Better-Known in Japan." *The Daily Yomiuri*, January 26, 1995, p. 17. ここで読売新聞は、「マクドナルド社はトイザらスが日本で操業開始した当時、同社の株式の二〇パーセントを所有した」と報じている。"Allying Toys and Fast Foods." *New York Times*, October 8, 1991, p. D15をもみよ。

（13） Stan Luxenberg. *Roadside Empires: How the Chains Franchised America*. New York: Viking, 1985, p. 116.

（14） バーガーキングは、フレンチフライで同じことをしている。Ester Reiter. *Making Fast Food*. Montreal and Kingston: McGill-Queen's University Press, 1991, p. 65.

（15） Allen Shelton. "Writing McDonald's, Eating the Past: McDonald's as a Postmodern Space." (unpublished manuscript).

（16） "Fast Food Speeds Up the Pace." *Time*, August 26, 1985, p. 60.

（17） プラネット・ハリウッドは確かにそれから発生したようにみえたが、ついに倒産した。http://www.hotel-online.com/News/PR2003_2nd/June03_PlanetHollywoodVegas.html

（18） Peter Carlson. "Who Put the Sunshine in the Sunshine Scent?" *Washington Post Magazine*, December 16, 1990, p. 20.

（19） Dina ElBoghdady. "Kiddie Carts." January 30, 2003. www.myrtle.beachonline.com/mld/sunnews/2003/01/31/business/5063133.htm.

（20） Neil Postman. *Amusing Ourselves to Death: Public Discourse in the Age of Show Business*. New York: Viking, 1985, p. 3.

（21） Ian Mitroff and Warren Bennis. *The Unreality Industry: The Deliberate Manufacturing of Falsehood and What It Is Doing to Our Lives*. New York: Birch Lane, 1989, p. 12.

（22） William Severini Kowinski. *The Malling of America: An Inside Look at the Great Consumer Paradise*. New York: William Morrow, 1985.

（23） William Severini Kowinski. *The Malling of America: An Inside Look at the Great Consumer Paradise*. New York: William Morrow, 1985, p. 371.

（24） Jack Schnedler. "Mastering Mall of America: Full-Throttle Day of Shop-Hopping Tames Minnesota's Mighty Monster." *Chicago Sun-Times/Travel*, February 6, 1994, pp. 1 ff.

（25） Kara Swisher. "A Mall for America?" *Washington Post/Business*, June 30, 1991, pp. H1, H4.

(26) Daniel Boorstin. *The Image: Guide to Pseudo-Events in America*. New York: Harper Colophon, 1961.

(27) Ian Mitroff and Warren Bennis. *The Unreality Industry: The Deliberate Manufacturing of Falsehood and What It Is Doing to Our Lives*. New York: Birch Lane, 1989.

(28) Joel Achenbach. "The Age of Unreality." *Washington Post*, November 22, 1990, pp. C1, C14.

(29) Ester Reiter. *Making Fast Food*. Montreal and Kingston: McGill-Queen's University Press, 1991, p. 95.

(30) Jill Smolowe. "Read This!!!!" *Time*, November 26, 1990, pp. 62 ff.

(31) Michael Schrage. "Personalized Publishing: Confusing Information with Intimacy." *Washington Post*, November 23, 1990, p. B13.

(32) Mark A. Schneider. *Culture and Enchantment*. Chicago: University of Chicago Press, 1993, p. ix. ウェーバーはこの概念をフリードリッヒ・シラーから得ている。

(33) Hans Gerth and C. Wright Mills. "Introduction." In Hans Gerth and C. Wright Mills, eds. *From Max Weber*. New York: Oxford University Press, 1958, p. 51.

(34) Mark A. Schneider. *Culture and Enchantment*. Chicago: University of Chicago Press, 1993, p. ix.

(35) Virginia Stagg Elliott. "Fast-food Sellers under Fire for Helping Supersize People." April 21, 2003. www.ama-assn.org/sci-pubs/amnews/pick_03/hlsc042.htm

(36) Maryellen Spencer. "Can Mama Mac Get Them to Eat Spinach?" In Marshall Fishwick, ed. *Ronald*

Revisited: the World of Ronald McDonald. Bowling Green, OH: Bowling Green University Press, 1983, pp. 85-93.

(37) Donald J. Hernandez and Evan Charney, eds. *From Generation to Generation: The Health and Well-Being of Children in Immigrant Families.* Washington, DC: National Academy Press, 1998.

(38) Patty Lanoue Stearns. "Double-Sized Fast Foods Means Double the Trouble." *Pittsburgh Post-Gazette*, October 10, 1996, p. B6.

(39) Patty Lanoue Stearns. "Double-Sized Fast Foods Means Double the Trouble." *Pittsburgh Post-Gazette*, October 10, 1996, p. B6.

(40) Regina Schrambling. "The Curse of Culinary Convenience." *New York Times*, September 10, 1991, p. A19.

(41) Regina Schrambling. "The Curse of Culinary Convenience." *New York Times*, September 10, 1991, p. A19.

(42) "E. coli Outbreak Forces Closure of Meat Plant." *Independent* (London), August 22, 1997, p. 12.

(43) Max Boas and Steve Chain. *Big Mac: The Unauthorized Story of McDonald's.* New York: E.P. Dutton, 1976.

(44) Bill Bell, Jr. "Environmental Groups Seeking Moratorium on New or Expanded 'Animal Factories.'" *St. Louis Post-Dispatch*, December 4, 1998, p. C8.

(45) Tim O'Brien. "Farming: Poison Pens." *Guardian* (London), April 29, 1998, p. 4.

(46) Olivia Wu. "Raising Questions: Environmentalists Voice Concerns over Booming Aqaculture Industry." *Chicago Tribune*, September 9, 1998, pp. 7A ff; Colin Woodard. "Fish Farms Get Fried for Fouling." *Christian Science Monitor*, September 9, 1998, pp. 1 ff.

(47) Eric Lipton. "Visit to Groomer's Takes Deadly Turn." *Washington Post*, March 31, 1995, p. B1.

(48) これと同時に、多くの地域でかなり本格的なエスニックレストランが増えてきた。

(49) "The Grand Illusion." *The Economist*, June 5, 1999, pp. 2-18.

(50) Ellen Goodman. "Fast-Fowarding through Fall." *Washington Post*, October 5, 1991, p. A19. ここにはもう一つの非合理性がある。カタログをみてモノを購入する人たちには、配送が頻繁に遅滞し、あるいはまったく手に届かないことがある。メトロポリタン・ニューヨークの事業改善局の総裁は「郵便による注文の問題は配送と配達の遅滞である」と語っている。Leonard Sloane. "Buying by Catalogue Is Easy: Timely Delivery May Not Be." *New York Times*, April 25, 1992, P. 50.

(51) George Ritzer. *The McDonaldization Thesis*. London: Sage, 1998, pp. 59-70.

(52) Ester Reiter. *Making Fast Food*. Montreal and Kingston: McGill-Queen's University Press, 1991, pp. 150, 167.

(53) ライドナーはこれに反対する。マクドナルドの「従業員が極度のルーティン化に対して表す不満は比較的少ない」と主張している。Robin Leidner. *Fast Food, Fast Talk: Service Work and the Routinization of Everyday Life*. Berkeley: University of California Press, 1993, p. 134. しかしながら、このことがマクドナルド化した社会では、人びとがその過程に慣らされ、それを仕事の不可避の一部であるとして受け入れるようになることを意味するかどうかについては、議論の余地がある。

(54) Eric Schlosser. *Fast Food Nation: The Dark Side of the All-American Meal*. Boston: Houghton Mifflin, 2001.

(55) Robin Leidner. *Fast Food, Fast Talk: Service Work and the Routinization of Everyday Life*. Berkeley: University of California Press, 1993, p. 30.

(56) Bob Garfield. "How I Spent (and Spent and Spent) My Disney Vacation." *Washington Post/Outlook*, July 7, 1991, p. 5.

(57) Henry Ford. *My Life and Work*. Garden City, NY: Doubleday Page, 1922, pp. 105, 106.

(58) Studs Terkel. *Working*. New York: Pantheon, 1974, p. 159.

(59) Barbara Garson. *All the Livelong Day*. Harmondsworth, UK: Penguin, 1977, p. 88.

(60) Studs Terkel. *Working*. New York: Pantheon, 1974, p. 175.

(61) この問題に関する文献の検討については以下をみよ。George Ritzer and David Walczak. *Working: Conflict and Change*. 3rd ed. Englewood Cliffs, NJ: Prentice Hall, 1986, pp. 328-372.

(62) Ray Oldenburg. *The Great Good Place*. New York: Paragon, 1987.

(63) ここで議論されている、夕食を長引かせないことという一般的な規則に対する例外の一つは、高齢の退職者がマクドナルドを、とくに朝食をとりながら、あるいはコーヒーを飲みながら、社交センターとして用いる傾向があることである。なかにはビンゴゲームに興じる高齢者を受け入れているマクドナルドもある。

(64) William R. Mattox, Jr. "The Decline of Dinnertime." *Ottawa Citizen*, April 30, 1997, p. A14.

(65) Nicholas von Hoffman. "The Fast-Disappearing Family Meal." *Washington Post*, November 23, 1978, p. C4.

(66) Margaret Visser. "A Meditation on the Microwave." *Psychology Today*, December 1989, p. 42.

(67) Margaret Visser. "A Meditation on the Microwave." *Psychology Today*, December 1989, pp. 38 ff.

(68) "The Microwave Cooks Up a New Way of Life." *Wall Street Journal*, September 19, 1989, p. B1.

(69) Margaret Visser. "A Meditation on the Microwave." *Psychology Today*, December 1989, p. 40.

(70) Margaret Visser. "A Meditation on the Microwave." *Psychology Today*, December 1989, p. 42.

(71) Peggy Gisler and Marge Eberts. "Reader Disagrees with Advice for Mom Too Tired to Read." *Star Tribune* (Minneapolis), July 3, 1995, p. 3E.

(72) Mary Ficklen. "Love These Days Can Be So Viagravating." *Dallas Morning News*, June 8, 1998, p. 12C; Alison MacGregor. "Foundation of Sexual Youth Carries Risks for Couples: Sex Can Ruin Some Relationships, Therapists Warn." *Ottawa Citizen*, May 27, 1998, p. A8.

(73) William H. Honan, "Professors Battling Television Technology." *New York Times*, April 4, 1995, p. D24.

(74) Amy Goldstein. "AMA Votes to Unionize Doctors." *Washington Post*, June 24, 1999, pp. A1, A18.

(75) Kris Hundley. "The Inpatient Physician." *St. Petersburg Times*, July 26, 1998, pp. 1H ff.

(76) Sherwin B. Nuland. *How We Die: Reflections on Life's Final Chapter*. New York: Knopf, 1994, p.

149.

(77) Philippe Aries. *The Hour of Our Death*. New York: Knopf, 1981.

(78) Sherwin B. Nuland. *How We Die: Reflections on Life's Final Chapter*. New York: Knopf, 1994, p. xv.

(79) Jean Baudrillard. *Symbolic Exchange and Death*. London: Sage, 1976/1993, p. 180.

(80) Nancy Gibbs. "Rx for Death." *Time*, May 31, 1993, p. 34.

(81) Sherwin B. Nuland. *How We Die: Reflections on Life's Final Chapter*. New York: Knopf, 1994, p. 254.

第8章

(1) George Ritzer. *The Globalization of Nothing*. Thousand Oaks, CA: Pine Forge Press, 2004.

(2) Frank Lechner. "Globalization." In Geroge Ritzer, ed. *Encyclopedia of Social Theory*. Thousand Oaks, CA: Sage, forthcoming.

(3) マクドナルド化と密接に関係しているのは、アメリカ化と資本主義の地球規模での伸張である。

(4) Roland Robertson. "Globalization Theory 2000 + : Major Problematics." In George Ritzer and Barry Smart, eds. *Handbook of Social Theory*. London: Sage, 2001, pp. 458-471.

(5) Roland Robertson. "Globalization Theory 2000 + : Major Problematics." In George Ritzer and Barry Smart, eds. *Handbook of Social Theory*. London: Sage, 2001, p. 462.

(6) Roland Robertson. "Globalization Theory 2000 + : Major Problematics." In George Ritzer and Barry

Smart, eds. *Handbook of Social Theory*. London: Sage, 2001, p. 461.

（7）それは、グローバル化がいつ開始したかという疑問、国民国家がグローバル化によって衰退しているかどうかという疑問、そしてグローバル化とモダニティの関係についての疑問を取り上げている。これらすべてがきわめて重要であるが、しかしそうした疑問は、ここでわれわれにとってあまり大きな関心事ではない。なぜなら本書は焦点を絞り込み、その完全さを期そうとしているからである。またこの本はもちろん、すべてを取り上げようとしていないからである。さらに、別の論者たちがロバートソンの中心的な争点の取り上げ方に疑義を唱え、まったく異なる争点の対案を提起している。

（8）Roland Robertson. "Globalization or Glocalisation?" *Journal of International Communication* 1 (1994): 33-52.

（9）異なる見解については、Peter Berger and Samuel Huntington, eds. *Many Globalizations: Cultural Diversity in the Contemporary World*. Oxford, UK: Oxford University Press, 2002をみよ。

（10）Roland Robertson. "Globalization Theory 2000＋: Major Problematics." In George Ritzer and Barry Smart, eds. *Handbook of Social Theory*. London: Sage, 2001, pp. 458-471. グローバル化はロバートソン自身のアプローチの核心であるが、しかし、それはほかの多くの人たちにとっても同様である。もっとも広く知られているものはアパデュライの見解である。すなわち「グローバルな新しい文化経済は複合的、重複的、そして離接的な秩序とみなされなければならない」（Arjun Appadurai. *Modernity at Large: Cultural Dimensions of Globalization*. Minneapolis: University of Minnesota

Press, 1996, p. 32)。ウィリー・ジョン・トムリンソンは別の用語を用いているが、グローカル化を彼自身の志向性からして「好意的」とみなしている（John Tomlinson. *Globalization and Culture*. Chicago: University of Chicago Press, 1999)。

(11) わたしはもう一つの造語をつけ足すことに多少とも気が引ける思いがある。とくにすでに隠語で満ちあふれている分野に、さらに不格好な造語をつけ足すことに気が引ける。それでも、グローカル化という概念がすでにあり、その上広く普及している現状を考慮するとき、グローカル化の概念が看過もしくは軽視している事象を強調するために、グロースカル化というグローカル化との平行概念を創りだす必要があった。

(12) わたしは、この見出し（国家、企業、巨大な組織体など）のもとに多数の異なる実体を結びつけているが、しかしそれらがグロースバル化しようと図る程度と方法を含めて、それらのあいだに大きな隔たりがあることは明白である。

(13) わたしは以前、マクドナルド化の要素について議論したことがあるが、ここでは、マクドナルド化を世界中で荒れ狂っている一つの過程、すなわち最重要なグロースバル化の過程として議論していく。

(14) Roland Robertson. "Globalization Theory 2000+: Major Problematics." In George Ritzer and Barry Smart, eds. *Handbook of Social Theory*. London: Sage, 2001, p. 464.

(15) George Ritzer. *The McDonaldization Thesis*. London: Sage, 1998, pp. 174-183.

(16) しかし、地方で構想され、あるいは管理される無の諸形態もある。

(17) それは、たとえば多国籍企業本部あるいは国民国家である。

(18) George Ritzer. *The Globalization of Nothing*. Thousand Oaks, CA: Pine Forge Press, 2004, p. 7.

(19) すでにみたように、制御はマクドナルド化の基礎的次元の一つである。

(20) 無の定義にさいして注意したと同様に、中央で構想され、あるいは管理される存在の諸形態もある。

(21) George Ritzer. *The Globalization of Nothing*. Thousand Oaks, CA: Pine Forge Press, 2004, p. 3.

(22) 二分的な思考法に関する批判については、Elisabeth Mudimbe-Boyi, ed. *Beyond Dichotomies: Histories, Identities, Cultures, and the Challenge of Globalization*. Albany: State University of New York Press, 2002 をみよ。

(23) W. Delacoma. "Silk Road, CSO Explore the East." *Chicago Sun-Times*, October 26, 2002, p. 20.

(24) 無の方向に向かう趨勢を表すおもしろい事例は、そうしたショーや博物館で広く普及しているオーディオガイドと貸し出しテープのプレイヤーの急増にみられる。

(25) グッチのバッグは、ここで定義された無の概念によれば、確かに無であるが、しかしそのバッグは非常に高価である。一つの過程としてのグロースバル化とは、高価であると同時に、非常に高級なものとして市場で取引されることであるとみなすこともできる。たとえばグッチのバッグ、ベネトンのセーター、そしてプラダの靴は、無の概念がここで定義されたかぎりで言えば、確かに無であるが、そして確かに高価であると考えられている。したがって、手ごろな価格の製品は、高価な製品よりもグロースバル化と選択的な親和力をしめしやすいけれども、しかし無のグロースバル化は必ずしもコストの配意に限らない。

(26) グローカル化を強調する論者たちは、一般にグロースバル化に対して批判的である。またそれに代わる対案として、その下位過程の一つ、つまりマクドナルド化を挙げる（たとえばArjun Appadurai. *Modernity at Large: Cultural Dimensions of Globalization*. Minneapolis: University of Minnesota Press, 1996, p. 29; Ulrich Beck. *What is Globalization?* Cambridge, UK: Polity, 2000, p. 42; Roland Robertson. "Globalization Theory 2000+: Major Problematics." In George Ritzer and Barry Smart, eds. *Handbook for Social Theory*. London: Sage, 2001, p. 464; James L. Watson, ed. *Golden Arches East: McDonald's in East Asia*. Stanford, CA: Stanford University Press, 1997, p. 35）。

(27) Mike Featherstone. *Undoing Culture: Globalization, Postmodernism and Identity*. London: Sage, 1995.

(28) Jonathan Friedman. *Cultural Identity and Global Processes*. London: Sage, 1994.

(29) Michel De Certeau. *The Practice of Everyday Life*. Berkeley: University of California Press, 1984, p. 34.

(30) Steven Seidman. "The End of Sociological Theory: The Postmodern Hope." *Sociological Theory* 9: 131-146.

(31) ロバートソンはグロースバルとグローカル（彼は後者の概念に深く関わっているけれども）の取り扱い方に関して総じて公平な研究者の一人である（Ronald Robertson. *Globalization: Social Theory and Global Culture*. London: Sage, 1992）。

(32) Salah Wahab and Chris Cooper, eds. *Tourism in the Age of Globalization*. London: Routledge, 2001.

(33) 無のグロースバルな形態（たとえばマクドナルドのオモチャ）は、それらが収集家の収集物になるならば、存在（グロースバルもしくはグローカル）に変わることになる。

(34) James L. Watson. "Transnationalism, Localization, and Fast Foods in East Asia." In James L. Watson, ed. *Goldern Arches East: McDonald's in East Asia*. Stanford, CA: Stanford University Press, 1997, p. 12 から引用。

(35) Barbara Sullivan. "McDonald's Sees India as Golden Opportunity." *Chicago Tribune-Business*, April 5, 1995, p. 1.

(36) Betsy McKay. "In Russia, West No Longer Means Best: Consumers Shift to Home-Grown Goods." *Wall Street Journal*, December 9, 1996, p. A9.

(37) T.R. Reid. "Fish & Chips Meet Their Vindaloo." *Washington Post*, July 6, 1999, pp. C1, C10.

(38) Jessica Steinberg. "Israeli Fast-Food Outlets Offer Passover Meals." *Times-Picayune*, April 26, 1997, p. A19.

(39) Yunxiang Yan. "McDonald's in Beijing: The Localization of Americana." In James L. Watson, ed. *Golden Arches East: McDonald's in East Asia*. Stanford, CA: Stanford University Press, 1997, pp. 39-76.

(40) Yunxiang Yan. "McDonald's in Beijing: The Localization of Americana." In James L. Watson, ed. *Golden Arches East: McDonald's in East Asia*. Stanford, CA: Stanford University Press, 1997, pp. 39-76.

(41) James L. Watson, ed. *Golden Arches East: McDonald's in East Asia*. Stanford, CA: Stanford

University Press, 1997.

(42) James L. Watson, “McDonald's in Hong Kong: Consumerism, Dietary Change, and the Rise of a Children's Culture.” In James L. Watson, ed. *Goldern Arches East: McDonald's in East Asia*. Stanford, CA: Stanford University Press, 1997, p. 91.

(43) David Y. H. Wu. “McDonald's in Taipei: Hamburgers, Betel Nuts, and National Identity.” In James L. Watson, ed. *Golden Arches East: McDonald's in East Asia*. Stanford, CA: Stanford University Press, 1997, p. 125.

(44) James L. Watson. “Transnationalism, Localization, and Fast Foods in East Asia.” In James L. Watson, ed. *Golden Arches East: McDonald's in East Asia*. Satnford, CA: Stanford University Press, 1997, p. 6.

(45) James L. Watson. “McDonald's in Hong Kong: Consumerism, Dietary Change, and the Rise of a Children's Culture.” In James L. Watson, ed. *Golden Arches East: McDonald's in East Asia*. Satnford, CA: Stanford University Press, 1997, p. 80.

(46) Emiko Ohnuki-Tierney. “McDonald's in Japan: Changing Manners and Etiquette.” In James L. Watson, ed. *Golden Arches East: McDonald's in East Asia*. Stanford, CA: Stanford University Press, 1997, p. 173.

(47) James L. Watson. “Transnationalism, Localization, and Fast Foods in East Asia.” In James L. Watson, ed. *Golden Arches East: McDonald's in East Asia*. Satnford, CA: Stanford University Press, 1997, pp. 1-38.

(48) David Barboza. "Pluralism under Golden Arches." *New York Times*, February 12, 1999, pp. C1 ff.

(49) Shannon Peters Talbott. "Global Localization of the World Market: Case Study of McDonald's in Moscow." *Sociale Wetenschappen* (December 1996): 31-44.

(50) Marshall Ingwerson. "That Golden Touch to the Arches in Russia." *Ohio Slavic and East European Newsletter* 25 (Spring 1997): 1. (Originally published in *the Christian Science Monitor*, 1997).

(51) Lee Hockstader. "Attack on Big Mac." *Washington Post*, August 8, 1995, p. A13.

(52) Yunxiang Yan. "McDonald's in Beijing: The Localization of Americana." In James L. Watson, ed. *Golden Arches East: McDonald's in East Asia*. Stanford, CA: Stanford University Press, 1997, p. 75.

(53) Emiko Ohnuki-Tierney. "McDonald's in Japan: Changing Manners and Etiquette." In James L. Watson, ed. *Golden Arches East: McDonald's in East Asia*. Stanford, CA: Stanford University Press, 1997, p. 165.

(54) Moss Food Services Web Site: www.mos.co.jp

(55) Sangmee Bak. "McDonald's in Seoul: Food Choices, Identity, and Nationalism." In James L. Watson, ed. *Golden Arches East: McDonald's in East Asia*. Stanford, CA: Stanford University Press, 1997, pp. 136-160.

(56) Sangmee Bak. "McDonald's in Seoul: Food Choices, Identity, and Nationalism." In James L. Watson, ed. *Golden Arches East: McDonald's in East Asia*. Stanford, CA: Stanford University Press, 1997, pp, 136-160.

（57） T.R. Reid. "Fish & Chips Meet Their Vindaloo." *Washington Post*, July 6, 1999, pp. C1, C10.

（58） James L. Watson. "McDonald's in Hong Kong: Consumerism, Dietary Change, and the Rise of a Children's Culture." In James L. Watson, ed. *Golden Arches East: McDonald's in East Asia*. Stanford, CA: Stanford University Press, 1997, pp. 77-109.

（59） Emiko Ohnuki-Tierney. "McDonald's in Japan: Changing Manners and Etiquette." In James L. Watson, ed. *Golden Arches East: McDonald's in East Asia*. Stanford, CA: Stanford University Press, 1997, pp. 161-182.

（60） Emiko Ohnuki-Tierney. "McDonald's in Japan: Changing Manners and Etiquette." In James L. Watson, ed. *Golden Arches East: McDonald's in East Asia*. Stanford, CA: Stanford University Press, 1997, pp. 161-182.

（61） Benjamin R. Barber. *Jihad vs. McWorld*. New York: Times Books, 1995; Thomas L. Friedman. *The Lexus and the Olive Tree: Understanding Globalization*. New York: Farrar, Straus, and Giroux, 1999.

第9章

（1） Joe Kincheloe. "The Complex Politics of McDonald's and the New Childhood: Colonizing Kidworld." In Gaile S. Cannella and Joe L. Kincheloe, eds. *Kidworld: Childhood Studies, Global Perspectives, and Education*. New York: Peter Lang, 2002, pp. 75-82.

（2） 皮肉だし、また逆説的でもあるが、マクドナルド化の過程のいくつかの側面（たとえばインターネットやサイバーショップ）によって、多数の人びとが家庭のなかにいて以前よりも多くのモノを購入できるようになった。このことは、社会のほかの合理化された側面（たとえばショッピングモール）にかなりの脅威になっている。

（3） Ester Reiter. *Making Fast Food*. Montreal and Kingston: McGill-Queen's University Press, 1991, p. 165.

（4） Saul Hansell. "As Broadband Gains, The Internet's Snails, Like AOL, Fall Back." *New York Times*, February 3, 2003, p. C1.

（5） Don Slator. "'You Press the Button, We Do the Rest': Some Thoughts on the McDonaldization of the Internet." Paper presented at the meetings of the Eastern Sociological Society, Boston, March, 1999.

（6） Daniel Bell. *The Coming of Post-Industrial Society: A Venture in Social Forecasting*. New York: Basic Books, 1973.

（7） Jerald Hage and Charles H. Powers. *Post-Industrial Lives: Roles and Relationships in the 21st Century*. Newbury Park, CA: Sage, 1992.

（8） Jerald Hage and Charles H. Powers. *Post-Industrial Lives: Roles and Relationships in the 21st Century*. Newbury Park, CA: Sage, 1992, p. 10.

（9） すでにみたように、それらを自動化しようとする動きがあるのも事実である。

（10） Jerald Hage and Charles H. Powers. *Post-Industrial Lives: Roles and Relationships in the 21st Century*. Newbury Park, CA: Sage, 1992, p. 50.

（11） Simon Clarke. "The Crisis of Fordism or the Crisis of Social Democracy?" *Telos* 8 (1990): 71-98.

（12） Pierre Bourdieu. *Distinction: A Social Critique of the Judgment of Taste*. Cambridge, MA: Harvard University Press, 1984.

（13） Lorraine Mirabella. "Trouble Brews for Starbucks as Its Stock Slides 12 Percent." *Baltimore Sun*, August 1, 1998, pp. 10C; Margaret Webb Pressler. "The Brain behind the Beans." *Washington Post*, October 5, 1997, pp. H01 ff.

（14） Alex Witchel. "By Way of Canarsie, One Large Hot Cup of Business Strategy." *New York Times*, December 14, 1994, p. C8.

（15） ポストモダニズムの詳細については以下の文献をみよ。George Ritzer. *Postmodern Social Theory*. New York: McGraw-Hill, 1997; Jean Baudrillard. *Symbolic Exchange and Death*. London: Sage, 1976/1993; Fredric Jameson. "Postmodernism, or the Cultural Logic of Late Capitalism." *New Left Review* 146 (1984): 53-92; Fredric Jameson. *Postmodernism, or The Cultural Logic of Late Capitalism*. Durham, NC: Duke University Press, 1991; Jean-Francois Lyotard. *The Postmodern Conditon: A Report on Knowledge*. Minneapolis: University of Minnesota Press, 1984; Steven Best and Douglas Kellner. *Postmodern Theory: Critical Interrogations*. New York: Guilford, 1991.

（16） スマートの議論によれば、モダニズムならびにポストモダニズムを時代としてみなすよりもむしろ、それらを長期にわたって進行している一連の関係に関わるものとしてみなすことができる。つまりポストモダニティは絶えずモダニティの限界を指摘しつづけるのである。Barry Smart.

Postmodernity. London: Routledge, 1993.

(17) Allen Shelton. "Writing McDonald's, Eating the Past: McDonald's as a Postmodern Space." (unpublished)

(18) David Harvey. *The Condition of Postmodernity: An Enquiry into the origins of Cultural Change*. Oxford: Basil Blackwell, 1989, p. 189.

(19) David Harvey. *The Condition of Postmodernity: An Enquiry into the origins of Cultural Change*. Oxford: Basil Blackwell, 1989, pp. 284, 293.

(20) Fredric Jameson. "Postmodernism, or the Cultural Logic of Late Capitalism." *New Left Review* 146 (1984): 53-92; Fredric Jameson. *Postmodernism, or the Cultural Logic of Late Capitalism*. Durham, NC: Duke University Press, 1991.

(21) Fredric Jameson. "Postmodernism, or the Cultural Logic of Late Capitalism." *New Left Review* 146 (1984): 78.

(22) Fredric Jameson. "Postmodernism, or the Cultural Logic of Late Capitalism." *New Left Review* 146 (1984): 66.

(23) Fredric Jameson. "Postmodernism, or the Cultural Logic of Late Capitalism." *New Left Review* 146 (1984): 64.

(24) Fredric Jameson. "Postmodernism, or the Cultural Logic of Late Capitalism." *New Left Review* 146 (1984): 76.

(25) ポストモダン的強烈さは、「身体が新たな電子メディアと接続される」ときにも生じる。Martin Donougho の以下の論考をみよ。"Postmodern Jameson." In Douglas Kellner, ed. *Postmodernism, Jameson, Critique*. Washington, DC: Maisonneuve Press, 1989, p. 85.

(26) 今後そうした暴力の危険が一般的になるかもしれないとしても、ベオグラードでのマクドナルド襲撃事件のような暴力は例外的である。

(27) Fredric Jameson. "Postmodernism, or the Cultural Logic of Late Capitalism." *New Left Review* 146 (1984): 65-66.

(28) Fredric Jameson. "Postmodernism, or the Cultural Logic of Late Capitalism." *New Left Review* 146 (1984): 65-66, 71.

(29) Fredric Jameson. "Postmodernism, or the Cultural Logic of Late Capitalism." *New Left Review* 146 (1984): 68.

(30) Fredric Jameson. "Postmodernism, or the Cultural Logic of Late Capitalism." *New Left Review* 146 (1984): 68.

(31) Alex Callinicos. *Against Postmodernism: A Marxist Critique*. New York: St. Martin's Press, 1990, p. 4.

(32) George Ritzer. *Enchanting a Disenchanted World: Revolutionizing the Means of Consumption*. Thousand Oaks, CA: Pine Forge, 1999.

(33) Ian Heywood. "Urgent Dreams: Climbing, Rationalization and Ambivalence." *Leisure Studies* 13

(1994): 179-194.

(34) Jon Krakauer. *Into Thin Air*. New York: Anchor, 1997, p. xvii.

(35) Jon Krakauer. *Into Thin Air*. New York: Anchor, 1997, pp. 39, 353.

(36) Jon Krakauer. *Into Thin Air*. New York: Anchor, 1997, p. 320.

(37) Jon Krakauer. *Into Thin Air*. New York: Anchor, 1997, p. 320.

(38) Jon Krakauer. *Into Thin Air*. New York: Anchor, 1997, p. 100.

(39) Jon Krakauer. *Into Thin Air*. New York: Anchor, 1997, p. 86.

(40) Jon Krakauer. *Into Thin Air*. New York: Anchor, 1997.

(41) Mount Everest Web site: http://mounteverest.net/story/RecordEversetseasonJun22003.shtml

(42) Yahoo Media site: http://media.yahoo.com/globalextremes/

(43) Barnaby J. Feder. "Where Have You Gone, Ray Kroc?" *New York Times*, June 5, 1997, pp. D1 ff.

(44) "As Hamburgers Go, So Goes America." *Chicago Tribune*, March 31, 1999.

(45) Guy Dinmore. "Milosevic Playing Well at Home." *Chicago Tribune*, March 31, 1999.

(46) Anne Swardson. "A Roquefort David Strikes a Coke Goliath." *International Herald Tribune*, August 23, 1999, p. 5; Roger Cohen. "Fearful over the Future, Europe Seizes on Food." *New York Times-Week in Review*, August 29, 1999, pp. 1, 3.

(47) Peter S. Goodman. "Familiar Logo on Unfamiliar Eateries in Iraq." *Washington Post*, May 26, 2003, pp. A1, A14.

(48) Margaret Pressler. "It's a Wrap: Stuffed-Tortilla Chain Falls Flat." *Washington Post*, June 2, 1998, p. C01.

(49) Julia Llewellyn Smith. "French with Tears: Club Med Goes Mickey Mouse." *Sunday Telegraph*, July 27, 1997, pp. 19 ff.

(50) Andrew Clark. "City: Ailing Body Shop Gets a Makeover." *Daily Telegraph* (London), October 23, 1998, p. 33; Roger Cowe. "Blow for Body Shop." *Guardian* (London), May 25, 1998, p. 16.

(51) Penny Parker. "Franchisees Left Holding the Bag: Boston Chicken's Financing Plan Took Toll on Restaurant Developers." *Denver Post*, October 26, 1998, pp. E01 ff.

(52) Lorraine Mirabella. "Trouble Brews for Starbucks as Its Stock Slides 12 Percent." *Baltimore Sun*, August 1, 1998, P. 10C.

(53) Bryan Wagoner. "They Have Grounds for Discontent." *Boston Globe*, February 8, 1998, pp. 1 ff (City Weekly); Monte Williams. "The Local Flavor Only, Please." *New York Times*, October 23, 1996, pp. B1 ff.

(54) Ian King. "Burger King to Close in France as Grandmet Cuts Its Losses." *Guardian*, July 30, 1997, p. 18.

(55) Edwin McDowell. "Holiday Inn, Passed By, Fights Ravages of Time." *International Herald Tribune*, March 30, 1998, pp. 11 ff.

(56) "Franchizing: Rattling the Chains." *Brandweek*, April 21, 1997.

(57) Paul Farhi. "McDonald's Customers: Made to Order Audience." *Washington Post*, November 19, 1991, pp. B1, B5.

(58) 近年になってスターバックスは、メニューの品数や店舗のタイプを拡大しようとしているが、しかしさほど成功を収めていない。

(59) George Ritzer. *The McDonaldization Thesis*. London: Sage, 1998, p. 181.

(60) Robert Johnson. "Wouldn't It Have Been Simpler to Build a Quick Chick Brick Stack?" *Wall Street Journal*, April 13, 1999, p. B1.

(61) Steven L. Goldman, Roger N. Nagel, and Kenneth Preiss. "Why Seiko Has 3,000 Watch Styles." *New York Times*, October 9, 1994, p. 9; Steven L. Goldman, Roger N. Nagel, and Kenneth Preiss. *Agile Competitors and Virtual Organizations: Strategies for Enriching the Customer*. New York: Van Nostrand Reinhold, 1995.

(62) Joseph Pine. *Mass Customization: The New Frontier in Business Competition*. Cambridge, MA: Harvard Business School Press, 1993.

(63) Connie Mok, Alan T. Stutts, and Lillian Wong. "Mass Customization in the Hospitality Industry: Concepts and Applications." At www.hotel-onlime.com/Trends/ChiangMaiJun00/Customization Hospitality.html

(64) Logo Softwear Web site: www.logosoftwear.com

(65) "Agencies Vie for CNN Euro AD campaign." *Marketing Week*, June 5, 1997, p. 10.

(66) Dow Jones News Services. "CNN, Oracle to Deliver Customized News." *Denver Rocky Mountain News*, June 5, 1997, p. 4B.

(67) しかし、それがマクドナルド化にとって現実の脅威でないと言っているのではない。たとえば、インターネット上でのショッピングなど多くのものが、マクドナルド化したシステムの制御を取り払い、直接に顧客に相対している。

第10章

(1) Vic Sussman. "The Machine We Love to Hate." *Washington Post Magazine*, June 14, 1987, p. 33.
(2) Kirk Johnson. "Bread Satisfying a Need to Knead." *New York Times*, February 8, 1995, p. C1.
(3) Vic Sussman. "The Machine We Love to Hate." *Washington Post Magazine*, June 14, 1987, p. 33.
(4) Tanya Wenman Steel. "Have Time to Bake? What a Luxury!" *New York Times*, February 8, 1995, p. C4.
(5) Weber, cited in Hans Gerth and C. Wright Mills, eds. *From Max Weber*. New York: Oxford University Press, 1958, p. 128.

(6) ここで提示した三つの類型はもとより網羅的ではない。マクドナルド化したシステムは「ジャングルジム」とみなすこともできる。この視点からみると、鉄の檻は遊戯施設にほかならない。それは関わっている人たちがそうあって欲しいと思うものになりうるからである。つまり、人びとは望みさえすれば、檻はベルベットにも、ゴムにも、また鉄にもできる。この見解に長所があるとすれば、それはおそらく人間存在の力を過大に評価していることである。ベルベットであれ、ゴムであれ、あるいは鉄であれ、檻は構造なのであり、したがって檻（そしてそれを支持する人たち）は、それを改変しようとする力に対してつねに抵抗をする。Jay Klagge. "Approaches to the Iron Cage: Reconstructing the Bars of Weber's Metaphor." *Administration & Society* 29 (1997): 63-77.

（7） Andrew Malcolm. "Bagging Old Rules to Keep a Food Co-op Viable." *New York Times*, November 8, 1991, p. B7.

（8） これらのほかにも以下のような事例がある。St. Mary' College in Maryland および Evergreen State College in Washington.

（9） マーベラスマーケットと同様な店舗の事例については次の文献をみよ。Marian Burros. "Putting the Pleasure Back into Grocery Shopping." *New York Times*, February 21, 1987, section 1. p. 54.

（10） この引用文、および本節のほかの引用文も以下の文献に典拠している。Marvelous Market's occasional newsletters.

（11） "Eating Out Is In, and the Chains Add Variety to Lure New Diners." *Time*, August 26, 1985, p. 60.

（12） Phyllis C. Richman. "Bread and Beyond." *Washington Post Magazine*, September 7, 1997, pp. W21 ff.

（13） Rhonda M. Abrams. "It's Time for You Small Retailers to Get Real." *Des Moines Register*, April 6, 1998, p. 10.

（14） Fred "Chico" Lager. *Ben & Jerry's: The Inside Scoop*. New York: Crown, 1994; Suzanne Alexander.

"Oh, Wow, Man: Let's, Like, Hear from the Auditors." *Wall Street Journal*, June 28, 1991, pp. A1, A6.

(15) Fred "Chico" Lager. *Ben & Jerry's: The Inside Scoop*. New York: Crown, 1994, p. 148.

(16) Fred "Chico" Lager. *Ben & Jerry's: The Inside Scoop*. New York: Crown, 1994, p. 133.

(17) Fred "Chico" Lager. *Ben & Jerry's: The Inside Scoop*. New York: Crown, 1994, p. 28.

(18) Fred "Chico" Lager. *Ben & Jerry's: The Inside Scoop*. New York: Crown, 1994, p. 36.

(19) Ben Cohen and Jerry Greenfield. *Ben & Jerry's Double-Dip*. New York: Fireside, 1998.

(20) Ben & Jerry's Web site: www.benandjerrys.com/our_company/about_us/our_history/timeline/index.cfm

(21) Ben & Jerry's 1990 annual report, p. 7.

(22) Fred "Chico" Lager. *Ben & Jerry's: The Inside Scoop*. New York: Crown, 1994, p. 145.

(23) Two preceding quotations from Maxine Lippner. "Ben & Jerry's: Sweet Ethics Evince Social Awareness." *COMPASS Readings*, July 1991, pp. 26-27.

(24) Two preceding quotations from Carol Clurman. "More than Just a Paycheck." *USA WEEKEND*, January 19-21, 1990, p. 4.

(25) Ben & Jerry's Web site: www.benandjerrys.com/scoop_shops

(26) Maxine Lippner. "Ben & Jerry's: Sweet Ethics Evince Social Awareness." *COMPASS Readings*, July 1991, p. 25.

(27) Fred "Chico" Lager. *Ben & Jerry's: The Inside Scoop*. New York: Crown, 1994, p. 164.

(28) Eric J. Wiffering. "Trouble in Camelot." *Business Ethics* 5 (1991): 16, 19.
(29) Patricia Aburdene. "Paycheck." *USA WEEKEND*, January 19-21, 1990, p. 4.
(30) Ben & Jerry's Web site: www.benjerry.com/our_company/press_center
(31) June R. Herold. "B & B's Offer Travelers Break from McBed, McBreakfast." *Business First-Columbus*, May 15, 1991, col. 1, p. 1.
(32) Betsy Wade. "B & B Book Boom." *Chicago Tribune*, July 28, 1991, pp. C16 ff.
(33) Paul Avery: "Mixed Success for Bed-Breakfast Idea." *New York Times*, July 28, 1991, pp. 12NJ, 8.
(34) Eric N. Berg. "The New Bed and Breakfast." *New York Times*, October 15, 1989, pp. 5 ff.
(35) Harvey Elliott. "All Mod Cons and Trouser Presses 'Ruining B & Bs.'" *Times* (London), April 3, 1996.
(36) George Ritzer. "Implications of and Barriers to Industrial Democracy in the United States and Sweden." In Irving Louis Horowitz, ed. *Equity, Income and Policy: A Comparative Developmental Context*. New York and London: Praeger, 1977, pp. 49-69.
(37) John Vidal. *McLibel: Burger Culture on Trial*. New York: New Press, 1997.
(38) McSpotlight Web site: www.mcspotlight.org/media/press/mclibel/theobserver230303.html
(39) McSpotlight Web site: www.mcspotlight.org
(40) Danny Penman. "Judgment Day for McDonald's." *Independent* (London), June 19, 1997, pp. 20 ff.
(41) McSpotlight Web site: www.mcspotlight.org/campaigns/current/residents/index.html
(42) McSpotlight Web site: www.mcspotlight.org/media/press/releases/msc240903.html

(43) Jacqueline L. Salmon. “McDonald's, Employees Reach Pact: Strike Ends.” *Washington Post*, October 23, 1998, p. C3.

(44) Ester Reiter. *Making Fast Food*. Montreal and Kingston: McGill-Queen's University Press, 1991, pp. 70 ff.

(45) Workers Online Web site: http://workers.labor.net.au/156/news83_maccas.html

(46) James Brooke. “Two McDonald's in Darien Do Their Hiring in Bronx.” *New York Times*, July 13, 1985, section 1, p. 24; Michael Winerip. “Finding a Sense of McMission in McNuggets.” *New York Times*, August 23, 1988, section 2, p. 1; “McDonald's Seeks Retirees to Fill Void.” *New York Times*, December 20, 1987, section 1, p. 54; Jennifer Kingson. “Golden Years Spent under Golden Arches.” *New York Times*, March 6, 1988, section 4, p. 26.

(47) Glenn Collins. “Wanted: Child-Care Workers, Age 55 and Up.” *New York Times*, December 15, 1987, section 1, p. 1

(48) Anthony Ramirez. “When Fast Food Goes on a Diet.” *Washington Post*, March 19, 1991, pp. D1, D7.

(49) National Heart Savers Association Web site: www.heartsavers.org

(50) Marian Burros. “Fast-Food Chains Try to Slim Down.” *New York Times*, April 11, 1990, pp. C1, C10.

(51) Leon Jaroff. “A Crusader from the Heartland.” *Time*, March 25, 1991, pp. 56, 58.

(52) Marian Burros. “Eating Well.” *New York Times*, March 2, 1994, p. C4.

(53) *Seattle Times*, May 5, 1997, p. E1.

(54) Anthony Ramirez. "When Fast Food Goes on a Diet." *Washington Post*, March 19, 1991, pp. D1, D7.

(55) Ross Kerber and Greg Johnson. "Getting Leaner." *Los Angels Times*, February 9, 1995, p. D1.

(56) Denise Gellene. "Sales of Low-Fat Items Fall on Lean Times." *Los Angels Times*, February 6, 1996, pp. 1D ff.

(57) Greg Johnson. "Fat, Sales: An Unpredictable Relationship." *Los Angels Times*, March 20, 1996, p. 6D.

(58) Phyllis C. Richman. "Savoring Lunch in the Slow Lane." *Washington Post*, November 22, 1998, pp. M1 ff.

(59) Phyllis C. Richman. "Savoring Lunch in the Slow Lane." *Washington Post*, November 22, 1998, p. M1.

(60) *Slow*, July-September, 1998, n.p.

(61) Corby Kummer. *The Pleasures of Slow Food*. San Francisco: Chronicle Books, 2002, p. 26.

(62) Corby Kummer. *The Pleasures of Slow Food*. San Francisco: Chronicle Books, 2002, p. 23.

(63) Corby Kummer. *The Pleasures of Slow Food*. San Francisco: Chronicle Books, 2002, p. 23.

(64) Corby Kummer. *The Pleasures of Slow Food*. San Francisco: Chronicle Books, 2002, p. 25.

(65) Corby Kummer. *The Pleasures of Slow Food*. San Francisco: Chronicle Books, 2002, p. 25.

(66) ABC News Web site: http://abcnews.go.com/sections/world/DailyNews/News/slowcities000724.html

(67) ABC News Web site: http://abcnews.go.com/sections/world/DailyNews/News/slowcities000724.html

(68) Sprawl-Busters Web site: www.sprawl-busters.com

(69) Sprawl-Busters Web site: www.sprawl-busters.com/victoryz.html

(70) Al Norman. *Slam-Dunking Wal-Mart: How You Can Stop Superstore Sprawl in Your Hometown*. Saint Johnsbury, VT: Raphael Marketing, 1999.

(71) Hawke Fracassa. "Sterling Hts. Stops Burger King." *Detroit News*, August 14, 1998, p. C5.

(72) Isabel Wilkerson. "Midwest Village; Slow-Paced. Fights Plan for Fast-Food Outlet." *New York Times*, July 19, 1987, pp. 1, 16.

(73) Mary Davis Suro. "Romans Protest McDonald's." *New York Times*, May 5, 1986, p. C20.

(74) Jane Perlez. "A McDonald's? Not in Their Medieval Square." *New York Times*, May 23, 1994, p. A4.

(75) Dominic Kennedy. "Welcome to Burger-Free Heaven." *Times* (London), January 3, 1998.

(76) Dominic Kennedy. "Welcome to Burger-Free Heaven." *Times* (London), January 3, 1998.

(77) Steve Ginsberg. "Blockbusted: Neighborhood Merchants Produce Summer Flop." *San Francisco Business Times*, September 2, 1994, section 1, p. 3.

(78) よく知られている1つの例外がある。バーモント州全体がこれまでウォルマートの洗礼を受けていない。Paul Gruchow. "Unchaining America: Communities Are Finding Ways to Keep Independent Entrepreneurs in Business." *Utne Reader*, January-February 1995, pp. 17-18をみよ。しかしいまでは、マクドナルド化の増強と軌を一にして、多数のウォルマートがその州内で展開している。www.store-search.com/walmart/vermont.html

(79) Peter Pae. "Retail Giant Rattles the Shops on Main Street." *Washington Post*, February 12, 1995, p. B3.

(80) Peter Pae. "Retail Giant Rattles the Shops on Main Street." *Washington Post*, February 12, 1995, p. B3.

(81) "Eating Out Is In, and the Chains Add Variety to Lure New Diners." *Time*, August 26, 1985, pp. 60-61.

(82) Anthony Ramirez. "In the Orchid Room....Big Macs." *New York Times*, October 30, 1990, pp. D1, D5.

(83) Jane Perlez. "A McDonald? Not in Their Medieval Square." *New York Times*, May 23, 1994, p. A4.

(84) Kate Connolly. "McCafe in Vienna? Ground for War." *Observer*, August 30, 1998, p. 19.

(85) John Holusha. "McDonald's Expected to Drop Plastic Burger Box." *Washington post*, November 1, 1990, pp. A1, D19; John Holusha, "Packaging and Pubic Image: McDonald's Fills a Big Order." *New York Times*, November 2, 1990, pp. A1, D5.

(86) "Michigan McDonald's: McNews You Can Use." *PR Newswire*, June 20, 2003.

(87) Warren Brown. "Hardee's to Introduce Recycled Plastic in Area." *Washington Post*, March 22, 1991, pp. B1, B3.

(88) Ron Alexander. "Big Mac with Chopin, Please." *New York Times*, August 12, 1990, p. 42.

(89) Eric Maykuth. "Chock Full o' Nuts Restaurants Are Dying Quietly." *Washington Post*, September 16, 1990, p. H16.

(90) Anna D. Wilde. "Just Like Ice Cream in the Sun: Hojo's Dominance Has Melted Away." *Patriot Ledger*, August 13, 1994, p. B25.

(91) Thomas J. Peters and Robert H. Waterman. *In Search of Excellence: Lessons from America's Best-Run Companies*. New York: Harper & Row, 1982.

(92) Thomas J. Peters and Robert H. Waterman. *In Search of Excellence: Lessons from America's Best-Run Companies*. New York: Harper & Row, 1982, p. 201.

(93) Duayne Draffen. "Independent Video Stores Survive within Niches." *New York Times*, February 17, 1998, pp. B5 ff; Edward Guthmann. "Vintage Video: Bay Areas's Independent Video Stores Enjoy Blockbuster Success." *San Francisco Chronicle*, October 5, 1997, pp. 38 ff.

(94) Robert Nelson. "Chain Reaction Franchises Have Taken a Big Bite Out of Omaha's Sit-Down Restaurant Market. But There Is Still Room for the Savvy Independent Owner." *Omaha World-Herald*, March 1, 1998, pp. 1E ff.

(95) Robert Nelson. "Chain Reaction Franchises Have Taken a Big Bite Out of Omaha's Sit-Down

Restaurant Market. But There Is Still Room for the Savvy Independent Owner." *Omaha World-Herald*, March 1, 1998, pp. 1E ff.

（96） Carol Emert. "Between the Lines: Changes in Industry Will Have Big Impact on What We Read and Where We Buy Our Books." *San Francisco Chronicle*, May 5, 1998, pp. E1 ff.

（97） 同様の試みが次の文献でみられる。Neil Postman. *Technopoly*. New York: Knopf, 1992, pp. 183 ff.

（98） Peter Perl. "Fast Is Beautiful." *Washington Post Magazine*. May 24. 1992, pp. 10 ff; Allen Shelton. "Writing McDonald's, Eating the Past: McDonald's as a Postmodern Space." Unpublished manuscript, p. 47; Eileen Schulte. "Breakfast Club Marks Members' 99th Birthday." *St. Petersburg Times*, November 22, 1998, pp. 11 ff.

（99） Regina Schrambling. "The Curse of Culinary Convenience." *New York Times*, September 10, 1991, p. A19.

（100） ここでの引用はすべてレジナ・スクランブリングの以下の記事によっている。"The Curse of Culinary Convenience." *New York Times*. September 10, 1991, p. A19.

（101） Warren Leary. "Researchers Halt Ripening of Tomato." *New York Times*, October 19, 1991, p. 7.

（102） John Tierney "A Patented Berry Has Sellers Licking Their Lips." *New York Times*, October 14, 1991, p. A8.

（103） James Hamilton. "Fast Food Chains Playing Pie' Piper with Mr. Men and Pokemon Freebies." Scottish Media Newspapers Limited-*The Sunday Herald*, August 19, 2001, p. 6.

(104) Eric Schmuckler. "Two Action Figures to Go, Hold the Burger." *Brandweek*, April 1, 1996, pp. 38 ff.

(105) Chris Rojek. *Ways of Escape: Modern Transformations in Leisure and Travel*. London: Routledge, 1993.

(106) Chris Rojek. *Ways of Escape: Modern Transformations in Leisure and Travel*. London: Routledge, 1993, p. 188.

(107) Stanley Cohen and Laurie Taylor. *Escape Attempts: The Theory and Practice of Everyday Life*. 2nd ed. London: Routledge, 1992.

(108) James Miller. *The Passion of Michel Foucault*. New York: Anchor, 1993.

(109) Stanley Cohen and Laurie Taylor. *Escape Attempts: The Theory and Practice of Everyday Life*. 2nd ed. London: Routledge, 1992, p. 197.

(110) Roger Cohen. "Faux Pas by McDonald's in Europe." *New York Times*, February 18, 1992, p. D1.

(111) 二ヵ所の引用は以下の記事によっている。 Sharon Waxman. "Paris's Sex Change Operation." *Washington Post*, March 2, 1992, p. B1.

(112) Dylan Thomas. *The Collected Poems of Dylan Thomas*. "Do Not Go Gentle into That Good Night" New York: New Directions, 1952, p. 128.

訳者あとがき

本書は、ジョージ・リッツアの‘The McDonaldization of Society: Revised New Century Edition’(2004)の全訳である。著者リッツアが本書旧版の初版(一九九三)を出版したのが、いまを去る一四年前のことであり、さらにわれわれが一九九六年版の邦訳(『マクドナルド化する社会』一九九九)を刊行してからも、すでに九年の歳月が流れた。

本書の副題がしめしているように、この本は文字どおり「新世紀改訂版」であり、本書の「はじめに」で著者自身が記しているように、旧版と新世紀版のあいだに「基本的な骨組み」の変化はまったくない。つまり両者のあいだに構造上の相違、したがって主張の本筋(マクドナルド化の飽くなき侵攻とこれに反対する態度と批判行動)に違いがないということである。その意味で、この本はまちがいなく『マクドナルド化する社会』の「新世紀改訂版」である。つまりマクドナルド化が世界規模でますます拡大しているとする考えになんら変化はないというのが、「新世紀改訂版」の前提である。大きく変わったのは、まず第一に、事実とデータである。第二に、「マクドナルド化」を含む現代社会変動への理論的スタンスである。

第一の点について述べておこう。わずか一五年足らずのうちに社会文化的事実は大きなないマクドナルド化されていない社会的なニッチをみつけることがほとんどできなくなった。たとえば本書中で取り上げられるように、かつて近寄りがたい神秘的な山とみなされてきたエヴェレスト（への登山）もマクドナルド化の侵略を阻止できず、まるで登山はパックツアー並みの手軽さと混みようをみせている（北京オリンピックの聖火さえチョモランマ山に登頂したほどだ。何人くらいの見物人が山頂辺りにいたのだろうか）。また信心深いカトリック教徒も、クリスマスにローマ法王の祈禱をテレビかラジオを通じて受ければ免罪を与えられるほど、究極的な救済を簡便に確信できると言うのである。究極の宗教的な救済さえもがマクドナルド化の合理性の誘惑に勝てない。モノやサービスだけでなく、人間の心や精神のうちにまでマクドナルド化が確かに忍び込んでいる。

日本の食のスタイルあるいは食文化は、ここ二、三〇年のあいだに一大転換を遂げた。ファストフード・レストラン（もちろんマクドナルドやモスバーガーだけでなく、吉野家、チェーンのラーメン屋、そば屋や讃岐うどん店、回転寿司屋など）が老舗のそば屋やうどん屋や町自慢のキッチンの多くを駆逐したことは、大都市、地方都市を問わず歴然としている。興味のある人は、どうか自分の住んでいる町の商店を表示している詳細な地図を、たとえば五年おきに見比べてほしい。変容したのは町場だけではない。大手デパートのレストラン街も例外ではない。それどころか、ファストフードは家庭の食卓にもさらなる進出を果たした。その状況を垣間見させたのは、ごく最近における中国産の冷凍餃子の農薬混入問題の発覚である。その影響を被ったのは、スーパーマーケットやボランタリーグループを代表する生活協同組合の「コープ」で当該商品を購入し、あるいは宅配を受けた家庭だけにとどまらなかった。その影響は学校や病院・介護施設、町の食堂、刑務所にまでおよんだ。中国で生産された、たかが冷凍餃子が日本のいたるところを震撼させたのである。今回の冷凍餃子問題が意味しているのは、ただ単に食品汚染の問題にとどまらない。その背景にある重要な問題は、モノの生産・流通、消費、安全・危機管理、グローバル化と政治権力の関係など、現代世界において避けて通れない社会過程とこれに内在する深刻な問題のいくつかを端的に表象している事実である。

こうした食の変化と食べ物の製造・流通過程の変化に、日本人はすでにすっかりなじんでいる。たとえばマクドナルドやモスバーガーのファストフード、あるいは日清のインスタントラーメン（すでに五〇年の歴史があるそうだ）や明星食品の一平ちゃんは、単なる軽食というよりも日本の食の伝統の一部としての地位を確立したのかもしれない。マクドナルドなどのファストフード・レストランならびにそこで提供される食べ物は、すでに多くの日本人にとって郷愁をそそられるなつかしい食べ物になった感さえある。たとえば二〇〇一年に日本から営業不振のために撤退したバーガーキングが、二〇〇七年六月にロッテと提携したうえで東京・西新宿に復活したときの「ワッパー」を求める行列騒動、また狂牛病問題以降、しばらく販売を中止していた吉野家の牛丼が再開された日のお祭り騒ぎは、戦後久しぶりに京都祇園祭が復活したときのような興奮を多くの日本人に与えたらしい。東京・汐留に「復刻版モスバーガー店」がつくられ、多数の人たちが七〇年代をなつかしんでいるのも同じような現象であろう。また営業不振で日本市場での操業の縮小を迫られているデニーズを惜しむ声も聞かれる。バーガーキングやデニーズが撤退し、また縮小したからと言って、ファストフード・レストランが別の「存在」に取って代わられるのではなく、ただ名称の異なる現存の、あるいは新規のファストフード・レストランが売上げを伸ばすだけのことである。

こうしてみると、マクドナルド化はすでに日本の伝統の一部になったのである。わたしは昨年、久しぶりに甲子園で阪神タイガースの試合を観戦するため神戸に三日間滞在した。わたしにとって、かつて神戸はおいしい、しかも洒落(しゃれ)た食事の楽しめる場所、とりわけどこの店に入ってもおいしい淹れたてのコーヒーの味わえる場所という印象のもてる街であった。しかし今回のひどい体験は、神戸にではなく、日本の現状への幻滅であったかもしれない。食事はともかく、いわゆるコーヒー店が三宮や元町付近で見つからないのだ。一時間近くも歩き回ったが、結局、昔から神戸でコーヒー豆を販売していた有名店の名前の一部をつけた「カフェ」に入ってびっくりした。なんとその店もセルフサービスであった。妻が店長に頼み込んでストレートコーヒーを淹れてもらい、テーブルまで運んでもらうという、ささやかな抵抗を試みた。そのコーヒーのまずかったこと。

かつて三宮駅前付近には、頑固そうなおじさんや老夫婦が淹れてくれるとてもおいしいコーヒーショップがあちこちにあった。それがいまはない。阪神・淡路大震災の惨禍の結果であるのか、それとも時代の趨勢であるのか。かつてのハイカラな街神戸は、少なくともコーヒー文化の面では消滅し、アメリカンよりももっとまずいコーヒーを飲ませるカフェが神戸を占拠してしまった感がある。

もう一つエピソードを添えるなら、阪神甲子園球場内にケンタッキー・フライドチキンが出店してきたのを機会に、本書でも取り上げられている、あのもの悲しい広告塔と称されるカーネル・サンダース大佐のキャラクターが今年から登場したのだ。高校野球のメッカ甲子園にも、マクドナルド化の食品が堂々と進出を果たしたのである。こうした点を考慮すると、本書のタイトルを、旧版の『マクドナルド化する社会』から『マクドナルド化した社会』に変更することが、少なくとも日本の現状に相応しいと考え、タイトルの変更を決めた（ただしアメリカや日本以外の諸外国では事情が異なるかもしれない。たとえば隣国の中国では、いまようやく本格的に『マクドナルド化する社会』の局面に到達したのかもしれない）。

本書では、旧版のなかで扱われなかった現象あるいはマクドナルド化のあらたな現象の具体例が数多く取り上げられている。しかし皮肉なことに、新しいマクドナルド化現象をいくら追いつづけても、その成果がすでに古いタイプのメディアでしかない「書籍」という形態、まして「翻訳書」という形で表現されるかぎり、書籍になって市場に出回る頃には、そこで取り扱われている現象はよくても常識、あるいはすでに時代遅れになっているかもしれない。それほどマクドナルド化の現象は流行り廃りが激しい。事実、本書の随所で取り上げられているインターネットや携帯電話、あるいはマクドナルド社が当面している難問などの話題は、リッツアが本書を執筆するために資料の収集と編集に勤しんでいた時代にはまだ目新しい現象であったはずである。しかし本書のなかで取り上げられる、とくにインターネット世界の切り口は、ただ単純に時間と空間の圧縮という様相にほぼ限定されている（二〇〇四年版の翻訳がほぼ完了した時期の二〇〇六年には、『マクドナルド化した社会』の新版が出版されたという更新の急速度は、まちがいなく「事実とデータの変化」の速さを証明している）。

しかしインターネットを介した世界はもはや時空間の圧縮にとどまらない。それどころかリアリティとヴァーチャルの区別が定かでない、新しい世界が現に構築されている。たとえばヴァーチャルな投資マーケット（アメリカに本部がある）が世界に普及している現実である。ヴァーチャル世界に投資する会員たちは、ヴァーチャルな貨幣をメンバーとして購入し、それを用いて架空の投機的な地球規模の不動産市場に投資し、それによって得られた利ざやをリアルな貨幣（たとえばドルや円）に換金して、彼らの家族はそれで冷凍食品を購入し、あるいはパックツアーに参加するなどして生活を営んでいる。そうした人たちがすでに日本にいるという（ＮＨＫ「クローズアップ現代」）。この現象はヴァーチャルな世界がリアルな世界と溶け合っている、まさしく非場所・非モノ・非ヒト・非サービス（リッツア『無のグローバル化』）によって表象されるポストモダン世界の生活あるいは人生の実践が始まっていると言えばよいのであろうか。働くということ、生きるということの意味がここではまったく違ってきているのかもしれない。

次に、第二の点について述べよう。本書が社会理論、そして社会批判の研究書であることをリッツアは力説する。この点から本書と旧版を比較してみると、いくつかの理論的進展がこの「新世紀改訂版」で見いだされる。その進展はとくにマクドナルド化と社会変動に関連する部分において顕著である。リッツアは一九九九年に『脱魔術化した世界に魔術をかけ直すこと』（改訂版、二〇〇四）、そして二〇〇二年に『無のグローバル化』（正岡寛司監訳、二〇〇五、明石書店）を執筆している（おもしろいことに、前著は初版刊行後わずか五年しかたたない二〇〇四年に章を組み替えた新版が刊行された。この本の主題である「新しい消費の手段」を経験的に取り上げようとすると、世の中の激しい変化に即応するため、毎年のように版の組み替えをしなければ、現実の変化に追いつけないのは必定である）。

『無のグローバル化――拡大する消費社会と「存在」の喪失』のなかで、リッツアは現代における社会変動を説明するための用具として、多く論者によって積極的に利用される二つの概念、すなわちグローバル化とグローカル化を批判的に取り上げている。そして彼は、現代の社会変動の説明においてもっとも有望な「グロースバル化」（grobalization）という新しい概念を提示している。この概念は「マクドナルド化」と同様に、リッツアの新造語（growth + (glo)balization）――「グロースバル化は権力とその範囲を全世界で増強する能力、とりわけ資本主義的組織と近代国家がもっている能力を高めていくことを重視する」（同書、一四五―六ページ）――である。彼によれば、グロースバル化は「きわめてモダンな見方である。卓越したモダンな理論の二つ、つまりカール・マルクスとマックス・ウェーバーの理論がこのような見方の基礎をなしている。マルクスは資本主義経済体制に焦点を合わせたが、ウェーバーは経済だけではなく、近代社会のほかの多くの分野の合理化に関心をもった」（同書、一四六ページ）とみなしている。

グローバル化の考えは、種々の要素から構成される抽象的、かつ一般的な概念である。この社会過程を構成している要素のなかでとくにリッツアが重視するのが、「資本主義化」、「アメリカ化」、そして「マクドナルド化」の社会過程である。リッツアは、主としてこれら三つの社会過程の親和性が少なくとも現代において地球世界を一つの方向に収束（リッツアによれば、「とくに消費における」「無のグロースバル化」）させ、そして相乗効果を発揮していると言うのである。この考えが現代の社会変動の核心をどれほどついているかの評価はひとまず脇に置くとして、彼のこうした構想によって、本書の主題である「マクドナルド化」（合理化）が、社会変動論に一定の位置を与えられたことになる。グロースバル化と、これを構成する資本主義化、アメリカ化、そしてマクドナルド化の概念と概念間の関連についての詳細は、本書の8章、および『無のグローバル化』を参照してほしい。ここでは資本主義化、アメリカ化、およびマクドナルド化の関連について手短に解説し、その上で、アメリカ化の概念とそれのかかえている現実的な問題と限界について、多少とも訳者の思うところについて述べることにする。

言うまでもなく、近代資本主義は欧米に歴史的起源をもつ。マルクスが正しく指摘したように、資本主義企業は限りなく拡大しつづけなければ存続できない。ここ数十年、資本主義企業と市場の侵略、およびそれを見習いたいという他地域の企業のどん欲な欲求のゆえに、資本主義化と資本主義的市場が世界の広い地域に拡散した。しかし実際には、近代資本主義の世界的普及は近年まで世界の随所で阻まれた。資本主義的価値あるいはイデオロギーと対立する価値やイデオロギーが特殊な政治体制・経済体制を構築して、資本主義の進出を阻止した。これは現代史における重要な一部分である。いわゆる米ソを中心にした冷戦体制である。しかしベルリンの壁が崩壊した後、冷戦体制が急激に瓦解し、さらに中国が共産主義的政治体制を維持しながらも、急速に資本主義企業と市場に道を開き、いまやみずからその方向に脱皮しつつある。対立する経済イデオロギーという点では、資本主義化は一つの巨大な障壁を乗り越えたと言ってよいであろう。残る障壁は宗教的・民族主義的な障害（イラン、アフガニスタン、北朝鮮など）である（現在、アメリカはテロリズムの撲滅という名を借りて残る障害の排除に懸命である）。

しかし、資本主義化の世界制覇を遅滞させた最大の原因は、イデオロギーよりもむしろ技術革新の遅滞であった。輸送手段、コミュニケーション手段、および一般的な信用媒体と市場の整備に関わる技術革新が、大型船舶、航空機、コンピュータ、通信情報処理、マーケティング、国際金融市場あるいは素人でも手軽に利用できるインターネットの開発・整備を実現したことによって、大容量でしかも高速の物流・人的交流・情報交換が可能になった。これによって資本主義化はチャンスさえあれば世界のほぼすべての場所とニッチに展開できる可能性を摑んだ。つまり利用可能な対案になるべき体制のみつからない現代世界にあって、資本主義は何はばかることなく自己拡大を加速している。

次に、マクドナルド化であるが、これは本書の主題であるので、ここでは言及しないでおく。一言だけ付言するとすれば、一九世紀的資本主義は、モノの生産拡大に重点を置き、その発展と合理化（科学的管理法やフォーディズムなど）に邁進し、やがて植民地獲得のための戦争と独占、そして種々の水準での経済格差と社会内外における硬直的な階層化という矛盾を露呈した。その一方でマクドナルド化によって代表される高度資本主義における主要な経済目標は、モノの生産自体ではなく、物流、人的資本と情報の流通の合理化を図り、最終的に個人消費の限りない拡張あるいは膨張にある（現在世界中を巻き込む経済的混乱を引き起こしているアメリカのサブプライムローン問題はこの典型的な帰結である）。技術革新はもっぱらこの方面において格段の進展を遂げた。全世界的な規模で画一的で相対的に廉価なファストフードを大量にしかも安定的に提供し、それ以外の選択肢を限りなく小さくする（せいぜい「スニーカー化」による目先の多様さで差異を際立たせるが、しょせんスニーカーでしかない運動靴の用途を細分化するのは、結局のところ消費者ではなく、メーカーに増収をもたらす大量生産方式の応用でしかない）。

ファストフードのパラダイムとも言うべきマクドナルドの「ビッグマック」が、世界共通の、しかも信頼性の高い経済指標として利用できると、きまじめに提唱したイギリスの経済誌エコノミストが発表した「マック経済指標」は、一般媒体の相対的な価値を測定する上でまことに優れた尺度である。この尺度がほぼ世界中で利用可能である現状は、もちろんマクドナルドの世界中への幅広い普及のせいであるが、しかし重要なことはビッグマックが世界中でほぼ同じ規格をもつ商品として販売され、相対的に安価な日常的な食べ物になったということである。ビッグマックが現代人の標準食品を代表しているというわけだ。まさしく「ビッグマック」恐るべしである。

最後に、「アメリカ化」に触れておこう。アメリカ化は、リッツアによって「米国の理念、慣習、社会形態、産業および資本の全世界的普及」（『無のグローバル化』一六四ページ）と定義されている。「マクドナルド化」の概念がどちらかといえば無機的・中立的であるのに対して、「アメリカ化」は価値的であり、また帝国主義的でさえある。特定の価値や信念を色濃く帯び、しかも覇権的な性格をもつ「アメリカ化」という力が、米国の領土を越えて世界的規模の社会変動の一翼を担っているとリッツアは主張する。しかし彼の「グロースバル化」の概念における弱点は、その要素の一つとして「アメリカ化」を組み込んでいることだと思う（あるいは「アメリカ化」という要素をグロースバル化の概念に戦略的に組み込んでいるのかもしれないが）。リッツアは本書中でここ最近におけるマクドナルド社の危機的様相について述べているが、しかしマクドナルド社よりも、むしろ米国のほうがいち早く危機に陥るかもしれないと危惧されるからである。

米国は誰もが知っているように個人主義と民主主義を誇りにしている国である。この二つの主義を成り立たせ、そしてこれらの維持を可能にしているのは、主として国家権力の在り方の特徴にあると考えられる。国家権力の源泉は、近代国家が独占している物理的強制力だけに基づいているのではない。これにもっぱらすがりついている独裁制は時を経ずして消滅する羽目になる（旧ソ連のスターリン体制やナチスドイツ）。もちろん、米国も強力な物理的強制力を国の内外に誇示し、またいかんなく発揮している。しかしそれだけに依存しているわけではない。国家権力の源泉は多元的である。たとえばアメリカの社会学者ジョナサン・H・ターナーによれば、権力には四つの源泉がある。すなわち強制力、行政力、象徴的正当化の力（場合によれば、イデオロギーや虚偽意識）、そして物的誘引（物的利害）の四つである。ターナーが指摘しているように、個人主義と民主主義にもっとも適した権力の在り方は、強制力があまり強くなく、四つの権力源泉が精妙に組み合わさっているバランスのうちにある。言いかえれば、個人主義と民主主義は四つの権力源泉のバランスによってはじめて可能になると言うべきであろう。

アメリカ社会はとくに「新世界」「自由の女神」「アメリカン・ドリーム」「草の根民主

主義」「ニューディール政策」「公民権運動」など、強権力をできるだけ控えめにして個人の自由闊達な努力を奨励し、行政力も地方分権を尊重し、そして業績に応じて物的利得と象徴的な威信と名誉が得られることを確信し、また強く訴えてきた。こうした価値的・象徴的な表現が右に挙げた謳い文句によって代表されるアメリカの理想あるいは良心、さらには過酷な競争やそれに随伴する不平等と階層化を正当化する根拠ないし大義名分である。米国の国家権力や政府が権力行使において何にもまして優先するのはその正当性である。なかでも広い層の国民の支持を受けていることが政府の命綱である。だから国家権力は最終的に国民の支持を得られる結果を求める。

　経済が発展を遂げると、これに比例して（場合によれば幾何級数的に）国家権力が強化される。つまり権力のパイがどんどん大きくなっていく。たとえ権力基盤の組み合わせのバランスに変化がなくても、権力のパイが膨張するとき、それだけ各権力要素の絶対量が増大する。おそらくアメリカは建国以来最大の国家権力の総量を誇示しているであろう。ここに非常に厄介な矛盾が生じる。権力要素のバランスは従来と変わりなく、個人主義と民主主義の実現を国是として保持しているとしても、国家権力の総量の肥大と各権力要素の増大は、国家権力全体の効力を高めるだけでなく、各権力要素の効力をも上昇させる。強制力（主要には軍事力と司法の力と警察力）、行政力（連邦官僚制、監視制度）、物的誘引

（財政力、社会政策、社会保障制度、あるいは利害集団、猟官制など）、そして象徴的な力（自己正当化のための神話の構築と操作、マスコミ操作など）のすべてが巨大化し強化される。この影響はアメリカ国内だけにおよぶのではなく、むしろ諸外国との関係においていっそう顕著になる。誰の目から見ても、アメリカの軍事力と政治力は他国に抜きんでて強大である。この強大な力が世界に民主主義を構築するための正義のミッションを担いつづけるという保証が果たしてあるだろうか。広島や長崎への原子爆弾の投下、ベトナム戦争、イスラエルへの過剰な肩入れ、アフガニスタンやイラクへの侵攻、こうした軍事攻撃はつねにイデオロギー的な偽装の下で国益の保守拡大の深謀が見え隠れしている。

一方でアメリカ国内に目を向けると、国家権力が肥大する過程で、経済生産物や経済余剰、さらに租税の再分配が国民のあいだに大きな社会経済的格差を生みだしている。サブプライム層（低所得や破産歴などのために信用度の低くなっている市民層を「サブプライム層」と呼び、一説によればアメリカ人全体の二五パーセントに達するという）の大きな存在はその一つの証左であり、また社会保障制度や医療制度の立ち遅れはもう一つの証拠である。とりわけ租税政策や社会政策あるいは人事制度の策定と実行は、政治的利害集団やロビイストの存在と暗躍によって種々の面で阻まれている。しかもその活動が民主主義や個人主義の美名に隠れて、市民の安全や生命を脅かすこともある。たとえば銃器の販売と所有の容認は、自己防衛というアメリカの伝統的な価値観の保守という理由でその正当性が主張されつづけてきたが、しかし銃器の所有とその使用が悪の連鎖反応を頻繁に引き起こしている事実は否定できるものではない。銃器の正当性の保持は銃器の製造・販売・行使を強く要求する経済的利害集団と政治的ロビイストが各次元の政治の舞台で大きな力をもっているということにほかならない。銃器による殺人の頻発と警察権力による安易な銃器使用のやり方は、ある意味でアメリカの個人主義と民主主義の悲惨な帰結の端的な表れであるかもしれない。こうした悲惨な結末を回避するため、あるいは発生した事態に効果的に対処するため新しい法律が作られ、司法権力と警察などの行政権力が強化される。

こうした国家権力の強化は当然のことながら国内の各市民層の憤懣を募らせる。憤懣が極限に達し、暴動などの爆発が発生しないようなガス抜きを組織しなければならない。その役割の一端はスポーツやエンターテインメントやクレジットによる衝動買いなどによっても担われている。しかし従来から採用されてきた常套手段の一つは不満層の関心を海外に向けさせる方法である。内部脅威の外部脅威感へのすり替えである。アメリカが諸外国から憧憬と羨望の眼差しで見られるのはその豊かさと個人の自由度であろうが、しかしその一方で強い反感を抱かれている事実がその強大な国家権力とその内外における行使にあるのはまちがいなかろう。アメリカ化は強さと弱さの諸刃の剣である。その使い方しだいで、アメリカ化は、世界において変動力を失墜し、やがて中国化、ロシア化あるいはブラジル化に取って代わられるかもしれない。

そしてアメリカ化（個人主義化と民主化）は国内においても矛盾をかかえている。その矛盾の一つがマクドナルド化である。イギリスの評論家マーチン・プリマーが指摘しているように、個人主義をこよなく愛するアメリカ人が、どうして均質化・画一化・同質化を激しく推進し、ファストフード以外の選択肢を認めないマクドナルド化を考えだし、そして受け入れたのであろうか。日本人ではむろんなく、また中国人でもなく、アメリカ人が率先してマクドナルド化に反旗を翻す旗手になる日が来るかもしれない。そうなれば、アメリカ化は現代の社会変動の趨勢と矛盾を来し、自壊するほかないであろう。現在、「マクドナルド」はアメリカ本国についで、他国を圧倒して日本（その数四、〇〇〇店舗）で繁栄を誇っている。最初に書いたように、日本人はこよなくマックのファストフードを愛し、そしてファストフードそのものを気持ちよく受け入れている。たとえアメリカ本国でファストフードが嫌われるようになることがあるとしても、おそらく日本ではそんな悲劇（?）は起こりそうにない。こんな日本にわたしの居場所がないと感じる今日この頃ではある。

なお、翻訳書と旧版の訳書との照合作業は、早稲田大学文学研究科に在籍した大学院生伊藤聡洋君の手を煩わせた。ここでその努力に深謝する。早稲田大学出版部とわたしとの関わりもずいぶんの年月が流れた。その間に編集部責任者にも交替があった。最初に、城下幸雄氏、次に、鈴木吉郎氏、そして新井善博氏であった。『マクドナルド化する社会』そして今回の『マクドナルド化した社会』と引きつづき、新井氏に大変な面倒をかけ、またお世話になった。新井氏の定年退職前に本訳書を刊行できなかったことは、ひとえに訳者の怠慢であった。この場を借りて深くお詫びする。

二〇〇八年五月

正岡　寛司

解説――マクドナルド化論の三〇年

大正大学教授　澤口　恵一

マクドナルドの時代とマクドナルド化論

本書は二〇〇八年に早稲田大学出版部から出版された『21世紀新版 マクドナルド化した社会―果てしなき合理化のゆくえ』（The McDonaldization of Society: Revised New Century Edition, 2004）を文庫版として復刻したものである。著者のジョージ・リッツアが本書の初版にあたる『マクドナルド化した社会』（The McDonaldization of Society）を米国で出版したのは、冷戦体制の終焉後、新たな世界秩序が模索されていた一九九三年のことである。一九八九年一一月のベルリンの壁の崩壊や一九九三年八月のソビエト共産党の解散といった出来事は、米国を中心とする資本主義社会の勝利として受け止められ、旧共産圏の人びとに米国の文化が熱狂をもって受け入れられた。ロシアにマクドナルドが出店し長蛇の列ができたことは、新たな時代を象徴する出来事として報道された。マクドナルドは今では想像できないくらい政治的象徴性をおびた企業であり、その黄金のアーチはイデオロギー対立の終焉を象徴するイコンでもあった。

アメリカのジャーナリスト、トーマス・フリードマンは、著書『レクサスとオリーブの木』（草思社）において、マクドナルドがある国同士は戦争をしないという説を提唱した。本書の1章でも言及されているゴールデンアーチ理論である。資本主義が発展しマクドナルドを好む中間階層が分厚くなった社会では、国民は戦争を望まなくなり、マクドナルドに列をなすことを好むようになるという理屈である。この本が出版された一九九九年において、この理論に反する事例は存在しなかったのだが、残念ながら、この仮説は実際におこった戦争によって葬りさられることになった。いまからみれば、フリードマンのグローバリズム論は少々楽観的すぎたようにみえる。

現在ではわたしたちの生活に支配的な影響力をもつ企業と言えば、アップル、グーグル、マイクロソフトといった巨大テック企業に移り変わってしまっている。それでもマクドナルド化をめぐるリッツアの危惧は少しも古びてはいない。マクドナルド化という概念は、社会の現状分析をするツールとして現在も社会学の枠を超えたさまざまな分野で活用されつづけている。

たとえば、二〇二三年に国内で出版された本のうち筆者が手にとったものにかぎっても、いくつかの研究書でマクドナルド化という概念は重要な位置を与えられている。たとえば、ドナ・ダスティン『マクドナルド化するソーシャルワーク』（明石書店）、王昊凡『グローバル化する寿司の社会学——何が多様な食文化を生み出すのか』（名古屋大学出版会）、大野道夫『つぶやく現代の短歌史 1985 - 2021』（はる書房）などである。

そして何より、ジョージ・リッツア自身がマクドナルド化論のバージョンアップを続けている。リッツアは二〇二一年に The McDonaldization of Society: Into the Digital Age を上梓した。一〇版目にあたるこの版においても、リッツァは社会のマクドナルド化に対する危惧を少しも緩めてはいない。二〇二〇年代においても、社会のマクドナルド化は押しとどめられることはなく、かつてよりもさらに巧妙にわたしたちの生活を侵食しつづけているというのがリッツァの見解である。そして、マクドナルド化論の骨格と言える四つの次元、すなわち効率性、計算可能性、予測可能性、制御には一切の修正を行ってはいない。

筆者はかつて大学時代に読んだ社会学の本を紹介してほしいという依頼を引き受けたことがある。紹介したい本は数多くあったのだが、絶版になっていない本に限るという条件に応えるのには大変な苦労をした。社会科学よりも文学作品のほうが、古びることなく読み継がれる（少なくとも出版ビジネスの世界においては）ということを痛感させられ、社会学者としてはやや残念な体験であった。そのような状況のなかでリッツアの『マクドナルド化した社会』は、つねにアップデートされる古典として出版界においても稀有な位置を得たことになる。

さて、リッツアは初版の刊行以来、版を重ねるごとに章の構成を含めて内容を大幅に改訂してきた。とりわけ最新の第一〇版と本書の構成を比較したときに、大きな違いとして目につくのは次の二点である。

第一に、ビッグデータの時代とマクドナルド化との関連が加筆されたことである。確かに、わたしたちの日常生活は、偏在するネットワークを通じて、わたしたちの行動がビッグデータとして記録され、さらなる消費を促すように活用されている。その仕組みは巧妙に隠され、無意識のうちにわたしたちはその制御を受け入れるようになっている。ただし、人工知能や自動運転技術といった、今後、社会を大きく変えていくであろうテクノロジーについては、リッツアは人間に頼らない技術体系の一つとして例示するにとどめている。

第二に、新型コロナウイルスのパンデミックとマクドナルド化についての考察が、エピローグとして加筆されたことである。リッツアは、パンデミックを「ブラックスワン」（ありえない事態が発生することで大きな衝撃がもたらされることになるという意味）であると評し、効率性、予測可能性、計算可能性、制御の各次元で大きな混乱が生じたことを指摘する。そして、生産現場や物流の混乱がもたらす物資の不足によって、マクドナルド化した社会が非常事態においては脆弱な一面をもっているといった認識が語られている。ただし、この原稿が執筆されたのは、パンデミックが始まったばかりのことであるためか、パンデミックがマクドナルド化に何をもたらすのかについてリッツアは明確な見解をしめしてくれてはいない。

筆者の印象としては、リッツアによるパンデミック後のマクドナルド化論は過渡期の時代を切り取った論考であり、今後数十年を見通す視点を得ることはできなかったという印象がぬぐえない。このことは技術の進歩とそれに遅滞して生じる文化の変容を記述するマクドナルド化論の宿命と言えるかもしれない。

解説を執筆するにあたって各版を比較したところ、筆者は本書が文庫化され再び多くの日本の読者に触れることになる意義は大きいと感じた。というのも、現在までにマクドナルド化をめぐるリッツアの主要な著作は三作品が邦訳されてきた。『マクドナルド化する社会』（The McDonaldization of Society: Revised Edition, 1996）、『21世紀新版　マクドナルド化した社会――果てしなき合理化のゆくえ』（本書）、そして、リッツアに寄せられた批判や質疑応答を踏まえて執筆された『マクドナルド化の世界――そのテーマは何か？』（The McDonaldization Thesis: Explorations and Extensions, 1998）である。これらのうち三つ目に挙げた本は、社会学理論にもとづいた説明に重点が置かれていて、一般の読者にはやや難解な内容になっている。その意味では、本書は、マクドナルド化論にはじめて触れる読者にとって親しみやすく、なおかつ社会批判理論としての幅広さと奥深さを感じさせてくれる版となっている。

今回文庫版として復刻された本書は執筆されてから長い時間がたっており、取り上げられる具体的な事例には多くの読者が古めかしさを感じることだろう。とはいえ、リッツア自身によるマクドナルド化論の多くの改訂版（邦訳未刊行のものを含む）と比べても、本書は日本の読者に読みつがれる価値が十分にあると言える。度重なる改訂の過程で削ぎ落とされてしまった記述に日本の読者が学ぶべきところが多いからである。たとえば、マクドナルド化の先駆者をたどりアメリカの産業史を論じた2章において、リッツアは食のファストフードチェーンを自動車産業や住宅産業の発展の延長線上に出現したものであると位置づけている。合理化過程が生産力主義の発展をもたらし、食の生産消費にまでたどり着く過程をわかりやすく説明しており、なぜアメリカにおいてマクドナルド化が誕生するにいたったのかを考えさせられる論考になっている。

さらには、存在と無、グローカル化とグロースバル化という概念との関連からマクドナルド化について論じている8章もまた、第一〇版では失われてしまった部分である。読者にとっては難解な章の一つであり、存在と無という西洋の社会哲学に特有の二元論には違和感を覚える方も多いかもしれない。しかしながら、グローバル化が進行するなかで、なぜ資本主義が国家間において同質性が高まるどころか国家による多様性が目立つようになっているのか、日本に来る外国人観光客がどのようなモノやコトに魅きつけられるのかといった、今日的な問題を考察する上で有益な思考の枠組みと言葉をリッツァは提供してくれているように思う。

リッツァは現代アメリカの社会学理論家を代表する人物の一人であるが、独学で古典的社会学理論を学んだきわめてユニークな社会学者でもある。リッツァがみずからの半生を語った American Sociologist 誌（二〇〇六年、三七巻四号）に掲載されたインタビューからひもといてみよう。

リッツアの人生と本書の着想

リッツアはニューヨーク州マンハッタンの労働者階級出身であり、父親は高校を卒業していないタクシードライバー、母親は秘書であった。ニューヨーク市立大学シティ・カレッジでは会計学を学ぼうとしたが心理学を学ぶために転部し、さらにビジネスの世界に進むべくミシガン大学に進学し経営学修士を取得した。その後、リッツァは実業の世界に進み、米国を代表する自動車製造会社、フォードで労務管理の仕事をしていた。そこで彼がみたものは、徹底的に合理化された製造ラインであり、合理化過程が人びとの創造性を奪っていくさまであった。リッツア自身もまた企業から創造性を求められていないことを感じるようになる。この時期の体験が、リッツアの根底にある問題意識を形成することになったのだろう。

リッツアは学問の世界にもどり、コーネル大学で労使関係の研究者としての道を進もうと決意することになる。ここにいたるまでリッツアは社会学者としての修養をしてはいない。駆け出しの頃の研究者リッツアにとって社会学は副専攻という位置づけにすぎなかったのだ。ある教員との出会いから社会学の原典と触れるようになり、独学で古典的社会学理論と対話する研究生活が始まったのである。

インタビューでみずから述べているように、リッツアが一部の流派にとらわれることなく、自由闊達に古典理論を論じることができるのは、この風変わりな学者としての歩みに由来している。自己の価値観を形成した若き日の経験と幅広い社会理論に独学で触れたことが、ウェーバーの形式合理性をめぐる議論を、今日の消費社会に沿うようにアップデートさせるという発想につながっていったのであろう。

筆者とマクドナルド化論との出会いは、大学院の指導教授であった正岡寛司先生に紹介され、ゼミの受講者で原著を分担して全訳したことに始まる。一九九〇年後半は、アルフレート・シュッツ、ニクラス・ルーマン、アンソニー・ギデンズ、ピエール・ブルデューらの研究が盛んに読まれていた時期である。彼らはいずれも欧州出身の社会学理論家であり、社会学の主要な理論書は欧州発であるという伝統はいまだに継続している。

一方でわたしが大学院生であった当時、アメリカ社会学はすでに計量研究が完成の域に達し、大規模な公開データを高度な統計的手法にもとづいて分析した論文が量産されていく時代になっていた。こうした計量研究の論文の特徴は、先行研究の概観にもとづくリサーチクエスチョンの提示、仮説の定式化、使用するデータと変数の説明、分析と考察、という決まりきった構成にある。データは、全国確率標本による大規模のデータを使用することが望ましい。その結果として、アメリカ社会学の計量研究では、問題関心や論文の構成における標準化が進み、いわば社会学研究のマクドナルド化が進行していたのである。

計量研究が標準化していくアメリカ社会学に対して、批判的な見解を述べた研究者として、筆者には二人のアメリカ人社会学者による著作が思い浮かぶ。歴史社会学者であり専門職化の専門家であるアンドリュー・アボットによる『社会学科と社会学――シカゴ社会学百年の真相』（ハーベスト社）、そしてリッツアによる『マクドナルド化の世界――そのテーマは何か』（早稲田大学出版部）である。リッツアは、その3章「アメリカ社会学のマクドナルド化」において、論文の重要性すら得点で評価される量産型計量研究が、アメリカ社会学の独創性や創造性を損ねてしまっていると論じている。リッツアはアメリカ社会学のなかで、そのような潮流に飲み込まれることなく、古典的社会学理論をアップデートしていくことに注力しつづけた特異な社会学者であると言える。

さて、本書で論じられているマクドナルド化は、ウェーバーの問題関心を土台として現代版にリニューアルしたものである。自由で民主的な資本主義社会において、自由な選択意思にもとづいて行われる消費をはじめとする行動が、なぜ形式合理性に支配されてしまうのか、その結果として脱人間化、あるいは合理性の非合理性が避けられなくなるのかが本書で探究される課題である。

この課題は、官僚制化ひいては近代化過程そのものの研究に取り組んだウェーバーの研究関心をうけつぐものであり、社会学が生まれてからの永遠の課題を正面から取り上げた労作であると評価できる。

ただし、鉄の檻という比喩については、本書を通じてウェーバーの近代化論を知った読者には、注意を促しておく必要があるかもしれない。檻という比喩は、ウェーバーの著作『プロテスタンティズムの精神と資本主義の精神』の最終部に現れるstahlhartes Gehäuseという言葉をタルコット・パーソンズがiron cageと訳したことに由来している。この言葉はアメリカで出版されたStephen Kalbergによる新訳ではshell as hard as steelと改められている。Gehäuseという単語は、日本語では外箱、時計のケース、殻といった意味であり、日本においても鋼鉄の檻というよりは堅い殻と訳したほうが適確であるというのが専門家のあいだでの共通認識となっている。なぜ日米においてこの比喩が定着し、多くの社会科学者の思考を刺激するにいたったのかについて関心がある方は、野口雅弘『マックス・ウェーバー――近代と格闘した思想家』（中公新書）をご覧いただきたい。

マクドナルド化論への感情的反感

さて、筆者は学生とマクドナルド化について議論をするときに、マクドナルドという場所に対する感覚が世代によってかなり異なっていることを意識せざるをえない。リッツァは一九四〇年生まれである。中学、高校時代の多感な時期をマクドナルドのテーブルで過ごした学生たちにとっては、マクドナルドに批判的な態度をしめすリッツァの意見は、やや難解な論述のなかでわかりやすい箇所であるためか、読者にリッツァの論考に対する否定的な感情を呼び起こすようである。

同じような学生たちの反応は、レイ・オルデンバーグの『サードプレイス』（みすず書房）を読んだときにも感じることができる。ファストフード店はサードプレイスと言えるのだろうかという論点である。オルデンバーグにとってのサードプレイスとは、やや入りにくい、いつでもなじみの客がいる、くつろいで会話を楽しむべき場所なのだ。まちがっても黄金のアーチを高く掲げて、誰でも歓迎している店はサードプレイスであってはならないということになる。

しかし、学生にとっては、ファストフード店もまた癒しを与えてくれる場所であり、これを否定しようとすることはさらなる反感をまねくことになる。日本マクドナルドの創業者、藤田田によれば、人間は一二歳までに食べてきたものを一生食べつづけると考えていた。そのために日本マクドナルドが、小さな子どもをもつファミリー層に訴求する戦略をとっていたことはよく知られている。

リッツアのマクドナルドという場所に対する印象や感情についての語りは、高齢男性に特有の価値観を感じさせる。本書の9章においてリッツアは、「確かに、マクドナルド化した世界は、感情や情動の真摯な表出がまったく排除された世界である。マクドナルドにおいて、顧客、従業員、店長、そしてオーナーのあいだに感情的な絆が発達することはほとんど、あるいはまったくない。企業は本物の感情をあえて排除しようとする。そうすれば、ものごとはすべてスムーズに、しかも合理的に進行するからである」と述べている。果たして、そう言いきれるのだろうか。筆者としては、ファストフード店で働く若者にはリッツアとは違った世界がみえているように感じる。

読者は、リッツアがマクドナルド（マクドナルド化ではなく）について論じるさいに、リッツアの生まれ育った地域、文化、時代の価値観を感じとっていることだろう。そして、そのバックグラウンドと遠ければ遠いほど、その読者はリッツアに共感を覚えることはしにくくなる。

本書では、階級や年齢（あるいは出生年）、人種、ジェンダーといった社会的属性によるマクドナルド化の影響や態度の違いについてはほとんど触れられてはいない。もちろん、こうした点についてはマクドナルド化論が注目をされはじめて以来、リッツアには多くの批判がなげかけられてきた。先述の『マクドナルド化の世界』の13章ではマクドナルド化と、これらの社会的属性との関連について考察がされている。したがって、マクドナルドに対する印象や態度の違いがあること自体は、マクドナルド化論そのものの誤謬とは言えないだろう。とはいえ、現代社会学理論の動向に関心のある社会学者であれば、リッツアが奇妙なほどに、今日の社会学理論が重要視している感情やアイデンティティ、集合的記憶といった概念に触れていないことには、違和感を覚えることだろう。

わたしたちがマクドナルドの店舗に安心感や時には愛着すら感じるのはなぜだろうか。現象学的地理学者のイーフー・トゥアンがかつて「トポフィリア」と名付けた現象のように、場所に対する愛着は人間にとって普遍的なものである。トゥアンによればその場所が高度1万メートルを飛ぶ航空機のシートだっておかしくはないのだと言う。

合理性の非合理性がもたらす悲劇に無頓着であることが社会に危機をもたらすことは確

かであるが、なぜ人間は、脱人間化を促す有形無形の装置があふれている生活において、合理性の非合理性に閉口しながらも受け入れてしまうのか、さらに言えば、形式合理性を徹頭徹尾張り巡らせた空間に、わたしたちが愛着や居心地の良さを感じてしまうのかを、問うべき時代にきているのだろうと思う。

古典的社会理論はこの問いに対する知見や答えはもち合わせてはいないし、皮肉なことに現代の社会学者の多くは、種としてのヒトがどのような特性をもっているのかについての探究に関しては、伝統的に不得意でありリッツアも含めて無関心ですらあった。

本書の訳者はリッツアによる著作の邦訳を出版した後、人間の本性とは何かという、社会学者が放置してきた問いを主題とする専門書を数多く邦訳してきた。リッツアのコーネル大学時代の元同僚でもあるジョナサン・H・ターナーが著した一連の著作、『感情の起源――自律と連帯の緊張関係』『社会という檻――人間性と社会進化』(ともに明石書店)などはその一例である。

今日、人間の本性に関する研究が急速に進んでおり、人間の欲望や幸福感を満たそうとするテクノロジーが今後ますますわたしたちの生活に入りこんでくるようになるだろう。スマートフォンの上で展開されるさまざまなサービスはその先駆けであるし、仮想現実やAI、人間の労働を代替するヒト型ロボットなどは、その将来の候補である。これまでのマクドナルド化とはひと味もふた味も違った合理化過程が近い将来、わたしたちの生活に入り込んでくることになるだろう。そうした時代において、人びとはどのような合理性の非合理性を味わうことになるのだろうか。

本書の解説の執筆をご依頼していただき、マクドナルド化論を再考する機会を与えてくださった正岡寛司先生には心から感謝している。先生は残念ながら本書の刊行を見届けることなく二〇二四年二月に逝去された。文庫化にあたっては訳者に代わり澤口が固有名詞を中心に確認し、必要に応じて訳語の変更を行った。最後に、本書の復刻を企画していただいた早稲田大学出版部の皆様、担当編集者の八尾剛己さんに御礼申し上げたい。

二〇二四年八月

索　引

[サ　行]

［ナ　行］

［ハ 行］

［マ　行］

［ワ　行］

本書は二〇〇八年十月に早稲田大学出版部より単行本として刊行された作品を文庫化したものである。文庫化に際しては、掲載されている統計データやＵＲＬ等はすべて単行本の刊行当時のままとし、適宜表記を改めた。

正岡 寛司（まさおか　かんじ）

1935年、広島市生まれ。早稲田大学文学部教授を経て、2006年より同大学名誉教授。元日本家族社会学会会長。2024年2月、逝去。
主な著訳書に、『家族時間と産業時間』（監訳／タマラ・K・ハレーブン著／早稲田大学出版部／1990年）、『マクドナルド化する社会』（監訳／ジョージ・リッツア著／早稲田大学出版部／1999年）、『マクドナルド化の世界——そのテーマは何か？』（監訳／ジョージ・リッツア著／早稲田大学出版部／2001年）、『21世紀新版 マクドナルド化した社会——果てしなき合理化のゆくえ』（訳／ジョージ・リッツア著／早稲田大学出版部／2008年）、『変容する社会と社会学——家族・ライフコース・地域社会』（共著／学文社／2017年）、『社会学の理論原理 Vol.1——マクロ・ダイナミクス』（共訳／ジョナサン・H・ターナー著／学文社／2021年）、『社会学の理論原理 Vol.2——ミクロ・ダイナミクス』（訳／ジョナサン・H・ターナー著／学文社／2022年）など。

早稲田文庫 015

21世紀新版 マクドナルド化した社会
—果てしなき合理化のゆくえ—

2024年12月31日　初版第1刷発行

訳　者　正岡寛司
発行者　須賀晃一
発行所　株式会社　早稲田大学出版部
〒169-0051　東京都新宿区西早稲田1-9-12
電話　03-3203-1551　https://www.waseda-up.co.jp/
印刷・製本　中央精版印刷株式会社
校正協力　株式会社ライズ
装丁　精文堂印刷株式会社デザイン室

ISBN 978-4-657-24012-5